山东大学“985”工程项目

汉语言文字学研究丛书

杨端志　**主编**

汉语史论集

杨端志　**著**

齐鲁书社

总 序

在当前的社会背景下,汉语言文字学,作为个人应当研究什么,怎么研究?作为一个学科,应当研究什么,怎么研究?这恐怕是每一个负责任的语言学工作者都会经常考虑的问题。

这个问题牵扯到的方面很多。首先,从个人来说,由于我们的语言文字工作者大都是语言文字学方面的教师,我们要教学,往往一个人要承担本科生一两门课程,我们要教学的内容也就是我们的研究方向。还有硕士生、博士生课程,还指导博士后研究的问题,硕士生、博士生的课程、指导博士后研究的内容也是我们的研究方向。从一个学科来说,各位教师的各个层次的课程合起来就是一个学科的研究方向。教学、指导研究生是我们个人和学科的科学研究必须考虑的问题。这是一个教学与研究相结合,或者说研究与教学相结合的问题。

其次,各年度各级不同层次的科研项目的审批,也在暗暗给教师们一个强大的信号,研究什么,怎么研究?要向国家级的、省部级的、学校的已批准的科研项目暗示的方向和新项目的"课题指南"靠拢。能不能得到各级课题往往决定一个人、一个学科的命运。各级课题暗示的方向和"课题指南"也是进行研究不得不考虑的大问题。

再其次，各年度国家的、教育部的、省的、学校的评奖，什么样的成果能得奖，什么样的成果不能得奖？得奖不得奖，像能不能获得项目一样，往往会决定一个人、一个学科的命运。因此，能不能获奖，自然又成为一个研究什么、怎么研究，不得不考虑的重大问题。

再再其次，最重要、最关键的，是国家的重点学科、省重点学科、强化建设重点学科的评审和教育部人文社会科学研究基地、省人文社会科学研究基地的评审，各级重点学科、研究基地都有一定的标准，这些标准具有引领学科学术发展的重大意义，更是我们每个负责任的语言文字教学与研究工作者，特别是学科带头人一定要考虑的大问题。

一般说来，教学对研究什么、怎么研究的引领直接反映了社会对人才、人才知识结构的需求。各级各类评审是由专门的学术领导机构组织高水平的专家进行的，站得高，看得远，对研究什么、怎么研究的引领反映了国家或地方政治、经济、文化建设的需求，更有前瞻性的理想，几个方面是统一的，都是为着面向社会，面向现实，面向现代化，面向世界，面向未来，建设具有中国风格、中国气派的，具有创新性的汉语言文字学科学体系。这些自然也是我们所追求的目标。

但是，对于具体的一个学校的一个学科——汉语言文字学，应当研究什么，怎么研究，还有具体的问题。

山东大学的汉语言文字学学科是上世纪50年代以来由殷孟伦、殷焕先、蒋维崧、吉常宏、刘景农、葛本仪、钱曾怡等学者创建发展起来的。现在方向齐全，队伍较强大，每一个方向上，都有比较好的成果。1981年在殷孟伦、殷焕先带领下，获得我国首批语言学硕士点。1993年在葛本仪、钱曾怡带领下，获得语言学博士点。1998年杨端志作为两个主要带头人之一带领获得中国古典文献学博士点。目前，我们具有汉语言文字学、语言学与应用语言学两个博士点。"十五"期间，本学科被山东省评为重点学科，被山东大学遴选为"211"工程项目、"985"工程项目重点建设发展的学科，给予了经济上的大力支持。"十一五"伊始，2006年12月再次被评为山东省重点学科，被评为数量很少的山东省强化建设重点学科。

学术研究，在继承前人的基础上也有了新的发展。汉语言文字学方面，葛本仪的语言学理论、现代汉语词汇学研究，钱曾怡的方言学研究、方言学研究方法论研究，杨端志的训诂学、语义学研究，徐超的古文字学、汉字文化学研究，唐子恒的语法学、词汇学研究，张树铮的方言学、方言史研究，吉发涵的音韵学、词典学、语言文化学研究，杨振兰的现代汉语词汇学、词彩学研究，王新华的语言学理论、社会语言学研究，岳立静的方言学研究，贾宝书的语言学理论研究；语言学与应用语言学方面，盛玉麒的汉语教学课件、网络课程、语料库、语言文字信息处理研究，等等，都有新的成绩，在语言学领域产生了新的影响。

山东大学汉语言文字学学科各位教师，也就是本丛书的各位作者，在殷孟伦、殷焕先、葛本仪、钱曾怡先生的影响下，有一个明显的特点，各位都非常重视语言学理论，有比较好的理论修养；在研究方向上各有专攻，各有自己比较确定的领域；都非常敬业，非常勤奋；都非常团结，非常配合。可以说是一个有基础，有底蕴，目标明确，协作向上，有开拓创新精神，非常有冲击力的学术研究团队。

学术研究,要了解国家的需要,社会的需要,还要知己知彼,彼就是学术界,要了解学术界行情。上面我们谈了国家的需要,社会的需要,也谈了我们自己。我们还要谈谈国内汉语言文字学研究的行情。汉语言文字学研究队伍有两大支,一支是高校,一支是科学院。这两支队伍都招生,都传道授业。近二十年来,汉语言文字学研究有了飞快的发展,不少部门都取得了很大的成绩,诸如理论语言学,汉语史的中古汉语、近代汉语,现代汉语的语法,古文字学,汉语信息处理,对外汉语教学等。山东大学汉语言文字学研究的评价、定位和发展方向的设计,都一定要在这个大盘子中来进行。最重要的是要有自己的定位,自己的特色。

我们认为,我们汉语言文字学学科的发展原则应当是:继承传统,寻找新的增长点,发展特色。即发扬文字学、音韵学、训诂学、词汇学、语法学、方言学、社会语言学、信息处理等传统优势,并以之作为基础,作为手段,吸收西方语言学理论方法,逐渐把研究重点转移到由明清语言到现代汉语的发展演变史上来,包括由明清到现代汉语的词汇发展史、语法发展史、语义发展史、语音发展史、方言发展史和文字发展史。这套山东大学“985”工程项目“汉语言文字学研究”丛书就是由继承和发展两部分形成的成果,即:既有传统学术的研究,也有新方向的研究。

为了使研究更有成效,在研究理念上,我们主张:语言内部,词汇、语法、语音、语义相结合;语言外部,共时与历时、语言与言语、言语与语境相结合。在中国,古代传统的语言学与哲学、文学、史学关系是很紧密的。在西方,很多学科都关注语言问题,站在本学科的立场来研究语言,或者借用语言学的成果和方法来研究本学科，语言学在语言哲学、诠释学、逻辑学、心理学、人类学等学科产生了巨大的影响。同时，西方语言哲学、诠释学、逻辑学、心理学、人类学等学科的研究成果和方法，也都是汉语言文字学研究必须关注的相关理论与知识。

这套丛书中的著作，都是作者本人的科研成果，表现了作者学术研究新的成就，各有其特色。

我们欢迎语言学界专家、朋友批评指正。

杨端志

2006 年 12 月 16 日

目　录

总序 …………………………………………………… 1

音韵学研究 …………………………………………… 1

周易古经韵考韵读 …………………………………… 1

《象传》韵考 ………………………………………… 33

训诂学研究 …………………………………………… 53

竹书《易》、帛书《易》与传世本《易》

语言文字研究中的问题 ……………………………… 53

《周易》与传统语言学 ……………………………… 68

训诂学与古典文学 …………………………………… 84

陆佃 …………………………………………………… 91

罗愿 …………………………………………………… 100

《札迻》 ……………………………………………… 108

《古书疑义举例》 …………………………………………… 110
《楚辞章句》、《楚辞补注》 ……………………………… 113
《国语注》 …………………………………………………… 116
《尔雅今注》评述 …………………………………………… 121

语法研究 ……………………………………………………… 129

《〈高僧传〉时间副词研究》序言 ………………………… 129

词汇史研究 …………………………………………………… 138

古代几个著名词义分析理论中的问题 …………………… 138
训诂学与现代词汇学在词汇词义研究方面的差异与互补 …… 159
汉语词汇理论、词典分词与"词"的认知 ………………… 175
论词义与词的区别 ………………………………………… 189
论词素义与合成词词义 …………………………………… 202
"毛"是"草木"还是"苗" ………………………………… 233
中国尚黄文化及"黄"词族的历史考察 …………………… 236
汉语构词法的再探讨
——兼论汉语构词与造词的联系 ………………… 242
从清末民初科学小说新词语看"现代性"新词语的
来源和发展
——兼论"标志性子词语场"理论和"现代汉语词汇史"的起点 …… 256
《汉语大词典》对汉语词汇发展演变史的价值与研究方法
——《汉语大词典》词汇发展演变史研究条例 ……… 272
《〈晏子春秋〉词汇研究》序言 …………………………… 329

词典编纂研究 ………………………………………………… 337

从字的训释看两部词典吸收训诂学成果方面的问题 …… 337

诠释学理论研究 …… 347

中国古代诠释学理论视野下的汉语语言单位论、结构体系论、语义解释方法论及语义系统论 …… 347

中韩语言交流与语言类型研究 …… 368

公元二世纪前朝鲜半岛语言类型与性质研究 …… 368

漫谈中韩语言文字交流中的问题 …… 385

语言与文化研究 …… 400

一部介绍传统文化的好书
——《中国古代文化概说》介评 …… 400

《谋略词典》序 …… 410

古代汉语教学研究 …… 417

古代汉语教学的几个问题 …… 417

谈谈怎样学习古代汉语 …… 426

后记 …… 436

音韵学研究

周易古经韵考韵读

摘要：本文是从音韵学角度研究《周易》古经的。探讨了古经的协韵情况，分析总结出古经韵部系统为二十六部，并且与甲骨文、《诗经》、《楚辞》的韵部系统相对比，确定了韵部系统所反映的绝对年代，从而确定了众说纷纭的关于古经的写作时代和作者，发现了古经是比《诗经》还要早的民歌、巫歌的文学性质，驳正了近现代以来在《易经》研究方面如标点等重大失误，努力使古经归还了本来面目。

《周易》古经（以下简称"古经"）是由六十四个神秘符号和卦辞爻辞配合起来的庞大的"符号·语言"系统。这个系统，以符号为骨干，以语言为说明。就创作者的初衷说，语言是理解符号进而通向天地人事的中介。就今天的研究说，从音韵训诂角度真正弄明白古经语言的意义，则是全部《周易》研究的基础。我们这篇文章，就是从音韵角度探讨《周易》古经的语言形式和有关问题的。

一、古经韵考

这里考察的是古经语言押韵的有关问题。

古经语言押韵的覆盖面极广。

(一)古经协韵情况

(1)韵在古经中的分布

六十四卦卦辞爻辞中，乾、坤、屯、蒙等五十二卦中都有协韵的现象，全然不入韵、纯然为散文句子的仅有比、谦、豫、蛊、临、复、恒、遯、升、兑、节、既济等十二卦。

协韵的卦中，有卦辞爻辞皆入韵者，如坎、损、震、艮、未济等五卦；有卦辞入韵而爻辞不入韵者，如蒙、讼、解三卦；有爻辞入韵而卦辞不入韵者，如乾、坤、屯、需、师、小畜、履、泰、否、同人、大有、随、观、噬嗑、贲、剥、无妄、大畜、颐、大过、离、咸、大壮、晋、明夷、家人、睽、蹇、益、夬、姤、萃、井、革、鼎、困、渐、归妹、丰、旅、巽、涣、中孚、小过等四十四卦。

(2)韵在卦辞爻辞中的分布

卦辞入韵，只是部分句子入韵，并不是全部语句都入韵。如《蒙》："亨。非我求童蒙，童蒙求我。初筮告，再三渎，渎则不告。利贞。"其中只"初筮告，再三渎，渎则不告"(觉屋合韵)协韵，前后都有些不入韵的成分。《艮》："艮其背，不获其身，行其庭，不见其人。无咎。"其中"艮其背，不获其身，行其庭，不见其人"(真部)协韵，最后一句"无咎"则不入韵。

爻辞入韵，有的是每爻爻辞皆有韵句，如《渐》："初六：鸿渐于干，小子厉有言(元部)，无咎。六二：鸿渐于磐，饮食衎衎(元部)，吉。九三：鸿渐于陆，夫征不复，妇孕不育(觉部)，凶，利御寇。六四：鸿渐于木，或得其桷(屋部)，无咎。九五：鸿渐于陵，妇三岁不孕，终莫之胜(蒸部)，吉。上九：鸿渐于陆，其羽可用为仪(觉歌合韵)，吉。"这样的情况，只有困、渐、归妹三卦。绝大部分卦是其中部分爻的爻辞有韵句，入韵的爻一二三四五不等(见《古经韵读》部分)。

(3)一韵到底和换韵

卦辞中的韵段,一般是一韵到底,因为它比较短小。如《解》:“其来复,吉。有攸往夙(觉部),吉。”《震》:“震来虩虩,笑言哑哑(铎部)。”只有《讼》换为二韵:“有孚窒,惕中吉(质部),终凶。利见大人,不利涉大川(真文合韵)。”

爻辞中的韵段,以六爻爻辞作一单位看,没有一韵到底的,只有在本卦一爻之辞协韵的情况下才一韵到底,如《履》只有“六三”爻辞协韵因而一韵到底:“眇能视,跛能履,履虎尾(脂微合韵),咥人,凶。”《观》只有“六四”爻辞协韵因而一韵到底:“观国之光,利用宾于王(阳部)。”除此情况外,都要换韵,一般是以各爻爻辞为单位换韵,如《离》:“九三:日昃之离,不鼓缶而歌,则大耋之嗟(歌部),凶。九四:突如,其来如,焚如,死如,弃如(脂质通韵)。六五:出涕沱若,戚嗟若(歌部),吉。上九:王用出征,有嘉折首,获匪其丑(幽部),无咎。”《旅》:“六二:旅即次,怀其资(脂部),得童仆。”“九四:旅于处,得其资斧(鱼侯合韵),我心不快。”“上九:鸟焚其巢,旅人先笑,后号咷(宵部),丧牛于易,凶。”同一爻爻辞中间换韵的也有,比较少,如《屯》:“六二:屯如邅如,乘马班如(元部)。匪寇,婚媾(侯部)。女子贞不字,十年乃字(之部)。”《睽》:“上九:睽孤,见豕负涂,载鬼一车,先张之弧,后说之弧(鱼部)。匪寇,婚媾(侯部)。往遇雨则吉。”若干爻爻辞同用一韵,同其他爻爻辞构成换韵的也有,也比较少,如《乾》:“初九:潜龙,勿用(东部)。九二:见龙在田,利见大人。九三:君子终日乾乾,夕惕若厉,无咎。九四:或跃在渊,无咎。九五:飞龙在天,利见大人(真部)。”其中九二、九四、九五三爻协一韵部,与九一构成换韵。《大畜》:“九二:舆说輹。九三:良马逐,利艰贞，曰闲舆卫，利有攸往。六四：童牛之牿（觉部），元吉。六五：豮豕之牙，吉。上九：何天之衢（鱼部），亨。"其中九二、九三、六四协同一韵部，六五、上九协同一韵部，二者构成换韵。

(4)交韵、包韵

交韵、包韵是两种特殊的协韵方式。所谓交韵，是指韵句之间交叉相押。古经中只有二例，一例是同一爻辞内交韵，即《归妹》："上六：女承筐（与下隔句'羊'协），无实（与下隔句'血'协）；士刲羊（阳部），无血（质部）；无攸利。"一例是二爻爻辞交韵，即《睽》："九四：睽孤（与下句'夫'、六五'肤'协），遇元夫，交孚（与下句'咎'、六五'咎'协），厉无咎。六五：悔亡。厥宗噬肤（鱼部），往何咎（幽部）。"所谓包韵，是指协同一部的韵段中间含有协其他韵的韵段。古经中只有一例，即《坤》："六四：括囊（与六五'裳'、上六'黄'协），无咎，无誉（幽鱼合韵）。六五：黄裳，元吉。上六：龙战于野，其血玄黄（阳部）。"

(5)韵在韵段中的位置

韵在韵段中的位置，古经中基本有三种类型。一是句句相协，如《坎》："六四：樽酒簋，贰用缶，纳约自牖，终无咎（幽部）。"二是偶句相协，如《中孚》："鸣鹤在阴，其子和之。我有好爵，吾与尔靡之（歌部）。"三是韵段中间或前后有些不入韵的成分，如《无妄》："六三：无妄之灾，或系之牛，行人之得，邑人之灾（之部）。"韵段中间"行人之得"不入韵。《大壮》："上六：羝羊触藩，不能退，不能遂，无攸利（物质合韵），艰则吉。"韵段前"羝羊触藩"，后"艰则吉"不入韵。古经中第三种类型较多。不入韵者大多是些表示吉凶休咎性的所谓断辞。

(6)韵在句中的位置

古经一般在句子末一字用韵，如《大过》："九二：枯杨生稊，老夫得其女妻（脂部）。”但是，如果句末是虚词，韵脚一般落在虚词前一字上。因为虚词占的本来是韵脚的位置，所以这种情况又称为虚字脚。古经虚字脚不多，计有：

①如字脚，如《屯》：“上六：乘马班如，泣血涟（元部）如。”

②之字脚，如《随》：“上六：拘系之，乃从维（锡微合韵）之。”

③若字脚，如《离》：“六五：出涕沱若，戚嗟（歌部）若。”

（二）古经协韵分析

（1）古经的韵部系统

经过我们对古经协韵情况的归纳分析，《周易》古经的韵部系统为二十六部，详列如下（入韵字右下角数字为入韵次数，无数字者为入韵1次）：

①之部　同部协韵7次，通韵3次，合韵5次

入韵字　字$_2$ 否$_3$ 喜灾$_2$ 牛龟$_3$ 颐来$_2$ 思$_2$ 趾子$_2$ 期时母祀蔀$_2$ 丘

②职部　同部协韵4次，通韵3次

入韵字　缧棘得翼食$_4$ 侧福$_2$ 革塞克

③蒸部　同部协韵2次

入韵字　陵$_2$ 兴孕胜

④微部　合韵6次

入韵字　维尾$_2$ 违$_2$ 藟

⑤物部　同部协1次，合韵1次

入韵字　遂$_2$ 馈退

⑥文部　合韵3次

入韵字　川君群

⑦缉部　合韵 1 次

入韵字　习

⑧侵部　合韵 1 次

入韵字　枕

⑨锡部　同部协韵 1 次，合韵 1 次

入韵字　益击系

⑩耕部　同部协韵 1 次

入韵字　盈平

⑪脂部　同部协韵 7 次，通韵 2 次，合韵 2 次

入韵字　师尸胏矢妻$_2$ 咨洟藜娣$_2$ 视$_2$ 次履$_2$ 资死泥济

⑫质部　同部协韵 4 次，通韵 2 次，合韵 3 次

入韵字　血$_2$ 穴窒吉实$_2$ 疾即弃至利$_2$ 劓

⑬真部　同部协韵 3 次，合韵 2 次

入韵字　田人$_4$ 渊天翩邻身臣

⑭鱼部　同部协韵 11 次，通韵 2 次，合韵 3 次

入韵字　雨处$_2$ 舆庐牙衢华夫$_2$ 誉$_2$ 孤$_2$ 肤$_3$ 涂车$_2$ 弧$_2$ 故且$_2$ 鱼$_3$ 瓜徐辅序畬下$_2$

⑮铎部　同部协韵 3 次，通韵 2 次，合韵 1 次

入韵字　虩$_2$ 哑$_2$ 索矍获若$_2$

⑯阳部　同部协 11 次

入韵字　囊裳黄荒亡$_4$ 行桑光王亨尚壮罔往享良望$_2$ 筐羊防戕

⑰歌部　同部协韵 5 次，合韵 2 次

入韵字　离$_2$ 歌$_2$ 嗟$_2$ 沱和靡罢过觤仪

⑱月部　同部协韵 3 次，合韵 1 次

入韵字　刖绂说厉贝沛沫电掣

⑲元部　　同部协韵 8 次

入韵字　邅班$_2$ 涟皤翰园戋反连变面干言磐衎

⑳谈部　　同部协韵 1 次，合韵 1 次

入韵字　坎$_4$ 窞$_2$

㉑侯部　　同部协韵 5 次，合韵 4 次

入韵字　寇$_3$ 媾$_3$ 须濡鲋漏斗$_2$ 主斧$_2$

㉒屋部　　同部协韵 4 次，合韵 2 次

入韵字　木$_2$ 谷觌$_2$ 足餗渥桷屋渎裕

㉓东部　　同部协韵 2 次

入韵字　龙用墉攻

㉔宵部　　同部协韵 2 次，合韵 1 次

入韵字　咷$_2$ 笑$_2$ 巢号

㉕幽部　　同部协韵 6 次，合韵 3 次

入韵字　道咎$_7$ 簋缶牖首$_3$ 丑狩孚酒

㉖觉部　　同部协韵 7 次，合韵 2 次

入韵字　复$_4$ 辐$_3$ 目肉毒逐$_2$ 牿股马夙陆$_2$ 育告$_2$

(2)关于通韵、合韵

古经的押韵，除同部相协外，还有通韵与合韵。通韵与合韵是特殊的押韵，即相近韵部相押的情况。具体说，通韵指有对转关系的韵部相押。古经中只有阴入对转一类，共含三组：

①之职对转

《大有》九三　子/克

《晋》六二　母/福

《困》九二　来祀/食

②脂质对转

《离》九四　死/弃

《需》九三　泥/至

③鱼铎对转

《无妄》六二　畬/获

《巽》九三　下/若

合韵，指元音相同不属对转者、元音相近者或韵尾相同者之韵部相押。古经中有：

①元音相同不属对转者

之文类　《涣》六四　丘思/群

之微类　《损》六五　龟/尾

《益》六二　龟/尾

②元音相近者

之侯类　《丰》九四　斗主/蔀

微歌类　《困》上六　藟/卼

鱼侯类　《旅》九四　处/斧

《巽》上九　下/斧

歌觉类　《渐》上九　仪/陆

幽鱼类　《坤》六四　咎/誉

缉质类　《坤》六二　习/利

③韵尾相同者

真文类　《讼》卦辞　人/川

《小过》六二　臣/君

谈侵类　《坎》六三　坎窞/枕

物质类　《大壮》上六　退遂/利

月质类　《睽》六三　电掣/劓

觉屋类　《蒙》卦辞　告/渎

宵幽类　《萃》初六　号笑/咎

另外，还有屋幽类，即《晋》初六：裕/尾。这是因为先阴入对转由屋转侯部，再侯幽旁转而元音相近合韵。锡微类，即《随》上六：系/维。这是因为先通转由锡部入脂部，再脂微旁转而韵尾相同合韵。之侯铎类，即《丰》六二：蔀/斗/若。这是因为铎部先对转入鱼部，再之鱼侯三部旁转而元音相近合韵。

（三）结论

我们首先把《周易》古经协韵系统与甲骨文韵部系统相比较，发现二者有明显的区别，但也有相因相近的地方。据赵诚先生的研究，甲骨文中"阴声韵和入声韵不分"，"阳声韵和入声韵不分"，结论认为"商代无入声韵"。[①]再来看古经协韵系统，入声韵职、锡、铎、屋、觉、物、质、月等八部已独立相押，说明入声韵已经从甲骨文时期的阴声韵、阳声韵中分化出来，构成新的音韵系统。这是不同的方面。但古经中，阴入对转互协又很普遍，阴声韵入声韵又极为接近，这又是与甲骨文音系相近相因的。古经韵系应当晚于甲骨文韵系。

再以古经协韵系统与《诗经》韵系相比较。据王力先生的研究，《诗经》韵系为二十九部。古经韵系较之少支、药、叶三部，另外微、文、缉、侵四部只有合韵而没有同部相协的例子，如果再去掉它们，则只有二十二部。古经韵部显然比《诗经》韵部少得多。当然这也可能是古经入韵字少，对汉字覆盖面太窄造成的。但是，就合韵的例子来看，其中元音相近者、元音相同而不属对转者也绝不相类，韵尾相同者差别也很大。古经韵系与《诗经》韵系也显然不是一个系统。当然，同《楚辞》韵系比较，差别就更明显。古经韵系应当早于《诗经》韵系、《楚辞》韵系。

因此，我们认为，古经协韵系统所反映的当是殷末周初的语音实际。

二、古经韵读

韵脚音值采郭锡良先生《汉字古音手册》上古拟音。

上　经

☰　乾　初九：潜龙（lĭwoŋ），

勿用（ʎĭwoŋ）。（东部）

九二：见龙在田（dien），

利见大人（ȵĭen）。

九三：君子终日乾乾，夕惕若厉，无咎。

九四：或跃在渊（iwen），无咎。

九五：飞龙在天（tʻien），

利见大人（ȵĭen）。（真部）

☷　坤　六二：直方，

大不习（zĭəp），

无不利（lĭĕt）。（缉质合韵）

六四：括囊（naŋ），

无咎（gĭəu），

无誉（ʎĭa）。（幽鱼合韵）

六五：黄裳（ʑĭaŋ），元吉。

上六：龙战于野，其血玄黄（ɣuaŋ）。

（与“囊”、“裳”协，阳部。包韵）

䷂　屯　六二：屯如邅（tĭan）如，

乘马班（pean）如。（元部）

匪寇（kʻo），

婚媾（ko）。（侯部）

女子贞不字(dzĭə),

十年乃字(dzĭə)。(之部)

上六:乘马班(pean)如,

泣血涟(lĭan)如。(元部)

䷃ 蒙 初筮告(kə̄uk),

再三渎(dŏk),

渎则不告(kə̄uk)。(觉屋合韵)

䷄ 需 九三:需于泥(niei),

致寇至(ȶĭĕt),(脂质通韵)

六四:需于血(xiwĕt),

出自穴(ɣiwĕt)。(质部)

䷅ 讼 有孚窒(tĭĕt),

惕中吉(kĭĕt),(质部)

终凶。

利见大人(ȵĭen),

不利涉大川(ȶʻĭwən)。(真文合韵)

䷆ 师 六五:长子帅师(ʃĭei),

弟子舆尸(ɕĭei),(脂部)

贞凶。

䷈ 小畜 初九:复自道(dəu),

何其咎(gĭəu),(幽部)

吉。

九二:牵复(bĭə̆uk),吉。

九三:舆说辐(依段玉裁校,当作"輹")

(bĭə̆uk),

夫妻反目(mĭə̆uk)。(觉部)

上九：既雨（ʎĭwɑ），

既处（ȶʻĭa），（鱼部）

尚德载。

䷉ 履 六三：眇能视（ʑiei），

跛能履（lĭei），

履虎尾（mĭwəi），（脂微合韵）

咥人，凶。

䷊ 泰 九二：包荒（xuɑŋ），

用冯河，不遐遗；

朋亡（mĭwaŋ），

得尚于中行（ɣaŋ）。（阳部）

六四：翩翩（pʻĭen），

不富以其邻（lĭen），（真部）

不戒以孚。

䷋ 否 九五：其亡（mĭwɑŋ），

其亡（mĭwɑŋ），

系于苞桑（sɑŋ）。（阳部）

上九：倾否（pĭwə），

先否（pĭwə），

后喜（xĭə）。（元部）

䷌ 同人 九三：伏戎于莽，

升其高陵（lĭəŋ），

三岁不兴（xĭəŋ）。（蒸部）

九四：乘其墉（ʎĭwoŋ），

弗克攻（koŋ），（东部）

吉。

九五:同人,

先号咷(dau)

而后笑(sǐau),(宵部)

大师克,相遇。

䷍ 大有 九三:公用亨于天子(tsǐə),

小人弗克(k'ǎk)。(元职通韵)

䷐ 随 上六:拘系(ɣiēk)之,

乃从维(ʎiwəi)之,(锡微合韵)

王用亨于西山。

䷓ 观 六四:观国之光(kuɑŋ),

利用宾于王(ɣiwɑŋ)。(阳部)

䷔ 噬嗑 六三:噬腊肉(ȵǐǒuk),

遇毒(dǒuk),(觉部)

小吝,无咎。

九四:噬干胏(tʃǐei),

得金矢(ɕǐei),(脂部)

利艰贞,吉。

䷕ 贲 六二:贲其须(sǐwo)。

九三:贲如濡(ȵǐwo)如,(侯部)

永贞吉。

六四:贲其皤(bua)如,

白马翰(ɣan)如。(元部)

非寇(k'o),

昏媾(ko)。(侯部)

六五:贲于丘园(ɣǐwan),

束帛戋戋(dzan),(元部)

吝，终吉。

䷖ 剥　上九：硕果不食，
君子得舆（ʎĭa），
小人剥庐（lɑ）。（鱼部）

䷘ 无妄　六二：不耕获（ɣoǎk），
不菑畬（ɕiɑ），（铎鱼通韵）
则利有攸往。

六三：无妄之灾（tsə），
或系之牛（ŋĭwə），
行人之得，
邑人之灾（tsə）。（之部）

䷙ 大畜　九二：舆说輹（bĭǝuk）。
九三：良马逐（dĭǝuk），
利艰贞，曰闲舆卫，利有攸往。
六四：童牛之牿（kǝ̄uk），（觉部）
元吉。
六五：豮豕之牙（ŋeɑ），吉。
上九：何天之衢（gĭwɑ），（鱼部）
亨。

䷚ 颐　初九：舍尔灵龟（kĭwə），
观我朵颐（ʎĭə），（之部）
凶。

䷛ 大过　九二：枯杨生稊（diei），
老夫得其女妻（ts'iei）·（脂部）
无不利。
九五：枯杨生华（ɣoa），

老妇得其士夫(pĭwa),

无咎无誉(ʎĭa)。(鱼部)

☵ 坎 有孚,

维心亨(xĭaŋ),

行有尚(ʑĭɑŋ),(阳部)

初六:习坎(k‘an),

入于坎窞(ɣeam),(谈部)

凶。

六三:来之坎坎(k‘am),

险且枕(读如“沈”,dĭəm)

入于坎窞(ɣeam),(谈侵合韵)

勿用。

六四:樽酒簋(kĭəu),

贰用缶(pĭəu),

纳约自牖(ʎĭəu),

终无咎(gĭəu)。(幽部)

九五:坎不盈(ʎĭeŋ),

既平(bĭeŋ),(耕部)无咎。

上六:系用徽纆(mək),

于丛棘(kĭək),

三岁不得(tək),(职部)

凶。

☲ 离 九三:日昃之离(lĭa),

不鼓缶而歌(ka),

则大耋之嗟(tsia),(歌部)

凶。

九四：突如，其来如，焚如，

死（sĭei）如，

弃（k'ĭēt）如。（脂质通韵）

六五：出涕沱（da）若，

戚嗟（tsia）若，（歌部）

吉。

上九：王用出征，

有嘉折首（ɕĭəu），

获匪其丑（t'ĭəu），（幽部）

无咎。

下　经

䷞ 咸　九四：贞吉，悔亡。

憧憧往来（lə），

朋从尔思（sĭə）。（之部）

䷡ 大壮　九三：小人用壮（tʃĭaŋ），

君子用罔（mĭwaŋ），（阳部）

贞厉。

上六：羝羊触藩，

不能退（t'uə̄t），

不能遂（ziwə̄t），

无攸利（lĭēt），（物质合韵）

艰则吉。

䷢ 晋　初六：晋如摧如，贞吉，

罔孚裕（ʎĭwōk），

无咎（gĭəu）。（屋幽合韵）

六二:晋如愁如,贞吉,

受兹介福(bǐwə̆k),

于其王母(mə)。(职之通韵)

䷣ 明夷 初九:明夷于飞,垂其翼(ʎĭə̆k)。

君子于行,三日不食(ȡĭə̆k)。(职部)

有攸往,主人有言。

六二:明夷夷于左股(kɑ),

用拯马(meɑ),(鱼部)

壮吉。

九三:明夷于南狩(ɕĭəu),

得其大首(ɕĭəu),(幽部)

不可疾贞。

䷤ 家人 六二:无攸遂(ziwə̄t),

在中馈(ɡiwə̄t),(物部)

贞吉。

䷥ 睽 初九:悔亡。

丧马,

勿逐(dĭə̆uk)。

自复(bĭə̆uk)。(觉部)

见恶人无咎。

六三:见舆曳(ʎĭɑ̄t),

其牛掣(ȶ'ĭɑ̆t),

其人天且劓(ŋĭēt),(月质合韵)

无初有终。

九四:睽孤(kɑ),

遇元夫(bĭwɑ),

交孚(pʻĭəu),

厉无咎(gĭəu)。

六五:悔亡。

厥宗噬肤(pĭwɑ),(与“孤”“夫”协,鱼部)

往何咎(gĭəu)。(与“孚”“咎”协,幽部)

上九:睽孤(kɑ)

见豕负涂(dɑ),

载鬼一车(ȶʻiɑ)

先张之弧(ɣa),

后说之弧(ɣa)。(鱼部)

匪寇(kʻo),

婚媾(ko)。(侯部)

往遇雨则吉。

䷦ 蹇 初六:往蹇来誉(ʎĭa),

六二:王臣蹇蹇,

匪躬之故(kɑ)。(鱼部)

九三:往蹇来反(pĭwan)。

六四:往蹇来连(lĭan)。(元部)

䷧ 解 利西南。

无所往,

其来复(bĭŏuk),吉,

有攸往夙(sĭŏuk),吉。(觉部)

䷨ 损 有孚,元吉,无咎。

可贞,利有攸往(ɣĭwaŋ);

曷之用二簋,要用享(xĭaŋ)。(阳部)

六五:或益之十朋之龟(kĭwə),

弗克违（ɣĭwəi），（之微合韵）
元吉。

䷩ 益 六二：
或益之十朋之龟（kĭwə），
弗克违（ɣĭwəi），（之微合韵）
永贞吉。

上九：草益（ĭĕk）之，
或击（kiĕk）之，（锡部）
立心勿恒，凶。

䷪ 夬 九四：臀无肤（pĭwa），
其行次且（tsʻiɑ），（鱼部）
牵羊悔亡，
闻言不信。

䷫ 姤 九二：包有鱼（ŋĭa），
无咎，不利宾。

九三：臀无肤（pĭwa），
其行次且（tsʻiɑ），
厉，无大咎。

九四：包无鱼（ŋĭa），
起凶。

九五：以杞包瓜（koɑ），（鱼部）
含章，有损自天。

䷬ 萃 初六：有孚不终，乃乱乃萃，
若号（ɣau），
一握为笑（sĭau），
勿恤，

往无咎（gĭəu）。（宵幽合韵）

上六：赍咨（tsĭei），

涕洟（ɦĭei），（脂部）

无咎。

䷮ 困 初六：臀困于株木（mŏk），

入于幽谷（kŏk），

三岁不觌（dĭŏk）。（屋部）

九二：困于酒食（ȡĭək），

朱绂方来（lə），

利用享祀（zĭə），（职之通韵）

征凶，无咎。

六三：困于石，

据于蒺藜（liei），

入于其宫，

不见其妻（ts'iei），（脂部）

凶。

九四：来徐徐（zĭɑ），

困于金车（ʨ'iɑ），（鱼部）

吝，有终。

九五：劓刖（ŋĭwăt），

困于赤绂（pĭwăt），

乃徐有说（ɕĭwăt），（月部）

利于祭祀。

上六：困于葛藟（liwəi），

于鶃卼（ŋĭwa），（微歌合韵）

曰动悔，有悔，征吉。

䷯ 井 九二:井谷射鲋(bĭwo),
瓮敝漏(lo)。(侯部)
九三:井渫不食(ȡĭək),
为我心恻(tʃʻĭək)。
可用汲,
王明并受其福(pĭwək),
(职部)

䷰ 革 上六:君子豹变(pĭan)
小人革面(mĭan),(元部)
征凶,居贞吉。

䷱ 鼎 初六:鼎颠趾(ȶĭə),
利出否(pĭwə),
得妾以其子(tsĭə),(之部)
无咎。
九二:鼎有实(ȡĭĕt),
我仇有疾(dzĭĕt),
不我能即(tsĭĕt),(质部)
吉。
九三:鼎耳革(keək),
其行塞(sək),
雉膏不食(ȡĭək),(职部)
方雨,亏,悔,终吉。
九四:鼎折足(tsĭwɔk),
覆公餗(sɔk),
其形渥(eɔk),(屋部)
凶。

䷲ 震 亨，

震来虩虩(xiǎk)，

笑言哑哑(eāk)，(铎部)

震惊百里，

不丧匕鬯。

初九：震来虩虩(xiǎk)，

后笑言哑哑(eāk)，(铎部)

吉。

六二：震来厉(lĭāt)，

亿丧贝(pāt)，(月部)

跻于九陵，勿逐，七日得。

上六：震索索(sǎk)，

视矍矍(kĭwǎk)，(铎部)

征凶。

䷳ 艮 艮其背，不获其身(ç̌ĭen)，

行其庭，不见其人(ȵĭen)，(真部)

无咎。

六五：艮其辅(bĭwɑ)，

言有序(zĭɑ)，(鱼部)

悔亡。

䷴ 渐 初六：鸿渐于干(kan)，

小子厉有言(ŋĭan)，(元部)

无咎。

六二：鸿渐于磐(buan)，

饮食衎衎(k‘an)，(元部)

吉。

九三:鸿渐于陆(lĭəuk),
夫征不复(bĭəuk),
妇孕不育(ʎĭəuk),(觉部)
凶,利御寇。

六四:鸿渐于木(nŏk),
或得其桷(keŏk),(屋部)
无咎。

九五:鸿渐于陵(lĭəŋ),
妇三岁不孕(ʎĭəŋ);
终莫之胜(ɕĭəŋ),(蒸部)
吉。

上九:鸿渐于陆(lĭəuk),
其羽可用为仪(ŋĭa),(觉歌合韵)
吉。

䷵ 归妹 初九:归妹以娣(diei),
跛能履(lĭei),
征吉。

九二:眇能视(ʑiei),
利幽人之贞。

六三:归妹以须,
反归以娣(diei)。(脂部)

九四:归妹愆期(gĭə),
迟归有时(ʑĭə)。(之部)

六五:帝乙归妹,
其君之袂不如其娣之袂良
(lĭaŋ),

月几望(mĭwɑŋ)。(阳部)

吉。

上六:女承筐(k'ĭwɑŋ),

无实(ȡĭĕt),

士刲羊(ʎĭɑŋ),(与"筐"协,阳部)

无血(xiwĕt),(与"实"协,质部,交韵)

无攸利。

䷶ 丰 六二:丰其蔀(bə),

日中见斗(to),

往得疑疾,

有孚发若(ȵĭăk),(之侯铎合韵)

吉。

九三:丰其沛(p'āt),

日中见沬(muăt),(月部)

折其右肱,无咎。

九四:丰其蔀(bə),

日中见斗(to),

遇其夷主(ţĭwo),(之侯合韵)

吉。

上六:丰其屋(ŏk),

蔀其家,

窥其户,

阒其无人,

三岁不觌(dĭŏk),(屋部)

凶。

䷷ 旅 六二:旅即次(ts'ĭei),

怀其资(tsĭei),(脂部)
得童仆。

九四:旅于处(ȶʻĭɑ),
得其资斧(pĭwo),(鱼侯合韵)
我心不快。

上九:鸟焚其巢(ʤeau),
旅人先笑(sĭau),
后号咷(dau),(宵部)
丧牛于易,凶。

䷸ 巽　九二:巽在床下(ɣea),
用史巫纷若(ȵĭɑk),(鱼铎通韵)
吉,无咎。

上九:巽在床下(ɣea),
丧其资斧(pĭwo),(鱼侯合韵)
贞凶。

䷺ 涣　六四:涣其群(gĭwən),
元吉。
涣有丘(kʻĭwə)
匪夷所思(sĭə)。(文之合韵)

䷼ 中孚　九二:鸣鹤在阴,
其子和(ɣua)之。
我有好爵,
吾与尔靡(mĭa)之。(歌部)

六三:得敌,
或鼓或罢(bea),
或泣或歌(ka)。(歌部)

六四：月几望（mǐwaŋ），
马匹亡（mǐwaŋ），（阳部）
无咎。

䷽ 小过 六二：过其祖，遇其妣。
不及其君（kǐwən），
遇其臣（ʑǐen），（文真合韵）
无咎。

九三：弗过防（bǐwaŋ）之，
从或戕（dzǐaŋ）之，（阳部）
凶。

上六：弗遇过（kua）之，
飞鸟离（lǐa）之，（歌部）
凶，是谓灾。

䷿ 未济 亨。
小狐汔济（tsiei），
濡其尾（mǐwəi），（脂微合韵）
无攸利。

上九：有孚于饮酒（tsǐəu），
无咎（gǐəu）。
濡其首（ɕǐəu），（幽部）
有孚失是。

三、韵考韵读的启示

现在该谈对于古经其他方面研究的意见了。

（一）关于古经产生的时代与作者

古经产生的时代与作者，一直是《周易》研究者所关注的一个重要问题。各自站在所持的立场，提出了不同的见解，异说纷纭。

郭沫若在《周易时代的社会生活》补注一说：“《周易》是战国前半馯臂子弓所作。”[②]李镜池说：“应是西周末年的著作”，“它的作者就是西周末年的一位筮官。”[③]高亨说：“大抵成于周初”，“其或文王、周公对于此书有订补之功欤？”[④]刘大钧说：“必定经过了多人的采辑、订正，最后到殷末周初才成为今天的样子。”[⑤]产生时代，有的说战国，有的说西周末，有的说周初，有的说殷末周初；作者，有的说馯臂子弓，有的说一位筮官，有的不说撰人仅说文王周公有订补之功，有的说多人的采辑订正。

但究竟怎么样呢？关于古经的写作时代，上文我们说过，古经的韵部系统反映了殷末周初的语音实际，那么，它的成书时代也只能是殷末周初的时代。惟刘大钧说得之。

至于作者，司马迁早已言得明白，为文王所作。《史记·周本纪》：“西伯盖即位五十五年。其囚羑里，盖益《易》之八卦为六十四卦。”又《报任安书》：“盖西伯拘而演《周易》。”西伯就是武王定天下后所追谥的文王。所谓“益”，所谓“演”，当包括重卦和写出卦辞爻辞在内。司马氏距殷末周初不到九百年，相当于现今之于南宋，殷商乃至西周，学在官府，精通学术者无多，世传典籍也无多，且司马氏世代为周史官，初巫史不分，至汉则掌“文史星历，近乎卜祝之间”，司马氏对世业的典籍，熟谙如家珍，因此，从文献学的观点看，司马迁对《周易》

古经的作者当不会记错，他的话是确凿可靠的。因而，班固《汉书·艺文志》信之不疑，并进一步认定说："至于殷周之际，纣在上位，逆天暴物，文王以诸侯而行道，天人之占可得而效，于是重《易》六爻，作《上下篇》。""上下篇"就是古经的上经下经。

但是，唐宋以后，疑古之风大起，近代以来，更争以异说为胜，于是，古经作者遂成了一笔糊涂账。疑古者最有力的证据是孔子在《周易大传·系辞下》所说的两段话："《易》之兴也，其于中古乎？作《易》者，其有忧患乎？""《易》之兴也，其当殷之末世周之盛德邪？当文王与纣之事邪？"据此，郭沫若推论说："这重卦的，系辞的，究竟是什么人，这在作《易传》的人已经是不明白的。""像这样关于《易》的作者与时代，一问再问地不敢决定下去，这是很慎重的，而且这些很慎重的质疑我们还可以看出是有相当的根据。""主张文王重卦的都是汉人，在他们以前并没有何种根据。"[⑥]高亨推论说："可见何人作《周易》，晚周人不能确言，仅疑其作于殷周之交而已。"[⑦]"未肓为文王所作。"[⑧]并断言司马迁、班固之说"先秦人未尝言之，恐不可信"[⑨]。郭氏、高氏实在是误解了这两段话的意思。首先，我们有《周易大传韵考韵读》以充足的证据论定《易传》为孔子所作无疑。孔子生在"礼乐与周同"的鲁国，当春秋之末，距文王生活的时代仅五百余年，相当于我们现今之于明代。孔子尊文王，赞扬周文化"郁郁乎文哉"[⑩]，以为文王死后，他就是周文化的自然继承人，[⑪]又喜《周易》，读《易》韦编三绝。[⑫]对于古经的时代与作者，自然十分明了。但孔子著书有一个特点，那就是《公羊传·闵公元年》所说的"为尊者讳，为亲者讳，为贤者讳"。《穀梁传·成公九年》说得更具体："为尊者讳耻，为亲者讳疾，为贤者讳过。”据《史记·周本纪》载，殷纣之末，文王遵后稷、公刘之业，效古公、公季之法，笃实仁义，敬老慈少，礼下贤者，士人很多归向了他，为此，受到崇侯虎的诬陷，纣王拘囚了他，投于羑里狱中。古经便是在羑里狱中写成的。受囚拘，不管怎么讲，都是件耻辱的事情。论述古经的作者，如果明确点出是文王，就必定要涉及写作的时间、地点，这就会触痛孔子的大讳。所以他在《系辞下》两次说到作者与时代，都躲躲闪闪，若明若暗，用了隐蔽而暗示的手法。言《易》“兴于中古”、“当殷之末世周之盛德”，不正是说古经产生于中古当殷世衰微周德将兴的时候吗？言作者“有忧患”、“当文王与纣之事”，不正是说作者就是受到诬陷，被纣王囚禁了的文王吗？懂得了孔子的避讳手法，就懂得了《系辞下》的两段话其实是文王作古经的最早的根据。

当然，文王作古经恐怕也有所借鉴，至少是借鉴了原始社会后期以来一直流传在人们口头的一些民歌，借鉴了夏商以来卜祝口头记诵的一些巫歌。

(二)关于古经的文学价值

过去人们研究古经，由占筮、哲学角度者居多，很少有从文学立场探讨的。其实，古经是我国文学比《诗经》还要早的民歌、巫歌。我们看，古经韵文部分，大多是二字句、三字句、四字句不等的短歌：

括囊，　像扎紧口的袋子一样，
无咎，　就既没有灾殃，
无誉。　也没有誉扬。(《坤》六四)

这是用比喻手法描写处于险恶环境中的人，应当怎样谨言慎行及其结果。

女承筐， 青年女子双手捧着果筐，
无实； 却没有接到一粒鲜果样；
士刲羊， 青年男子举刀刺向羊，
无血。 却没有一滴血液流淌。（《归妹》上六）

这是描写青年男女婚礼的准备，但不顺利，于《易》比喻不吉之兆。

鸣鹤在阴， 老鹤站在丛荫中鸣叫，
其子和之。 子女们在远处应和。
我有好爵， 我杯中有甘旨美酒，
吾与汝靡之。 一定要跟你同乐。

这是描写人们彼此沟通，互相信诚。前两句颇具《诗经》比兴之趣。

其实，全部古经都是供占筮者吟唱的巫歌，其前身有的则是采自民歌。至于其中还有些不协韵的成分，那是诗歌初创时期所不可避免的，即使《诗经》中，也有不协韵的句子和不协韵的篇章。

句子简单，句调质朴，歌义纯真，正反映了文学之始的形态。作者另有《周易古经是中国最古的歌》一文详细论述。

（三）关于古经的标点

通过分析古经的韵脚，我们发现近现代《易经》研究著作标点错误者不少。以《坎》卦为例，卦辞："有孚，维心亨，行有尚。"谓人有诚意，以心献祭，行为即有事功与之相配。"亨"、"尚"协阳部韵。高亨标点为："有孚维心，亨，行有尚。"[13]李镜池标点为："有孚，维心。亨。行有尚。"[14]读破了韵，自然也破了句，语义凌乱不堪，异解蜂出。初六："习坎，入于坎窞，凶。"谓反复遇到坑坎，坠入其最深者，有大凶。"坎"、"窞"协谈部韵。高亨标点为："习坎，入于坎，窞，凶。"也破了韵。六三："来之坎坎，险且枕，入于坎窞，勿用。"谓人来到前后都有坎的境地，危险且深重，一动就会坠入最深之处，千万不要动。"坎"、"枕"、"窞"侵谈合韵。高亨标点为："来之坎，坎险且枕，入于坎，窞，勿用。"李镜池标点为："来之坎，坎险且枕，入于坎窞。勿用。"破了韵。六四："樽酒簋，贰用缶，纳约自牖，终无咎。"谓祭祀鬼神，用杯盛酒，用簋盛黍稷，辅助添加用缶，效纳约信于牖下，终究没有灾祸。"簋"、"缶"、"牖"、"咎"协幽部韵。"樽酒簋"是"樽酒簋黍"的略称，略称是为协韵的需要。东汉郑玄、虞翻尚知此意，自魏王弼以后，注者以为"樽酒簋"不好理解，便把"贰"属上读，于是，高亨标点为："樽酒簋贰用缶，纳约自牖，终无咎。"李镜池标点为："樽酒，簋贰，用缶。纳约自牖。终无咎。"因破了韵，也使语义不类。作者另有《周易古经标点商兑》一文详细论述。

注释

①赵诚《商代音系探索》，见赵诚《古代文字音韵论文集》，中华书局1991年版。

②⑥郭沫若《中国古代社会研究》，人民出版社1954年版。

③李镜池《周易通义》，中华书局1981年版。

④高亨《周易古经今注》，齐鲁书社1986年版。

⑤刘大钧《周易时代的社会生活》，见《中国古代社会研究》，人民出版社1954年版。

⑦⑨高亨《周易古经今注》，中华书局1984年版。

⑧《周易大传今注》，齐鲁书社1979年版。

⑩《论语·八佾》。

⑪《论语·子罕》。

⑫《史记·孔子世家》。

⑬高亨《周易古经今注》、《周易大传今注》,下引同。

⑭李镜池《周易通义》,下引同。

(发表于《山东大学学报》1994 年第 3 期)

《象传》韵考

摘要：本文据《象传》解释古经六十四卦卦名、卦辞、卦义的特点，认定《象传》为六十四章，逐章考证了其押韵韵部，共得出二百四十一个韵脚字，即二百四十一个韵句；又据换韵与语义特征，考证了《象传》的语义段。二百四十一个韵脚字分布于古韵十八部中，这为一系列的重要研究提供了基础。

关键词：象传；音韵；韵脚

一、《象传》韵考条例

《象传》是解释《周易》古经卦名、卦辞、卦义（主要是卦象义）的，但是，自古以来，断句不同，《象传》句子跟古经卦辞、卦义对号不同，因此，解说往往引一些无关的旧训，人言人异，差距很大。

《象传》绝大部分文字是押韵的。《象传》上下共分六十四个段落，一个段落对应古经一卦，等于一章。一章之中，如果押韵的话，一句话的韵脚字往往是断句的标志。一章之中，押同一个韵脚的，一般是一个韵段。一个韵段，往往有一个语义中心，所以换韵又往往是一个语义段的标志。这样，如果考察清楚了传文的韵脚字，断句、传文跟古经的语义关系就比较容易弄明白了。

韵文一般是活的语言的反映，一篇文字押韵方面的特点、韵类的归属，往往是该篇文字的时代性标志。这样，如果考察清楚了传文的押韵和韵类，传文的时代属性和性质也就有了比较可靠的根据。

为此，我们特作此《彖传》韵考。其条例如下：

1. 本《彖传》韵考，采用王力先生上古二十九部说，并根据南宋以来，吴棫、郑庠、顾炎武、江永、段玉裁、戴震、王念孙、姚文田、朱骏声、孔广森、江有诰、张成孙、夏炘、章炳麟、黄侃等学者的意见，加上一个"冬"部，成为上古韵三十部：之职蒸；支锡耕；鱼铎阳；侯屋东；宵药；幽觉冬；微物文；脂质真；歌月元；缉侵；盍谈。

2. 本《彖传》韵考音值拟测，采用郭锡良先生的《汉字古音手册》的拟测。

3.《彖传》的断句，一依韵脚字。彖传的语义段，一依韵段即换韵字。

二、《彖传》韵考

彖上传

1. 乾 · 彖

大哉乾"元"！万物资始，乃统天（真，ȶʻien）。

云行雨施，品物流形（耕，ɣieŋ）。

大明终始，六位时成（耕，ʑĭeŋ）。（耕部）

时乘六龙以御天（真，ȶʻien）。（真部）（包韵）

乾道变化，各正性命（耕，mĭeŋ）。

保合大和，乃"利贞"（耕，tĭeŋ）。

首出庶物，万国咸宁（耕，nieŋ）。（耕部）

2. 坤 · 彖

至哉坤"元"(元,ŋĭwan),

万物资生,乃顺承天(真,ȶ'ien)。(元真合韵)

坤厚载物,德合无疆(阳,kĭaŋ)。

含弘光大,品物咸"亨"(读如"享"。阳,xĭaŋ)。

"牝马"地类,行地无疆(阳,kĭaŋ)。

柔顺"利贞","君子"攸行(阳,ɣeaŋ)。

"先迷"失道,"后"顺"得"常(阳,ʑĭaŋ)。

"西南得朋",乃与类行(阳,ɣeaŋ)。

"东北丧朋",乃终有庆(阳,k'iaŋ)。

"安贞"之"吉",应地无疆(阳,kĭaŋ)。(阳部)

3. 屯 · 彖

屯,刚柔始交而难生(耕,ʃeŋ)。

动乎险中"大亨贞"(耕,tĭeŋ)。

雷雨之动满盈(耕,ʎĭeŋ)。

天造草昧,"宜建侯"而不宁(耕,nieŋ)。(耕部)

4. 蒙 · 彖

蒙,山下有险,险而止,蒙(东,moŋ)。

"蒙亨",以亨行时中(冬,tĭwəm)也。

"匪我求童蒙,童蒙求我",志应(蒸,ĭəŋ)也。

"初筮告",以刚中(冬,tĭwəm)也,

"再三渎,渎则不告",渎蒙(东,moŋ)也,

蒙以养正,圣功(东,koŋ)也。(东冬蒸合韵)

5. 需 · 彖

需,须也,险在前也,刚健而不陷,其义不困穷(冬,gĭwəm)矣。

需，“有孚，光亨，贞吉”，位乎天位，以正中（冬，tĭwəm）也。

“利涉大川”，往有功（东，koŋ）也。（东冬合韵）

6. 讼 · 象

讼，上刚下险，险而健，讼（东，zĭwoŋ）。

讼，“有孚窒，惕中吉”，刚来而得中（冬，tĭwəm）也。（东冬合韵）

“终凶”，讼不可成（耕，ʑĭeŋ）也。

“利见大人”，尚中正（耕，ʈĭeŋ）也。

“不利涉大川”，入于渊（真，iwen）也。（耕真合韵）

7. 师 · 象

象传无韵，不录。

8. 比 · 象

“比，吉”也[①]：比，辅也，下顺从（东，dzĭwoŋ）也。

“原筮元，永贞无咎”，以刚中（冬，tĭwəm）也。

“不宁方来”，上下应（蒸，ĭəŋ）也。

“后夫凶”，其道穷（冬，gĭwəm）也。（东冬蒸合韵）

9. 小畜 · 象

小畜，柔得位而上下应之，曰小畜。

健而巽，刚中而志行（阳，ɣeaŋ），

乃亨（读如“享”，阳，xĭaŋ）。

“密云不雨”，尚往（阳，ɣĭwaŋ）也。

“自我西郊”，施未行（阳，ɣeaŋ）也。（阳部）

---

① 王引之《经义述闻》卷二：“《朱子语类》曰：‘比，吉也’，也字衍。当云：‘比吉。比辅也，下顺从也。’‘比，辅也’解比字，‘下顺从也’解吉字。”

10. 履 · 彖

履,柔履刚(阳,kaŋ)也。

说而应乎乾,是以“履虎尾,不咥人”。

亨,刚中正,履帝位而不疚,光明(阳,miaŋ)也。(阳部)

11. 泰 · 彖

“泰,小往大来,吉。亨”,则是天地交而万物通(东,t‘oŋ)也,

上下交而其志同(东,doŋ)也,(东部)

内阳而外阴,内健而外顺,内君子而外小人,君子道长,小人道消也。

12. 否 · 彖

“否之匪人,不利君子贞,大往小来”,则是天地不交而万物不通(东,t‘oŋ)也,

上下不交而天下无邦(东,peoŋ)也,(东部)

内阴而外阳,内柔而外刚,内小人而外君子,小人道长,君子道消也。

13. 同人 · 彖

同人,柔得位得中,而应乎乾,曰同人。

“同人于野,亨。利涉大川”,乾行(阳,ɣeaŋ)也。

文明以健,中正而应,“君子”正(耕,ȶĭeŋ)。(阳耕合韵)

唯君子为能通天下之志。

14. 大有 · 彖

大有,柔得尊位大中,而上下应之,曰“大有”。

其德刚健而文明(阳,miaŋ),

应乎天而时行(阳,ɣeaŋ),

是以元亨(读如“享”。阳,xĭaŋ)。(阳部)

15. 谦·彖

谦，亨（读如“享”。阳，xĭɑŋ），

天道下济而光明（阳，miɑŋ），

地道卑而上行（阳，ɣeɑŋ）。（阳部）

天道亏盈而益谦，

地道变盈而流谦，

鬼神害盈而福谦，

人道恶盈而好谦。

谦，尊而光，卑而不可逾，“君子”之“终”也。

16. 豫·彖

豫，刚应而志行，顺以动，豫。

豫顺以动，故天地如之，而况“建侯行师”乎。

天地以顺动，故日月不过，而四时不忒（职，t‘ə̆k）。

圣人以顺动，则刑罚清而民服（职，bĭwə̆k）。（职部）

豫之时，义大矣哉！

17. 随·彖

彖传无韵，不录。

18. 蛊·彖

蛊，刚上而柔下，巽而止，蛊。

蛊“元亨”，而天下治（之，dĭə）也。

“利涉大川”，往有事（之，dʒĭə）也。

“先甲三日，后甲三日”，终则有始（之，ɕĭə），天行也。（之部）

19. 临·彖

临，刚侵而长，说而顺，刚中而应。

“大亨”以正，天之道（幽，dəu）也。

“至于八月有凶”，消不久（之，kĭwə）也。（幽之合韵）

20. 观·彖

大观在上，顺而巽，中正以观天下，观。

“盥而不荐，有孚颙若”，下观而化也。

观天之神道，而四时不忒（职，t'ə̆k），

圣人以神道设教，而天下服（职，bĭwə̆k）矣。（职部）

21. 噬嗑·彖

颐中有物曰噬嗑。

噬嗑而亨（读如“享”。阳，xĭaŋ），

刚柔分动而明（阳，miaŋ），

雷电合而章（阳，ȶĭaŋ）。

柔得中而上行（阳 ɣeaŋ）。（阳部）

虽不当位，“利用狱”也。

22. 贲·彖

贲“亨”，柔来而文刚（阳，kaŋ），

故亨（读如“享”。阳，xĭaŋ），

分，刚上而文柔，故“小利有攸往”（阳，ɣĭwaŋ）。（阳部）

刚柔交错，天文（文，mĭwən）也，文明以止，人文（文，mĭwən）也。（文部）

23. 剥·彖

剥，剥也，柔变刚（阳，kaŋ）也。

不利有攸往，小人长（阳，tĭaŋ）也。

顺而止之，观象（阳，zĭaŋ）也。

君子尚消息盈虚，天行（阳，ɣeaŋ）也。（阳部）

24. 复·彖

复“亨”，刚反，动而以顺行。

是以“出入无疾。朋来无咎”。

"反复其道,七日来复",天行(阳,ɣeaŋ)也。

"利有攸往",刚长(阳,tĭaŋ)也。

25. 无妄·象

象传无韵,不录。

26. 大畜·象

大畜,刚健笃实,辉光日新。

其德刚上而尚贤,能止健,大正(耕,ȶĭeŋ)也。

"不家食吉",养贤(真,ɣien)也。

"利涉大川",应乎天(真,ȶ'ien)也。(耕真合韵)

27. 颐·象

颐"贞吉",养正则吉也。

"观颐",观其所养(阳,ʎĭaŋ)也。

"自求口实",观其自养(阳,ʎĭaŋ)也。(阳部)

天地养万物,圣人养贤以及万民。

颐之时,大矣哉!

28. 大过·象

"大过",大者过(歌,kuɑ)也。

"栋挠",本末弱(药,ɳĭǎuk)也。(歌药合韵)

刚过而中,巽而说行(阳,ɣeaŋ)。

利有攸往(阳,ɣĭwaŋ),

乃"亨"(读如"享"。阳,xĭaŋ)。(阳部)

大过之时,大矣哉!

29. 坎·象

"习坎",重险也。水流而不盈,行险而不失其信。

"唯心亨"(读如"享"。阳,xĭaŋ),

乃以刚中(冬,tĭwəm)也。

"行有尚"(阳,ʑĭaŋ),(与"亨"协,阳部)

往有功(东,koŋ)也。(与冬协,合韵)(交韵)

天险,不可升(蒸,ɕĭəŋ)也。

地险,山川丘陵(东,lĭəŋ)也。(东蒸合韵)

王公设险,以守其国。

险之时,用大矣哉!

30. 离·彖

离,丽也。

日月丽乎天,百谷草木丽乎土(鱼,t'ɑ),

重明以丽乎正,乃化成天下(鱼,ɣeɑ),(鱼部)

柔丽乎中正,

故"亨",是以"畜牝牛吉"也。

彖下传

31. 咸·彖

咸,感也。

柔上而刚下(鱼,ɣeɑ),

二气感应以相与(鱼,ʎĭɑ),

止而说,男下女(鱼,nĭɑ),(鱼部)

是以"亨。利贞。取女吉"也。

天地感而万物化生(蒸,ʃeŋ),

圣人感人心而天下和平(耕,bĭeŋ)。(蒸耕合韵)

观其所感,而天地万物之情可见也。

32. 恒·彖

恒,久也。

刚上而柔下(鱼,ɣeɑ),

雷风相与(鱼,ʎĭɑ)。(鱼部)

巽而动(东,doŋ),

刚柔皆应(蒸,ĭəŋ)。(东蒸合韵)

恒。

“恒:亨。无咎。利贞”,久于其道也。

天地之道,恒久而不已(之,ʎĭə)也。

“利有攸往”,终则有始(之,ɕĭə)也。(之部)

日月得天而能久照,四时变化而能久成(耕,ʑĭeŋ);

圣人久于其道,而天下化成(耕,ʐĭeŋ)。(耕部)

观其所恒,而天地万物之情可见矣。

33. 遯·彖

“遯亨”,遯而亨(读如“享”。阳,xĭaŋ)也。

刚当位而应,与时行(阳,ɣeaŋ)也。

“小利贞”,浸而长(阳,tĭaŋ)也。(阳部)

遯之时,义大矣哉!

34. 大壮·彖

大壮(阳,tʃĭaŋ),

大者,壮(阳,tʃĭaŋ)也。

刚以动,故壮(阳,tʃĭaŋ)。

大壮“利贞”(耕,tĭeŋ),

大者,正(耕,ȶĭeŋ)也。(耕部)

正大,而天地之情可见也。

35. 晋·彖

晋,进也。

明出地上(阳,ʐĭaŋ),

顺而丽乎大明(阳,miaŋ),

柔进而上行(阳,ɣeaŋ)。(阳部)

是以"康侯用锡马蕃庶,昼日三接"也。

36. 明夷·彖

彖传无韵,不录。

37. 家人·彖

家人,女正位乎内(物,nuə̄t),

男正位乎外(月,ŋuāt)。(物月合韵)

男女正,天地之大义也。

家人有严君焉,父母之谓也。

父父,子子(之,tsĭə),

兄兄,弟弟(脂,diei),

夫夫,妇妇(之,bĭwə),(之脂合韵)

而家道正(耕,ţĭeŋ)。

正家而天下定(耕,dieŋ)矣。(耕部)

38. 睽·彖

睽,火动而上,泽动而下。

二女同居,其志不同行(阳,ɣeaŋ),

说而丽乎明(阳,miaŋ),

柔进而上行(阳,ɣeaŋ),

得中而应乎刚(阳,kaŋ),(阳部)

是以"小事吉"。

天地睽而其事同(东,doŋ)也,

男女睽而其志通(东,t'oŋ)也。(东部)

万物睽其事类也。

睽之时,用大矣哉!

39. 蹇·彖

蹇,难也,险在前也。见险而能止,知矣哉。

蹇，"利西南"，往得中(冬，tǐwəm)也。

"不利东北"，其道穷(冬，gǐwəm)也。(冬部)

"利见大人"，往有功(东，koŋ)也。

当位"贞吉"，以正邦(东，peoŋ)也。(东部)

蹇之时，用大矣哉！

40. 解・彖

解，险以动。

动而免乎险，解。

"解利西南"，往得众(冬，ȶǐwəm)也。

"其来复，吉"，乃得中(冬，tǐwəm)也。

"有攸往夙，吉"，往有功(东，koŋ)也。(冬东合韵)

天地解而雷雨作(铎，tsǎk)，

雷雨作而百果草木皆甲坼(铎，t'eǎk)。(铎部)

解之时，大矣哉！

41. 损・彖

损，损下益上(阳，ʐǐaŋ)，

其道上行(阳，ɣeaŋ)。(阳部)

损而"有孚，元吉，无咎。可贞，利有攸往(阳，ɣǐwaŋ)，

曷之用二簋，可用亨"(读如"享"。阳，xǐaŋ)，

二簋应有时，损刚益柔有时，损益盈虚，与时偕行(阳，ɣeaŋ)。(阳部)

42. 益・彖

益，损上益下，民说无疆(阳，kǐaŋ)；

自上下下，其道大光(阳，kuaŋ)；

"利有攸往"，中正有庆(阳，k'iaŋ)；

"利涉大川"，木道乃行(阳，ɣeaŋ)；

益动而巽，日进无疆（阳，kĭaŋ）；

天施地生，其益无方（阳，pĭwaŋ）。

凡益之道，与时偕行（阳，ɣeaŋ）。（阳部）

43. 夬·彖

夬，决也，刚决柔也。健而说，决而和。

“扬于王庭”，柔乘五刚（阳，kaŋ）也。

“孚号，有厉”，其危乃光（阳，kuaŋ）也。（阳部）

“告自邑，不利即戎”，所尚乃穷（冬，gĭwəm）也。

“利有攸往”，刚长乃终（冬，ȶĭwəm）也。（冬部）

44. 姤·彖

姤，遇也，柔遇刚（阳，kaŋ）也。

“勿用取女”，不可与长（阳，tĭaŋ）也。

天地相遇，品物咸章（阳，ȶĭaŋ）也；

刚遇中正，天下大行（阳，ɣeaŋ）也。（阳部）

姤之时，义大矣哉！

45. 萃·彖

萃，聚也。顺以说，刚中而应，故聚也。

“王假有庙”，致孝享（阳，xĭaŋ）也；

“利见大人。亨”，聚以正（耕，ȶĭeŋ）也；

“用大牲吉，利有攸往”，顺天命（耕，mĭeŋ）也。（阳耕合韵）

46. 升·彖

柔以时升，巽而顺，刚中而应，是以大亨（读如“享”。阳，xĭaŋ）。

“用见大人，勿恤”，有庆（阳，k‘iaŋ）也。

“南征吉”，志行（阳，ɣeaŋ）也。（阳部）

47. 困·彖

困，刚揜也。

险以说，困而不失其所，亨，其唯君子乎。

“贞大人吉”，以刚中（冬，tĭwəm）也；

“有言不信”，尚口乃穷（冬，gĭwəm）也。（冬部）

48. 井·彖

巽乎水而上水，井，井养而不穷（冬，gĭwəm）也。

“改邑不改井”，乃以刚中（冬，tĭwəm）也。（冬部）

“汔至”亦未“繘井”，未有功（东，koŋ）也。

“羸其瓶，”是以“凶”（东，xĭwoŋ）也。（东部）

49. 革·彖

革（职，keə̌k），

水火相息（职，sĭə̌k），

二女同居，

其志不相得（职，tə̌k），

曰革（职，keə̌k）。（职部）

“巳日乃孚”，革而信（真，sĭen）之。

文明以说，“大亨”以正（耕，ȶĭeŋ）。（真耕合韵）

革而当（阳，tɑŋ），

其“悔”乃“亡”（阳，mĭwɑŋ）。（阳部）

天地革而四时成（耕，ʑĭeŋ）。

汤武革命（耕，mĭeŋ），

顺乎天而应乎人（真，ȵĭen）。（耕真合韵）

革之时，大矣哉！

50. 鼎·彖

鼎象也以木巽火，亨饪也。

圣人亨以享上帝，而大亨以养圣贤。

巽而耳目聪明（阳，miɑŋ），

柔进而上行（阳，ɣeɑŋ），

得中而应乎刚（阳，kɑŋ），

是以"元亨"（读如"享"。阳，xĭɑŋ）。（阳部）

51. 震・彖

震，"亨"。

"震来虩虩"，恐致福（职，pĭwək）也。

"笑言哑哑"，后有则（职，tsək）也。（职部）

"震惊百里"，惊远而惧迩也。

"不丧匕鬯"，出可以守宗庙社稷，以为祭主也。

52. 艮・彖

艮，止也。

时止则止，时行则行（阳，ɣeɑŋ）。

动静不失其时，其道光明（阳，miɑŋ）。（阳部）

艮其止，止其所（鱼，ʃĭwɑ）也。

上下敌应，不相与（鱼，ʎĭɑ）也。（鱼部）

是以不获其身，行其庭，不见其人，无咎也。

53. 渐・彖

渐之进也。

"女归吉"也。

进得位，往有功（东，koŋ）也。

进以正，可以正邦（东，peoŋ）也。（东部）

其位刚，得中（冬，tĭwəm）也。

止而巽动，不穷（冬，gĭwəm）也。（冬部）

54. 归妹·彖

归妹,天地之大义也。

天地不交,而万物不兴。

归妹,人之终始也。

说以动,所归妹也。

“征凶”,位不当(阳,taŋ)也。

“无攸利”,柔乘刚(阳,kaŋ)也。(阳部)

55. 丰·彖

丰,大也。

明以动,故丰。

“王假之”,尚大也。

“勿忧,宜日中”,宜照天下也。

日中则昃(职,tʃĭək),

月盈则食(职,ȡĭək),

天地盈虚,与时消息(职,sĭək),(职部)

而况于人(真,ȵĭen)乎?

况于鬼神(真,ȡĭen)乎?(真部)

56. 旅·彖

“旅”,小亨(读如“享”。阳,xĭaŋ),

柔得中乎外而顺乎刚(阳,kaŋ)。

止而丽乎明(阳,miaŋ),(阳部)

是以“小亨。旅贞吉”也。

57. 巽·彖

重巽以申命。

刚巽乎中正而志行(阳,ɣeaŋ),

柔皆顺乎刚(阳,kaŋ),(阳部)

是以"小亨。利有攸往。利见大人"。

58. 兑·彖

兑,说也。

刚中而柔外,说以"利贞"(耕,tĭeŋ),

是以顺乎天而应乎人(真,ȵĭen)。(耕真合韵)

说以先民,民忘其劳。

说以犯难,民忘其死。

说之大,民劝矣哉!

59. 涣·彖

"涣亨",刚来而不穷(冬,ɡĭwəm),

柔得位乎外而上同(东,doŋ)。

"王假有庙",王乃在中(冬,tĭwəm)也。

"利涉大川",乘木有功(东,koŋ)也。(冬东交韵)

60. 节·彖

"节亨",刚柔分而刚得中(冬,tĭwəm)。

"苦节不可贞",其道穷(冬,ɡĭwəm)也。

说以行险,当位以节,中正以通(东,tʻoŋ)。(冬东合韵)

天地节而四时成(耕,ʑĭeŋ)。

节以制度,不伤财,不害民(真,mĭen)。(耕真合韵)

61. 中孚·彖

"中孚",柔在内而刚得中(冬,tĭwəm)。

说而巽,孚乃化邦(东,peoŋ)也。(冬东合韵)

"豚鱼,吉",信及豚鱼(鱼,ŋĭɑ)也。

"利涉大川",乘木舟虚(鱼,xĭɑ)也。(鱼部)

"中孚"以"利贞"(耕,tĭeŋ),

乃应乎天(真,tʻien)也。(耕真合韵)

62. 小过·彖

“小过”，小者过而亨（读如“享”。阳，xǐɑŋ）也。

“过”以“利贞”，与时行（阳，ɣeaŋ）也。（阳部）

柔得中，是以“小事吉”也。

刚失位而不中，是以“不可大事”也。

有“飞鸟”之象焉，“飞鸟遗之音，不宜上，宜下，大吉”，上逆而下顺也。

63. 既济·彖

“既济亨”，小者亨（读如“享”。阳，xǐɑŋ）也。

“利贞”，刚柔正而位当（阳，tɑŋ）也。（阳部）

“初吉”，柔得中（冬，tǐwəm）也。

终止则乱，其道穷（冬，gǐwəm）也。（冬部）

64. 未济·彖

“未济亨”，柔得中（冬，tǐwəm）也。

“小狐汔济”，未出中（冬，tǐwəm）也。

“濡其尾，无攸利”，不续终（冬，ȶǐwəm）也。

虽不当位，刚柔应（蒸，ǐəŋ）也。（冬蒸合韵）

三、《彖传》入韵字结论

1.《彖传》入韵字分部统计如下：

之部（八字）：治、事、始、久、已、始、子、妇。

职部（十三字）：忒、服、忒、服、革、息、得、革、福、则、昃、实、息。

蒸部（六字）：应、应、升、生、应、应。

耕部（二十八字）：形、成、命、贞、宁、生、贞、盈、宁、成、正、正、正、平、成、成、贞、正、正、定、正、命、正、成、命、贞、成、贞。

鱼部（十一字）：土、下、下、与、女、下、与、所、与、鱼、虚。

铎部（二字）：作、坼。

阳部（九十五字）：疆、亨、疆、行、常、行、庆、疆、行、亨、往、行、刚、明、行、明、行、亨、亨、明、行、亨、明、章、行、刚、亨、往、刚、长、象、行、行、长、养、养、行、往、享、亨、尚、亨、行、长、壮、壮、壮、上、明、行、行、明、行、刚、上、行、往、亨、行、疆、光、庆、行、疆、方、行、刚、光、刚、长、章、行、享、亨、庆、行、当、亡、明、行、刚、亨、行、明、当、刚、亨、刚、明、行、刚、亨、行、亨、当。

东部（二十六字）：蒙、蒙、功、功、讼、从、通、同、通、邦、功、陵、动、同、通、功、邦、功、功、凶、功、邦、同、功、通、邦。

药部（一字）：弱。

幽部（一字）：道。

冬部（三十字）：中、中、穷、中、中、中、穷、中、中、穷、众、中、穷、终、中、穷、穷、中、中、穷、穷、中、中、穷、中、中、穷、中、中、终。

物部（一字）：内。

文部（二字）：文、文。

脂部（一字）：弟。

真部（十三字）：天、天、天、渊、贤、天、信、人、人、神、人、民、天。

歌部（一字）：过。

月部（一字）：外。

元部（一字）：元。

2.《彖传》入韵字共二百四十一字次。

3.《彖传》入韵字分布于上古韵十八个韵部中。

4.《彖传》入韵字字数，也就是《彖传》韵句的句数。这为

《象传》断句提供了最有力的根据。同时,也为《象传》语法句研究提供了对比的对象。

5.《象传》的换韵为语义段的划分提供了重要根据。

6.《象传》韵考为对《象传》进行一系列重要研究提供了基础,因篇幅太长,容另文报告。

参考文献

[1]刘大钧《周易概论》,齐鲁书社 1988 年版。

[2]刘大钧、林忠军《周易传文白话解》,齐鲁书社 1993 年版。

[3]高亨《周易大传今注》,齐鲁书社 1979 年版。

[4][清]李道平《周易集解纂疏》,中华书局 1994 年版。

[5]王力《诗经韵读》,上海古籍出版社 1980 年版。

[6]郭锡良《汉字古音手册》,北京大学出版社 1986 年版。

(发表于《周易研究》2003 年第 1 期)

训诂学研究

竹书《易》、帛书《易》与传世本《易》语言文字研究中的问题

摘要:《周易》研究,在历史上分象数、义理两大学派,因而形成《周易》研究的象数易和义理易两大领域,但由于不重视语言文字,造成了“狐不首丘,叶不归根”的局面。《周易》的现代研究,应当接受历史的教训,以语言文字研究为基础,包括象数、义理、语言文字三大内容。针对《周易》语言研究中存在的问题和帛书《易》、竹书《易》语言研究的现状,目前亟须解决与语言文字有关的版本问题,《周易》语言文字的性质特点、时代性问题,《周易》语言的口语性、社会性问题,古音通假问题等,以纠正《周易》语言文字研究中一些错误倾向。

关键词:竹书《易》;帛书《易》;传世本《易》;语言文字研究。

目前,在我国古籍文献研究的领域中,没有任何一部书能比得上《周易》研究的地位,它以“易学”学科的意义独树一帜。随着湖南马王堆帛书《周易》、阜阳汉简《周易》,特别是上海博物馆所藏战国竹书《周易》的发现和研究,“易学”研究已经成为我国古代文献研究、哲学研究、文化研究中具有带头作用的一个新兴学术部门。

《周易》研究自古以来分为“象数”、“义理”两大门派。这

两大门派形成“易学”研究的“象数易学”、“义理易学”两大领域。“象数”是《周易》本身的东西，即卦象、爻象和大衍之数、揲蓍之数以及它们的发展等，“义理”是哲学思想的阐发。“象数易学”、“义理易学”都离不开卦辞、爻辞，都要借用卦辞、爻辞来阐发。“象数易学”把卦辞、爻辞作为象数的表达，找出象数的根据来解说；“义理易学”把卦辞、爻辞作为哲理的表达，找出哲理的根据来解说，这就使卦辞、爻辞语言解释产生了巨大的分歧。并且，中国古代的“象数易学”、“义理易学”发展又极为纷繁，《四库全书总目提要·易类》小序说：“汉儒言象数，去古未远也；一变而为京、焦，入于禨祥，再变而为陈、邵，务穷造化，《易》遂不切于民用。王弼尽黜象数，说以老、庄；一变而为胡瑗、程子，始阐明儒理；再变而为李光、杨万里，又参证史事，《易》遂日启其论端。此两派六宗，已互相攻驳。”自汉至宋、至清、至近代、至现代，关于《周易》的书有两千余种（或曰“不少于三千”），大抵不出“两派六宗”范围，派中有派，宗中有宗，各自为说，人言人异，人人都可以拿卦辞、爻辞做出自己的或象数或义理的解说，卦辞、爻辞乃成为数千名说“易”者“任人打扮的女孩”。《周易》卦辞、爻辞几乎成为不可知的语言。这种现象，就是收入《四库全书》的王弼注、孔颖达正义也不能免。戴震在写《四库全书·周易正义》提要时不得不发出感慨说：“至于诠释文句，多用空言，不能如诸经正义根据典籍，原委粲然”，犯了“狐不首丘，叶不归根”的大毛病。

如今，“象数易学”、“义理易学”的研究，尤其是“象数易学”的研究，成就卓著，影响巨大。而“象数易学”、“义理易学”研究的基础则在于《周易》的语言文字，在于《周易》语言文字的研究。“易学”研究的内容，应当由“象数”、“义理"、“语言文字”三个方面来组成。“易学”研究的程序应当由“语言文字”入“象数”,由“语言文字”入“义理”。“易学”的研究水平,应当从“语言文字”、“象数”、“义理”三个方面来衡量。《周易》语言文字的研究如果跟不上,“象数”、“义理”研究就会受其影响,就会得不到准确、恰当的阐述。

这里,我们根据《周易》语言文字研究的历史和现状,谈几点看法,主要是指出《周易》语言研究中应当注意的问题。

一、与语言文字有关的版本问题

《周易》传世的版本很多,十三经注疏之《周易注疏》阮元校勘所用就有四类十一种:(一)单经本,唐石经本(凡九卷,附《略例》,开成二年刻,今在陕西西安府)。(二)单注本,岳本(宋岳珂刻,凡十卷,今据武英殿重刊五经本)。古本(以下二本据七经《孟子考文补遗》)。足刻本。(三)单疏本,宋本(据钱遵王校本,案:钱跋有单疏一、单注本二、注疏本一,今不复能识别,单称钱校本)。(四)注疏本,影宋钞本(据余姚庐文昭传校明钱保、孙求赤校本,今称钱本)。宋本(据七经《孟子考文补遗》)。十行本(凡九卷,附《音义》一卷,无《略例》)。闽本(凡九卷,附《略例》一卷,《音义》一卷)。监本(与闽本同)。毛本(凡九卷,无《略例》、《音义》)。

这里还有必要说明,以上是清代阮元主持校刻十三经注疏的时候所用的版本,经过阮元校刻的本子称为阮刻本。而阮元刻本又有原刻本、原世界书局缩印本、清江西书局重修阮刻本、清点石斋印本、1979 年中华书局影印本。其中,中华书局影印本最好,修正了其他本子的不少错误。

这些就是宋元明清以来的传抄本、传刻本和精校本。一般称为传世本。

近年又有出土的马王堆汉代帛书本、阜阳汉简本、上海博物馆藏战国楚竹书本等。这些都是汉代的、战国时期的抄本,可以称为出土本。

传世本的各种本子之间,经过前人的研究,只是因为师传的不同,或者因为传刻的不同,或者因为传抄、传刻出现错讹,存在个别文字的差异,但主体相同,它们是同一部书。新出土各种本子之间,也只是由于地域不同或个人口音、个人习惯不同所用假借字、异体字不同,也有个别抄脱一两个字的现象,但它们也是同一部书。新出土各种本子与传世本之间,也是只有个别文字不同,也是同一部书。

新出土本使我们知道了早在汉代、在战国时代就已有这部书,以及当时这部书的传播、格式、假借字、异体字等当时的面貌,这是很有价值的。但是,对于我们今天的研究来说,这些版本、抄本中,传世本是根本:一是它由先秦一直传下来,历代学者就是根据它研究的,具有传承性;二是有历代学者研究的相关资料;三是它有精校本。因此,它是辨识出土本文字、读懂出土本的桥梁,出土本的研究不能离开它。

但是,奇怪的是,出土本子出现以后,有把出土本作为新作、作为独立的著述来研究的,也有每遇到出土本与传世本不同,就抛弃传世本,另辟新说,任意解释的。如《周易》有"蛊"卦,帛书本"蛊"作"箇",对此就有学者做了很离奇的解释。为了说明问题,我们不妨引文长一些:

箇元吉,亨,利涉大川。

箇(音个):卦名。"箇"本指筮占所用的工具——策的计数单位。此借为筮占之代称。“筮”字从竹，明筮本用竹。《说文·竹部》“筭”下说：“长六寸，所以计历数者。从竹弄。常弄乃不误也。”帛书有《筭》卦。“筭”即“筹”、“策”、“蓍”也。“筭”为计数之工具，其计数之单位者何也？帛书之“箇”卦之“箇”是也。《说文解字》：“箇，竹枚也。从竹固声。”段玉裁注云：“竹梃，自其径直言之；竹枚，自其圆围言之，一枚谓之一箇也。”《方言》曰：“箇，枚也。”○箇，通行本作“蛊”。蛊、箇，见母双声、鱼歌通转。疑后人假音篡改。《音义》：“蛊，音古，事也、乱也。《左传》云：‘于文，皿虫为蛊。’又云：‘女惑男、风落山谓之蛊。’徐又姬祖反。一音故。”或以为“箇”是用来画地记爻的竹竿、木棍（见《仪礼》）。①

这段话错误很多，主要有：第一，《周易》的“蛊”卦传世本作“蛊”，帛书本写做“箇”，作者就误认为《周易》本来没有“蛊”卦，只有个“箇”卦。传世本之所以写做“蛊”是因为“蛊”与“箇”读音相近，“疑后人假音篡改”了的结果。其实，“蛊”作为卦名，已见于《左传·僖公十五年》：“其卦遇《蛊》。”《周易大传》也几十处谈到《蛊》卦。以后几千年的传世本一直都是《蛊》卦。义理家孔颖达说：“蛊者，事也。”[1]象数家李道平引南朝伏曼容曰：“蛊，惑乱也。万事从惑乱而起，故以蛊为事也。”[2]蛊是指惑乱之事。“箇”只是“蛊”的假借字。作者反把假借字误当做本字。第二，误认为“‘箇’本指筮占所用的工具——策的计数单位”，也就是“‘箇’是用来画地记爻的竹竿、木棍”。所以，作者把“初六，干父之箇”解释为“向父亲学习画卦记爻的方

① 该段文字出自邓球柏《帛书周易校释》。以下相关内容，均出自此书。

法，或谓继承父亲画卦筮占的事业”，把“九二，干母之箇”解释为“向母亲学习画卦的方法”。这也是作者把假借字“箇”当做本字的结果，一错再错。第三，对所引出的“筮”、“筭”、“筹”、“策”、“蓍”的系联和解释也都缺乏根据，没有道理。第四，认为“帛书有《筭》卦”，所谓“《筭》卦”那也是把“巽”字的假借字“筭”误认做本字，误认做卦名。

其实，我们对《周易》进行语言解释的时候，版本要以传世本为主，语言文字一定要参考历史上积累的成果，不能随心所欲，想怎么说就怎么说。

二、《周易》语言文字的性质、特点问题

我们曾经在《周易古经韵考韵读》中说过：“《周易》古经是由六十四个神秘符号和卦辞、爻辞配合起来的庞大‘符号·语言’系统。这个系统，以符号为骨干，以语言为说明。就创作者初衷说，语言是理解符号进而通向天地人事的中介。就今天的研究说，从音韵训诂角度真正弄明白古经语言的意义，则是全部《周易》研究的基础。”《周易》是“‘符号·语言’系统”，“以符号为骨干，以语言为说明”，就指明了《周易》语言的性质和特点。

根据符号学的观点，《周易》的符号形式为“䷀(下乾上乾)、䷁(下坤上坤)、䷂(下震上坎)、䷃(下坎上艮)、䷄(下乾上坎)、䷅(下坎上乾)、䷆(下坎上坤)、䷇(下坤上坎)”等六十四卦画和“- -、—”等三百九十六爻画，其名称是“乾、坤、屯、蒙、需、讼、师、比”等六十四卦卦名，其符号结构是六十四卦卦序和各爻初、二、三、四、五、上各爻位。符号和符号结构必须有内容，《周易》的符号和符号结构的内容就是卦辞、爻辞的语言意义。

符号、符号结构和符号内容合起来就是《周易》的符号体系。这个符号体系的价值是“推天道，明人事”，也就是用来推衍自然界和人类社会的吉凶休咎等性质、状态的。人不能直接跟自然界和人类社会打交道，是要通过符号系统来与自然界和人类社会打交道，认识自然和社会。符号系统代表现实现象，而语义内容反映现实现象。这有点像汉字，是用书写形式、语音形式和其语义内容等符号系统来代表社会现实现象，而用语义内容来反映社会现实现象。《周易》语言文字的内容即语言意义是稳定的，但它反映的自然界和人类社会的现实现象却是复杂的。如：“䷀(下乾上乾)乾：元亨利贞。”由于“乾道变化，各正其性命”，根据《说卦》，“乾”至少有“乾为天，为圜，为君，为父，为玉，为金，为寒，为冰，为大赤，为良马，为老马，为瘠马，为驳马，为木果”等等，而“元亨利贞”就有了“乾，元亨利贞”、“天，元亨利贞”、“圜，元亨利贞”、“君，元亨利贞”、“父，元亨利贞”等等，这样，一句“乾，元亨利贞”就既有其原初的语言意义或称字面意义，还要有各种“乾道”的象征意义，象征意义又有象数意义和义理意义等等。这样，“乾，元亨利贞”5 个字至少有字面意义、象征意义、义理意义、象数意义等 4 个层次。而这 4 个层次的意义，在先秦易、汉易、魏晋玄学易、宋易和清代朴学易易家那里，由时代因素、学派因素等又各铺陈上千头万绪的色彩。这就是《周易》语言的基本性质和特征。

《周易》是一部很特殊的书，它的语言文字是通过书面意义进而表达复杂多变、无穷无尽的象征意义。它有一个语言意义与多种语用文化意义的转换问题。《周易》语言的书面意义与象征意义是分节的，是有不同层次的。朱熹说：“盖《易》本是卜筮之书，今却要就卜筮中推出讲学之道，故成两节工夫。”[3]“两节工夫"指的就是《周易》语言的书面意义与各种象征意义的关系。所以,《周易》语言文字的研究一向被称为是最难的。朱熹就曾叹称:"《易》难看,不比他书。《易》说一个物,非真是一个物,如说'龙'非真'龙'。"[3]近代"易学"大家尚秉和先生在为黄寿祺《易学群书评议》写的序中也说过:"最难者《易》解。"

但是,《周易》语言文字的研究,书面意义是重点,是基础。问题是常常有人抛开书面语言意义而望文生义,生出根本不曾有的象征意义,而又把妄生的莫须有的象征意义当做语言意义。所以,即如王弼、韩康伯、孔颖达那样的大儒,其语义解释也就"不能如诸经正义,根据典籍,原委粲然",而只能是"狐不首丘,叶不归根"了。

《周易》本是一部筮书,卦辞、爻辞本为象数而立,但卦辞、爻辞的语言意义与象数的象征意义并不相同,语言意义并不是直接从象数来,而是从当时的语言社团来。对《周易》的语言文字,必须采用语言学、历史语言学的科学观点和方法来解决。

三、《周易》语言文字研究的理论方法问题

《周易》本是一部筮书,象数是它的核心,但象数的解释必须有语言,因此,卦辞、爻辞是为象数而设,是解释象数的起点。后来附加了义理,卦辞、爻辞又成为阐发义理的起点。但汉代以后的"易学"史上,古人似乎不太明白这个道理,往往离开语言讲象数、义理,使象数、义理成为无本之木、无源之水,造成"狐不首丘,叶不归根"现象,使得象数、义理都不容易说明白了。现代学者懂这个道理,如刘大钧教授等,帛书《易》、竹书《易》一出就连连写语言文字考证文章,这是很高明的。下面,我们谈

《周易》语言文字研究的理论方法问题。

1.《周易》语言文字的时代性问题

语言是人类思维的工具，人类思维的成果也必定由语言记录下来。历史语言是人类在历史上思维的积淀，各个历史阶段的语言有着明显的历史时代特征。

我们现在看到的传世本《周易》，包括了“古经”和“大传”两个部分，而两个部分是不同时期的语言。古经即卦辞、爻辞语言，简质古朴，一般认为是商末周初的语言。“大传”则是由“古经”占筮看到了自然界、人类社会的各种复杂关系，由此引起关于中国文化分类、文化起源和文化发展的哲学思考，由占筮转为哲学，使“古经”增添了新属性、新的方向，一般认为是战国早期的作品。我们认为，“大传”除孔子那样的大手笔莫能为，当出自孔子或其门徒之手。这是研究《周易》语言文字必须首先弄清楚的问题。我们所说的《周易》语言文字研究，一般只指《周易》古经的语言文字研究。

《周易》古经既为商末周初的语言文字，那么，我们就要把它放到商末周初的时代背景下来研究。商末周初的语言文字保留下来的作品不多，古人也没有为我们留下那个时代的字典、词典，研究起来有一定的难度。经常出现的问题是，对《周易》语言文字所做的词义解释，不是商末周初所能具有的词义。如《周易·蛊》有：

初六：干父之蛊，有子，考无咎，厉终吉。

九二：干母之蛊，不可贞。

对此，有的学者做了如下解释：

干，除去也，即今语干掉之干。蛊，毒虫，以喻小人（小人指奸巧之人）。考，父也。古者父在父没皆称考。厉，危也。爻辞言:子能除去其父之蛊虫,有子如此,则父无灾咎,虽有危险亦终吉。

干,除去也。蛊,毒虫,以喻小人。不可贞,所占问之事不可为。爻辞言:子欲除去其母之蛊虫,例如欲除去其母之宠男,此不可为之事。

这里把"干"解释为"干掉",也就是现代某些语言社团所说的"做了(他)"或"做掉(他)"的"做",也就是杀死或致残某人。其实,古代汉语中"干"本写做"幹",产生"做"也就是"干掉"的"干"义很晚,大约是在宋代以后。如《朱子语类》卷二一:"且干一件事,自家心不在这上,这一事便不成。"无名氏《绯衣梦》二折:"这妮子好不干事也。"以宋元以后产生的意义解释商末周初的语词,就违背了语言的时代性原则。"干"的意义应当是"匡正,纠正",《广雅·释诂》曰"幹,正也"。

同一个时期同一个词不会有太多的意义。如果同一个时期同一个词意义太多就会造成语言使用的混乱。王力先生在为《诗经词典》写的序言中指出:"同一时代,同一个词有五个以上的义项是可疑的,有十个以上的义项几乎是不可能的。"对《周易》同一个词、同一个句子的解释最常见的问题是,同样语境下的同一个词、同一个句子往往有多种解释。打开任何一部《周易词典》,这种现象也比比皆是,这是很不正常的。

更不能从现代生活的想象出发望文生义。我们还以帛书本《周易·蛊》卦为例,《蛊》有"利涉大川",有学者解释为"利于大河航行";"不可贞",有学者解释为"不应当向母亲学习画卦记爻的事情";"小有悔",有学者解释为"悔恨不多";"不事王侯,高尚其德",有学者解释为"学成了占筮的本领而不为王侯所用,超然遨游以修其德。小人望而生畏,以为这将是大祸临头之兆”，等等，可以说这些解释都是与《周易》语言原义不沾边的。

2.《周易》语言的口语性问题

《周易》本是一部占筮性的书，是大众的应用性文字，其语言应当是非常口语化，非常流畅的。语句的流畅与否，从表达方面看，是由人们的呼吸与停顿决定的。如果一句话过长或过短，不适合说话者呼吸与停顿，那就不能算是流畅。《周易》中的句子，大多比较简短，这是当时语言发展的水平问题，也是当时口语的长度问题。常见的问题是把本来已经很简短的句子进而标点为一个字一句话，这样说起来就会很憋气。如《乾》卦卦辞“元亨利贞”，自《文言》以来很多学者标点为一字一句。《文言》说：“‘元’者，善之长也。‘亨’者，嘉之会也。‘利’者，义之和也。‘贞’者，事之干也。”《子夏传》说：“元，始也。亨，通也。利，和也。贞，正也。”尽管二者解释的具体内容不同，但此后，孔颖达、李道平以及不少现代学者也都同意“元亨利贞”为“乾卦四德”之说。这样，就只能标点为“元、亨、利、贞”或“元，亨，利，贞”，大众化、口语化和句子的流畅性全没有了。再说，汉语中还没见过四个并列成分形成的没有前后语境的独立的句子。正确的标点应当是“元亨，利贞”，意思是“大通，利于贞问的事情”。

一个字一个字地分别解释，不仅是训诂的元语言问题，同时还是标点问题。

《周易》的口语性还表现在它的押韵上，如《坎》卦卦辞就是押韵的：

有孚，
维心亨（xǐaŋ），
行有尚（zǐaŋ）。（阳部）

说的是人有诚意,他的心中就会亨通无阻,行为即有事功与之相配。"亨"、"尚"协阳部韵。有的学者标点为:"有孚维心,亨,行有尚。"有的学者标点为:"有孚,维心。亨。行有尚。"读破了韵,自然也破了句,语义凌乱不堪,异解蜂出,也失去了其大众化、口语化的风格。

3.《周易》语言的社会性问题

一个词,或者一个词的某个义位的出现,往往不只是某一个作者使用,只出现在某一个例子中。如果只出现这么一次,那它的社会性就值得怀疑。如《蒙》卦有:

> 非我求童蒙,童蒙求我。初筮告(kəuk),
> 再三渎(dǒk),
> 渎则不告(kə¯uk)。(觉屋合韵)
> 利贞。

马王堆帛书本作:

> 匪(非)我求童蒙,童蒙求我。初筮吉,
> 再参(三)擅,
> 擅则不吉。
> 利贞。

有的学者把帛书本的两个"擅"都解释为"抽",意思是抽蓍草。不要说在西周语言中,就是在先秦语言中,也找不到"擅"用做"抽"义的其他例证。如果一个词,只此一见,并且只有这一个地方用这个意思,那就违背了语言的社会性原则。我们认为,"擅"是个假借字,本字应当作"渎",亵渎、亵慢的意思。另外,帛书本的"吉"恐怕是"告"的误字,因为这首卦辞本来是押韵的,如果依帛书本改为"吉",就不押韵了。押韵是大众化、口语化的要求。传世本的文字是准确的。

《蒙》六三有：

勿用取女，见金夫，不有躬，无所利。

对于“金夫”，程颐《周易程氏传》说：“女之从人，当由正礼，乃见人之多金，说而从之，不能保有其身者也。”朱熹《周易本义》说：“金夫，盖以金赂己而挑之，若鲁秋胡之为者。”都把“金”解为金币。但是，在《周易》的时代，金币还没有出现，正如郭沫若《周易时代的社会生活》一文所说：“资贝是当时的货币，资字亦从贝，金属的货币还没有产生。”所以，把“金夫”解为“多金”之男子是违背了语言社会性的。其实“金夫”只是比喻美貌的男子，《诗·卫风·淇奥》“有匪君子，如金如锡，如圭如璧”，“金”就是对君子的比喻。

4. 古音通假问题

利用声音求训诂，是清代以来历史语言研究的传统；利用声音求同源词，是近年历史语言研究的热点。关于《周易》的语言文字研究，人们尤其喜欢声训，因为声训比较适合于随心所欲、任意造说。

《周易》语言文字研究使用声训，比较容易出的问题有两点。首先是不当声训而声训，一遇到不容易解释的词语就祈求于声训，有的甚至利用古音通假追求新说。《周易》注解本，不少有这个毛病。如有的学者把《蒙》卦中的“蒙”解释为“蒙借为‘矇’，目生翳而视不明也，引申为愚昧之义”。把“渎”解释为“渎借为嬻，轻侮不敬也”；“包”解释为“包疑借为‘庖’，主炊事之厨人也”。本来是很明白的东西，一借语义变了，新颖了，但迂曲了。

其次，是应当声训而不声训，这主要是在帛书本、汉简本、竹书本《周易》出土之后，不懂得秦汉以前人们抄书只求大致语音相同而随手拈来的用字特点，因而假借字、异体字较多的情况，拿现代所看到的、经历代学者所校改的、本字较多的传世本著作来识读。这样就错误地把许多假借字作为本字来解释，使得所解文意非驴非马，让人啼笑皆非，完全忘记了王念孙《广雅疏证序》中说"诂训之旨本于声音。故有声同字异，声近义同；虽或类聚群分，实亦同条共贯。譬如振裘必提其领，举网必挈其纲。故曰'本立而道生'，'知天下之至啧而不可乱也'。此之不寤，则有字别为音，音别为义，或望文虚造而违古义，或墨守成训而鲜会通，易简之理既失，而大道多歧矣"的道理。我们以帛书本《周易》为例。

传世本《否》卦卦辞第一句为"否之匪人"，帛书本卦名"否"作"妇"，第一句作"妇之非人"，有的学者误认帛书本卦名作"妇之"，于是解释说：

妇之，卦名。之，疑是人字之讹。妇之，妇人。妇人作卦名犹如"同人"作为卦名。《恒·六五》中亦有"妇人"一词，其辞云："恒其德。贞：妇人吉，夫子凶。"又《管子·权修》："妇人言人事，而求百姓之安难。"《管子·君臣》："主德不立，则妇人能食其意。"这都是对"妇人"苛求的反映。

其实，"妇"只是"否"的假借字。"之"字就是"之"，疑为"人"字之讹，毫无根据。此解使《周易》突然多出了一个《妇人》之卦。

传世本有《姤》卦，"姤"借为"遘"，相遇的意思。这一句是讲刚柔相遇的道理的。"姤"帛书本作"狗"，也是"遘"的假借字，但有学者解释说：

狗，卦名。狗是人类最早驯养的动物，除食用外，还可以作为人们打猎的助手，又可以充作看家的门卫。因此，古有食犬、田犬、守犬之分。距今已有五六千年历史的西安半坡遗址中出土了不少狗骨,足以证明狗在远古人们的生产、生活中的地位。《易》作者用'狗'字作为卦名,说明了狗在当时人们心目中的地位仍然比较重要。或者是狗祭、狗图腾的文化现象。

作者对"狗"作为《周易》卦名坚信不疑,为《周易》平添了一个《狗》卦。

关于《周易》文献语言的解释,还有本字、古今字、异体字、通用字等问题,容当另文讨论。

参考文献

[1]《周易正义》,中华书局 1980 年版。
[2][清]李道平《周易集解纂疏》,中华书局 1994 年版。
[3]《朱子语类》,中华书局 1986 年版。

(发表于《山东大学学报》2005 年第 2 期,又收入刘大钧主编《简帛考论》,上海古籍出版社 2007 年版)

《周易》与传统语言学

《周易》作为一部先秦重要哲学著作，对传统语言学文字、训诂、音韵、修辞等部门有多方面的贡献和深远的影响。

一、关于文字学

先秦时期，对汉字从结构上进行分析，《左传》已有“止戈为武”、“反正为乏”、“皿虫为蛊”，把这种分析总结为汉字结构规律是《周礼·地官》所说的“六书”。关于文字起源问题的探讨则与《周易》相联系，由《周易》推衍出的“结绳说”、“八卦说”、“河图洛书说”，在文字学史上有一定的地位。

（一）“结绳说”。《周易·系辞下》：“上古结绳而治，后世圣人易之以书契，百官以治，万民以察。”这本来是讲，文字产生之前，曾经有过“结绳记事”的阶段，所以郑玄注：“结绳为约，事大大结其绳，事小小结其绳。”李鼎祚引《虞郑九家义》：“古者无文字，其有约誓之事，事大大结其绳，事小小结其绳，结之多少，随物众寡，各执以相考，亦足以相治也。”这种说法，可能是符合历史实际的。证之于少数民族，在古代，我国没有文字的北魏先祖、吐蕃、南方溪洞各族都实行过这种记事方法。《北史·魏本纪》载魏先世“射猎为业，淳朴为俗，简易为化，不为文字，刻木结绳而已”，《唐会要》卷九十七“吐蕃”条“无文字，刻木结绳为

约”，朱熹《朱子语录》卷七十八“结绳者，溪洞各蛮犹各有之”，严如煜《苗疆风俗考》“苗民不知文字，性善记，惧遗忘，则结于绳”。近世，我国台湾、云南、贵州等地某些少数民族，非洲、澳洲、南美洲某些少数民族都还有使用这种方法帮助记忆的。台湾高山族人民如果一个青年爱上了一个姑娘，就用两条同样长的绳子各打两个结，再把两条绳子的末端合打一个结，赠给姑娘，这就表示向她求婚。[①]云南傈僳族黑麦燕带养侄子时，用麻绳涂了墨，供给侄子一个月就打一个结，到他侄子参加工作时，他拿出这条绳子，绳子上已有五十一个结，这表示他供养侄子四年多了。[②]《系辞下》如实地反映了我国先民最早的记事符号，对我们认识记事符号的发展是有重要意义的。

但是，宋代以后，治文字学的学者对“结绳而治”出现了不同的理解。他们认为“绳”即是“一”，是文字的基本笔画；“结绳”就是由“一”形成各种字体，这就是所谓文字起源于结绳的“结绳说”。“结绳说”首倡于郑樵，他在《起一成文图》中阐释说：“衡为一，从为丨，邪丨为丿，反丿为㇏，至㇏而穷。折一为¬，反¬为⌐，转⌐为㇄，反㇄为┘，至┘而穷。折一为¬者侧也，有侧有正，正折为∧，转∧为∨，侧∨为‹，反‹为›，至›而穷。一再折为⊓，转⊓为⊔，侧⊔为⊏，反⊏为⊐，至⊐而穷。引一而绕之，方则为□，圆则为○，至○则环转无异势，一之道尽矣。㇏与一偶，一能生，㇏不能生，以不可曲屈，又不可引，引则成丨。然㇏与一偶，一能生而㇏不能生，天地之道，阴阳之理也。”[③]近人朱东莱《文字学·形义篇》也认为：“文字之作，肇始结绳。”刘师培《小学发微补》更发展了郑樵的观点，说：“结绳之字始于一字。”“中国古代文字咸本于结绳，故圈点横直者，皆结绳之遗制也。”并找出“一二三”的古文“弌弍弎”，说明畋猎时代人们获取禽兽后，都要用“弋”来计数,造出字来才都以“弋”为偏旁作证明,使“结绳说”得到进一步的系统化。

今天看来,“结绳”与文字显然不是一回事。文字是记录语言的符号系统,它有较为固定的形,能记录语言的词或词素,因而代表语言的音节。这些方面,“结绳”都是不具备的。但是,在都是帮助记忆的符号这一点上,“结绳”与文字有一致性,在文字来源于远古的图画这一科学认识未出现以前,“结绳说”不失为对文字起源问题的一种大胆的探索,我们应当承认其在文字学发展史上的认识作用。

(二)“八卦说”。《周易·系辞下》:“古者包牺氏之王天下也,仰则观象于天,俯则观法于地,观鸟兽之文与地之宜,近取诸身,远取诸物,于是始作八卦,以通神明之德,以类万物之情。”这段话本来是讲八卦的作者及其根据,但到伪孔安国《尚书序》,就衍变为:“古者伏羲氏之王天下也,始画八卦,造书契,以代结绳之政,由是文籍生焉。”把画八卦与造文字联系起来,都归到伏羲头上。到东汉末许慎著《说文解字序》,又综合战国秦汉间盛传的“仓颉造字说”④,衍化为:“古者庖牺氏之王天下也,仰则观象于天,俯则观法于地,视鸟兽之文与地之宜,近取诸身,远取诸物,于是始作《易》八卦,以垂宪象。乃神农氏结绳为治而统其事。庶业其繁,饰伪萌生,黄帝之史仓颉,见鸟兽蹄迒之迹,知分理之可相别异也,初造书契。百工以乂,万品以察,盖取诸《夬》。‘夬,扬于王庭’,言文者,宣教明化于王者朝庭,君子所以施禄及下,居德则忌也。”又出现庖牺画八卦、神农结绳、仓颉造字的序列。由于这个序列以八卦为首,并且仓颉造字的根据“见鸟兽蹄迒之迹”也与庖牺画卦的根据之一“视鸟兽之文”同义,就给人一种意向,八卦是结绳、造字之源。《易纬·乾坤凿度》已把八卦当做天地水火等八字。至宋代郑樵，则直接把卦形与字形相联系，认为某卦形就是某字，郑氏说："文字便从不便衡，坎离坤，衡卦也，以之为字则必从，故☵必从而后成川，☲必从而后成火，☷必从而后成巛。"⑤于是出现了文字起源于八卦的"八卦说"。此后，刘师培和法国人拉克伯里（Lacouperie）又推阐其说，认为"八卦为象形文字之鼻祖"，"《说文序》曰：'象形者，画成其物，随体诘屈。'盖象形之字即古图画，上古之时，未有字形先有图画，故八卦为文字之鼻祖。"复举乾坤坎离之卦形即天地水火之字形："乾为天，今'天'字草书作乏，象乾卦☰之形。坤为地，古'坤'字或作巛，象坤卦☷之倒形。坎为水，篆文'水'字作川，象坎卦☵之倒形。离为火，古文'火'字作火，象离卦☲之倒形。"⑥刘师培、拉克伯里之说，颇为一时所重。

但是，"八卦说"把某卦形说成就是某字，认定八卦是文字的起源，显然是一种误解。八卦只能造出八个字来，其他数以万计的字何来？其实，八卦与文字是两种完全不同的符号体系，它们有本质的区别。卦形是一个特定的意义组合，表达的是一整套认识过程和结论，而文字则比较单纯，代表的是语言中的词素或词，因而具备的是语言成分的功能。再者，此说也颠倒了文字与八卦的关系，"有组织性的复杂符号一般都是在语言文字的基础上创造的"⑦，恐怕八卦也不能例外。不过，八卦与文字毕竟都是运载信息的符号系统，它们确实存在某些共同的特征。而且，"八卦说"是由《系辞》反复衍化，经过几代人的思考形成的。我们还是应当把它放到关于文字起源问题的两千余年的探索史上去评价它，给它一定的历史地位，看到它的研究精神。

另外，还有据《系辞上》"河出图，洛出书，圣人则之"而转化出的"河图洛书说"，也在一定程度上反映了古代书画同源的观念。后代的字书如《说文解字》等，也接受了《周易》多方面的观点和材料，这里就不详细讨论了。

二、关于训诂学

今本《周易》包括《易古经》和《易大传》。《易古经》是解释六十四卦符号含义的，不属训诂范围。《易大传》是解释《易古经》经文的，自然与训诂有千丝万缕的联系。

"大传"本身就是训诂学体裁的名称。此名始见于西汉张生和欧阳生《尚书大传》。郑玄《尚书大传序》："伏生为秦博士，至孝文时年且百岁，张生、欧阳生从其学而受之，声音犹有讹误，先后犹有差舛，重以篆隶之殊，不能无失。生终后，数子各论所闻，以己意弥缝其阙，而特撰其大义，因经属指，名之曰传。"据此，"大传"等于"大义"，即对经文大义的解释。"大传"是汉代对训诂体裁分工更细以后出现的名称，先秦时期只叫"传"。《毛诗·关雎诂训传》正义曰："传者，传通其义也。"也是指对经文大义的解释。《易大传》先秦就叫《易传》。[⑧]

《易大传》对训诂学的贡献有两个方面：

（一）阐明了《易古经》的意蕴，为后人理解提供了方便。《易古经》作于西周，到春秋时期，即便卜史及上层名流对它的理解也已歧义杂出，更有甚者，"支离破碎，牵强附会之处往往而有，有类于谈《易》人信口雌黄"[⑨]。至战国，人们要想准确地理解，更非易事，于是从不同角度阐释发挥者纷纷而起。今传《易大传》十篇，可能只是当初说《易》者最有价值的部分。从《易大传》研究的重点看，大致可分为三组：第一组以卦象为研究中心，《说卦》、《杂卦》、《序卦》属之。《说卦》说明八卦的含义及物象,《序卦》以因果及相反相生的道理讲六十四卦排列顺序,《杂卦》以相反相成的观点把六十四卦分成三十二对,阐释其相互间的关系。第二组以卦名、卦辞、爻辞为研究对象,《文言》、《彖传》、《象传》属之。《文言》解说《乾》、《坤》卦辞、爻辞。《彖传》解说六十四卦卦名、卦辞。《象传》解说六十四卦卦名、爻辞。第三组即《系辞》,是对古经的通论,提出了"一阴一阳谓之道","穷则变,变则通,通则久"等重要哲学论点,还提出了许多重要范畴,如"太极"、"两仪"、"意"、"象"等,对八卦起源及筮法也有所说明。这样,就初步构成了具有基本知识、基本法则、基本理论的"易学"体系。这个体系反映了战国时期的"易学"水平。因此,《易大传》可以说是《易古经》的第一个注本、第一部概论。这部注本、概论打通了人们理解《易古经》的渠道。试想,如果没有《易大传》,今人理解古经困难,再倒推两千年,汉朝人理解古经也困难。因为早在春秋时期,谈《易》者已在"信口雌黄"了。

(二)联系了多种词汇、词义系统,为训诂学提供了方法,积累了资料。《易大传》对《易古经》进行解释,涉及的语言成分有章、句、词。章、句主要是对卦义卦辞爻辞的解释,从训诂方面看,虽然有一些特点,如注词与串讲相结合,多点明言外之义,这对后代因经属指随文释义训诂有开创意义,但所释内容多为特殊语义,这里就不讨论了。这里着重讨论对词汇、词义系统的解释。

1. 讲清了一些词义引申发展的线索,显示了某些词自身的意义系统。《易大传》对卦名、卦象及所创"易学"概念进行解释,往往一词多释,如"坤也者,地也"(《说卦》),"坤,阴物也"(《系辞》),"坤,顺也"(《说卦》),"坤,柔"(《杂卦》),"坤为牛”(《说卦》),“坤为腹”(《说卦》),“坤为母,为布,为釜,为吝啬,为均,为子母牛,为大舆,为文,为众,为柄,其于地为黑”(《说卦》)。“坤”共十七个意义。根据《易大传》的基本精神,“地”是基本意义,“阴物”是由“地”引申出的泛指意义,“顺,柔”是由“地”引申出的形容意义,“牛、腹、母”以下是由“地”引申出的象征意义或叫特指意义。这些意义的关系可用图表示如下:

地——┬①(泛)阴物。
　　　├②(形)顺,柔。
　　　└③(特)牛,腹,母,布,釜,吝啬,均,子母牛,大舆,文,众,柄,土黑。

这就形成了“坤”字的意义系列。“坤”字的这些意义,不只是“易学”概念,它们已经渗透到汉语词汇词义之中,具有普遍意义了。在基本意义上,古汉语中很多用“地”的地方可以用“坤”来表示,如大地称“坤元”、“坤母”、“坤后”、“坤舆”,地之边陲称“坤垠”、“坤倪”,地轴称“坤轴”,地维称“坤维”,地图称“坤图”,地则称“坤则”、“坤典”、“坤仪”,大地的物产称“坤宝”、“坤珍”,地神称“坤灵”等。“坤道成女”,女为阴,在引申义“阴物”的意义上自然包括妇女。古代汉语中很多与妇女相关的事物可以用“坤”来表示,如皇后叫“坤极”,后宫叫“坤宁宫”(清代),妇道叫“坤道”,妇德叫“坤德”,女演员叫“坤伶”、“坤角”,妇女出生的日子叫“坤造”,结婚女家叫“坤宅”。直到现代汉语,与妇女有关的事物还叫“坤”,如“坤表”、“坤车”、“坤鞋”等。甚至雌性的都可以叫“坤”,如牝马叫“坤马”。

2. 类聚了多种语义场,显示了汉语词汇的系统性。《易大传》在阐明阴阳变化的关系时,类聚了多种语义场。有反义义场,如"阴、阳"、"天、地"、"父、母"、"男、女"、"生、死"、"动、静"等,这些词的意义刚好相反,其中两个义位间的界限是绝对的。有两极义场,如"刚、柔"、"吉、凶"、"顺、逆"、"险、易"、"安、危"、"得、失"、"大、小"、"水、火"、"始、终"、"寒、暑"、"尊、卑"、"聚、分"等,这些词的意义也彼此相反,但其中两个义位间都有一个明显的过渡地带,如"大"与"小"之间有"中"。有同义义场,如"简、易"、"形、象"、"仁、义"等,这些词的意义相当,只是附加成分或用法不同。有关系义场,如"君、臣"、"德、业"、"风、雨"、"雷、霆"等,这些词意义上都有一定的关系。有分类义场,如《说卦》讲八卦所象征的"马、牛、龙、鸡、豕、雉、狗、羊"除去"龙、雉"就是"六畜"类义场,八卦所象征的"首、腹、足、股、耳、目、手、口"是"器官"义场等。这在一定程度上反映了作者对汉语词汇类聚功能的认识和词汇、词义系统的认识,对后代训诂专书以类相从的编排和释义有深远的影响。

3. 类聚了部分同源词。先秦"传"体典籍中,《易大传》的声训最多。如:"兑,说也。""夫者,决也。""咸,感也。""乾,健也。""履,礼也。""离,丽也。""坎,陷也。""嗑者,合也。""爻也者,效天下之动也。""遁,退也。""晋者,进也。""复,反也。""颐,养也。""睽,乖也。""坤,顺也","蹇者,难也。""需,须也。"这些声训,释词与被释词之间都存在音义两方面的联系。它们是同源词。这又反映了作者从语言学角度对汉语词汇体系的认识,开以声音通训诂的先河。刘师培曾说:"《易经》一书,上古之时,以之代字典之用。"[10]也主要是指这一点讲的。

4. 创造了一大批成语、格言、寓言。《周易》还以它语言精炼、寓意深刻、哲理性强创造了一大批成语、格言、寓言。成语如

"不速之客"、"形而上学"、"云行雨施"、"云龙风虎"、"潜龙勿用"、"同气相求"、"同声相应"、"同心断金"、"丰亨豫大"、"否终则泰"、"损上益下"、"各得其所"、"革故鼎新"、"洗心革面"、"乐天知命"、"突如其来"、"硕果仅存"、"密云不雨"、"虎视眈眈"、"无妄之灾"、"折足覆悚"、"观象玩辞"、"数往知来"、"知几其神"、"知来藏往"、"触类而长"、"钩深致远"、"探赜索隐"、"书不尽言"、"言不尽意"、"言之有物"、"谦谦君子"等,格言如"仁者见仁,知者见知"、"不恒其德,或季之羞"、"诬善之人其辞游,失其守者其辞屈"等,典故如"井养"、"断金"、"金兰"、"密云"等。这些成语、格言、典故成为历代文人骚客笔下的丽辞华藻。在使用中,它们的意义往往会发生某些变化。无论是想要正确理解变化以后的意义,还是想要正确理解其意义系列,都必须回到《周易》的具体语境中去,否则便会发生错误。如"言之有物"本来源于《家人》大象:"君子以言有物,而行有恒。"意思是说话有具体的内容。后常用于写文章,指文章有具体的内容。而《中国成语大辞典》把它解释为"写文章或讲话有实在内容",并认为它源于清代曾朴《孽海花》,这就没有真正弄清这个成语的源头,因而也没有解释出它的意义的发展。又如"书不尽言"本来源于《系辞上》:"子曰:'书不尽言,言不尽意。'"意思是文字无法把想要说的话充分说出来。其中"书"与"言"相对,"书"指文字,"言"指言语。后世"书不尽言"常用于书信末尾,表示客套,因而如果不熟悉出典,就很容易把"书"误解为"书信"。《中国成语大辞典》就犯了这个错误。《中国成语大辞典》解释这一条说:"书:信。信中没有把要说的话写完。"但举例仍是《系辞上》文,这就更加牛头不对马嘴。《周易》对于由它产生的成语、格言、典故的语义,承担着提供语境、给以确解的任务。

这是《周易》对训诂又一影响深远的贡献。

三、关于音韵学

《周易》是一部说明性的散文著作，但是，为了便于卜史记诵，它又有朗朗上口的语言形式美的特点。它的语言形式美主要表现在用韵上。先秦散文中，《周易》是用韵最丰富的一部。这些夹杂在散文中的韵句，为散文著作的押韵提供了韵例，也为上古音系和汉语语音发展史的研究提供了依据。经考察，《易古经》押韵与《诗经》押韵反映的韵部系统是相同的，《易大传》的押韵则与《诗经》音有所不同。所以，这里只讨论《易大传》的押韵情况及对音韵学的主要贡献。

（一）韵例。散文中的韵句表现了语言形式的整齐美，但这种整齐是相对的，它与散文比是整齐的，而与纯韵文比又是参差的。这也是散文韵例的特点。

1. 用韵的语义单位。《易大传》一般是以完整的语义段落为用韵单位，但各篇体制不尽相同。《彖》、《象》以解卦辞的文字为一个用韵单位，解爻辞的文字为一个用韵单位。《文言》以释卦义的文字为一个用韵单位，以释每一爻辞的文字为一个用韵单位。《系辞》、《说卦》、《序卦》以语义段落为用韵单位。例如："需于郊"，不犯难行也。"利用恒无咎"，未失常也。（阳部）"需于沙"，衍在中也。虽"小有言"，以"吉""终"也。（冬部）"需于泥"，灾在外也。自我"至寇"，敬慎不败也。（月部）"需于血"，顺以听也。"酒食贞吉"，以中正也。（耕部）（《需·象传》）这是正例。

有的地方，不管上下文，只要中间几个句子语义相关联，就可用韵。例如:君子知微知彰,知柔知刚,万夫之望。(阳部)(《系辞下》)坤至柔而动也刚,至静而德方,后得主而有常,含万物而化光。坤道其顺乎,承天而时行。积善之家必有余庆,积不善之家必有余殃。(阳部)(《坤·文言传》)这是变例。

《杂卦》用韵则看不出与语义单位之间的联系,更为随便,也当是变例。

2. 韵在句中的位置。《易大传》的韵脚一般落在语法句句尾即平常划句号的地方或单句句尾即平常划逗号的地方。落在语法句尾的如上举《需·象传》,落在单句尾的如上举《系辞下》及《坤·文言传》前四句。这是正例。

《易大传》韵脚还有落在句中的,例如:二女同居,其志不相得曰革。(职部)(《革·象传》)爻也者,效此者也。(宵部)(《系辞下》)象也者,像此者也。(阳部)(《系辞下》)这是变例。

(二)韵部系统。我们说《易大传》的押韵与《诗经》音有所不同,主要指个别韵部发生了比较大的变化,即《诗经》音的侵部到《易大传》出现以开合分押的情况。合口相押的如:"黄裳元吉",云在中也。"龙战于野",其道穷也。"用六永贞",以大终也。(《坤》六五至用六《象传》)"孚于嘉吉",位正中也。"拘系之",上穷也。(《随》九五、上六《象传》)同类情况还有《需》九二《象传》,《大壮》初九、九二《象传》,《蹇·彖传》,《夬·彖传》,《困·彖传》,《渐·彖传》,《涣·彖传》,《节》九五、上六《象传》,《既济·彖传》等共十一处。开口相押比较少,只出现一次:"二人同心,其利断金。"(《系辞上》)但整部《易大传》侵部开口字出现的就很少。可见,《易大传》音系已经不是《诗经》音系。

那么,《易大传》音系是不是汉代音系呢?汉代侵部开合也是分押的。如张衡《思玄赋》"心参风林禽音崟"相押,这些都是开口字。《东京赋》"中宫融丰崇"相押,这些都是合口字。但是,《易大传》中侵部开口字、合口字常与东部合韵,如《恒》初六至上六《象传》"深禽(开口)容凶功(东部)中终(合口)"合韵,《解·彖传》"众口(合口)功(东部)"合韵,《巽》九二至上九《象传》"中穷中穷(合口)功凶(东部)"合韵等。而在汉代,侵部开口字、合口字一般不与东部合韵,因而《易大传》侵部开合分押反映的也绝不是汉代音系。

我们再看一下侵部字在《楚辞》、《老子》等战国韵文中的情况。《楚辞》、《老子》中侵部字也是以开合分押的,例如:灵皇皇兮既降,猋远举兮云中。览冀州兮有余,横四海兮焉穷?思夫君兮太息,极劳心兮忡忡。(云中君)鱼鳞屋兮龙堂,紫贝阙兮朱宫。灵何为兮水中?(河伯)多闻数穷,不若守于中。(五章)大盈若冲,其用不穷。(四十五章)韵脚"降中穷忡宫中中冲穷"都是合口字。怨灵修之浩荡兮,终不察夫民心。众女嫉余之蛾眉兮,谣诼谓余以善淫。(离骚)长濑湍流,溯江潭兮。狂顾南行,聊以娱心兮。(抽思)韵脚"心淫潭心"都是开口字。侵部开口字、合口字也经常与东部合韵,如:比干何逆,而抑沈之。(开口)雷开何顺,而赐封之。(东部)(天问)帝高阳之苗裔兮,朕皇考曰伯庸,(东部)摄提贞于孟陬兮,惟庚寅吾以降。(合口)(离骚)由此可见,侵部以开合分押反映的当是战国时期的语音。战国时期,侵部分化为侵冬两部,开口呼属侵,合口呼属冬。至于《易大传》中还有开合混押的,那只是个别情况,全书只有三例,只能算与冬东、冬蒸、冬东蒸、冬侵蒸、冬侵东相押一样,是合韵。

《易大传》侵部以开合分押反映了自西周音到战国音的客观发展，为战国音系和汉语语音发展史的研究提供了依据，做出了重要贡献。[11]

四、关于修辞学

《周易》对于修辞学的贡献有两个方面，一是它提出了一些修辞的理论，为中国修辞学的建立和发展做了良好的开端；一是它本身运用了多种修辞技巧，丰富了修辞的内容。

（一）修辞理论

1. 提出了"修辞"的概念，阐述了修辞的效用。《乾》文言传："君子进德脩业。忠信所以进德也；脩辞立其诚，所以居业也。"脩通修，脩辞即修辞，历代修辞学家都把它理解为"修饰言辞"。这就是中国学术史上最早提出的"修辞"的概念。文言传认为，"君子"有提高道德修养和创立保守事业的双重任务，而忠信是提高道德修养的根本，修辞是创立保守事业的根本。把修辞与事业联系起来，并认为是事业成败的根本，这等于从政治高度阐述了修辞的效用。所以，这段话一直被认为是关于修辞的最有权威的论述。

2. 修辞的标准。《周易》关于修辞的概念是针对"君子"语言提出的。同时，《周易》中还多次讲到"君子"乃至"圣人"的语言是怎样的。那么，"君子"、"圣人"的语言必定是经过修饰的语言。换句话说，君子、圣人的语言可以被认为是修辞的标准。这标准是：

(1)言之有物。《家人·象传》:"君子以言有物,而行有恒。""言有物"就是要求经过修饰的语言有具体的内容。

(2)言之尽意。《系辞上》:"子曰:'书不尽言,言不尽意。'然则圣人之意其不可见乎?子曰:'圣人立象以尽意。'""圣人立象以尽意"讲的是卦象的作用,是圣人设立符号并利用符号来尽情表达自己的意思。其实,符号只是帮助尽情表达的一种手段,"尽意"才是目的。这就等于提出,经过修饰的语言,它的表达应当是尽意的。

(3)言之有情。《系辞下》:"爻象动乎内,吉凶见于外,功业见乎变,圣人之情见乎辞。""圣人之情见乎辞",是讲圣人利用卦辞、爻辞来表情,这就等于要求经过修饰的言词能够表达感情。

(4)言之有序。《艮》六五:"艮其辅,言有序,悔亡。"爻辞是圣人之言。"言有序"是圣人以为言语有条理可以避祸免灾。有条理的语言自然是经过修饰的语言。这等于对修辞提出了有条理的标准。

(5)言之要善。《系辞上》:"子曰:'君子居其室,出其言善,则千里之外应之,况其迩者乎?居其室,出其言不善,则千里之外违之,况其迩者乎?'"把这段话比之于"仲尼曰:'言之无文,其行不远。'""言善"等于"言有文",即言语有文采。这里又提出了修辞的文采标准。

这五点都是中国修辞学史上最早的提法。虽然《周易》并没进行细致的阐发,但它对后世影响很大。魏晋以来,很多修辞学家和文章学家对它们加以系统的发挥,以至形成著名的"文质(物)论"、"文意论"、"文情论"、"文序论"、"文言论"等重要理论。直到今天,很多辞章学著作还对上述论点列专题进行讨论。

《周易》甚至还滥觞了心理修辞学的观点。《系辞下》:“将叛者其辞惭,中心疑者其辞枝,吉人之辞寡,躁人之辞多,诬善之人其辞游,失其守者其辞屈。”这些都是探讨各种心理状态下其修辞在语音、语义、风格等方面的特点的。资料较少,就不详细讨论了。

(二)修辞技巧

《周易》的修辞技巧,从积极修辞即平常说的修辞格运用方面看,南朝刘勰就曾极赞其对偶。《文心雕龙·丽辞》曰:“《易》之《文》《系》,圣人之妙思也。序《乾》四德,则句句相衔;龙虎类感,则字字相俪;乾坤易简,则宛转相承;日月往来,则隔行悬合:句子或殊,而偶意一也。”刘勰还认为《周易》的“引用”在修辞史上为最早,《文心雕龙·事类》曰:“事类者,盖文章之外,据事以类义,援古以证今者也。昔文王繇《易》,剖判爻位,《既济》九三,远引高宗之伐;《明夷》六五,近书箕子之贞:斯略举人事,以征义者也。”不过,积极修辞《周易》使用最多的还是比喻,因为整部书都是以自然比人事,这里就不一一举例了。

从消极修辞即修辞格以外的表达方法看,《周易》对句子的锤炼,有省略者,如《同人》九五:“同人先号咷而后笑。”象传:“‘同人’之‘先’,以中直也。”“‘同人’之‘先’”即“同人先号咷而后笑”之省。《随》六二:“系小子,失丈夫。”象传:“‘系小子,弗兼与也。”“系小子”即“系小子,失丈夫”之省。同类情况还有《乾》九三、《坤》六四、《蒙》初六、《泰》九三、《随》六三上六、《无妄》六三、《离》九四、《鼎》六五、《归妹》上六、《中孚》六三经传。《周易》对词语的选择,有为对仗押韵以大名冠小名者,如《中孚·彖传》:“‘豚鱼吉’,信及豚鱼也。‘利涉大川’,乘木舟虚也。”孔颖达正义引郑玄注:“空大木为之曰虚,总名皆曰舟。”

"舟"为大名,"虚"为小名。据文意,"舟"、"虚"用一则可。但若仅用"虚",则不与上文"豚鱼"对仗;若仅用"舟",则不与上文"鱼"押韵(也不对仗),所以"舟虚"并用。另外还有"参互见义"、"文见于此而义见于彼"、"以读若字代本字"等,这些都极大地丰富了修辞学的内容。

注释

①《少数民族文字的进一步发展》,《光明日报》1955 年 12 月 16 日。

②李家瑞《云南几个民族记事和表意的方法》,《文物》1962 年第 1 期。

③郑樵《通志·六书略》。

④见《荀子·解蔽》、《吕氏春秋·君守》、《韩非子·五蠹》、《世本·作篇》、李斯《仓颉篇》、《淮南子·本经》、《论衡》之《骨相》《讥日》《感类》。

⑤郑樵《通志·六书略·论便从》。

⑥⑩《经学教科书》第二册。

⑦邢凯《从符号观点看语言和文字的关系》,《语文建设》1989 年第 1 期。

⑧《战国策·齐策·齐宣王见颜歜》。

⑨高亨《周易杂论》,齐鲁书社 1979 年版。

⑪《易大传》的押韵也从语言角度证明它成书于战国时期,可作为刘大钧先生《周易概论》从内容方面考定"《易大传》的基本部分是战国初期至战国中期写成"之结论的补证。

(发表于《周易研究》1990 年第 1 期)

训诂学与古典文学

一

语言是文学的基本要素,要想学习好古典文学,必须要具备一定的训诂学知识。

古人云,“学问文章皆宜由章句训诂起”,这是极言训诂学对于运用语言文字的功用;“训诂声音明而小学明,小学明而经学明”,则是强调了训诂学对于阅读理解古代文化典籍的重要作用。训诂学是伴随着古典文学典籍的理解而产生的。早在训诂学萌芽的时候,春秋晋大夫叔向就曾逐词逐句解释串讲了《诗·周颂·昊天有成命》的诗篇,这是我国训诂学史上第一篇完整的注释,它的对象即是文学作品。西汉初年,鲁国人毛亨全面注释串讲了我国第一部诗歌总集,作《毛诗故训传》。《毛诗故训传》则是我国训诂学史上第一部针对一部完整著作的注解,它标志着训诂学作为一个学问部门开始走向成熟阶段,其对象也是我国文学史上最著名的文学巨著之一。训诂学一产生便与古典文学结下了不解之缘,成为对古典文学作品阅读理解的重要工具。

现在我们看到的古典文学作品,凡是著名的,又大都有了新注和译文。但是,作为一个文学爱好者,具备不具备一定的训诂学知识,其理解深度和判断正误的能力是大不一样的。例如

《过秦论》："秦有余力而制其弊，追亡逐北，伏尸百万，流血漂橹。"对于"北"字，《中学语文文言文译注》注："北，溃败（的军队）。"这样注释，对于理解正文似乎也可以了。但是，稍微有心的读者会问："北"的意思到底是"溃败"，还是"溃败的军队"？"北"为什么有这样的意义？要回答这些问题就需要训诂知识了。从词义上讲，"溃败"是"北"的理性意义，"溃败的军队"则是随文的特指意义。"北"何以有"溃败"义呢？原来，"北"字甲骨文写做从二人相背，即"背"的古字，战场上打了败仗，转身背朝敌人逃走，所以军队溃败叫做"北"。"溃败"义是从脊背义引申来的，《汉书·高帝纪》："沛公、项羽追北，"颜师古注引韦昭曰："北，古背字也，背去而走也。"说的正是这个意思。至此，就不仅知其然，也知其所以然了。

二

训诂学之于古典文学如此重要，为着学习好古典文学最关键的训诂方法是什么呢？

第一是要充分利用工具书。漫长的训诂学史为我们留下了众多的字书、辞书，字书如《说文解字》、《玉篇》等，辞书如《尔雅》、《方言》、《释名》等。这些都是我们正确解决古典文学阅读理解上训诂问题的宝贵资料，必须善于利用。

利用辞书，例如，《左传·庄公十四年》："蔡哀侯为莘故，绳息妫以语楚子。楚子入息，以食入享，遂灭息。"其中的"绳"字，把它本有的各种意义代入句子都讲不通，查《方言》卷十一："蝇，东齐谓之羊，陈楚之间谓之蝇，自关而西秦晋之间谓之羊。"苍蝇之"蝇"在大区域音转为"羊"；"绳"从糸，蝇省声，上古与“蝇”同音，例可转音为“扬”。“扬”有赞扬、赞美义。把赞扬、赞美义代入句中，文意涣然冰释，原来蔡哀侯在庄公十年调戏息妫未遂，反而国破被俘，这里是他为报此仇故意煽惑楚王，结果楚王上当，遂灭了息国。所以杜预注曰：“绳，誉也。”《吕氏春秋·古乐》“以绳文王之德”，高诱注同。

利用字书，例如，《敦煌变文集·燕子赋》：“燕子唱快，喜慰不已：‘夺我宅舍，捉我巴毁，将作你吉达到头，何期天还报你。”原校曰：“‘巴毁’二字不可解。”其实，“巴毁”就是“配擊”，近义词复用组成的复合词，指以手反复击打，致使伤残。《说文·巴部》：“配，批击也。”段玉裁注：“批者，反手击也。”又《手部》：“擊，伤击也。”（“捉”是介词，相当于“把”）这里是写燕子诉讼得胜后回忆当初雀儿夺占其宅舍，又把它打伤的情景，与上文鸲鹆谴责雀儿“何为夺他宅舍，仍更打他损伤”正相合。

第二是要充分利用古注。唐宋以前的文学著作，许多著作的古注叠床架屋，不仅有传、笺、注，还有注疏、正义、集注、集解。这些被注释过的典籍，一般说，重要的难懂的字、词、句都有解释。这是我们阅读理解古典文学作品的又一珍贵训诂资料。今人新注在词句训诂上做得好的，一般也都是借助了这部分训诂资料。例如《庄子·至乐》：“支离叔与滑介叔观于冥伯之丘，昆仑之虚，黄帝之所休。俄而柳生其左肘，其意蹶蹶然恶之。”这段话有两处不好理解，一处是“柳”字，肘上怎能长出柳树来呢？查王先谦《庄子集解》，说“瘤作柳声转借字”，郭庆藩《庄子集解》，说“柳，瘤字一声之转”，原来是“瘤”的通假字。一处是“蹶蹶”，《庄子集解》引成玄英注说“蹶蹶，惊动貌”，问题就解决了。

第三是要善于比较互证。这是利用词例、句例、异文、方言俗语、文化知识比较类推出词义，读懂古典文学作品的一个重要方法，往往用于解决既无字书、辞书好查，也无古注可参考的情况下。例如杜甫《奉赠韦左丞》诗中的名句“读书破万卷，下笔如有神”，“破”是不是“破旧”或“破烂”的意思？杜甫是不是说把一万卷书读得破旧或破烂了就会写文章了？张相《诗词曲语辞汇释》举出很多例子说明“破”不是“破旧、破烂”而是“尽，遍”的意思。如邵雍《秋怀》诗：“良月满高楼，高楼仍中秋……照破万古心，白尽万古头。”破与尽对文，破为尽义。杨万里《题朝英进斋》诗：“不应将一第，用破半生心。”用破等于用尽。所以，“读破”应是“读尽，读遍”的意思，这样句意就贯通了。

三

古典文学作品体裁多样，年代久远，现在，语言变了，社会变了，文化变了，我们阅读理解起来，自然免不了会发生某些错误。但是，我们要求学习点训诂学知识，少出现错误，尤其是不要出现“硬伤”性错误。

目前，古典文学作品理解中常出现的训诂问题是：

1. 望文生义。我们阅读古典作品时，对于碰到的很熟悉的字词，就往往用现代常见的意义去理解它，自以为懂了，其实大错特错。这是阅读古典文学作品最常见的错误。例如《史记·齐太公世家》：“齐襄公与鲁君饮，醉之，使力士彭生抱上鲁君车，拉杀鲁桓公，桓公下车则死矣。”因“拉杀”句前有“抱上鲁君车”，一家《白话史记》便译为“拉着杀害他”，把“拉”理解为“拉板车”的拉，大误。其实，这里用的是古义，《说文·手部》：“拉，摧也。”《玉篇》：“拉，折也。”“拉杀鲁桓公”是摧折其胁骨挤死他。《汉书·邹阳传》:“范雎拉胁折齿。”可以为证。今成语“摧枯拉朽”之“拉”仍保留着古义。

2. 误解复合词。我们说上古汉语单音词为主,并不是说上古没有复合词,更不是中古以后没有复合词。但是古典文学作品理解中常有把复合词误认为单音词的。例如古诗《行行重行行》:“浮云蔽白日,游子不顾返。”一家《汉魏六朝诗选》注:“顾,念。”“顾返”本为同义词组合成的复合词,意思是还返、回返,返又写作“反”,在秦汉作品中常见,《韩非子·外储说左上》:“曾子之妻之市,其子随之而泣,其母曰:‘女还,顾反为汝杀彘。’妻适市来,曾子欲捕彘杀之。”上文用“顾反”,下文用“来”,足见“顾反”为还返义。《汉魏六朝诗选》拆复合词为单音词,误。

3. 误解虚词为实词。虚词虽然大部分由实词引申、假借而来,但一旦用为虚词,就不能以实词理解。例如黄宗羲《原君》:“向使无君,人各得自私也,人各得自利也。”这本是个假设关系的复句,“向使”即假使、假设的意思,可是,《中学语文文言文译注》注:“向使,当初假使。”把“向”理解为作“从前”讲的实词,又注为“当初”,误。《后汉书·张衡传》:“向使能瞻前顾后,援镜自诫,则何陷于凶患乎!”“向使”与“则”呼应,“向使”为一复合虚词更明。

4. 误解实词为虚词。例如韩愈《进学解》:“然而公不见信于人,私不见信于友,跋前踬后,动辄得咎。”其中“动辄得咎”已被认为是成语,《中国成语大辞典》就收有该条并注释说:“辄,就,总是。咎,罪过。一有举动就常常得罪或受到责备,形容处境困难,常被人无理指责。”也引了韩愈的话作为出处。这个解释恐怕很多人是能接受的。但是,认为“辄”字为副词是错误的。《庄子·达生》："斋七日，辄然忘吾有四肢形体也。"释文："辄然，不动貌。"郭庆藩疏："辄然，不敢动貌也。""辄"当为实词，意思是"不动"。"动辄得咎"是说动不动都受到指责。

5. 误解通假字。例如诸葛亮《出师表》："五月渡泸，深入不毛。"《中学语文文言文译注》注："不毛，不生长草木（的地方）。即荒凉之地。毛，指草木。"这种理解源于唐代李周翰《文选注》，但不正确。《管子·七臣七主》有"欲土地之毛，仓库满实"，如果"毛"指草木，仓库怎能会满实呢？"毛"当是"苗"的通假字，指禾苗、庄稼，上古毛、苗音近。"深入不毛"是说深入到了不长庄稼的地方。

6. 误解文化词。这里所谓文化词指表示古天文、历法、职官、地理、制度、风俗等的词，这些词很容易被误解。例如《晏子春秋·内篇·杂上》："晏子至晋，至中牟，睹弊冠反裘负刍息于途侧者。以为君子也，使人问焉。曰：'子何为者也？'对曰：'我越石父也。'"其中'反裘负刍"被认为是个典故，《古书典故辞典》收有此条，并引了这段话为出处，注释说："①形容贫困劳苦。晏子遇见沦为奴仆的越石的父亲，将他赎归的故事。"大误。越石父本为人名，"父"为古代男子人名后加的美称，本写做"甫"，《新序·节七》引便作"越石甫"。又如《后汉书·张衡传》："安帝雅闻衡善术学，公车特征。"《古文鉴赏辞典》注："公车特征：（派）公家的车子特意去征召。"把"公车"理解为"公家的车子"，大误。"公车"为汉代官署名，职掌之一就是受皇帝之命，征召天下贤士。其实，《后汉书·相帝纪》李贤注得很明白："公车，署名也，公车所在，故以名焉。""公车令一人，秩六百石，掌殿门。诸上书诣阙下者，皆集奏之，凡所征召，亦总领之。"

7. 增词为训。理解古典文学作品，无故增加很多词语来解释语义，是又一个比较常见的毛病。例如崔铣《记王忠肃公翱事》："昔先皇颁保货西洋珠于侍臣，某得八焉，今以半别公，公固知某不贪也。"高中语文课本注："别，赠别，分别时的赠送。""别"为分义，《汉书·东方朔传》："乃别蓍布卦而对曰。"颜师古注："别，分也。""以半别公"就是"以一半分给您"。课本误为"分别"，又徒增"时的增送"义。

（发表于《中文学习指导》1992年第3期）

陆 佃

陆佃是北宋时期著名的语言学家和经学家，南宋著名学者陆宰的父亲，著名诗人陆游的祖父。

陆佃，字师农，号陶山，越州山阴(今浙江省绍兴县)人，生于仁宗庆历二年(1042 年)，二十八岁应举擢甲科，授蔡州推官，选郓州教授，补国子监直讲，历神宗、哲宗、徽宗三朝，累官至尚书左丞。徽宗崇宁元年(1102 年)，罢为中大夫，出知亳州，死于亳州任上，享年六十一岁。

陆佃是王安石的学生，学术上，他继承了王安石的学说，是王安石"新学"的中坚；政治上，他对王安石变法持异议，明显地呈现出守旧的色彩，徽宗初，竟入"元祐"党籍。

陆氏生活的时代，正值王安石为着富国强兵，锐意求治，生气勃勃变法的时代。在王安石变法的冲击下，学术领域逐渐打破汉唐以来述古的氛围，焕发出改革的气息。经学领域出现了不拘故训，以己意说经，刻意求新的局面。这既包括由朴学向理学转化的"关学"和"洛学"，也包括为变法服务的王安石"新学"。传统语言学领域，对字义的训释，也出现了两股新潮，一是认为凡声符相同义皆相近的王圣美"右文说"，一是认为每一笔画皆有理性可说的王安石"字说"。时代的学风为陆氏治学打下了深深的烙印。

陆氏出生在一个贫寒的家庭，自幼刻苦好学，勤奋上进，有时,夜间没有灯烛,就借着月光读书。为寻求名师,他二十四岁的时候,敝衣烂履,不远千里,投正在江宁(今南京市)赋闲而聚徒讲学的王安石,从安石受经义、训诂。王安石"义兼师友,进退鲜俪"(《江宁府到任祭丞相荆公墓文》,见《陶山集》),对于陆佃,既有慈父般的温暖,也有严师的一丝不苟,陆氏曾把老师的教诲比做"春风濯我,暴之秋阳"(同上)。严师高徒,切磋琢磨,二人建立了深厚的学术友谊。元祐四年(1089年),陆氏曾无限感激留恋地记述一次梦景说:"梦侍荆公如平生,予书'法云在天,宝月便水'二句,'便'字初作'流'字,荆公笑曰:'不若"便"字之愈也。'既觉,怅然自失,念昔横经座隅,语至言极,迨今阅二纪,无以异乎昨日之梦。"(《书王荆公游钟山图后》,见《陶山集》)陆佃也极聪颖嘉慧,自入王氏之门,学业日进,升堂入室,终于成为王氏的高足,"新学"的重要学者。

陆氏治学主张"变通",主张有自己的见解。他说:"《易》曰:'化而裁之存乎变,推而行之存乎通。'神而明之存乎其人,岂独《易》也哉?故曰:《诗》无达诂,《易》无达吉,《春秋》无达例,要其在变而通之焉耳。"(《答崔子方秀才书》,见《陶山集》)为要变通,必须具备广博的知识。因此,陆氏博通经史子集,尤精于礼家、名数之说。元丰四年(1081年),神宗问大裘袭衮,陆佃广征博引,考礼以对,神宗大喜,即命为详定郊庙礼文官、崇政殿说书,进讲《周礼》,并将写好的稿子头一天晚上奏上。神宗常称赞说:"自王、郑以来,言礼未有如佃者。"(见《宋史》本传)擅长于文字训诂,元丰(1078~1085年)间曾与王圣美共同修订《说文解字》,书成奏上,神宗赐银五十两,布五十匹。治《诗》多识鸟兽草木之名,年轻时所作《诗讲义》即被公私学校争相抄录传授。(见陆宰《埤雅序》)

陆氏一生的主要贡献在于语言学。陆氏的语言学成就集中反映在其所著《埤雅》、《尔雅新义》两书中。

《埤雅》二十卷。“埤雅”取增附、辅助《尔雅》之义。这是一部关于动植物方面的专科词典。此书作于元祐外放时期。书前附有其子陆宰于徽宗宣和七年(1125年)写的一篇序言,详细讲述了编撰过程。陆氏具有丰富的鸟兽草木虫鱼方面的知识,早已草拟《说鱼》、《说木》两篇。元丰间,陆佃、王圣美进所修《说文解字》的时候,陆氏和神宗论及万物之性理,神宗慨叹古来没有这一类的著述,于是陆氏便奏上未定稿《说鱼》、《说木》,神宗极为称赞。其后,不断增益,取名为《物生门类》。但是,此书尚未完成,神宗死,陆氏外放。他“以平易临民,故其事简政清,因得专意论撰”(陆宰《埤雅序》)。陆氏就在写完《尔雅注》之后,续撰此书。原名《物生门类》,书成,改为《埤雅》。

《埤雅》的编写目的,陆宰说是欲“穷天下之理”,明代张性中《重刊埤雅序》说是“深穷万物之理”,可见是追寻事物发生、发展的性理的。此书明代已不全。就今本看来,它虽取名为“雅”,但是与《尔雅》和《广雅》比起来,已经发生了明显的变化。它的主要贡献是:

一、创造了详细解释名物的雅学新体例。这表现在两个方面。第一,收词专科化。“雅学”系统的著作,《埤雅》以前,基本上都是“百科性”的,至《埤雅》,收词显然向专科化发展。《埤雅》分释鱼、释兽、释鸟、释虫、释马、释木、释草、释天八类,收词凡二百九十七条,除释天十三条关于天象用词外,其余全是动植物方面的词汇。可以说,《埤雅》是我国历史上第一部动植物专科词典。工具书编纂,收词集中于某一个或某几个相关的学科,有助于对某一个或某几个相关学科的词汇进行集中的研究与描

写,全面深入地揭示这些词意义的内涵及发展规律。第二,编排以单词为单元。《埤雅》以前雅学系统的辞书,基本上都是以一组同义、近义词为单位进行解释,既不利于分辨同义词、近义词之间意义的微别,也不利于详细说明各个词的确切含义。《埤雅》以单词为单元进行解释把这个毛病克服了,从而开拓了多方位地解释一个词的意义的形式。这有利于全面详尽地研究每个词的意义的发展及规律。

二、创造了自然科学方法和语言科学方法相结合的解释名物词方法。《埤雅》解释物性物理,用了调查试验的自然科学方法。陆宰序文说:"先公作此书,自初迨终仅四十年。不独博及群书,而严父、牧夫、百工、技艺下至舆台皂隶,莫不諏询,苟有所闻,必加试验,然后纪录。"首先是向广大群众,尤其是生产第一线的人民进行调查,然后对调查的结果进行试验,取得实践上的可信性,最后再把试验的结果记录下来,写成词条,这在态度上、方法论上都是严谨的、实事求是的、科学的。如:"瓜,大曰瓜,小曰瓞。《尔雅》曰:'其绍,瓞。'盖瓜之继本为绍。今验:近本之瓜常小,末则复大,故曰:'其绍,瓞'也。"(《释草》)书中"某今某也"、"某某今谓之某某也"的记述,恐怕也是调查试验的结果。正是由于作者具有这样的实事求是的态度和科学方法,书中对各种动植物的性状、特征才描写得细致入微,栩栩如生。如:"蟹,八跪而二螯,水虫,壳坚而脆,团脐者牝,尖者牡也。八月腹内有芒,真稻芒也。未被霜,食之有毒。外骨内肉,旁行,今里语谓之旁蟹。"(《释鱼》)为要说明物性物理,就不得不把调查试验和分析记录物名的词语相结合,采取自然科学与语言分析相结合的方法。《埤雅》从分析语言角度解释物理物性,主要有这样几种情况,首先是采用他老师王安石"字说"的观点,认为

汉字是直接代表客观事物的，独体字的每一笔画都与客观事物相联系，合体字的每一部分都与客观事物相联系，只要分析了汉字的形体结构就等于分析了该事物的性状、特征。如："瓜，制字象其实在须蔓之间。"(《释草》)"盖竹从倒艸。竹，草也，而冬不死，故从倒艸。一曰竹倒种，故从倒艸。"(《释草》)"李，东方之果，木子也，故其字从木，从子。"(《释木》)"鸡可系，故谓之鸡；鸭可押，故谓之鸭。"(《释鸟》)甚至认为相关的字的组成部分可共同代表客观世界的同一事物，如"《字说》云：'蛉，蜻蜓也。动止常廷，故又谓之蛉，令出于廷者也。"陆氏这种认为汉字的每一笔画、每一组成部分都是表意的，都直接反映客观事物的观点，从根本上说是错误的。一方面，把记录语言的符号等同于语言，混淆了两种不同质的事物的界限。另一方面，违背了汉字形体的结构规律，把大量的形声字说成会意，如"李、鸡、鸭、蛉、蜻蜓"字，甚至连独体字也有误说形体者，如"竹"字。陆氏这种方法，可以肯定的东西不多。其次是采用俗语、俗谚、俗说解释物理物性，如"柳，柔脆……今言宫腰细瘦谓之柳腰。"(《释木》)以俗语"柳腰"证柳质柔脆。"木瓜……善疗筋转……谚曰：'梨百损一益，楙(木瓜一名楙)百益一损。'"(《释木》)以俗谚"梨百损一益，楙百益一损"证木瓜善疗筋转之作用。"盖鲂鱼虽等美，而缘水之异则有优劣，故里语曰：'洛鲤伊鲂，贵于牛羊。'洛以浑深宜鲤，伊以清浅宜鲂也。又曰：'居就粮，梁水鲂。'盖今辽东梁水之鲂特肥。"(《释鱼》)第三是引征经史，曲证旁稽，既得物理物性，又得诸书古义。如"鹑，鹑无常居而有常匹，故《尸子》曰：'尧鹑居。'《庄子》曰：'圣人鹑居而鷇食。'《诗》曰：'鹑之奔奔，鹊之彊彊。'奔奔，斗也。彊彊，刚也。言鹑能不乱其匹，鹊能不淫其匹，故序云卫人以为宣姜鹑鹊之不若

也。一章曰:‘我以为兄。’兄,女兄也。二章曰:‘我以为君。’君,女君也。故曰刺宣姜也。曰兄者,娣刺宣姜之词,曰君者,妾刺宣姜之词。《诗》曰:‘不狩不猎,胡瞻尔庭有悬鹑兮?’鹑,小物也,以言在位贫鄙,小禽尚公之如此……”这实际是借语境以分析物理物性,不自觉地引入了语义学研究的方法。

《埤雅》也有一些严重的缺点。主要是:第一,《四库提要》说它的释义方法是“寻究偏旁,比附形声,务求其得名之所以然”,这实际上是批评陆氏采用了他老师以会意说形声的观点。因为这种观点不可避免地使许多释义陷于穿凿附会。其实,《埤雅》中还有些泛声训的例子,如“兔口有缺,吐而生子,故谓之兔。兔,吐也。”兔与吐风马牛不相及,何来源流?这就近乎荒唐了。第二,有些释义采取阴阳、名数之说,含迷信色彩。如“龙八十一鳞,具九九之数。九,阳也……今相家说,人臣得其一体当至公相,曾公亮得龙之脊,王安石得龙之睛……”这两条缺点,不能不影响到释义的准确性。

《尔雅新义》十八卷,这是一部注释《尔雅》的书。但它与以前郭璞等人的《尔雅注》不同,前人都是只在个别词义上作词汇意义的说明,而陆氏则重在结合社会与文化阐发《尔雅》诸词得义的义理。这也是他所取名为“新义”的理由。如“俨、恪、祇、翼、諲、恭、钦、寅、熯,敬也”新义:“恪,各敬也。(上有‘禋,精意以享。諲,精意以言’)恭,有共之者。《诗》曰:‘温恭朝夕,执事有恪。’祇,有氏有示。諲,有垔有言。寅,早敬。钦,钦物。翼,翼物,羽左右異乃能翼。”“烈、绩,业也”新义:“烈如火之烈,绩如蚕之绩”。(《释诂》)“小波为沦,直波为径”新义:“河沦则波小,直则波径。”(《释水》)“藿,山韭”新义:“凡称山,以退静为义,《庄子》所谓‘山木’如此。韭丰本至矣,藿在上高至也。”

(《释草》)陆氏对此书非常自负,他在自序中说:“虽其微言奥旨有不能尽,然不得为不知者也。岂天之将兴是书,以予赞其始,譬如绘画,我为发其精神,后之涉此者致曲焉。虽使(郭)璞拥篲清道,跂望尘躅可也。”其实,如果说《埤雅》有些创造的话,《尔雅新义》这部书从内容到方法则完全属于王安石“新学”体系中的东西了。它的主要优点是,释义能结合社会文化与语言环境。把词语置于一定的社会文化背景和一定的环境下,就能使词义互相贯穿,融为一体,呈现出其确指的意义。与社会文化结合的主要是反映封建社会政治与伦理道德的词,与环境结合的主要是动植物名称等自然科学方面的词。与环境结合的如上举“沦”、“径”、“藿”等字的解释,与社会文化结合的如上举“恪”、“谨”、“祇”、“恭”、“寅”、“钦”、“翼”等字的解释。与社会文化结合的又如“林、烝、天、帝、皇、王、后、辟、公、侯,君也”新义:“皇言道,帝言德,王言业,天覆之,林庇之,后继之,辟新之,烝熟之。按《诗》君皆具此六七名而同一实,自其所言之异尔。《君子偕老》曰:‘胡然而天也,胡然而帝也。’序《诗》者以为人君服饰之盛,可谓盛也。若伯有长人道而已;子,字也;男,任也。《春秋传》曰:‘伯、子、男一也。’是以不在此数。”既辨识了“皇”、“帝”、“王”、“天”、“林”、“后”、“辟”、“烝”在社会文化意义方面的侧重点,又与正文所没收的“伯”、“子”、“男”比较,分析了这两组词社会文化意义上的区别。这部书最重要的缺点,也是采用了他老师王安石“字说”的观点,把很多本是形声的字解成了会意,如对“恪”、“祇”、“谨”、“恭”、“钦”、“翼”等字的解释。书中也还有采用泛声训的。即便是从社会文化和环境上释义的,也时有牵强附会之嫌。

陆佃的语言学成就虽是以两部工具书为寄托而表现的,但

其研究内容已从词义进入语义，研究方法也不拘一格，无论在工具书编纂史上，还是在汉语词汇研究史上，都做出了一定的贡献。陆氏的治学方法对后代也有一定的影响，罗愿著《尔雅翼》、郑樵作《尔雅注》、方以智著《通雅》，都不同程度地采用了陆氏的观点与方法。

附录一

陆佃主要著作目录

1.《埤雅》二十卷（五雅本，五雅全书本，格致丛书本，四库全书本，摛藻堂四库全书荟要本，玲珑山馆丛书本，丛书集成初编本，明初顾棫刊本，成化己亥刊本，嘉靖元年赣州府清献堂刊本，乾隆间活字本）。

2.《尔雅新义》十八卷（粤雅堂丛书本，丛书集成本，萧山陆氏刊本）。

3.《鹖冠子注》（四库全书本，聚珍版本，别六子全书本，緜眇阁本，子汇本，九子本，十子全书本，诸子汇函本，子书百种本，瓶花斋本，湖北先正遗书本，四部丛刊本，明弘治丙辰杨一清本，明四子本，明天启刊本）。

4.《诗讲义》佚。

5.《春秋后传》佚。

6.《礼象》佚。

7.《神宗起居注》佚。

8.《神宗实录》佚。

9.《哲宗实录》佚。

10.《陶山集》(聚珍版本,清芬堂丛书本,丛书集成初编本,闽复印本)。

附录二

陆佃研究主要参考书目

1.《宋史》卷三四三(中华书局标点本)。
2.《宋史新编》卷一一六(明嘉靖刊本)。
3.《东都事略》卷九七(淮南书局刊本)。
4.《元祐党人传》卷一(归安陆氏刊本)。
5.《宋大臣年表》(二十五史补编本)。
6.《北宋经抚年表》(二十五史补编本)。

(发表于吉常宏、王佩增编《中国古代语言学家评传》,
山东教育出版社 1992 年版)

罗 愿

罗愿是南宋著名的语言学家、文学家和地理学家。

罗愿,徽州歙县(今安徽省歙县)人,字端良,号存斋,曾官知鄂州事,后人又称他罗鄂州。生于南宋高宗绍兴六年(1136年),二十岁时,荫补承务郎,授临安府新城县监税,后监饶州景德镇税、监南岳庙。孝宗乾道二年(1166年),罗氏参加科举,登进士第,此时已三十岁。遂授饶州鄱阳知县,不乐往,主台州崇道观。乾道八年(1172年),通判赣州,旋摄州事。淳熙中,差知南剑州事,改迁知鄂州。淳熙十一年(1184年),卒于鄂州任上,时年四十九岁。

罗氏生在官宦之家,其父罗汝楫,登北宋徽宗政和二年(1112年)进士第。南渡后阿附秦桧。累官殿中侍御史、起居郎兼侍讲、吏部尚书、龙图阁学士。做殿中侍御史时,受秦桧讽示,与御史中丞何铸交章论岳飞,构成"莫须有"冤狱,堕为臭名昭著的奸臣。其兄罗颢、罗頠、罗颉、罗颂与其弟罗頵皆有文名。罗愿资质颖异,凝重寡言,以父兄为师,七岁能赋,长而博学多通,于语言学,三代制作名物以及草木虫鱼靡不淹贯。于史学,帝王经世之迹、古今治忽之变莫不洽知。但他尤长于文学,法秦汉为辞章,高雅精炼,他的游记散文如《淳安县社坛记》、《陶令祠堂记》等都是脍炙人口的名篇。方回曾说:"南渡后,文章有先秦西汉风,惟罗鄂州一人。"(见方回《尔雅翼》跋语)朱熹赞其

“文有经纬”，欲附名集，及闻罗死，惊叹“可惜”。其兄罗颂亦擅长文章，与其兄并称“二罗”。罗愿虽为大奸臣之后，但他自己为官主张劭农富民，且有政绩（参见《鄂州小集·鄂州到任五事劄子》及《宋史》本传）。

罗愿对语言学的贡献，主要表现在其所著《尔雅翼》一书中。

《尔雅翼》完稿于淳熙元年（1174年）他三十九岁的时候，但在他死后八十七年——度宗咸淳六年（1270年）王应麟知徽州时方予以刊行。今本书首附有两篇韵文，一篇是罗氏自序，一篇是王应麟刊行时的后序；书后附其同乡元代方回一篇跋文。这三篇文章对本书的写作目的、内容和刊行情况进行了大致的介绍。

《尔雅翼》，翼是羽翼，取为《尔雅》羽翼之意。这部书的性质与陆佃《埤雅》相同，也是探寻动植物语源的专门辞书。但它另具自己的特点：

第一，对动植物专科词语认识深刻。首先是有了动植物专科词语应区别于一般语词及其他名物词语的观念。据自序，罗氏认为，研究动植物词语起于汉初的《尔雅》，后人研究动植物之名可以《尔雅》为资。但《尔雅》所收太繁杂，应略其解释一般语词的《释诂》、《释言》、《释训》部分和解释其他名物的《释山》、《释水》、《释天》等部分，使动植物之学成为专门。其次是动植物之名是不断演变的，主要原因是后世风俗不同、语音有别、六书有假借，因此往往发生名存实变、实存名变或名实皆变的情况。动植物之名本来就不容易认识，加上这些变化就更容易误甲为乙。其三，研究动植物专科词语应具备科学的态度。他主张要有创见，“不为因循”（《尔雅翼》自序，下同），以高度的热情随时细心观察，进行实物考查，“观实于秋，玩花于春；俯

瞰渊鱼，仰察鸟云；山川皋壤，遇物而欣”。不懂不装懂，要不耻下问，“有不解者，谋及刍薪，农圃以为师，钓弋则亲”，坚决反对那种“指毛命兽，见末知根”的主观武断的做法。这也就是他编撰《尔雅翼》的态度。

第二，有较先进的语言观。首先是关于词义场的观念比《尔雅》更加细密。《尔雅》分词为十九类，各类中词语排列毫无次序。而《尔雅翼》收词四〇七条，植物含草、木两类，其中《释草》八卷一百二十条，《释木》四卷六十条。动物含鸟、兽、虫、鱼四类，其中《释鸟》五卷五十八条，《释兽》六卷七十四条，《释虫》四卷四十条，《释鱼》五卷五十五条。各类的分卷，以所释词反映的客观事物的性能、特点、作用大体相近为原则，如卷一《释草》是：“黍、稷、稻、粱、麦、粺、麻、菽、秬、秘、菰”，古代都是粮食作物，“麻”的籽可食，唐以前属“五谷”之一。菰，又叫雕胡，俗称菱，其籽可碾米，叫菰米或雕胡米，古人多用它合粟煮粥蒸饭，汉以前被列为“九谷”之一。《尔雅翼》各卷所收词都有类似的关系，这在词义场的观念上，比以往任何雅学类著作都更加细密。其次是比较意义相近或相关的词的义素，辨别意义差异的观念。如卷六《释草》“竽”条：“芋，《说文》曰：‘大叶，实根，骇人，故谓之芋。’……陶隐居乃云‘种芋三年不采成梠（莒）芋。’然则，芋之与莒，本同末异耳。”“三年不采成梠（莒）芋”说明“莒”有义素“三年栽培”、“芋”有义素“一年栽培”；所引《说文》说明“芋”还有义素“大叶，实根”；“芋之与莒，本同末异”说明“莒”义素还有“实根，非大叶”。那么，“芋”的义素是“一年栽培，大叶，实根，植物”，“莒”的义素是“三年栽培，非大叶，实根，植物”，可知“芋”、“莒”的区别仅在于栽培年限、叶子大小，其他皆同。又如卷十九《释兽》“豺”条：“大曰兽，小曰禽；亦曰

四足而毛曰兽,二足而羽曰禽。”这里就古人的认识水平,从两个角度比较了“兽”与“禽”义素的差异。第一个角度,“兽”义素有“大,动物”,“禽”义素有“小(非大),动物”,都是动物,差别只在大小。第二个角度,“兽”义素有“四足、长毛、动物”,“禽”义素有“二足(非四足),长羽(非长毛),动物”。相同处在于都是动物,差别在于足的多少、长毛还是长羽。利用这种方法能把词义辨别得极其细微。这虽然不是罗氏的创造,但罗氏自觉地使用了这种方法,也是应当肯定的。其三是指出属种,辨析上位义、下位义的观念。如卷五《释草》“葱”条:“葱,本白而末青,青色尤美,《尔雅》曰:‘青谓之葱。’”又“茖”条:“葱有冬葱、汉葱、胡葱、茖葱凡四种。冬葱夏衰冬盛,茎叶俱软美,山南江左有之。汉葱冬枯,其茎实硬而叶薄。胡葱茎叶粗短,根若金蹙,能已肿。茖葱生于山谷,不入药用。”对上位义,抓住特点直接解释,对于同等的几个下位义则从生长时间、地点、茎、叶、根诸方面对比解释,上位义的特点具于各同等的下位义之中。其四,辨双音节词词素义的观念,如卷五《释兽》“狼”条:“狼,贪猛之兽,聚物而不整,故称狼藉。”把“狼藉”解为状语与中心语关系的偏正结构(也可认为主谓结构)。又“狼猛而敏给,能自顾其后,《淮南子》曰:‘鸱视而狼顾。’贾谊曰:‘失时不雨,民且狼顾。’”把“狼顾”解为主谓结构。又“狼肠直,故作声诸窍皆沸,边庭候望设狼烟,以其直上,风吹不斜也。”“狼烟”即狼粪之烟,这里把它解成了定语与中心语关系的偏正结构。

第三,追源方法灵活多样。释义的目的是“探其源”(见《自序》),探源即是这部专科辞书的主要内容。其探源方法有两个方面,一是从物理物性上说明,这包括:(1)从形状、性能、特点、产地等方面给予描写,且找出古书中最早出典,介绍清楚该物的

原委,自然就是探了它的来源。大部分条目中都可看到这方面的内容。有的条目如卷二《释草》"江离"等,则完全是用这种方法探其源。(2)单从其形状上探源,如卷七《释草》"门冬"条:"其一麦门冬,生山谷肥地,叶如韭,四季不凋,根有须,作连珠形,似穬麦颗,故名麦门冬。"(3)从其颜色上探源,如卷二十七《释虫》"苍蝇"条:"苍蝇比于青蝇而大,其色苍,好集几案食饮上者是也。"(4)从其声音上探源,如卷二十五《释虫》"蟋蟀"条:"好吟于土石砖甓之下,尤好斗胜,辄矜鸣,其声如急织,故幽州谓之促织。"(5)从其有关时间上探源,如卷一《释草》"黍"条:"黍,禾属而粘者也,以大暑而种,故谓之黍。从禾,雨省声。"(6)从其地理来源上探源,如卷五《释草》"葫"条:"蒜有大小,大蒜为葫,小蒜为蒜,《本草》所别。葫又称胡蒜,陆法言《切韵》曰:'张骞使西域得大蒜、胡荽。'则此物汉始有之,以自胡中来,故名胡蒜尔。"(7)从其雌雄上推源,如卷十九《释兽》"羆"条:"盖熊为羆之雄而称熊,犹羖为羭之牯而称羖,兕为犀之牸而称兕也。"(8)从其用途上探源,如卷四《释草》"艾"条:"庶草治病各有所宜,惟艾可用灸百疾,故名医草。"(9)从其行为上探源,如卷二十八《释鱼》"鲨"条:"鲨鱼,狭而小,常张口吹沙,故曰吹沙。"也有从行为方面探其比喻义之源的,如卷二十七《释虫》"青蝇"条:"青蝇,古以喻谗人,以其所趋甚污,终日营营而不知止,又为声以乱人听,故以比。"二是从语言文字上说明,这包括:(1)从文字形体分析动植物形体阐其源,如卷二十四《释虫》"蜀"条:"蜀,葵中虫也,从虫,上目象蜀头形,中象其身蜎蜎。"(2)从"右文"上探其源,如卷三十《释鱼》"鲸"条:"鲸,海中大鱼也,其大横海吞舟,穴处海底,出穴则水溢,谓之鲸潮……鲸从京,京,大也。"(3)从形声兼会意探其源,如卷三《释草》

"芝"条:"芝,瑞草,一岁三花,故《楚辞》谓之三秀。无根而生,故其字从'之',《说文》'之'字曰:'出也。'象草枝茎益大,有所之,一者地也。'芝生于土,故宜从焉。""芝"本形声字,从艸之声,罗氏以形声兼会意说之。(4)以假借释其源,如卷二十九《释鱼》"鳝"条:"鳝,似蛇而无鳞,黄质黑文,体有涎沫,生水岸泥窟中,所在有之……鳝字多假用鱣字。"(5)以泛声训探源,如卷十五《释鸟》"鹑"条:"鹑,鸟之淳者,其居易容,其欲易给,窜伏浅草之间,随地而安。故言上世之俗曰鹑居鷇食也。"

此书在追源中,还涉及了其他语源的解释,如"鹑"条解到成语"鹑居鷇食"的来源。又如卷十九"狼"条:"今马之骏者,溺皆射前足,鹰鹞丑其矢(屎)不坠,皆横激而去若箭,其俊猛者尤远,盖是气烈所发尔。故古者矢(屎)之为字通用弓矢之矢。"讲出了屎用矢的原因。又如卷五《释草》"葱"条涉及了"葱珩"、"骢"、"郁郁葱葱"三词语的语源等。

第四,反映了许多传统文化知识。该书的词语探源中,介绍到许多传统文化知识,为我们提供了很多方面的资料,如卷一《释草》"麦"条:"麦者,接绝续乏之谷,方夏之时,旧谷已绝,新谷未登,民于此时乏食而麦最先熟,故以为重。董仲舒曰:'《春秋》于他谷不书,至无麦禾则书之。'以此见圣人于五谷最重麦与禾也,因说武帝劝关中种麦。而《明堂》、《月令》亦有仲秋劝种麦之文,其有失时,行罪无疑。凡以接续所赖,惧民不以为意耳。"麦自古为人所重,这里介绍了重视的原因及情况,于古代农业文化就是一条比较重要的资料。又如卷十《释木》"桃"条即介绍了门旁植桃梗和户上画神荼、郁垒的原因,这又涉及了古代风俗知识。总之,《尔雅翼》记载了与动植物有关的许多文化知识与资料,都是极为宝贵的。

第五,少迷信色彩。此书本身记述动植物很少迷信色彩,有一些古来解说多荒诞无稽的,也往往给以批判性说明。如卷七《释草》"参"条:"善说者曰:出新罗国所贡,有手脚,状发人形,长尺余。或云:生邯郸者,根有头足手,面目如人。或曰:生上党者,人形皆具,能作儿啼。说益侈,则益诞。"

这部书的缺点主要是:对个别词的解释不适当地使用了泛声训,如说"鹑"源于"淳";误以会意说形声,如说"芝"从"之"得义等。这些缺点有的是直接引于陆佃《埤雅》,有的则是他自己的发明,总的来看,是受了陆佃影响的结果。不过,这方面的条目不算多,损害不到全书的质量。

罗氏对这部书非常自负,《自序》中曾说:"明千世之下,与《雅》并行;后有子云、君山(桓潭字)之俦,乃知其精。"的确,这部书对动物学、植物学、辞典学,都做出了应有的贡献。对语源学、文化史贡献尤大,"览故考新","冰涣昔疑"(王应麟《后序》语),堪称天下"奇书"(方回《跋》语),很多地方可供我们今天借鉴。宋代是传统语言学变革的时代,此书当是变革时代语言学中的一朵奇葩。罗氏寓作于述,借《尔雅》之窠臼,抒发自己研精极微的学术见解,岂止"为《雅》忠臣"(王应麟《后序》语),不知要高出《尔雅》多少倍!

附录一

罗愿的著作

1.《尔雅翼》三十二卷(学津讨原第四集本,洪氏晦木斋丛书本,丛书集成初编本,格致丛书本,天启中罗氏刊本,五雅本,嘉庆己未重刊明本）。

2.《新安志》十卷（四库全书本）。

3.《鄂州小集》六卷附录二卷（粤雅堂丛书本，丛书集成初编本）。

附录二

罗愿研究主要参考书目

1.《宋史》卷三八〇罗汝楫传附（中华书局标点本）。

2.《宋史新编》卷一三六（明嘉靖刊本）。

3.《南宋书》卷三十一（南沙席氏刊本）。

4. 曹泾《鄂州太守存斋先生罗公传》（《鄂州小集》卷首附）。

（发表于吉常宏、王佩增编《中国古代语言学家评传》，
山东教育出版社 1992 年版）

《札迻》

作者孙诒让，见《古籀拾遗》篇。

《札迻》十二卷。这是一部考证校勘的书。据该书自序，孙氏认为，秦汉文籍，字例文例多与后世不同，加上通假字多，流传中又经篆隶变迁，正草混淆，俗书流失，刻版羼改，“非覃思精勘，深究本原，未易得其正”。又认为清代的考证校勘超轶汉唐，尤其是王氏父子和卢文弨的考证校勘更令人叹服。这部《札迻》就是“间窃取其义法”，以补王、卢考校之“遗阙”的。

《札迻》是孙氏三十年间，晨夕目诵、随时笺记的成果之一。原来有的缀记书眉，有的另纸记录，付刻前按册移录，“迻”是“移”的古体，故名《札迻》。《札迻》考校范围包括秦汉至齐梁间“故书雅记”77种，其中既有典籍正文，也含汉唐旧注及清儒校释。

此书的编排方法，是“依卢氏《拾补》例”，先列被考校之书名，书名下备列其用来考校的版本，如卷三《战国策》高诱注下即列：黄丕烈景刊宋姚宏校本、明刻鲍彪注本、元刻吴师道校注本、黄丕烈《姚本札记》校、王念孙《读书杂志》校。次列考校的条目，条目如果是某篇第一条，则在条目上用小字横排标出条目所在的篇题，条目下用“案”字表述孙氏自己的意见。孙氏自己的意见中，凡遇可供参考的他本他书异文或相关文句、词义，皆用双行小字自注于其下，以资读者参证，眉目较为明朗。如卷三

"《战国策》高诱注"第二条:先用小字排出篇题"《秦》",再用大字排出条目:"'夫徒处而致利,安坐而广地,虽古五帝三王五伯明主贤君,常欲坐而致之,其势不能,故以战续之'。高注:'续,犹备其势也。'"后用"案"表达出孙氏的考校意见:"案《说文·糸部》:'续,古文作赓,从庚、贝。'古与'庚'通,《月令》郑注云:'庚之言更也。'言以战更之也。高注未允。"第三条条目是:"'今秦出号令而行赏罚,不攻无攻相事也。'姚校云:'曾作有功无功。'吴校云:'韩作有功无功相事也。'黄校云:'不,当作又,形近之讹,鲍本作不攻耳,无相攻事也。注云:言秦有不攻耳。无敢相攻者。'"案语是:"案曾本与《韩非子·初见秦》同,是也。'有功无功相事'谓秦法上功,使无功之人为有功者役也。《汉书·高帝纪》颜注引如淳云:'事谓役使也。'"双行小字自注说:"《荀子·王制》篇云:'两贵之能相事,两贱之不能相使。'是'相事'与'相使'义近。又《议兵》篇说秦法云:'功赏相长也,五甲首而隶五家。'即有功无功相使之法。"案语接着说:"鲍说殊缪。"

孙诒让精于文字,明于经术,互相证发,令人惊叹。所以,他的前辈俞樾在为《札迻》写的序中称赞该书可与王引之《经义述闻》相比,"每下一说,辄使前后文皆怡然理顺"。这决非溢美之词。

《札迻》有光绪二十一年孙氏刊本,齐鲁书社 1989 年刊印《札迻》点校本,较为易得。

(发表于钱曾怡、刘聿新编《中国语言学要籍解题》,齐鲁书社 1991 年版)

《古书疑义举例》

作者俞樾(1821~1907年),字荫甫,号曲园,浙江省德清县人,清代著名的经学家、语文学家。道光间进士,后改庶士,曾任编修、河南学政,历主讲苏州紫阳、上海求志、德清县清溪等书院。治学专以王氏为宗,同时也左右采获,深疾家法。一生著述凡二百一十七种,五百余卷,为清代第一人。其著述绝大部分收在俞氏亲自编定的《春在堂全书》中。

《古书疑义举例》是一部讲述秦汉典籍特殊语法、修辞和书面语情况的书。对于古代典籍中这些特殊的语言现象,古人一般称之为字例、词例和文例。若不明这些知识,一味拿今人文法去硬套,即会发生"疑义",所以这部书定名为《古书疑义举例》。

全书七卷共88条。各条之间以情形相类为序。卷一14条,主要是古人行文用词或因用词而形成的特殊语法问题。卷二12条,主要讲语言成分的省略或繁复问题。卷三13条,主要是称谓方面的修辞问题。卷四12条,主要讲虚词使用问题。卷五、六、七计37条,主要讲古书流传中出现的各种错讹及校勘问题。例如卷一第五条"错综成文例":"古人之文,有错综其辞以见文法之变者。如《论语》'迅雷风烈'、《楚辞》'吉日兮辰良'、《夏小正》'剥枣栗零'皆是也。""《周礼》大宗伯职:'王后不与,则摄而荐豆笾彻。'按:荐豆笾彻者,荐豆彻笾也。于豆言'荐',

于笾言'彻',互辞耳。不曰'荐豆彻笾'而曰'荐豆笾彻'亦故为错综以成文也。贾疏曰:'凡祭祀皆先荐后彻,故退彻文在下。'此不得其解而为之辞。"俞氏所举《论语》、《楚辞》、《夏小正》例皆好理解,其举《周礼》例是说:《周礼·春官·大宗伯》载大宗伯这种官的职责是,凡祭祀祖先,王之后应当参加,假若王之后不参加的话,大宗伯就要代替她"荐豆笾彻"。荐是供奉。彻通"撤",即撤除。俞樾认为"荐豆笾彻"照正常说法就是"荐豆彻笾",《周礼》没有按正常说,是用了使"荐豆"与"笾彻"错综成文的句法。"荐豆笾彻"还是互文见义的,因为大宗伯供奉豆的同时要供奉笾,撤除笾的同时要撤除豆。"荐豆笾彻"这四个字是很艰涩深奥的,经俞氏用"错综成文"和"互辞"法一解,怡然理顺、简明易懂了。

关于古书的这些条例,汉唐人注疏中屡屡言及,不过,那只是随文释义,一鳞半爪。到清代,出现了比较系统的研究,一些学者的文集或杂考笔记中,如顾炎武《日知录》、钱大昕《十驾斋养新录》、王引之《经义述闻》卷三十二《通说》下等,皆有这方面的内容,但集大成的还是俞樾的《古书疑义举例》。《古书疑义举例》引起了后人极大的注意,续补校者络绎不穷,著名的如刘师培有《古书疑义举例补》、杨树达有《古书疑义举例续补》、马叙伦有《古书疑义举例校录》、姚维锐有《古书疑义举例增补》。《古书疑义举例》也得到了极高的评价,刘师培说:"幼读德清俞氏书,至《古书疑义举例》,叹为绝作,以为载集之中,奥言隐词,解者纷歧,惟举其例,以治群书,庶疑文冰释,盖发古今未有之奇也。"(见《古书疑义举例补》自序)

《古书疑义举例》有《皇清经解续编》南菁书院本和蜚英馆石印本、《春在堂全书》清光绪二十五年刊本、《江氏聚珍版丛书》三集、民国13年苏州文学山房木活字排印本、《古书字义用法丛刊》上海世界书局排印本。俞、刘、杨、马、姚的续补校之书，1956年中华书局又汇集为《古书疑义举例五种》出版，此本最便读者。

（发表于钱曾怡、刘聿新编《中国语言学要籍解题》，齐鲁书社1991年版）

《楚辞章句》、《楚辞补注》

《楚辞章句》作者王逸，字叔师，南郡宜城人。东汉著名注释家。生卒不可详考，大约与赵岐同时。安帝元初中，举上计吏，后拜校书郎。顺帝时，官至侍中。其著作除《楚辞章句》外，还有赋、诔、书、论、杂文、汉诗等。今仅传《楚辞章句》一种。

《楚辞补注》作者洪兴祖(1690～1155 年)，字庆善，镇江丹阳人。宋代著名语文学家。政和中登上舍第，历官宣教郎、秘书省正字、太常博士等。后知饶州，因触犯秦桧编管昭州，卒。著述有《老庄本旨》、《周易通义》、《系辞要旨》、《楚辞补注》、《楚辞考异》等。

今本《楚辞补注》先列王逸章句，无名氏《释文》附其后，再次是洪氏补注。洪氏考异散于补注之中。章句已窜入五臣《文选注》、《古文苑》、《艺文类聚》语，显然已非王氏之旧。但洪氏常把五臣注视同章句一样来补充，因此，窜入语也已成为《楚辞补注》的一个部分。

“章句”是古代注释的一种体裁，它以分析文章的段(即章)义、句义为主要内容，自然也会涉及文字、语音、词汇的解释。洪氏补注是补充王氏章句缺略的，虽名曰补注，但内容一依王氏章句之体。因此，《楚辞补注》是一部全面研究《楚辞》语言文字的著作。《楚辞补注》研究到的内容有：

1. 文字：(1)古今字，如《离骚》：“思九州之博大兮。”章句：

"恖,古文思。"又:"背绳墨以追曲兮。"补注:"追,古随字。"(2)正俗字,如《离骚》:"求宓妃之所在。"章句:"宓,一作虙。"补注:"孔子弟子宓子贱,即虙羲之后,俗字以为宓,或复加山。"(3)通假字,如《离骚》:"相下女之可诒。"补注:"诒,音怡,通作贻。"(4)异文(例略)。有时还进行字形结构分析,如《离骚》:"世幽昧以昡曜兮。"补注:"昡,日光也,其字从日。眩,目无常主也,其字从目。"

2. 语音。《楚辞补注》对《楚辞》难字注音有读若、直音、反切、注调、指出叶韵等,这都反映了宋代以前对《楚辞》音研究的成果。另外,自《九章·抽思》以下王氏章句中,还使用了很多韵语,如《抽思》前六句章句语中"冤、肝、环"为韵,"晓、摇、效"为韵,这在一定程度上又反映了汉代音系。

3. 词汇:(1)词义。《楚辞补注》解释到的词义有理性义、特指义、比喻义、词源义、情境义、上下位义、对比义、歧义等,有时还进行一定的词义辨析,如《离骚》:"揽茹蕙以掩涕兮。"补注:"五臣以茹为香,误也。《吕氏春秋》曰:'以茹鱼驱蝇,蝇愈至而不可禁。'则茹又为臭败之名,非香也。"(2)分析了一些词的结构,如《离骚》:"相观民之计极。"补注:"相观,重言之也。下文亦曰'览相观,于四极',与《左传》'尚犹有臭'、《书》'弗遑暇食'语同。"(3)对译了《楚辞》特有的楚方言词和其他地方的方言词,如《离骚》:"邅吾道夫昆仑兮。"章句:"邅,转也,楚人名转曰邅。"又:"余焉能忍与此终古。"补注:"《九歌》曰'长无绝兮终古',《九章》曰:'去终古之所居。'终古,犹永古也。《考工记》注曰:'齐人之言终古,犹言常也。'"(4)以俗语对译雅言,如《离骚》:"哲王又不悟",补注:"太史公所谓冀幸君之一悟,俗之一改也。"又:"聊假日以媮乐。"补注:"今俗犹言借日度时。"

4. 句子:(1)句义。《楚辞补注》解释句义具有典型性,其特点:①释义详尽。所释句义有理性义、实质义、比喻义、理性——实质义、理性——比喻义等,如《九辩》:“被荷裯之晏晏兮,然潢洋而不可带。”章句:“言人以荷叶为衣,貌虽香好,然浩浩荡荡,而不可带,又易败也。以喻怀王自以为有贤明之德,犹以荷叶为衣,必败坏也。”所释为理性——比喻义。②尽量保留原文句式整齐韵律铿锵的风格。如《九歌·湘夫人》:“洞庭波兮木叶下。”章句:“言秋风疾则草木摇,湘水波而树叶落矣。”除去先行词“言”,句尾语气词“矣”,就是对仗工稳、铺排整齐的句式。释语押韵的句子比比皆是。(2)语法。《楚辞补注》主要是解释了一些虚词的词汇——语法意义(例略)。

5. 篇章。《楚辞补注》对篇章的分析,王氏章句采取的办法是于各篇之前分别写“叙”,来阐明写作背景和命意;洪氏补注则于各篇各章之后用“此章言”提示,以分析本篇本章的思想内容,并总括主题。

王逸章句、洪兴祖补注详细研究了《楚辞》语言的各种成分各种意义,这不仅为后人阅读《楚辞》提供了方便,也为后人继续研究《楚辞》语言,尤其是研究古楚地方言及楚地方言的发展提供了资料。在语义方面,章句和补注通过语义转译,反复阐释了《楚辞》各个句子的句义、各篇章的篇义章义,这对语义尤其是诗骚体语义的研究,也有极为重要的参考价值。

《楚辞章句》有汲古阁刊本、湖北丛书本、四部丛刊本等;《楚辞补注》有汲古阁刊本、金陵书局本、四部丛刊本等。中华书局1981年据汲古阁刊本标点排印本,较为易得。

(发表于钱曾怡、刘聿新编《中国语言学要籍解题》,齐鲁书社1991年版)

《国语注》

作者韦昭(204~273年),字弘嗣,避司马昭讳,史书改称韦曜,三国吴吴郡云阳人,著名语文学家、经学家和史学家。历任丞相掾、太子中庶子、太史令、博士祭酒、中书仆射。曾仿刘向故事,校定群书。其语文著作有《论语注》、《国语注》、《汉书音义》、《官职训》、《辨释名》等,今仅传《国语注》一种。

韦昭之前,为《国语》作注的有东汉郑众、贾逵,三国虞翻、唐固、王肃等五家。这五家著作皆在五代兵乱中散亡,唯韦注独存,韦注成为流传最早的《国语》注本。

《国语注》是通过注解的形式疏通《国语》语言的书。据《国语注序》,韦氏注《国语》的原因,是以前诸家注都文字艰涩,是非相杂,只适合于"聪明疏达识机之士",他们可以读懂,并知所去取,但是,"浅闻初学"者却没有合适的注解本参阅。因此,他明确提出,他这个注解要为"浅闻初学"服务。韦氏这样的动机,在注释繁琐、皓首穷经的汉魏时代是极为难能可贵的。正因为如此,《国语注》文字非常简洁明快。韦氏注《国语》的原则是"因贾君之精实,采虞、唐之信善","参之以《五经》,检之以《内传》,以《世本》考其流,以《尔雅》齐其训"。这等于说吸收前人的研究成果,并在前人研究的基础上,运用内证外证的方法,以《尔雅》释义为准绳,重新全面研究《国语》的语言。

《国语》相传为春秋末左丘明所作,所用语言基本是春秋时期的通行语，至孙吴时期，至少已逾七百年。其间，不仅文化背景有变化，语言的各种成分和表达方式也有了很大的变迁，尤其是词汇方面变异最大。这样，韦注就不得不重点抓住词汇问题，而韦注对语言研究贡献最大的也就在这个方面。韦注对词汇研究的贡献是通过他的解词方法来体现的。韦注的释词方法有：

1. 同义词相释。这又有两类：(1)单音词相释，如《周语》："三时务农而一时讲武。"注："讲，习也。"《鲁语》："居，吾语女。"注："居，坐也。"(2)以复合词释单音词，如《晋语》："是以民能欣之。"注："欣，欣戴也。"《齐语》："桓公择是寡功者而谪之。"注："谪，谴责也。"

2. 古今对比相释，如《齐语》："渠门赤旂。"注："渠门，两旗所建，以为军门，若今牙门也。"《晋语》："公赐魏绛女乐一八。"注："女乐，今伎女也。"《鲁语》："鲁人以莒人先济。"注："以，用也。能东西之曰以。"

3. 合音词单音词互释。如《吴语》："丁宁。"注："丁宁，谓钲也。"《晋语》："郤至以韎韦之跗注，三逐楚共王卒。"注："后郑司农说：'以为韎，茅蒐染也。韎，声也。'昭谓：茅蒐，今绛草也。急疾呼茅蒐成韎也。"

4. 上下位词相释。如《周语》："日服其镈。"注："镈，锄属。"《齐语》："齐国寡甲兵。"注："兵，弓矢之属。"

5. 反训。如《周语》："故谓之羸乱。"注："乱，治也。"《晋语》："臣敢忘其死而叛其君？"注："敢，不敢也。"

6. 义素对比为释。其中包括近义词义素对比，如《周语》："宾礼赠饯。"注："送之以物曰赠，以饮食曰饯。"又"田畴荒芜。"注："谷地为田，麻地为畴。"《齐语》："负任担荷。"注："背曰负,肩曰担。"类义词义素对比,如《周语》:"民无悬耜。"注:"入土曰耜,耜柄曰耒。"《辞语》:"臺榭。"注:"积土为臺,无室曰榭。"对义词义素对比,如《周语》:"父兄甥舅。"注:"谓吾舅者,吾谓之甥。"

7. 以得名理据为释。如《周语》:"言教必及辩。"注:"辩,别也。"《齐语》:"狩。"注:"围守而取禽也。"

8. 以注音为释。如《鲁语》:"夫苦匏不材于人,共济而已。"注:"材,读若裁也。不裁于人,言不可食也。"

9. 描写说明词义内涵。如《周语》:"榛楛济济。"注:"榛,似栗而小。"又"不籍千亩。"注:"籍,借也,借民力以为之。天子田籍千亩,诸侯百亩。自厉王之流,籍田礼废,宣王即位,不复遵古也。"

10. 释因。如《周语》:"若国亡不过十年,数之纪也。"注:"数起于一,终于十,十则更,故曰纪也。"《鲁语》:"无大功而欲大禄,皆怨之府也。"注:"怨之所聚也,故曰府。"

11. 点明特指。如《晋语》:"纳其室以分妇人。"注:"室,妻妾财货。"又:"不阿而退。"注:"退,退不肖也。"

12. 点明比喻。如《晋语》:"是不飨谷而食蛊也。"注:"蛊,喻女也。"又:"夫言以昭信,奉之如机。"注:"如枢机之相应。"

13. 点明借代。如《周语》:"匏竹利制。"注:"匏,笙也。竹,箫管也。"《晋语》:"变非声章,弗能移也。"注:"声,金鼓也。章,旌旗也。"

14. 点明双关。如《鲁语》:"夫妇贽不过枣栗,以告虔也。"注:"枣,取蚤(早)起。栗,取敬栗(慄)。"

15. 点明谦称。如《鲁语》:"不腆先君之礼,以辱从者。"注:"称从者,谦也。"

16. 点明歧义。如《周语》:“乐及遍舞。”注:“遍舞,六代之乐,谓黄帝曰《云门》,尧曰《咸池》,舜曰《箫韶》,禹曰《大夏》,殷曰《大濩》,周曰《大武》也。一曰:诸侯大夫遍舞。”《晋语》:“秦寇深矣,奈何?”注:“深,入境深也。一曰:深,犹重也。”

17. 以词汇——语法义为释。这又包括:(1)以词类活用义为释,如《晋语》:“暇豫之吾吾,不如鸟乌。”注:“吾吾,不敢自亲之貌也,言里克欲为闲乐事君之道,反不敢自亲吾吾,然其智曾不如鸟乌也。”又:“今将婚媾以从秦,受好以爱之,听从以德之,惧其未可也。”注:“使之德己。”(2)以数量为释,如《周语》:“夫人奉利而归诸上,是利之内也。”注:“夫人,犹从人也。”(3)以用途为释,如《周语》:“若壅其口,其与能几何?”注:“与,辞也。”《鲁语》:“彼无亦置其同类以服东夷。”注:“无亦,亦也。”

另外还有点明古今字为释、校勘为释等。

通过这些科学的释词方法,韦注解释了《国语》中各类词汇的各种意义,这对后人研究《国语》词汇、先秦词汇系统、从春秋至孙吴时期词汇和词义的发展皆有重要参考作用。韦注为着“浅闻初学”能读懂,还使用了相当数量的魏晋口语词。如上举“能东西之曰以”中的“东西”,作支配、控制义,恐怕应是魏晋时期特有的词。《左传·僖公二十六年》有“凡师,能左右之曰以”,“左右”即支配、控制义。古代,人们面朝南,左指东,右指西,“左右”又指东西的方位,“左右”与“东西”成了同义词。因此,魏晋时期,“左右”的支配、控制义便渗透到“东西”词上。所以,韦注还有相当的语料价值。

另外,韦注中还有释句及少量的说明古今字、注音等,皆可为研究者参考。

《国语注》较通行的是上海古籍出版社1978年出版的校点本。清代洪亮吉《国语韦昭注疏》、董增龄《国语正义》，近人徐元诰《国语集解》可以参阅。

（发表于钱曾怡、刘聿新编《中国语言学要籍解题》，齐鲁书社1991年版）

《尔雅今注》评述

徐朝华先生《尔雅今注》(南开大学出版社 1987 年版,以下简称《今注》)总结了近两千年《尔雅》研究的成果,去其糟粕,取其精华,又移植了现代科学许多部门研究的结晶,寓作于述,包含了许多独到的见解,且言简意赅,头绪清爽。著者"前言"称此书是"为文科大学生和青年读者们提供一个便于阅读的注本",其实,此书在学术上也有它独特的贡献。

第一,释义较细,理清了有关训释词与被训释词之间义同义近的语义场关系。《尔雅》中有很多直训,担任解释的词往往是多义词,如"邮,过也"(《释言》),"过"有经过、超越、探望等意义;"庶,幸也"(《释言》),"幸"有幸运、侥幸、希望、宠爱等意义。这样的释义比较笼统,释词与被释词是在哪个意义上构成同义语义场的,也就很不清楚。《今注》一般是注明被释词的确切含义,用这个意义进而限定释词的意义。如上例"邮,过也",于"过"字无注,于"邮"字注为"通'尤'。过错,罪过"(2.178——《今注》为条目做的编码,下同)。有时是直接注明训释词的含义,如"庶,幸也",于"庶"字无注,于"幸"字注为"幸运,侥幸。引申为希望"(2.113)。如果被训释词、训释词皆难于理解,则同时作注,如:

虹②,溃①也。

①"溃",水冲破堤坝。引申为离散,混乱。

②“讧”，通“讧(hòng)”。争吵、扰乱。(2.183)

使“虹”(讧)与“溃”在扰乱、混乱的意义上形成了一目了然的语义场。

《尔雅》中还有很多条目是同训。同训各词的意义与训释词的意义之间，往往不是同一层次的，其中有用本义的，有用引申义的，有用通假义的。对这种情况，《今注》就分别认真分析其本义、引申义或通假义，使同训各词的意义与训释词的意义呈现在同一层面上，形成醒目的同义语义场。如：

允②、孚③、亶④、展⑤、谌⑥、诚、亮⑦、询⑧，信①也。

①“信”，语言真实。引申为诚实，讲信用，实在。

②“允”，诚实，真实。

③“孚”，信用。

④“亶(dɑn)”，忠诚。引申为诚然，实在。

⑤“展”，诚实。

⑥“谌(chén)”，通“忱(chén)”。诚实，讲信用。

⑦“亮”，通“谅”。诚实。

⑧“询”，通“恂(xún)”。相信，诚实。(1.18)

经过细腻的爬梳，用诚实、讲信用义把被释词“允、孚、亶、展、谌(忱)、诚、亮(谅)、询(恂)”与训释词“信”统一了起来。

如果整理爬梳后，被释词与训释词之间，词义只是相通或相关，《今注》则明确指出，如：

怃①、厖②，有也。

①“怃(hū)”，大。引申为有。

②“厖(máng)”，大。引申为丰、厚。大、丰、厚与有义相通。(1.4)

第二，释义有独到之处。《今注》注意吸收旧注中的优秀成果，但并不盲从，它运用现代语言学理论及手段对《尔雅》有新的研究，释义有独运匠心、超迈前人之处。如“悦、怿、愉、释、宾、协、服也”（《释诂》）。我们试把《今注》对这一条中“释”字的注解同郭璞、邢昺、郝懿行三家名注比较一下：

皆谓喜而服从。（郭注）

释者，释去怨恨而服也。（邢疏）

释者，《说文》云：“解也。”解散与输写义近。释训服者，梅《书·大禹谟》及《左氏》襄公二十一年传并云“释兹在兹”，释宜训服，与“念兹”义近……（郝疏）

“释(yì)”，通“怿”。喜而心服。(1.11)

郭氏统而释之，意义准确，但只叙其然，不叙其所以然。解“释”为“释去怨恨而服从”，迂曲穿凿。郝氏认为“释”有二义，一为解散，一为服。解散是本义，见于《说文》，这没问题。但据“念兹在兹，释兹在兹”对文得出服义是错误的。“念兹在兹，释兹在兹”首见于《左传·襄公二十一年》，是臧武仲驳季武子引《夏书》的话，目的是要证明在上者的言行体现社会道德规范，是分承上文“上之所为”、“上之不为”的，意思是在上者想要干的是人民行为的标准，在上者舍而不干的也是人民行为的标准。所以，杜注“释，除也”，是对的。《今注》解上文“怿”为“喜悦。引申为喜而心服”后，于“释”字则斩钉截铁地解作“通‘怿’。喜而心服”。简洁明快，于理顺，于文合，也符合《尔雅》本借同条的体例。从文献上看，《尚书·顾命》：“王不怿。”《释文》：“马本作不释。”《庄子·齐物论》：“南面而不释然。”成玄英注：“释然，怡悦貌也。”以本字之义为训，证“释然”即“怿然”。足见

《今注》所释确凿可信。郑玄《诗·北风·静女》"说怿女美"笺:"说怿当作说释。"段玉裁《说文》"说,说释也"注:"说释即悦怿,说悦、释怿皆古今字。"一般说来,古今字出现于文献有个先后,是历时的,而"怿"、"释"皆见于先秦文献,是共时的。显然,把"释"、"怿"解为通假关系要比解为古今字关系更符合语言实际。

《今注》站在当代文化学、自然科学角度解释文化词、动植物词,更是旧注所不及。如《释鱼》:"蝾螈,蜥蜴。蜥蜴,蝘蜓。蝘蜓,守宫也。"郭注:"转相解,博异语,别四名也。"邢疏:"蝾螈、蜥蜴、蝘蜓、守宫一物,形状相类而四名也。"郝疏:"此皆同类,故《尔雅》通名矣。"都认为是"一物"、"同类"。《今注》分别介绍了蝾螈、蜥蜴、蝘蜓、守宫的种属、形状、生活习性后,加案语说:"根据现代动物学分类,蝾螈为两栖动物,蝘蜓和蜥蜴(包括守宫)为爬行动物。蝘蜓属石龙子科,守宫属壁虎科。"

第三,指出词语在古代的使用情况。《尚书·多士》说:"唯殷先人,有典有册。"自有典册到汉初,至少有一千几百年。《尔雅》所收是这段漫长时间内的词语。为《尔雅》作注,指出某些词语在古籍中使用的时限、地域、使用习惯及主要意义,是很有价值的工作。《今注》在这方面做了许多努力。如:

厥,其也。

今注:"厥(jué)",他的,那个。"厥"在甲骨、金文中常见,《尚书》和《诗经》的早期作品中用得也较多,在春秋战国以后的古籍中,除仿古者外,一般不用……(2.187)

勿念,勿忘也。

今注:"勿念"的"勿",助词,没有否定的意思。"勿念"即"念"。这种用法的"勿",有时也写作"无"、"毋",主

要出现在先秦和汉初的古籍中。(3.18)

上二例解释了词语出现和使用的时限。

蜉蝣,渠略。

今注:“蜉蝣(fúyóu)”,一种寿命短促的小虫。又名渠略。体细狭有长角,甲下有翅能飞。《诗经·曹风·蜉蝣》……孔疏:“舍人曰:‘蜉蝣,一名渠略。南阳以东曰蜉蝣,梁宋之间曰渠略。’”(15.9)

未成鸡,僆。

今注:“僆(lián)”,雏鸡。郭注:“江东呼鸡少者曰僆。”(19.40)

上二例引前人说,解释了蜉蝣、渠略、僆使用的地域。

鶠,凤。其雌皇。

今注:……[案]在古籍中,一般不分雌雄统称之为凤凰,或简称凤。(17.27)

鸡三尺为鶤。

今注:“鶤(kūn)”,或作“鹍”。大鸡。在古籍中,“鶤”、“鹍”常用来称一种形似鹤的鸟……(19.47)

上二例解释了凤、凰、鶤(鹍)在古籍中的使用习惯。

餬,饘也。

今注:……“餬(hú)”,粥。在古籍中,“餬”常表示以薄粥维持生活的意思……(2.251)

……豕生三,豵。

今注:“豵(zōng)”,猪一胎生三子,猪仔称豵……豵在古籍中常作小猪的泛称……(18.6)

上二例解释了馋、豵在古籍中的常见义。

第四，讲清了一些词义的来源及发展脉络。《尔雅》所释包含一些特别古老的词语。对这些词意义的来源及发展，《今注》除在理顺被释词与训释词意义时做了些说明外（见前），其他地方也往往结合这些词义产生的历史背景和汉字汉语发展的规律，进行比较深入的探讨。如：

……后……君也。

今注：在甲骨文中，“后”和“毓”实际上是一个字……像一倒子在人下而有水液，是一个妇女正在生孩子的形状……“后”本指远古母系社会氏族部落的首领，是女性。发展到父系社会，“后”成为对男性统治者的称呼……周代以后，男性最高统治者称王，于是“后”便用来称呼君王的正妻。(1.2)

二足而羽谓之禽。四足而毛谓之兽。

今注：[案]“禽”的本义是猎获物，包括鸟类和兽类。引申为鸟兽的总名……禽只有在和四足而毛的兽类相对而言时，才专指二足而羽的鸟类。后来词义缩小，“禽”便只指鸟类了。(17.77)

第五，辨析了一些同义词、近义词的词义。对《尔雅》所收在意义上相同、相近的词语，《今注》一是明其同（或通），一是明其异。明其同（或通），是借助于引申、假借使被释词与训释词的意义联系起来，这在前面已经述及。明其异则是辨析它们各自的使用特点，比较它们在意义上的细微区别。如：

谑、浪、笑、敖，戏谑也。

今注：“谑浪笑敖”可译为戏谑，但“谑”、“浪”、“笑”、

“敖”四词单独使用时，词义有区别。“谑”，开玩笑。“浪”，放荡。“笑”，讥笑。“敖（ào）”，通“傲”，傲慢。（1.20）

宫谓之室，室谓之宫。

今注：“宫”和“室”在先秦时是同义词，都是房屋、住宅的意思……秦汉以后，“宫”专指帝王的宫殿，和“室”的意义有所区分。（5.1）

有时，《今注》也指出某些词浑言则同，析言有别。如：

未成毫，狗。

今注：“狗”，没有长毛的小狗。[案]古代犬和狗相对而言，大狗称犬，小狗称狗。但在一般情况下，“犬”和“狗”可通用……（19.35）

狼：牡，貛；牝，狼……

今注：“貛（huān）”，公狼。[案]在古籍中，狼一般不分公母，统称之为狼……公狼称貛，可能是方言词。（18.4）

第六，用案语形式说明《尔雅》在编排、释义及旧注等方面的情况。由于《尔雅》距今时代久远，在编排、释义及旧注方面存在着相当复杂的情况。《今注》对这些复杂情况，在适当的地方用“案”语的形式给了说明。案语共107条，大体做了如下几个方面的工作：首先是说明《尔雅》编排上的问题，如“林、烝、天、帝、皇、王、后、辟、公、侯，君也”注案：“这种释义方法旧称‘二义同条’……这种释词方法容易造成误解，是不科学的。”（1.2）类似的还有1.130条、1.145条等。其次是纠正《尔雅》释义之误，如“惄，饥也”注案：“‘惄’没有饥饿的意思……毛传：

'惄,饥意也。''饥意'是一种比喻,本条释'惄'为'饥'不妥。"(2.128)类似的还有6.17条、9.16条等。其三是纠正旧注之误,如"庸庸、慅慅,劳也"注案:"前一'庸'字为动词,表示酬劳、任用;后一'庸'字为名词,表示有功劳的人。'庸庸'连用意为酬报有功劳的人……旧注按重言进行解释都是欠妥的。"(3.29)类似的还有13.28条、16.33条等。其四是对于向来异说纷纭的疑难条目进行了科学的说明。有时提出自己倾向性的意见,如"薇,垂水"注案:"黄(侃)说可从。"(13.155)"蛶,螪何"注案:"(刘师培)说似乎较为合理。"(15.33)难以提出自己倾向性意见的,就注明"可作参考"、"存疑"等,如1.67条、9.20条、13.158条等。

《今注》体例也好。《释亲》、《释天》、《释地》、《释丘》、《释水》、《释兽》、《释畜》等篇,原类名在所属词条之后,为了适合现代的习惯,《今注》将类名移到所属词条之前。为了便于检索,词条以篇为单位编了数码。为了便于理解词义,每个词释义之后,一般都列有例句。例句主要从先秦两汉古籍中选出。为了方便青年读者,正文僻字有注音,例句难词有简释。

《今注》努力吸收前哲时贤的有关研究成果,引征丰富。引征书文约120种,2700余条。除《尔雅》各种注本及研究专论之外,今人甲骨文、金文研究的成果也有所引用,还参用了新出土的秦简、汉简等。

(发表于《古汉语研究》1989年第3期)

语法研究

《〈高僧传〉时间副词研究》序言

卫东君的大著《〈高僧传〉时间副词研究》又一次摆在我的面前，这次是该书稿就要出版了，要我写个序言。我特别高兴。这不只是因为我们有师生之谊，更重要的是这部书写得好，有特色，有学术价值。

时间词语是语言中的一个大类，涉及词汇、语法、语义多个方面。它还是历史学研究中的时间标记，是文学叙事研究中“历史方法”的依据。如果一种语言的时间词语、时间词语系统、时间表示法不清楚，不仅语言学、历史学、文学等许多共时现象说不清楚，历史现象更说不清楚。

时间是物质运动的形式，也是社会发展、人类活动的形式。物质的运动，社会的发展，人类的一切活动，都要在一定的时间内展开。时间是运动、发展、活动的最重要的形式要素。因此，为要描写物质的运动、社会的发展、人类的活动，语言中就必不可少地要产生一大批表示时间的词语。

表示时间的词语，是人类对物质运动、社会发展、人类活动的时间形式的认识成果。物质运动、社会发展、人类活动极其复杂，因此，表示时间的词语也十分复杂，构成了语言中的时间词语系统。汉语中的时间词语系统，也是表示物质或人类社会运动的时间形式的，如《春秋·隐公元年》：“（春）三月，公及侏仪父盟于蔑。夏五月，郑伯克段于鄢。秋七月，天王使宰咺来归惠公仲子之赗。九月，及宋人盟于宿。冬十有二月，祭伯来。公子益师卒。”“隐公元年”及“（春）三月”、“夏五月”、“秋七月”、“九月”、“冬十有二月”等时间词语构成这一年所发生的一切大事的时间形式。又如《论语·里仁》：“子曰：‘朝闻道，夕死可矣。’”其中，“朝”、“夕”分别是“闻道”与“死”的时间形式。《诗·魏风·硕鼠》：“逝将去女，适彼乐土。”其中“将”是“去女”的时间形式。

时间词语虽然都是表示物质和人类社会运动的时间形式的，但在语言系统中，根据其语法意义和语法功能，又区别为若干大类。这一方面，现代汉语中的情况已得到很好的研究。陆俭明先生、马真先生全面研究过现代汉语时间词语系统，陆俭明先生在《现代汉语时间词说略》（《语言教学与研究》1991 年第 1 期）中把表时间的名词性词语分为两大时间语义范畴，即“时段时间词”和“时点时间词”。时段时间词有表时量的数量结构一个小类。时点时间词有时间名词、表年份月份日期的词语、表时间的方位词语、由“这（个）”“那（个）”跟“时候”“时间”构成的偏正结构、由动词性词语（包括由动词充当谓语的主谓结构）跟“时”“时候”构成的偏正结构、由“这”“那”跟表时量的数量结构形成的偏正结构五个小类。陆俭明先生、马真先生在《关于时间副词》（《现代汉语虚词散论》，北京大学出版社 1985 年版）中认为时间副词“大多不表‘时’，而表示‘态’”，并把时间副词分为两类，即定时时间副词和不定时时间副词。定时时间副词含过去时、现在时、将来时三种时态，不定时时间副词含已然、未然、进行、短时、突发、兼表短时和突发、早晚、先后、常偶、永暂、永常、缓慢、同时、随时、守时、延续、最终、其他等十八种时态。

陆俭明先生和沈阳先生在《汉语和汉语研究十五讲》(北京大学出版社2003年版)中还阐述了跟谓语动词(也就是句子)有关的时间范畴意义,这有两个以上的动作行为的"时间顺序原则","了、着、过"、"起来"、"下去"时体标记,依靠加表示"过去""现在"和"将来"等词语,动词本身表现出来的时间特征等方式。陆先生、马先生意见出,成为古今时间词语研究的圭臬,各家往往依违而折中之。还有一些学者也进行了很好的研究。这些,都给我们很多启发。

汉语的时间表示法,名词性词语表示物质运动和人类社会活动的时间形式主要依靠自身的概念意义,动词或者跟动词相关的词语表示物质运动和人类社会活动的时间形式主要依靠句式,副词表示物质运动和人类社会活动的时间形式主要依靠时态。在所表示的时间范畴方面,名词、动词和副词很不相同。现代汉语中,三者都得到了较为充分的研究,取得了重大成果,时间词语系统和时间表示法已经很明确。

但是,古代汉语却没那么幸运,且不要说断代的时间词语系统、时间表示法,更不要说时间词语系统的发展史、时间表示法发展史,甚至一部专书的时间词语系统、时间表示法也没有见到。奇怪的是,按说,中国古代历法或古代历法史应当详细介绍中国古代的时间概念和时间概念发展史的,我们见到的几部历法史书对时间词语讲得也很简单。看来,全面研究古汉语时间词语系统和时间表示法的任务,只有落到语言工作者的身上了。

古代汉语的时间词语研究也已经开始。名词时间词语研究,如李佐丰先生《先秦汉语实词》(北京广播学院出版社2003年版)有"时间词、方位词"一章,把时间词分为历法时间词和相对时间词两类,分别讨论了一些词例的分布和功能。时间副词的研究主要是在一些语法或副词研究的专书中，如杨伯峻、何乐士先生《古汉语语法及其发展》（语文出版社 1992 年版）“时间副词”一节认为，这类副词可以分两大类，一类表示动作发生的时间在过去、现在或将来，另一类表示动作发生或进行的时间状态如何，如快慢缓急、短暂永久等。杨荣祥先生《近代汉语副词研究》（商务印书馆 2005 年版）“时间副词”节，根据语义和功能把时间副词分为十个小类。唐贤清先生的《朱子语类副词研究》（湖南人民出版社 2004 年版）把时间副词分为九个小类。这些对时间词语的研究，显然都有启山林之功。

依我们所见，专门研究一部专书的时间副词，卫东君的《〈高僧传〉时间副词研究》是第一部。《〈高僧传〉时间副词研究》在前贤时彦研究的基础上，根据语料，显然又有了他自已的新见解。

《〈高僧传〉时间副词研究》有以下显著优点：

第一，语料选择有特色，很适合时间副词研究。

《高僧传》的作者是梁代慧皎（约 496～553 年）。他生于齐末，主要生活在梁。《高僧传》所用资料虽然前有所承，但主体当是齐梁时代的语言。《高僧传》属史传体著作。《史记》创纪传体史书，六朝时衍生出一人、一族人或一类人的传记，称史传体。《高僧传》就是一部比较详备的僧人传记。所记上起汉明帝永平十年（公元 67 年），下至梁天监十八年（公元 519 年），凡 453 年。分译经、义解、神异、习禅、明律、忘身、诵经、兴福、经师、唱导十门。正传记 257 人，附见记 259 人，共 516 人。语料丰富，叙事性强，做修饰成分的副词较多，很适合时间副词研究。据卫东君统计，《高僧传》共有时间副词 148 个，这比整个现代汉语的时间副词还要多。现代汉语时间副词是 130 个左右（见陆俭明先生、马真先生《关于时间副词》)。这就是很好的证明。

第二,对时间副词分类详细,对范畴意义有独立见解。

我们首先根据《〈高僧传〉时间副词研究》第三章对时间副词的归类,再把全书关于时间范畴意义的移到这些类中来,形成下面的《高僧传》时间副词表,这大概就是卫东君所归纳的《高僧传》时间副词系统:

一、表时副词(94 个)

(一)时制副词(61 个)

1. 时段(17 个)

(1)长时段:永、久之$_{\text{1多时}}$、长$_{\text{长久}}$、依然、犹、犹尚、犹且、且犹、犹自、尚、尚自、直

(2)短时段:暂$_{\text{1暂时}}$、小、且$_{\text{1暂且}}$、聊、权

2. 时点(39 个)

(1)紧接相承:才、裁、适$_{\text{才}}$、新$_{\text{刚刚}}$、甫$_{\text{刚刚}}$、始$_{\text{1刚}}$、一$_{\text{刚、才}}$、即$_{\text{立即}}$、即时、寻即$_{\text{立即}}$、便$_{\text{1立即,马上}}$、便即$_{\text{立即}}$、即便$_{\text{立即}}$、遽$_{\text{立即}}$、辄$_{\text{1立刻}}$、顿、立、时$_{\text{1立即}}$、一时$_{\text{1一下子、立刻}}$

(2)突然发生:忽、忽然、忽尔、倏、倏忽、倏然、欻、欻然、奄、奄然、奄尔、乍$_{\text{1忽然}}$、暂$_{\text{2突然}}$、猥$_{\text{突然}}$、暴$_{\text{突然}}$、

(3)契合:正$_{\text{1恰好}}$、正当$_{\text{1恰好}}$、会$_{\text{恰好}}$、

(4)终点:终$_{\text{1最终}}$、卒$_{\text{最终}}$

3. 时段或时点(5 个):并、同、共、俱、一时$_{\text{2一起、一齐}}$

(二)时体副词(33 个)

1. 有定时体(26 个)

(1)已然时体:A、表示当初、最初、开始:始$_{\text{2当初、最初}}$

B、表示先前、以往：先是、向者

C、表示本来、原来：本$_{\text{原来}}$、

D、表示曾经：尝、未尝、曾、未曾、经$_{\text{曾经}}$、常$_{\text{1曾经}}$

(2)未然时体：将、欲、方$_{\text{1将}}$

将欲、方将、方欲、行将、方乃$_{\text{1将}}$、且欲

正当$_{\text{2将}}$、方当$_{\text{1将}}$

垂、垂将、垂当$_{\text{将}}$

且$_{\text{2将}}$、其$_{\text{将}}$

2. 无定时体(7个)

(1)已然时体：已、已经、

既$_{\text{已经}}$、既已

便$_{\text{2已经}}$、亦$_{\text{已经}}$

(2)持续时体：正$_{\text{2持续}}$

二、表频副词(27个)

(一)高频(9个)：终$_{\text{2始终}}$、终始、始终

终日、终古、终年

素、恒$_{\text{总是}}$、辄$_{\text{2总是}}$

(二)中频(10个)：常$_{\text{2经常}}$、屡

亟、频、数

每、每辄

往往、时$_{\text{2常常}}$、时时

(三)半低频(4个)：有时、或时、时或

时$_{\text{3有时}}$

(四)低频(1个):一时$_{3偶尔}$

(五)变频(3个):稍

渐

渐渐

三、表序副词(27个)

(一)次序(19个):却$_{随后}$

然后、尔后、而后

久之$_{2多时以后}$、良久$_{很久以后}$、久久

寻$_{不久以后}$、不久

顷之、有顷、俄、俄而、俄尔、俄顷

始$_{3才}$、方$_{2才}$、乃$_{才}$、方乃$_{2才}$

(二)重复(8个):更、重、再、再三

复、又、又复、复更

这个表是在作者认为"时间副词的句法功能比较单纯,一般只是在句子里面作状语"的条件下,依据《高僧传》中全部时间副词的时间范畴意义归纳出来的。其特别之处:一是,作者对时间副词的范畴意义有自己的角度,如"有定时体"、"无定时体"、"频率副词"等。这些角度无疑是有道理的。二是,分类的层次化。计有一、二、三,(一)、(二)、(三),1、2、3,(1)、(2)、(3),A、B、C,共五个层次。类别的不同,类别层次的不同,都反映了时间副词范畴意义的类别和级别的差异。应当说,作者的观察是很细的。三是,这个表中的每个词后,在书中都有频率统计,是穷尽性的,具有可靠性。四是,这个表能反映很多规律性

的东西,共时规律方面如同义词、近义词、单音词与复音词、词的理据等,历时方面如词的时间层次性等。

第三,穷尽性研究,梳理出承古词语、六朝新出词语、首见于本书词语,具有历史观念。

《〈高僧传〉时间副词研究》是对专书进行专题研究。专书语料是封闭的,要求穷尽性。只有穷尽性才能反映专书一类语言现象的规律,才能为断代研究提供参考。这里我们想引用列宁一段话以作警示:"在社会现象方面,没有比胡乱抽出一些个别事实和玩弄实例更普遍更站不住脚的方法了,罗列一般例子是毫不费劲的,但这是没有任何意义的或者完全起相反的作用,因为在具体的历史情况下,一切事情都有它个别的情况。如果从事实的全部总和,从事实的联系去掌握事实,那么,事实不仅是胜于雄辩的东西,而且是证据确凿的东西。如果不是从全部总和,不是从联系中去掌握事实,而是片断和随便挑出来的,那么事实就只能是一种儿戏,或者连儿戏也不如。"(《列宁全集》第23卷)专书语言研究特别讲究穷尽性,反对随手拈来,以个别例证作结论。《〈高僧传〉时间副词研究》是在穷尽性统计基础上进行研究的。

对专书的专题研究,要求找出专书中本专题的新发展,如出现的新词语、新语法现象。只有找出新词语、新语法现象,才能展示本专书专题研究对语言史的贡献,否则就失去了其在语言史上的价值。《〈高僧传〉时间副词研究》是梳理出了承古词语、六朝新出词语、首见于本书词语的,因此,也具有时间副词发展史的意义。

第四,描写解释相结合,对每一个词的语法意义、语法功能、语法化历程等都有比较清晰精到的阐述。这方面,《〈高僧传〉

时间副词研究》中就很多了，此不详举。

《〈高僧传〉时间副词研究》是一部有价值的学术专著。

这里，我们想提出一些更高层面的问题，如专书语言研究如何体现该研究在汉语史上的地位？如何处理专书语言研究的共时描写与历史解释？与此前、此后、同时何书对比，比较什么才有价值？任何一部专书的语料都不可能是同质的，怎样才能做到语料的同质性？等等，都是专书语言研究必须处理而又不容易处理恰当的。即便是时间副词本身，它的语言学方面的性质、思维科学方面的性质也还需要进一步探讨。当然，这些都不是一个人、一部专书的研究所能解决得了的，需要全体同仁，甚至是几代人的努力。让我们共勉吧。

卫东君的时间副词研究既已出手不凡，有良好的起步，相信以后定能走出一条更加光辉灿烂的大道来！

杨端志于山东大学

2008 年 1 月 30 日

词汇史研究

古代几个著名词义分析理论中的问题

中国古代的词义分析是从同义词分析开始的，中国古代的词义系统研究也是从同义词分析开始的，这是对汉语词义研究、汉语词义史研究、汉语词义系统研究的重要贡献。中国古代同义词研究的成果集中在所谓“雅学”一系的著作中，《尔雅》是其鼻祖。接着就出现了对词的本义的分析。词的本义分析的出现，为汉语词义分析奠定了坚实的基础，开辟了更加广阔的道路。从本义出发，可以进而研究词义的发展，研究词义之间的关系，研究更复杂的词义系统。分析本义，《说文解字》（以下简称《说文》）是其鼻祖。《尔雅》、《说文》开创了发达的汉语词义研究史。

但是，《尔雅》系著作、《说文》系著作在分析词义的时候，都有混淆词与词义的概念、忽视词与词义的区别的现象，都曾经造成过不良影响。这不良影响流传了一两千年，就是语言学大家也不能免，甚至直到现在也还有人没有从误区中走出来。

这里需要说明的是，我国古代的词汇词义研究，从战国末的《尔雅》算起，[①]直到公元1898年《马氏文通》，两千多年的历史上，学者们没有“词”的概念。古人的词汇词义研究非常重视

① 《尔雅》的产生时代，杨端志《训诂学》认为：“是战国中后期以来，小学家采集诸家训诂，逐渐编次，至汉初的毛亨前初具规模。”见《训诂学》下册，山东文艺出版社1992年增订版。

"字",以"字"为中心。古代的文章家也认为"字"是语言的基础。他们认为语言有字、句、章、篇四级单位。王充说:"文字有意以立句,句有数以连章,章有体以成篇。"①刘勰说:"夫人之立言,因字而生句,积句而成章,积章而成篇。"②他们把词语选择叫做"练字"。因此,可以说,古人的整个语言研究都是以字为本位的。③ 古人语言研究中的所谓字,是形、音、义俱全的整体。由于古代汉语,尤其是上古汉语以单音词为主,他们所研究的字,也就相当于我们今天所说的词。他们研究字义的时候,往往不是把字义分解为一个一个的意义,一个一个意义地分析对比字义的异同,而是囫囵地把字当做一个整体。这样,在我们今天看来,就是不是把词分解为一个一个的意义,通过一个一个意义的分析对比来研究词义的异同,而是把词当做一个囫囵整体,只注意词与词之间的关系,而忽略了词与词之间意义的差异,这就混淆了词与词义的关系。古人混淆词与词义之间的关系,主要表现在把不同义的词当做同义词来解释,或者一个词只应当有一个意义的,却解释出两个甚至两个以上的意义;或者几个词本来是不同义的,却忽视其多义性、差异性,指为同义词。这主要表现在以下几个最著名的词义分析理论中。

一、关于"二义不嫌同条"说

古代"雅学"著作解释词义,把意义相关的一些词摆在一

① 见《论衡·正说》。

② 见《文心雕龙·章句》。

③ 参见徐通锵《字和汉语的句法结构》、《字和汉语研究的方法论》,见《世界汉语教学》1994年2期、第3期。

起，然后用一个词来解释，这样被解释词、解释词完整的一个部分就叫做一条。一般说来，被解释的那些词应当是同义词，担任解释的这个词应当是被解释词的词义：解释词、词义相应，一条只有一个意义。但是，《尔雅》中，有一条之内却有两个意义的，清代学者王引之把这种情况叫做“二义不嫌同条”，还说《尔雅》中有这个条例，是正确的。如《尔雅·释诂上》：“林、烝、天、帝、皇、王、后、辟、公、侯，君也。”

字书、词书的语言解释现象，也是一种句型，一般说来就是不用系词“是”的判断句。如这一条“林、烝、天、帝、皇、王、后、辟、公、侯，君也”，等于说“林、烝、天、帝、皇、王、后、辟、公、侯，都是君的意思”。从解释和被解释的关系看，“林、烝、天、帝”等是被解释词，“君”是解释语言。由于解释语言是由词来担当的，因此，解释语言又称为解释词。从词和词义的关系看，“林、烝、天、帝”等是词，而“君”是词义。“林、烝、天、帝”等十个词是同义词，它们的意义都是“君”。但是，以现代词义学的眼光来看，这一条的问题很多。我们分头来说明。

第一，“二义不嫌同条”说指出这里的“君”有二义，实质上是指出《尔雅》混淆词与词义的界限。

对于这一条解释，历来《尔雅》研究大家都是一而再再而三地附会其说，没有提出异议，甚至还有附会出了更多的毛病的。《尔雅》注释完整保存到现在的最早的是晋代郭璞的《尔雅注》，被收到了十三经注疏本中。郭璞在这一条后注释说：

> 《诗》曰：“有壬有林。”又曰：“文王烝哉。”其余，义皆通见《诗》、《书》。

前两个词，郭璞举了《诗经》为例。举出例子也是一种解释,因为语境固定了词的意义。这里,郭璞举《诗经》的例子也是有根据的,根据就是汉初的毛亨曾经对这两句做过注。郭璞举《诗·小雅·宾之初筵》:"百礼既至,有壬有林",毛传:"壬,大;林,君也。"《诗·大雅·文王有声》:"文王烝哉。"毛传:"烝,君也。"其余八个词,郭璞说,都是《诗》、《书》里的常见义,就不举例了。不过,郭氏举这两个例子有问题,我们下面再讨论。

宋代的邢昺的《尔雅注疏》是雅学的又一名著,也被收入到十三经注疏中。邢昺疏证说:皆天子诸侯南面之君异称也。《白虎通》云:"君,群也,群下之所归心也。"林者,《说文》云:"平地有丛木曰林。"烝者,《左传》云:"天生烝民,树之以君而司牧之。"然则,人物之众,必立君长以司牧之。故以林,烝为君也。

邢昺所举例子多数驴头不对马嘴,我们这里不讨论它。但邢昺对十个被释词都是"君"的意思是肯定的。不过,邢氏已经把词义"君"当做词,或者已经把词义"君"看做具有"君"和"群"两个意义了。

清代《尔雅》研究最有影响的就算郝懿行了,郝氏的《尔雅义疏》在这一条之下疏证说:《说文》云:"君,尊也。"《仪礼·丧服传》云:"君,至尊也。"郑注:"天子诸侯及卿大夫有地者皆曰君。"《逸周书·谥法篇》云:"赏庆刑威曰君"、"从之成群曰君"。《白虎通》云:"君,群也,群下之所归心也。"然而,君之言群,凡群众所归皆谓之君矣。林、烝者,众也。又训君者,众之所归斯谓之君与?君、群义同也。林者,《诗》"有壬有林",毛传用《尔雅》。《楚辞·天问篇》云"伯林雉经",王逸注及《汉书·律历志》并云:"林,君也。"烝者,《释文》云:"本又作蒸。"烝、蒸,古字通。《诗》:“文王烝哉。”毛传:“烝,君也。”《释文》引《韩诗》云:“烝,美也。”美与君义亦近。凡臣子于君父以美大之词言之。故皇谓之大,亦谓之美,亦谓之君;烝谓之众,亦谓之美,亦谓之君。凡有数义而皆通,斯《尔雅》诸文之例也……

依郝懿行的意见,就复杂了。郝氏说“凡有数义而皆通”是《尔雅》同一条内的通例,首先就混淆了被释词与词义的界限。而且《尔雅》“君也”之“君”,有好几个意义:(1)被尊敬的人;(2)天子;(3)诸侯;(4)大夫;(5)执掌赏庆刑威的人;(6)有一大群跟着他的人;(7)有一群人内心归服的人;(8)美。“烝”也有好几个意义:(1)君;(2)美;(3)众。郝氏说这些意义都是相通的,更是以意义数量不等的词为单位来看待《尔雅》同一条被释词之间、被释词与词义之间的关系了,以意义数量不等、性质各别的词为单位来进行自己的研究了。词与词之间、词与词义之间、词义与词义之间的关系都说不清了,虽然其中有一些很有意义的资料,也只好等待人们用科学的眼光来提取了。

清代乾嘉时期,著名学者王引之有科学头脑,有语言学眼光。他没有注释过《尔雅》,但在他的《经义述闻》中有《尔雅》部分条目的说解。王引之《经义述闻》卷二十六在这个条目下说(为说明问题我们只好引得尽量全面些):

> “君”字有二义,一为“君上”之君,天、帝、皇、王、后、辟、公、侯是也;一为“群聚”之群,林、烝是也。
>
> 古者,“君”与“群”同声,故《韩诗外传》曰:“君者,群也。”故古“群臣”字通作“君臣”。《管子·大匡篇》“桓公使鲍叔识君臣之有善者”,《问篇》“君臣有位而未有田者几何人”,皆“群臣”之假借也。(《国蓄》篇“男女诸君吾子,无不服籍”,“君”亦“群”之假借,谓大男大女及诸群吾子

也。“诸群”犹“诸众”也。《吕氏春秋·谨听篇》云“诸众齐民”)

《吕氏春秋·召类篇》曰:“群者,众也。”《白虎通义》曰:“林者,众也。”此篇下文曰:“烝,众也。”林、烝、群同为众多之义。故曰:“林、烝,群也。”林、烝二字连文,而不与下文相错,亦可以知其别为一类矣。不然,君上至尊,岂得以林、烝称之乎?自毛公释《诗》之“有壬有林”、“文王烝哉”始误以林、烝为“君上”之君,而《汉书·律历志》之说“林钟”,《楚辞·天问》注之说“伯林”,《表记》注之说“武王烝哉”,并仍其误。案《小雅·宾之初筵》云“百礼既至,有壬有林”,上曰“百礼”,下曰“有林”,则“有林”正取众盛之义,不得训为国君,使文义参差也。(传云:“壬,大也。林,君也。”“君”与“大”,义已不类,而“壬”字之解犹不误。笺又以“壬”为卿大夫,其失弥甚矣。《毛郑诗考正》曰“诗中如‘有萆有莺’之类,并形容之辞,此以形容‘百礼既至’,壬壬然盛大,林林然众多”。此说是也)“林钟”之义,《周语》以为“和展百事,俾莫不任肃纯恪”,韦注曰:“林,众也。言万物众盛也。”则“林”字正取众盛之义。故训之曰“百事”,故《淮南·时则篇》谓“林钟”为“百钟”,不得如《汉志》“君主种物”之说也。《天问》之“伯林雉经”不知何指,王叔师见《晋语》有太子申生雉经之事,遂以伯林为申生而训为长君,实无明据也。至《大雅·文王有声》之“文王烝哉”,则《韩诗》训“烝”为美,其说确不可易。(《诗》、《书》多以“烝”为美大之词,说见前“不显不承”下)不得如毛传训为“君上”之君也。下文有“王后烝哉”、“皇王烝哉”,若训“烝”为“君”,则与“王、后、皇、王”字义相复矣。遍考经

> 传之文，未有谓“君”为林、烝者，则林、烝之本训为“群”明矣。又说：天、帝、皇、王、后、辟、公、侯为“君上”之君，林、烝为“群聚”之群。而得合而释之者，古人训诂之指，本于声音；六书之用，广于假借。故二义不嫌同条也。[①]

王引之对《尔雅》“君也”条的解释，高屋建瓴，大家风度，澄清了郭璞以来的许多错误，使词与词义得出了科学的历史的结论。王引之认为，“君”作为这一条的词义，有两个意义：一个意义是“君上”，属“君上”义的词有“天、帝、皇、王、后、辟、公、侯”。一个意义是“群聚”之群，即众多义。属众多义的词有“林、烝”。王引之的解释符合一个词条一个意义的原则，具有科学性。“君”为什么会表示“群”义？是“君”做了“群”的假借字。这等于说，“君”释“天、帝、皇、王、后、辟、公、侯”，用的是本字之义；“君”释“林、烝”用的是借为“群”字之义。古代注释书有以借字为释的原则，王引之的这项解说有语言根据，也是正确的。这一条实际上是把两条编成了一条，于是，提出了他的著名的“二义不嫌同条”的结论。王氏凡所立论或驳证，皆以语言事实为根据，确凿不移。我们按照王引之的说法，把这一条重新排列就是：

(1)林、烝，君也。

(2)天、帝、皇、王、后、辟、公、侯，君也。

“二义不嫌同条”是王引之的一个发明。这个发明给被释词分了类，把担任词义的“君”划为本字的“君”和借字的“群”，使“君”义、“群”义分别与被释词照应，使历史上许多语言学大

---

① 王引之《经义述闻》卷二十六。又见杨端志《训诂学》下册，山东文艺出版社 1992 年增订版。

家越解越糊涂的词与词义可得科学的说解。但是,焉知《尔雅》原本不是糊涂的呢?即如“二义不嫌同条”,从被释词看,它把意义、性质完全不同的“林、烝”与“天、帝、皇、王、后、辟、公、侯”摆在一起;从词义看,把性质完全不同的意义摆在一起,这就完全可以得出郭璞、邢昺、郝懿行式的理解。“二义不嫌同条”实质上也揭示了《尔雅》把“君”看做一个囫囵的整体,词与词义分不清楚的错误。

第二,从现代语义学眼光看,释词“君”与“君长”有关的意义有四个,若以释词为标准,当是“四义不嫌同条”。这也说明《尔雅》把词看成囫囵的整体,分辨不清词与词义。

《尔雅》一类的早期词书,往往用一个单音词做词义,而这个单音词又是多义的,在一条内到底用的是哪个意义,很不明确,“君也”条就是这样。但是,我们的古人把词作为囫囵整体看,往往高度概括成一个意义,对词与词义、词义的精确划分事实上还是分辨不清楚的。我们看“君”与“君长”有关的意义:

(1)《说文》:“君,尊也,从尹发号故从口。”甲骨文也是从尹、从口,本义当指古代部落的酋长,即部落的君主。甲骨文中有“多君”,当指商王朝统治下的部落酋长。

(2)引申指最高统治者,即天子。如《尚书·大禹谟》:“皇天眷命,奄有四海,为天下君。”《礼记·表记》:“以敬视其君长。”孔颖达疏:“君,谓天子。”

(3)又引申指诸侯,即诸侯国的君主。如《诗·大雅·假乐》:“穆穆皇皇,宜君宜王。”孔颖达疏:“君,则诸侯也。”《国语·周语上》:“夫事君者,险而不怼。”韦昭注:“君,诸侯也。”《叔夷锺》:“夷敢用拜稽首,弗敢不对扬朕皇君之赐休命。”铭文中“君”指齐侯。

(4)又引申指大夫,即一家的君主。清顾炎武《日知录》卷二十四:“《春秋》传中……亦有卿大夫而称为君者。”如《左传·襄公二十五年》:“夏氏之乱,成公播荡,又我之自入,君所知也。”这是郑国子产对晋国大夫士庄伯说的话,“君”指士庄伯。部落酋长、天子、诸侯、大夫都可称“君”。这些人的地位的性质很不一样。《尔雅》用一个“君”来概括,足见其词义分析是很粗的。

第三,“君”对词义的概括再笼统,也笼罩不了被释词的意义,说明被释词并不是同义的,《尔雅》对词义的认识是不清楚的。

“天、帝、皇、王、后、辟、公、侯”与“君长”有关的意义如下:

天 本义指人的额头。引申为空间的最高处。

(1)从而引申为自然界的主宰者,即自然界的君主。如《尚书·泰誓中》:“天视自我民视,天听自我民听。”孔传:“言天因民以视听,民所恶者,天诛之。”

帝 甲骨文“象架木或束木燔以祭天之形”,本义当指祭天。

(1)引申指自然界的最高主宰者,即商代人心目中主宰风雨灾祥和人间祸福的最高神。如《铁云藏龟》一二三·一:“今二月,帝令雨?”

(2)又引申指商人的先王。如《殷墟书契前编》一·二二·二:“文武帝升正有。”

(3)指最高统治者,即天子。《说文·上部》:“帝,王天下之号也。”如《尚书·尧典》:“曰若稽古帝尧。”秦始皇又称“始皇帝”。

(4)战国末,诸侯也有称帝者,即诸侯国的君主。如《史记·魏世家》:“八年,秦昭王为西帝,齐滑王为东帝。”

皇

(1)甲骨文像人戴着冠冕的样子,本义指最高统治者,即天子。

(2)引申指诸侯,即诸侯国君主。如《楚辞·离骚》:“岂余身之惮殃兮,恐皇舆之败绩。”王逸注:“皇,君也。”这里指楚国国君。

王

(1)甲骨文像一个人高高端坐的样子,本义就是指人间的最高统治者,即天子。商周君主都称王,如商纣王、周文王、周武王。

后

(1)甲骨文像一妇女正在生孩子形,本义指母系氏族社会部落首领(女性)。

(2)父系社会以后,引申指男性最高统治者,即天子。如《楚辞·离骚》:“昔三后之纯粹兮。”王逸注:“后,君也,谓禹、汤、文王也。”

(3)又指诸侯,即诸侯国君主。如《尚书·舜典》:“肆觐东后。”孔传:“遂见东方之国君。”

辟 本义指法度。

(1)引申指最高统治者,即天子。如《尚书·洪范》:“惟辟作福,惟辟作威,惟辟玉食。”《诗·大雅·荡》:“荡荡上帝,下民之辟。”

(2)又指诸侯,即诸侯国君主。如《书·周官》:“六服群辟,罔不承德。”孔传:“六服诸侯,奉承周德。”《诗·大雅·假乐》:“百辟卿士,媚于天子。”郑玄笺:“百辟,畿内诸侯也。”

公 本义指平均分配、无私。《说文·八部》:“公,平分也。

从八、从厶。八,犹背也。韩非曰:‘背厶为公。’”甲骨文、金文字形相近,取意相同。平均分配、无私,大约是原始社会时期的食物分配方法。

(1)在甲骨文中引申指先公先王,即死去了的殷王。如《殷契粹编》四〇五:“辛亥贞壬子又多公岁。”

(2)春秋时期诸侯的通称。清代顾炎武《日知录》卷二十说:“平王以后,诸侯通称为公。”如《诗·邶风·简兮》:“公言锡(赐)爵。”《论语·颜渊》:“齐景公问政于孔子。”

侯　本义为射箭的靶子。《说文·矢部》:“侯,春飨所射侯(段玉裁注:‘春所射侯,谓天子、诸侯养老先行大射礼之侯也’)也。从人、从厂,象张布,矢在其下。天子射熊、虎、豹,服猛也。诸侯射熊、豕、虎。大夫射麋。麋,惑也。士射鹿、豕,为田除害也。其祝曰:‘毋若不宁侯,不朝于王所,故伉(伉,通“抗”,举起)而射汝也。’”甲骨文、金文作侯面有矢形,义同。

(1)由于春飨礼是天子、诸侯之事,所以引申为最高统治者,即天子。如《周易·屯卦》:“勿用有攸往。利建侯。”王弼注:“得王则定。”

(2)又引申为诸侯,即诸侯国之君主。如《诗·大雅·抑》:“谨尔侯度,用戒不虞。”郑玄笺:“侯,君也……慎女为君之法度,用备不億度而至之事。”

为了便于比较分析,我们把“君”与“天、帝、皇、王、后、辟、公、侯”的“君长”义列成下表(以+表示有此义,以-表示无此义):

	天	帝	皇	王	后	辟	公	君
(1)古代部落的酋长	-	-	-	-	-	-	-	+
(2)天子	-	-	+	+	+	+	-	+

(3)诸侯	−	−	+	−	+	+	+	+
(4)大夫	−	−	−	−	−	−	−	+
(5)自然界的主宰者	+	+	−	−	−	−	−	−
(6)商代人的先王	−	+	−	−	−	−	+	−
(7)母系氏族社会女性部落首领	−	−	−	−	+	−	−	−

由上面的词、词义表可以看出：第一，被释词内部，“天”与“帝”只在“自然界的主宰者”一个意义是同义词，而跟其他词意义上没有关系。“帝”与“公”只在“商代人的先王”一个意义上是同义词，而跟“皇”、“王”、“后”、“辟”没有关系。“皇”与“王”、“后”、“辟”只在“天子”意义上是同义词，与“后”、“辟”、“公”只在“诸侯”意义上是同义词，而跟“天”、“帝”没有关系。“王”与“皇”、“后”、“辟”只在“天子”、“诸侯”两个意义上是同义词，与“公”只在“诸侯”意义上是同义词，而跟“天”、“帝”没有关系。“后”与“皇”、“王”、“辟”只在“天子”意义上是同义词，与“皇”、“辟”、“公”只在“诸侯”意义上是同义词，而跟“天”、“帝”没有关系。“辟”与“皇”、“王”、“后”在“天子”意义上是同义词，与“皇”、“后”、“公”在“诸侯”意义上是同义词，而跟“天”、“帝”没有关系。“公”与“皇”、“后”、“辟”只在“诸侯”意义上是同义词，与“帝”只在“商代人的先王”意义上是同义词，而跟“天”没有关系。被释词之间根本不是所有的意义都相同，也没有任何一个意义都相同，所以，从整个词来看，它们充其量也只能算是类义词。第二，从担任解释词的“君”的意义跟被释词的意义关系看，“君”只在“天子”的意义上跟“皇”、“王”、“后”、“辟”同义，在“诸侯”的意义上跟“皇”、“后”、“辟”、“公”同义，而与“天”、“帝”完全没有关系。也就是说，这一条不成

立。再加上"林"、"烝",这一条就更不成立。由第一、第二这两点可以断定,《尔雅》在一个词有多少个意义的问题上,也就是词与词义的问题上,是不清楚的;对它所摆在一起的词,词与词之间是什么意义关系,也是不清楚的;在解释词与被解释词之间,在哪一个或哪几个意义上有同义关系,也是不清楚的。

二、关于"浑言"说

汉语中有的词可以在句子中两两相对地使用,古代的注释家把这种情况叫做"对文";可以单独使用,古代的注释家又把这种情况叫做"散文"。如《诗·魏风·伐檀》:"不稼不穑,胡取禾三百廛兮?"毛传:"种之曰稼,敛之曰穑。"孔颖达正义说:"以稼穑相对,皆先稼后穑,故知种之曰稼,敛之曰穑。若散则相通。"孔颖达所说的"以稼穑相对"就是指"稼"、"穑"相对地使用,"稼"与"穑"就是"对文";"散"就是指"稼"与"穑"单独地使用,单独地使用一个"稼"或者一个"穑","稼"或者"穑"就是"散文"。词处于"对文"的地位跟处于"散文"的地位意义不一样。例如"稼"、"穑"两个词,在"不稼不穑"中,是对文,"稼"的意义是"种庄稼";"穑"的意义是"收庄稼",而在散文中,如《论语·子路》:"樊迟请学稼,子曰:'吾不如老农。'"其中的"稼"兼指"种庄稼和收庄稼"。如《尚书·盘庚》:"若农服田力穑,乃亦有秋。"其中的"穑"也是兼指"种庄稼和收庄稼"。其实,"对文"、"散文"是指出了同一个词在语用中的两个意义。"对文"指出的是特指意义,"散文"指出的是泛指意义。"对文"指出"稼"的特指意义是"种庄稼","穑"的特指意义是"收庄稼";"散文"指出"稼"的泛指意义是"种庄稼和收庄稼","穑"的泛指意义也是"种庄稼和收庄稼"。特指意义跟泛指意义之间是引申关系。"对文"、"散文"实际上是注释家对词义引申发展的一种说明方式。①

古代的注释家孔颖达、王念孙、段玉裁、王引之、马瑞辰等利用"对文"、"散文"做了很多文献词义考释的工作,都非常有价值。但是,段玉裁的运用跟其他学者不同,他在运用中又有很多发展。段玉裁发现《说文解字》对字义的解释也存在类似的情况,即有时候是特指义,有时候是泛指义,于是他就把"对文"、"散文"引进了对《说文解字》字义的分析解释上。为了分析说明《说文解字》的字义,也做了很多跟文献语言对比的工作。段玉裁除了沿用"对文"(包括"对")、"散文"(包括"散")外,他还针对《说文》本身并不存在什么"对文"、"散文",提出了跟"对文"相应的"析言"(包括"析")跟"散文"相应的"浑言"、"统言"等概念。"析言"就是分别地说,"浑言"、"统言"就是概括、笼统地说。②如:

《说文 · 女部》:"妻,妇与己齐者也。"段玉裁注:"此浑言之也。《曲礼》曰:'庶人曰妻。'析言之也。"

这也是说"妻"有两个意义,《说文》"妇与己齐者也"是泛指意义,《曲礼》"庶人曰妻"是特指意义即周代社会的等级意义。我们可以为之编写为:

(1)古代泛指男子的嫡配。如《周易 · 小畜》:"九三,舆说辐('说'借为'脱','辐'指车身下夹轴之木板),夫妻反目。"夫妻间像车身脱落了下面的木板一样,面目相背而不相视。又《象传》:"夫妻反目,不能正室也。"夫妻反目,就不能使家人得

①② 参见杨端志《训诂学》上册,山东文艺出版社 1992 年增订版。

其正轨了。

(2)周代特指庶人的妻子。《礼记·曲礼上》:"天子之妃曰后,诸侯曰夫人,大夫曰孺人,士曰妇人,庶人曰妻。"

"浑言"、"析言"也可以比较两个以上的词之间的意义异同。如:

《说文·言部》:"诵,讽也。"又:"讽,诵也。"段玉裁注:"《大司乐》:'以乐语教国子:兴、道、讽、诵、言、语。'注:'倍文曰讽,以声节之曰诵。'倍同背,诵不开读也;诵则非直背文,又为吟咏以声节之。《周礼》经注析言之,讽、诵是二;许统言之,讽、诵是一也。"

"讽"、"诵"在《说文》中是互训,按理说,互训是两个字互相解释,是最具同义词资格的。但是,段玉裁发现,"讽"是背书,并且是不打开书本;而"诵"是有节奏地朗读或背书,可以打开书本,也可以不打开书本。二者并不完全相同。段玉裁的眼光是很敏锐的,"讽"、"诵"实际上是不同义的。我们可以编排为:

讽 不打开书本地背书。如:《周礼·春官·大司乐》见上。《后汉书·延笃传》:"(笃)少从颍川王溪典受《左氏传》,旬日能讽之。"《红楼梦》第一百一十五回:"我们这些粗夯人,只知道讽经念佛。"

诵 有节奏地朗读或背书。如《周礼·春官·大司乐》见上。《论语·子罕》:"'不忮不求,何用不臧?'子路终身诵之。"《左传·襄公二十八年》:"穆子不说(悦),使工为之诵《茅鸱》。"《古诗为焦仲卿妻作》:"十六诵《诗》《书》。"

"诵"大约在南北朝时才引申出"不打开书本地背书"的意义,跟"讽"形成真正的同义词。如《后汉书·荀悦传》:"(荀悦)家贫无书,每之人间,所见篇牍,一览皆能记诵。"所以,"讽"的"不打开书本地背书"义,"诵"的"有节奏地朗读或背书"义,应当是这两个字的本义。《说文》让它们互训,应当是许慎弄错了,而段玉裁是正确的。但是,段玉裁"许统言之,讽、诵是一也",实际上是替许慎作回护。

但是,我们反过来看,凡是段玉裁指出的《说文解字》中的"浑言"、"统言"的现象,都是本来是不同的两种事物,被许慎说成了同一种事物(也还有指出其他文献是"浑言"或"统言"的,这里没有涉及),即本来是两种不同的意义,被许慎解释成了同一种意义。"妻"一个词本来有两个意义,被许慎解释成一个意义;"讽"、"诵"两个词本来是两个不同的意义,被许慎解释成了同一个意义。如果说一个词的两个意义被许慎解释成一个意义是工具书释义概括,《说文》是工具书,这是可以理解的,那么,不同意义的两个词,为什么会被解释成同一个意义?就只能理解为许慎以一个单音词解释另一个单音词,以词为单位而不是以意义为单位的失误了。又如:

《说文·走部》:"走,趋也。"又:"趋,走也。"段玉裁于"走,趋也"下注说:"《释名》曰:'徐行曰步,疾行曰趋,疾趋曰走。'此析言之;许浑言不别也。"按"走"义为疾趋,"趋"义为疾行。"走"快于"趋"。

《说文·髟部》:"鬄,鬀发也。""髡,鬄发也。""鬀,鬄发也。从髟,弟声。大人曰髡,小儿曰鬀,尽及身毛曰鬄。"段玉裁注:"此又析言三字之不同也,上文则浑言之。""鬄"是剃去全身的毛发,用意不详。"髡"是剃去大人的头发,是一种刑罚。

"鬀"是剃去小儿的头发,是一种风俗,如《韩非子·显学》:"婴儿不剔首则腹痛。"

“剔”借为“鬄”。“鬄”今简作“剃”。

《说文·肉部》:“股,髀也。”又《骨部》:“髀,股外也。”段玉裁注说:“《肉部》曰:‘股,髀也。’浑言之。此曰:‘髀,股外也。’析言之,其义相足。”“股”是大腿。“髀”是大腿的外侧。

三、关于“同训”说

传统的词义分析,把用一个词去解释若干个词的现象叫做“同训”。例如《尔雅·释言》“疾、齐,壮也”、“贸、贾,市也”,用一个单音词“壮”解释“疾、齐”两个词,用一个单音词“市”解释“贸、贾”两个词。传统所谓“雅学”著作一般都是用同训法来解释词义的。同训都可以拆成直训,例如上面两例可以拆成:

疾,壮也。

齐,壮也。

贸,市也。

贾,市也。

因此,《说文解字》中也有相当一部分同训,例如《疒部》:

疾,病也。

痛,病也。

瘣,病也。

疴,病也。

痡,病也。

瘽,病也。

直训,我们也可以改写成同训:

疾、痛、瘣、疴、痡、瘽,病也。

这种同训，实际上是把被解释词看做同义词的，也把被解释词与解释词看做了同义词，属于同义词相训的一个部分。但是，第一，语言中真正的同义词几乎是没有的，只有某些词在某个个别的意义上同义。因此，《尔雅》一类的所谓"雅学"著作，还有《说文解字》部分条目，排出那么多同训词，在理论上是说不过去的。第二，当作者排出这些词的时候，他心里未必明白这些词究竟在哪些意义上相同，只是以词为单位看，大致相关或相类。所以，所谓同训大多靠不住。关于"雅学"中的例子，前面我们曾经举过"天、帝、皇、王、后、辟、公，君也"，改成直训就是：

天，君也。

帝，君也。

皇，君也。

王，君也。

后，君也。

辟，君也。

公，君也。

"天，君也"、"帝，君也"就是完全没有根据的，其他词跟"君"也只是一个或两个意义相同。

《说文》中那么多表示病名的词都用同一个意义来解释更是不妥。《说文》所释一般为本义，我们试释如下：

病 《说文》："病，疾加也。"就是比"疾"重的病，也就是重病。《仪礼·既夕礼》"疾病"郑玄注："疾甚曰病。"《玉篇·疒部》："病，疾甚也。"比"疾"还要严重的叫做病。"病"的本义是重病。《周礼·天官·疾医》"掌养万民之疾病"贾公彦注："疾病两言之者，疾轻病重。"两汉以后，"疾"、"病"渐不分轻重，泛指疾病。

疾，病也 段玉裁注说："析言之则病为疾加，浑言之则疾亦病也。"段玉裁的话是对的，"疾"相对"病"（重病）而言，指小病。甲骨文、金文"疾"字作一人腋下着矢之形，王国维说："疑疾之本字，象人亦下着矢形，古多战事，人着矢则疾矣。""疾"的本义当是指小的箭伤，引申为小病。《说文》所释不是本义。《周易·复卦》："亨，出人无疾。"

占筮遇到此卦，可以举行享祭，出发不会生小毛病。《论语·子罕》："子疾病。"何晏集解："包曰：'疾甚曰病。'""疾"指先有小病，"病"指后来病得严重了。

痛，病也 桂馥义证："病也者，张揖《杂字》：'痛，痒疼也。'《释名》：'痛，通也，通在肤脉中也。'"本义指人身因疾病、创伤、刺击等引起的疼的感觉。如《周易·说卦》："其于人也，为加忧，为心病，为耳痛。"《韩非子·喻老》："居五日，桓侯体痛。"《汉书·灌夫传》："蚡（田蚡）疾，一身尽痛，若有击者。"《世说新语·德行》："范宣年八岁，后园挑菜，误伤指，大啼。人问：'痛邪？'答曰：'非为痛，身体发肤，不敢毁伤，是以啼耳。'"现代汉语"酸痛"、"疼痛"、"腰痛"、"腿痛"、"头痛"、"止痛"、"镇痛"等里的"痛"都是这个意思。

瘣（huì），病也 《说文》："瘣，病也。从疒，鬼声。《诗》曰'譬彼瘣木'。""瘣木"今《诗·小雅·小弁》作"坏木"，毛传："坏，瘣也，谓伤病也。"郑玄笺："犹内伤病之木，内有疾，故无枝也。"据此，"瘣"本义当为内伤之病，引申为特指树木因受虫侵害组织发生变化而形成瘤状物，枝叶不茂。本义文献无用例。

疴（kē），病也 《说文》："疴，病也。从疒，可声。《五行传》曰：'时即有口疴。'"《说文系传》："臣锴曰：'疴，犹倚也，因人之衅以生。《五行传》,刘向所作演《尚书·洪范》之意也。五行有失,则有疴恙从之也。'”许慎就是根据《五行传》这句话中“疴”字的意思来为“疴”建立意义的。这句话说,不遵五行行事,就会得“疴”这种病。所以,徐锴认为,“疴”是顺着人的空隙钻进来的一种病。徐锴的立义五行家色彩太浓。《中国医学大辞典》说是“怪异之病也”①。《中国医学大辞典》的立义是有道理的。如宋叶适《周纯臣子去病淑慧而短折》诗:“所投烈药尽,始获奇疴痊。”

痡(pú),病也 《说文》:“痡,病也。从疒,甫声。《诗》曰:‘我仆痡矣。’”许慎是根据《诗·周南·卷耳》“我仆痡矣”中的“痡”来立义的。《诗·周南·卷耳》:“我仆痡矣。”孔颖达正义引孙炎曰:“痡,人疲不能行之病。”据全诗之意,孙炎的解释是有道理的。

“痡”指“人疲不能行之病”,也就是人疲劳得走不动路的病。古人把人过分的疲劳也看做一种病,引申为泛指疲劳。

瘽(qín),病也 《尔雅·释诂下》:“瘽,病也。”邢昺疏:“瘽者,劳苦之病也。”古人把过分的劳苦也看做一种病。《汉书·文帝纪》有“瘽身从事”,就是使身体劳苦而从事。由此可见,所谓“同训”,其实并不是同义的。《说文》中的所谓“同训”往往是上下位关系,解释词如“病”是上位概念,被解释词如“疾”、“痛”等是下位概念。以上位概念来解释下位概念,是《说文》中的一个条例,叫做“属别”。如《禾部》:“秔,稻属。”“稗,禾别也。”②但大多数时候许慎并不注明“属别”,这就成了所谓“同

① 《中国医学大辞典》第三册,中国书店据商务印书馆1921年版影印。

② 见杨端志《训诂学》上册,山东文艺出版社1992年增订版。

训”。这种解释本来是不合理的，但是，段玉裁注“诗，志也”说，所以不注明是“欲使人因属以求别也”。王力先生早在20世纪40年代就批评了这种说法。王力先生说：“明明是许氏自己不知求别，却说是欲使别人求别，这可说是非常无理的一种辩护了。”[①]“不知求别”就是说许氏分不清词与词义。王力先生的批评是中肯的。

（发表于韩国《中国学研究》创刊号，2002年10月）

① 王力《理想的字典》，见《龙虫并雕斋文集》第一册，中华书局1980年版。

训诂学与现代词汇学在词汇词义研究方面的差异与互补

摘要:训诂学是我国古代学者从认知方面研究汉语语义的传统学科,词汇词义是其核心。词汇学是近百年来在西方语言学影响下形成的新学科,其研究中心也是词汇词义。但是,这两个学科产生的条件不同,哲学基础不同,研究汉语的历史阶段也不同。因此,对词汇词义的认识无论在理论体系上还是在研究方法上,都有很大差别。但是,由于研究的都是词汇词义,它们又有一定的内同性。差别和内同都反映了这两个学科的互补性,而互补性当中就包含了汉语词汇词义研究的原创性。其重点在于汉语语言单位、汉"字"的性质、汉语词汇的单位、结构和理据以及词汇系统等问题。

关键词:训诂学;词汇学;词汇词义研究

汉语的词汇、词义研究,在汉语言学史上大致是由两个非常接近而又不同的学术部门承担的。一个是古代传下来的"训诂学",一个是"五四"以来以至当代形成的词汇学。这两个学术部门都做出了很好的成绩。尤其是20世纪80年代以来,成绩更为突出。

但是,毋庸讳言,这两个学术部门各自都还有一些理论问题和实践问题没能得到很好的解决。

训诂学方面,最突出的问题就是理论和理论系统问题。对此，许多学者都曾经指出过。早在1982年，殷孟伦先生就认为，训诂学应当“吸收外国语言学的先进理论和科学方法，使训诂学更为科学化、系统化，在普通语言学中发挥它应有的作用。”[①]王宁先生说，必须“梳理两千年来训诂学发展的脉络，以便找到旧训诂学在理论上和在实践上的终点，由此起步来进行新的批判继承”[②]。近二十余年来，很多学者进行了训诂理论建设的努力，提出了一批具有理论意义的新见解，使得训诂学理论建设大为改观。但是，我们还不能说找到了“旧训诂学在理论上和在实践上的终点”。词汇学方面，在不断引进西方应用语言学、语用学、社会语言学、心理语言学、文化语言学、神经语言学、认知语言学等的带动下，理论观念比较活跃，涌现了一大批非常优秀的成果，但还是常听到人们说，“在汉语语音、词汇、语法三大块中，词汇的研究是最薄弱的”。蒋绍愚先生指出，历史词汇学研究，“直到现在，人们也感到对词汇的系统难以把握，所以，在词汇研究方面，显得系统性不够。在词汇研究方面，做的大量的工作是对词语的诠释，而对词汇系统、词汇发展规律等方面的研究比较缺乏”[③]。张联荣先生认为“汉语历史词汇学的研究还处于初始阶段”[④]。现代汉语词汇学研究成果比较突出，但是，邢福义先生认为“对词汇系统本身的研究不够全面和深入。大多数研究还没有摆脱传统原子主义的老路，注重个别现象的分析，缺乏宏观理论的思考。关于汉语词汇系统内部的组织结构，没能建立起严密的体系”[⑤]。这些见解，恐怕都是符合当前研究现状的。

要解决这些问题，一般说来有两条途径：一是古今结合，向相近的汉语研究部门去寻找，向汉语言研究的实践中去寻找；一是向国外语言学尤其是欧美语言学借鉴理论和方法。比较而言，前者更为重要，因为它们最具内同性、互补性和理论的原创性。我们认为，近百年来，尤其是近二三十年来，训诂学、词汇学向国外语言学借鉴理论、方法，做了不少工作，而在某种程度上忽视了立足本体，古今结合，向两千余年的汉语研究历史中去总结理论、总结方法的工作。就词汇词义研究来说，训诂学与现代词汇学，就最具内同性，最有互补性，有进行比较研究的必要。

一、关于汉语语言单位的认识问题

"语言单位"，语言指自然语言，单位指功能、语义相对独立的成分。中国古人认识汉语语言单位很早，认识的角度也不相同，从不同的角度分出了不同的单位。一是从阅读方面来认识，分出的语言单位有"句"和"读"。唐代天台沙门湛然说："凡经文语绝处谓之句，语未绝而点之以便诵咏谓之读。"[6]元代陈端礼说："句读二字，倒点为句，中点为读。凡人名、地物名并长句内小句，并从中点。"[7]"句"是语义完整的单位，大致相当于今天的单句或复句；"读"是语义未完的单位，大致相当于今天的词组或子句。这种以一定的标记划分语言单位的办法用得很早，公元前9世纪周共王时期的铜器《永盂》上的铭文就已出现，此后，春秋战国秦汉出土的铜器简帛文字上都有使用。

二是从句子组织来认识，分出的语言单位有"字"、"句"、"章"、"篇"。汉代王充说："文字有意以立句，句有数以连章，章有体以成篇。"[8]南北朝时期的刘勰，对语言单位认识得更加深刻，他认为"设情有宅，置言有位"。"位"应当是我国较早的语法概念，"言位"等于"语法"。刘勰具体解释说："因字而生句，积句而成章，积章而成篇。"[9]分出的语言单位也是"字"、"句"、

"章"、"篇",那就是"字位"、"句位"、"章位"、"篇位"。"字位"、"句位"、"章位"、"篇位"就是中国古代的"言位"。相比今天的语法来讲,可称之为"大语法"。可惜的是,刘勰没有对"字位"、"句位"、"章位"、"篇位"做出进一步的阐述。对"字位"、"句位"、"章位"、"篇位"进一步的研究是由随文释义的训诂来承担的。

三是从随文释义的训诂来认识。汉唐以来,古人为古书作注,下注的地方或注释的对象往往就是古人所认为的语言单位。从语言学的观点看,这有字、词、词组、单句(古人称"小句")、复句(古人称"长句")、章、篇。

古人分出的语言单位共有字、词、词组、单句、复句、章、篇七级。句下的单位有字、词、词组;复句下的单位有单句;章下的单位有单句、复句,篇下的单位有章。其中,"字"是最小的单位。

这里,我们要注意的是,古人是把"字"作为语言单位的。古人作为语言单位的"字",相当于现代英语中的"word"。"字"在汉语中作为语言单位,是在漫长的汉语言史上形成的。最早把"字"作为语言单位始于秦代,是伴随着把记录语言的符号由"文"改称"字"一起产生的。《史记·吕不韦列传》说,《吕氏春秋》写好后,吕不韦把它"布咸阳市门,悬千金其上,延诸侯游士宾客,有能增损一字者予千金"。这个"字"就是指语言中的最小单位。南北朝以后,文章家、诗话、词话讲"炼字","求一字之稳",以及"四字句"、"五字句"、"六字句"、"七字句"等等,其中的"字",都指语言的单位。

训诂学对语义的研究,是以"字"为单位的,也是以"字"为核心的。现代语言学把语言单位定为:词、词组;单句、复句;语段、篇章六级。词汇学研究的对象是“词”。“词”有单纯词、合成词之别,有单位、结构、层次。“词”的内容显然要细致、丰富得多。但是,“字”也有它独特的丰富内容。古今语言学家们对汉语语言单位认识的区别,主要在于最小的语言单位是“字”还是“词”上,这就引起了一系列的知识的、理论的、框架的差异。差异中其实就有很多的互补性。这一点,我们下面还要谈到。

二、关于对“字”的性质的认识问题

古人认为,汉语中的“字”,主要意义有两个,一是表示汉语的语言单位,已如上述;二是表示文字,即记录语言的符号的文字。

这里讨论的“字”的性质,字是指后者,即文字的“字”。

现代语言学认为,“文字是记录语言的书写符号的系统”,“汉字是记录汉语的书写符号的系统,它包括汉字所有的形体(声符、意符等)、所有字和标点符号”。[10]这样,所谓“书写符号的系统”就是指字形符号系统。所以,一部分具有现代观念的学者,即便是研究古代汉语,甚至研究古文字的学者也采取了这种认识。古汉语研究的著名学者洪成玉先生在讨论字义与词义时说:“汉字本身没有意义”,“假借字和本字都是文字现象,不直接涉及到词义问题。”[11]古文字学大家唐兰先生在阐述古文字研究对象的时候说:“我的文字学研究的对象,只限于形体,我不但不想把音韵学找回来,还得把训诂学送出去。”[12]唐兰先生眼中的“字”,既不包括字义,也不包括字音。

我国古人认为,古汉字是在语义所指客观事物原型基础上经抽象概括创造出来的,也就是说,在造字的时候就已把语言中的音、义投射到文字上,即所谓“近取诸身,远取诸物”,“依类象形,故谓之文”。[13]一旦成为“字”,它就具有了形、音、义。这是许慎《说文解字》以来的基本观念。《说文解字》就是兼释形、音、义的。从此,汉字成为历史语义、历史语音的载体。同时,也形成了汉字的研究传统。古汉字的研究,涉及到形体的演变,涉及到历史语义学,涉及到历史语音学。同时,也形成了研究方法的传统,即文字形体、文字字音、文字字义三者互相求,古今六者互相求的方法论系统。这就是段玉裁所说的“圣人之制字,有义而后有音,有音而后有形。学者之考字,因形以得其音,因音以得其义”,“小学有形,有音,有义,三者互相求,举一可得其二。有古形,有今形,有古音,有今音,有古义,有今义,六者互相求,举一可得其五”。[14]于上古音研究,得出了石破天惊的著名结论:“谐声者必同部。”[15]于语义研究,则有形训、义训、声训三大法宝。[16]于字形研究,则有“六书说”和“甲金说文比较互证法”。[17]

对于汉字性质的认识,古今观点针锋相对,迥然两路。若以今,则要否定语言音、义在汉字形体上的投射,也就否定了形、音、义三者互相求,古今六者互相求,否定了历史语音研究的“同声必同部”,否定了语言研究的形训、音训、义训三大法宝,同时,也否定了“六书”和“甲金说文比较互证法”。若以古,今天所谓汉字的性质,便成为皮相之谈,只看到文字符号性的一面,没有看到汉字符号性的另一面。

这种汉字既与语义无关系也与读音无关系的认识,占据了文字认识的正确理论的地位。

其实,索绪尔并没有这么说。索绪尔反倒认为,世界上的文字有两种不同的体系，一为表音体系，一为表意体系。表意体系的文字，“这个符号和整个词发生关系，因此也就间接地和它所表达的观念发生关系。这种体系的典范例子就是汉字”。“这个符号和整个词发生关系”，文字符号“也就间接地和它所表达的观念发生关系”，就是语言的音、义投射到了符号上，符号具有了音、义。所以，索绪尔又进一步阐述说：“对汉人来说，表意字和口说的词都是观念的符号；在他们看来，文字就是第二语言。在谈话中，如果有两个口说的词发音相同，他们有时候就求助于书写的词来说明他们的思想。但是这种代替因为可能是绝对的，所以不致像在我们的文字里那样引起令人烦恼的后果。汉语各种方言表示同一观念的词都可以用相同的书写符号。”[18]他并没有批评汉人的这种认识不对。这应当就是我们所说的汉字符号与汉语音义的正确关系。我们体会，书写符号与语言的关系有两层：第一层，一切的文字都是记录语言的符号系统。在这一层上，汉字与拼音文字并没有什么不同。第二层，表意体系的文字也是记录语言的符号，但这种符号是接收了语言音、义投射的符号，是能“和整个词发生关系”的符号，是能“间接地和它所表达的观念发生关系”的符号。所以，在第一个层次上，把汉字与拼音文字并列，看成同类的符号，并不是汉字的本质。而在第二个层次上，把汉字看做投射了语言音、义的符号，才是汉字的真正的本质。对于汉字的真正的本质的认识，中国几百年前的段玉裁，甚至近两千年前的许慎，不逊色于索绪尔。也正因为汉字符号是接收了语言音、义投射的符号，所以它具有了语言中的音、义，它是形、音、义三结合的符号，这就与汉语的语言符号取得了一致。所以，它就可以充当汉语的语言单位。许慎、段玉裁、索绪尔的认识无疑是正确的。

三、词汇的单位、结构和理据问题

大家知道,在现代词汇学理论中,对于汉语来说,尽管什么叫做“词”、如何切分“词”与“词组”、词汇有没有一个系统等问题还在讨论中,但是同时,大家都在按照公认的理解或个人的理解在研究着、探索着。因此,现代词汇学无论在现代汉语词汇研究方面,还是在汉语词汇史研究方面,都取得了很好的成绩,现代意义上的词汇学已经出现。在词汇的单位方面,如分为词、词素两级,词素又可分为单纯词素、合成词素,合成词素中,还可再分等;在词汇的结构方面,如首先分为单纯词、合成词,而合成词又有复合式、派生式,复合式再分为主谓式、动宾式、偏正式、述补式、并列式等,都已经形成科学的理论性体系。近些年来,又进行了词的理据的探索,尤其是合成词的理据的探索,出现了合成词造词法的研究,在词汇的单位、词汇的结构和词汇的理据研究上取得了丰硕成果。

我们再来看传统训诂学关于词汇单位、结构和理据的研究。

训诂学对词汇单位、结构和理据的研究,也有丰富的成果。但是,这些研究也是以“字”为单位,以“字”为起点的。——从字出发计单位,结构则重在合成词中各单字间的语义结构,而语义结构又是与词的理据性相一致的。

先讨论汉语词的单位。早在甲骨文中,汉语就出现了合成词。郭锡良先生说:“周代复音化的现象十分明显,复音化的构词方式有两大类:一是多种形式的双音节的音变构词,二是多种形式的结构构词。复音化的各种构词法萌芽于西周早期,完备于春秋战国。”[19]马真先生统计了先秦代表性的典籍后认为,如果把先秦单音词估计为一万个，那么复音词将占它的20%以上。[20]自然语言中合成词的大量涌现，引起了当时哲学家的高度注意，并对合成词给予了高度的肯定。荀子在他的著名文章《正名》篇中说："单足以喻则单，单不足以喻则兼；单与兼无所相避，则共；虽共，不为害矣。"杨倞注释说："谓单名、复名有不可相避者，则虽共同其名，——谓若单名谓之'马'，虽万马同名；复名谓之'白马'，亦然。——虽共，不害于分别也。"那就是"马"与"白马"虽共同有"马"，并不影响"马"与"白马"的区别。这里，荀子提出了汉语的"名"有"单"、"兼"两级。"单"，相当于现在所说的单音的单纯词；"兼"，相当于现在所说的合成词包括词组，可以简称为"单词"、"兼词"。他还分析了"兼词"中字义与字义之间的语义关系，分析了"字"在"兼词"中的语义地位。荀子为中国语言词汇理论开的这个头，非常了不起，非常英明，对后世产生了巨大的影响。汉唐以后训诂学家对群经诸子的注释，在"字"以上、"句"以下的语言成分上，都是这样处理的。

再来讨论词汇的结构和理据。

先秦时期"兼名"中字与字之间的结构，反映了人们对客观事物以及客观事物之间动觉意象图式的认知，早在荀子之前，就已引起哲学家们的兴趣。不过，哲学家们不是从主谓式、动宾式、动补式等语言形式出发进行解释的，他们所重视的是字与字之间的语义关系，是复杂概念之所以形成的语义理据。后期墨家就已经认识到"白马多白，眇马不多眇，白与眇也"[21]。"白马"是全身多白，"瞎马"不是全身多瞎，是因为"白"与"瞎"不同。"白"指色彩，既称白马，应是全身"多白"；"瞎"所指只能是眼睛，只能说两眼瞎，不能说全身"多瞎"。"白马"、"瞎马"都是兼名，语言结构都是定中式。但修饰语性质不同,修饰语与被修饰语的语义关系也不同。前者是"色彩·生命"修饰关系,后者是"视觉·生命"关系。尹文子说得更明白:"'好牛','好',则物之通称,'牛'则物之定形。以通称随定形,不可穷极者也。"[22]"好"是表性质的普通形容词,"牛"是具体事物,以"好"来修饰具体事物是无穷无尽的。不仅指出了性质形容词"好·具体事物"的修饰关系,还指出了这种语义关系的能产性。这同时也是"白马"、"眇马"、"好牛"作为词语的语义理据。

墨家、荀子、尹文子等先秦哲学家们对"兼名"语义结构和理据的分析,对其后的训诂学也产生了巨大的影响,汉唐以后训诂家对合成词的解释,大都渗透着语义结构和造词理据的精神。如《诗·小雅·大东》"启明"毛亨《传》:"日旦出,谓明星为启明。日既入,谓明星为长庚。"朱熹《传》称:"启明、长庚皆金星也。以其先日而出,故谓之启明;以其后日而入,故谓之长庚。"这是说"启明"为动作与结果关系。《诗·小雅·六月》"启行"朱熹《传》:"启,开;行,道也。犹言发程也。"陈奂《诗毛氏传疏》:"启行,开道路也。"这是说"启行"为动作与处所关系。这里,我们的举例虽然是合成词,其实,古人对文献语言研究的实践,一直是符合先秦"兼名"理论的,也就是在文献注释中,从西汉初年毛亨起,注释的语言现象大量的是合成词和词组。这就是说,汉代以来的古人看到了,也意识到了语言的单位有单音词,也有合成词和词组。但是,一直没有给出"单音词"、"合成词"和"词组"一类的名称。这大约与早在商代就有了成体系的文字,直到春秋才给出"文",战国才给出"名",秦代才给出"字"、"文字"一样,名称常常是晚于现实的。

词汇的单位,荀子称为"单"、"兼",唐代杨倞注把"兼"解释为“复名”。汉人把叠音词称为“重言”。宋朝，人们在笔记中把联绵词称为“连绵字”。明清人们又把叠音词称为“叠字”、“复语”，把并列式合成词称为“连言”、“连文”，也称为“复语”，把联绵词又称为“连语”、“谜语”。从名称看，古人对特殊结构的词语也给了一定的注意，也显示了这些词语结构的一体性和语义的理据性。

这里，训诂学对词汇的分析有些方面不如现代词汇学那么细致，但是，显然没有了“词”与“字”、“词”与“词组”界限不清的矛盾，没有了在“词”与“字”、“词”与“词组”之间表现出来的词汇“同一性”的矛盾。训诂学跟现代词汇学，显然具有巨大的互补性，如果两者结合，一定会推动汉语词汇的单位、结构、理据等的研究。

四、词汇系统问题

上个世纪 60 年代以来，就有不少学者探索现代汉语词汇的系统问题。近十多年来，学者们也开始了古代汉语词汇系统的探讨，做了不少有益的工作。

我们认为，训诂学中词汇词义的研究，对汉语词汇系统的建立，具有重要价值。

词汇的产生是人们对客观世界认知的结果，词汇的发展是人们在已有词汇的基础上对客观世界认知的结果。人们认知世界的表征是词汇，认知世界的实质是意义。因此，词汇的系统，实质上是词义的系统，是词义的“内部组织结构”。客观世界事物与事物之间有联系，新认识的事物与已认识的事物之间有联系，反映到词义上，词义与词义之间就发生了联系，新词义与原有词义之间就发生了联系。这应当就是词义的系统的基础。人们在认知客观世界的时候,总是根据事物的原型,一类一类的认识的。一般说来,总是由认识基本的类开始的。然后,根据事物的原型和家族相似性,再由基本的类延伸认识,纵横发展。譬如"马、牛、羊、豕",就是人们根据事物的原型最先认识的基本的类,也是语言中最早出现的词。后来,人们根据事物的原型认识到它们是分牝、牡的,于是创造出"从马,从匕"、"从马,从土","从牛,从匕"(即牝)、"从牛,从土"(即牡),"从羊,从匕"、"从羊,从土","从豕,从匕"、"从豕,从土"的词来,于是从性别产生了"马、牛、羊、豕"的下位词。"马、牛、羊、豕"原是野生的,"马、牛、羊"善跑,不易得,为了备用,后来人们把它们圈养起来,——圈养起来都是放在"牢"(冂)里的,——于是人们根据相似性原则称圈养起来的"马、牛、羊"为"寓、牢、宰",又从圈养的角度产生了"马、牛、羊"的下位词。"马"最早是用来拉车的(甲骨文中反映的如此)。人们根据语音相似性原则,把马的脊背称"背",把鞍子架在马背上称"犕",把轭架在马背上称"服"。车轭下的两匹马也称"服"。服马两侧的马,以服马为中心,左右数之都是三。根据数量认知原则,把服马两侧的马称为"骖"。于是由拉车位置不同产生了下位词"服"、"骖"。在商代,马、牛、羊、豕都用做祭品,于是又根据功能相似性把它们归为一类,统称为"牲"。马、牛、羊、豕都是为备用圈养起来的,于是统称之为"畜",又产生了上位词"牲"、"畜"。后来,人们又把它们合为"牲畜"。词汇基本上是根据原型原则和相似性原则,一类一类的创造的。

人们对词汇的研究,其实是对过去人们认知客观世界成果的再认识,既要再认识词的音义,也要再认识词义反映的过去的人们认识过的客观事物,并从而对词义做出合理的解释。这种合理的解释，既包括一个一个的词义，也包括词义与词义之间的关系，即把词义与词义联系起来，一类一类的解释。相比较而言，后者更为重要，因为后者往往能反映词汇的系统性。我国古代的训诂家们也正是这样做的。中国传统训诂学解词释义的最大特点就是“类”观念。

中国古人认为，“类”来源于“象”，“象”是认识事物的基础。从象出发，可以“察类”、“辨类”、“比类”、“推类”，这就进入了语言意义系统的研究。到了许慎，讲“以类象形”，讲“比类合谊”，这不仅仅是研究中国文字的原则，也是研究中国语言的原则、研究中国语言意义系统的原则。这些原则，都体现了认知语言学的精神。这些研究成果都体现在训诂学的内容上。那么，训诂学的哪些内容体现了词汇系统的研究呢？

训诂学对于词汇系统的观察是多角度的。从古人训诂联系到的词汇系统看，汉语的词汇系统应当是多元的网络系统。

首先，本义、引申义系统。“本义”、“引申义”的说法，是站在以“字”为语言单位的立场提出的，是训诂学术语。本义指造字的时候字体所反映的词的意义。由于认为“字”是语言单位，造字时候的意义就是最早的意义，所以称为本义。本义又称本训。本义一般都有原型性。引申义是根据事物的家族相似性，由本义通过隐喻、转喻引申出来的意义。本义研究是从许慎开始的。不过许慎并没有提出“本义”的概念，他只借《尚书》的话说“予欲观古人之象，言必遵修旧文”，那就是根据古文字字形来解说文字的意义。引申义的研究是从南唐徐锴开始的。他在《说文解字系传·说文解字疑义》中说：“中古之后，师有愚智，学有工拙。智者据义而借，令、长之类是也。浅者远而借之，若《山海经》以‘俊’为‘舜’、《列子》以‘进’为‘尽’也。”令、长是怎么回事？他又说："出令（去声）所以使令（平），或长（平）于德，或长（上声）于年，皆可为长，故因而假之。"原来他是把"令"由命令义引申为县令义、"长"由长短的长（音 cháng）引申为年长的长（音 zhǎng）称为假借。徐锴的假借有两种，一为"据义而借"，一为"远而借之"。"据义而借"就是引申，又称为假借引申，段玉裁常说的"假借引申"就来源于此。"远而借之"就是据音假借，也就是人们通常所说的假借。"据义而借"的引申，《说文系传》中的例子如："杈"，许慎说本义是树的杈枝。徐锴说"可以撑船"，那就是引申为船杈；"可以刺鱼"，那就是引申为鱼杈。本义、引申义的概念出于清人。江沅在为段玉裁《说文解字注》写的《后序》中说："许书之要，在明文字本义而已……本义明而余义明，引申之义亦明。"阮元为《经籍籑诂》手定的体例"以本义前列，引申之义、展转相训者次之"。朱骏声《说文通训定声》以本义、引申义排列字义，形成了完整的本义、引申义的序列。本义、引申义系统至此完成。

本义、引申义系统的优点在于弄清每一个词的意义，为其他意义系统的研究打下了基础，开辟了道路。

其次，有义类系统。刘熙在《释名序》中说："名之于实，各有义类。"语言义类系统的研究，理论上源于先秦哲学的"推类"，根据是客观事物或语言声音的家族相似性，实践上开始于先秦正文训诂，后来成为训诂的大宗。这方面已有学者进行了很好的研究。有同义词、近义词系统。同义词、近义词系统的研究也始于先秦正文训诂。此后，同训、互训、递训、浑言、析言等，都属这个系统的研究。有同源词系统。研究实践始于先秦，理论成熟于清代。王引之在为《经籍籑诂》写的序言中说："夫训诂之旨本于声音，揆厥所由，实同条贯。"理论根据也是客观事物和声音的相似性。同源词系统的研究也是始于先秦，盛行于汉代，成熟于清朝，是汉语词汇系统中最具理论性、特色性的系统。有渗透系统。这是成组的语音、语义家族相似性的转变系统。如王念孙《广雅·释诂》“乾也”疏证：“晞（音 xī），亦暵（音 hàn）也，语之转耳。暵与罕同声，晞与希同声。晞之转为暵，犹希之转为罕矣。”《尔雅·释诂》：“希，罕也。”在上古，希属晓母、微部、平声，罕属晓母、元部、上声，双声，韵部旁对转。“希、罕”都是鲜少义，同多相对。用转语的观念看，希是罕的转语。暵与罕同音，晞与希同音。既然希可转为罕，则晞亦可转为暵。暵与晞是干旱义，同湿相对。它们的意义并不相同。有上下位义系统。有通用义系统，这往往是少数字由于语音相同或相近，造成语义的混用。如“修”与“脩”本义本不相同，就是因为语音相同，它们的意义才互串通用了。上面的几类系统都属聚合系统。训诂解到的词汇系统也还有组合系统。古代没有现代意义上的语法体系，因此，词汇的组合系统只能就古人特有的据句式谈组合的系统，这就是“对文”、“互文”形成的词汇系统。如《汉书·王莽传》：“永以命德茂功享历代之祀焉。”王先谦补注说：“命、名字通，命德犹名德，与茂功对文。”“对文”就是说“名德”与“茂功”处于相同的语法地位，因此，“名德”与“茂功”语义相近，能构成近义词关系。

古代训诂中反映的这些词汇系统，远比现代语义场内容丰富；而现代语义场的分析方法要远比古代先进周密，它们具有明显的互补性。

参考文献

①殷孟伦《训诂学的回顾与前瞻》，《文史哲》1982 年第 3 期。

②王宁《训诂学原理》，中国国际广播出版社 1996 年版。

③蒋绍愚《近代汉语研究概况》，北京大学出版社 1994 年版。

④张联荣《古汉语词义论》，北京大学出版社 2000 年版。

⑤邢福义《“八五”期间的现代汉语研究》，见许嘉璐《中国语言学现状与展望》，外语教学与研究出版社 1986 年版。

⑥[唐]湛然《法华文句记》卷一。

⑦[元]陈端礼《程氏家塾读书分年日程》卷二。

⑧[汉]王充《论衡·正说》，中华书局 1979 年版。

⑨[南朝]刘勰《文心雕龙·章句》，人民文学出版社 1981 年版。

⑩高名凯《语言学概论》，中华书局 1963 年版。

⑪洪成玉《训诂学与语义学》，见《古汉语研究》1997 年第 2 期。

⑫唐兰《中国文字学》，上海古籍出版社 1979 年版。

⑬[汉]许慎《说文解字序》，中华书局 1963 年版。

⑭[清]段玉裁《广雅疏证序》，江苏古籍出版社 1984 年版。

⑮[清]段玉裁《古十七部谐声表》，见《说文解字注》，上海古籍出版社 1981 年版。

⑯杨端志《训诂学》，山东文艺出版社 1986 年版。

⑰王力《中国语言学史》，山西人民出版社 1981 年版。

⑱[瑞士]费尔迪南·德·索绪尔《普通语言学教程》，商务印书馆 1999 年版。

⑲郭锡良《先秦汉语构词法的发展》，见郭锡良《汉语史论集》，商务印书馆 1997 年版。

⑳马真《先秦复音词初探》，见《北京大学学报》1980 年第 5 期。《先秦复音词初探(续完)》，见《北京大学学报》1981 年第 1 期。

㉑[清]孙诒让《墨子间诂》，上海书店 1986 年版。

㉒《尹文子简注》，上海人民出版社 1977 年版。

（发表于《文史哲》2003 年 6 月）

汉语词汇理论、词典分词与“词”的认知

摘要：汉语言文字研究的语音、语法、词汇、文字等几个主要方面中，“词”的问题最困难，主要是划分“词”的标准问题。词的确定标准，在现有词汇理论方面存在异质因素，每一种标准都很难贯彻到底，表现在词典分词上则更为混乱。其实，“词”是人们对客观事物认知命名的心理现象，划分“词”的标准要循着人们对客观事物认知命名的心理去寻找，造词之初本义理据的整合性为汉语划分“词”提供了正确的标准。

关键词：词汇理论；词典分词；词的认知

目前，汉语词汇研究方面，存在很多困难。划分“词”的标准不统一，词典分词比较乱，根本问题还是词汇理论问题。

一、定词理论的现状

汉语中，以往认定一个语言单位是一个词还是几个词，似乎有这样几个标准：语法标准、语音标准、词形标准和语义标准。而认定词之所以困难，主要问题就出在认定词的标准上。这些标准中，单用任何一种标准都很难贯彻到底，或者根本无法贯彻到底，即使能贯彻到底也不能解决词的认定问题；而综合运用它们，这些标准的性质很不一样，它们之间的配合关系不明，互相牵连，又无法做到一刀两断。

1. 关于语法标准定词

词是句子结构中的一个语法单位。从语法的角度研究词，则着重词的语法功能，那就是名词、动词、形容词、副词、连词、介词、助词、语气词等的分类。一个语法单位，只要词性不同，就应算为不同的词。因此，《现代汉语词典》有三个"就"："就①jiù"列有"凑近；靠近"等七个动词意义；"就②jiù 副词"列有"表示在很短的时间以内：我就来/您略候一候，饭就好了"等十个意义；"就③jiù 连词"只有"表示假设的让步，跟'就是②'相同：你就送来，我也不要"一个意义。《现代汉语词典》中有五个"把"，其中，"把①bǎ"列有"用手握住：把舵/两手把着冲锋枪"等十个意义，多为动词意义；"把②bǎ 介词"列有"宾语是后面动词的受事者，整个格式有处置的意思：把头一扭/把衣服洗洗"等三个意义。把"就"分为动词、副词、连词三个词，把"把"分为动词、介词两个词，就是贯彻了不同词类就是不同词的精神。

但是，《现代汉语词典》贯彻这个精神很不彻底，如对"就"、"把"就没有贯彻到底。"就①"的第七个义项说："介词，表示动作的对象或范围：他们就这个问题进行了讨论。""就"的副词、连词意义各算一个词，为什么介词就不算一个词？"把①"的第八个义项说："车把。"第九个义项说："（把儿）把东西扎在一起的捆子：草把/秫秸把。"第十个义项说："量词"，列有 a，b，c，d 四个用法。这又有名词义、量词义，把它们跟动词意义放在同一个词里，为什么名词、量词又不算独立的词？

《现代汉语词典》里很多的单音词、复音词都有名词、动词、形容词、副词、连词、介词、助词、语气词等多种用法，也没有用词类不同就算不同的词的标准区别为不同的词。《现代汉语词典》不是语法词典或用法词典，我们也不能用这样的标准来要求它。我们这里只是想以它的认定词的标准为例,说明怎样才算一个词,怎样不算一个词。《现代汉语词典》为什么不把一个语法单位,只要不是同一词类,就算作两个或者多个词呢?因为如果那样确定词,就会把词分得很零碎,词汇的数量也就会三倍、四倍地增加,这不便于记忆和利用。这样完全按语法来确定词,词的数量到底能有多少,恐怕现在谁也说不清。定词有的按语法,有的不按语法,这就把什么单位是一个词、什么单位不是一个词给搞乱了。

2. 关于语音标准定词

语音标准认定词,就是对词形词义有联系的词,只要读音不同就区别为两个或两个以上的词。词是音义结合的单位,语音对词有着强烈的制约作用。汉语中,一般说来,单音词一个音节就是一个词,双音词两个音节就是一个词。这是没有问题的。但是,如果把语音作为一个一刀切的原则,那是有争议的。

词在发展演变过程中,有时候,词义引申发展了,往往随着新词义的出现而给新的意义一个新的读音。新的意义与原来的词义有联系,新的读音与原来词的读音也有联系。最常见的有:一,声母韵部相同,声调变化了。如“汤”,原义为汤池,叶郎切,今音 tāng;引申为汤手,音变为他朗切,今音 tàng。“种”,原义为种子,之陇切,今音 zhǒng;引申为种地,音变为之用切,今音 zhòng。“数”,原义为数落,所矩切,今音 shǔ;引申为数目,音变为色句切,今音 shù。二,韵母相同,声母不同,声调相同或不同。如“朝”,原义为早晨,陟遥切,今音 zhāo;引申为早晨朝见皇帝,音变为直遥切,今音 cháo。“盛”,原义为盛饭,是正切,今音 chéng;引申为丰盛,音变为承政切,今音 shèng。“折”,原义为折断,旨热切,今音 zhé;引申为折本,音变为常列切,今音

shé。三,声母韵母都不同,声调或同或不同。如“省”,原义为省察,息井切,今音 xǐng;引申为行省,音变为所景切,今音 shěng。“句”,原义为句曲,古侯切,今音 gōu;引申为句子,音变为九遇切,今音 jù。“车”,原义为车子,尺遮切,今音 chē;引申为象棋棋子,音变为九遇切,今音 jū。这种现象,古人为了强调音韵学的重要,称为“义随音转”。其实,应当是意义变化了,为了区别变化了的意义才改变了读音。义变在前,音变在后,应当称为“音随义转”。汉语词汇发展演变过程中,音随义转的现象非常复杂,这里排列的只是其中最常见的几种类型。这些类型的词,到底算为一个词,还是两个词?

《现代汉语词典》大部分处理为两个词,个别处理为一个词,如“汤”,只收 tāng,不收 tàng。《汉语大词典》则把“汤”处理为两个词,而且 tàng 收有“①高温物体与皮肤接触而使之产生疼痛感”、“②把肉菜放在开水里稍微煮一下就取出来”、“③用开水或热水浇泡”、“④用热物接触冷物使之变暖”等意义。如果按照词性变了才应当分为两个词的语法标准来看,“汤、种”是由名词变为动词,“数”是由动词变为名词,“朝”是由名词变为动词,“盛”是由动词变为形容词,“长”是由形容词变为名词,“省”是由动词变为名词,“句”是由形容词变为名词。但是,“折”原来是动词,意义变化后还是动词,“车”原来是名词,意义变化后还是名词,都没有词性的变化。《现代汉语词典》、《汉语大词典》处理为两个词的原则,显然不是语法标准,而是语音标准。《现代汉语词典》、《汉语大词典》是用一刀切的原则把它们切成了两个词。

再有,就是轻声。轻声是近代汉语口语起的变化。一个词是读原音,还是读轻声,一般都是根据《现代汉语词典》的标注。

《现代汉语词典》对轻声的处理,我们可以把它分为四类。

一类:

“孙子”:①sūnzǐ 中国古代军事理论家;[①] ②sun·zi 儿子的儿子。“大人”:①dàrén 敬辞,称长辈(多用于书信);②da·ren,成人(区别于“小孩儿”),旧时称地位高的官长。“大意”:①dàyì 主要的意思;②dà·yi 疏忽,不注意。

二类:

“本事”:①běnshì 文学作品所根据的故事情节;②běn·shi 本领。“门道”:①méndào 门洞儿;②mén·dao 门路。

三类:

“过来”:①guò//·lái 从一个地点向说话人(或叙述的对象)所在地来;②//·guò//·lái 用在动词后——(四个义项都是“用在动词后”——本文作者)。“过去”①guòqù 时间词,现在以前的时期(区别于“现在、将来”);②guò//·qù❶离开或经过说话人(或叙述的对象)所在地向另一个地点去;❷婉辞,死亡(后面要加“了”);③//·guò//·qù(四个义项用在动词后,一个义项用在形容词后——本文作者)。

四类:

“大拇指”dà· mǔzhǐ〈方〉拇指。“云彩”yún·cai〈方〉云。“匀称”yún·chèn 均匀:穗子又多又匀称|字写得很匀称。

这四类词,《现代汉语词典》的处理原则是,只要是轻声就区别为不同的词。一个音节轻声与两个音节轻声也是不同的词。我们具体分析一下它们的情况:

第一类,孙子①之“子”,本为古代公侯伯子男五等爵位之一,引申为对人的尊称,如老子、孟子、孙子;②之“子”,是名词词尾。大人①之“大”,是对父母长辈的敬称;②之“大”,是指成年。大意①之"大",为主要的;②之"大",为大概、不细致。孙子①与孙子②,大人①与大人②,大意①与大意②,造词意图不同,造词语素(语素与语素义)不同,本来就是两个词。①和②的分别,跟音节的轻重无关,只是②后来变了轻声。

第二类,两个"本事",意义都是同一个词的意义放射引申。本事,原指原来的事,引申指能耐、本领;由原来的事又引申为文学作品主题所根据的故事情节。门道,本来的意思是指经过的门下的道路,即"门洞儿";由此引申为门路。这两个词都是在某一个意义上,后来口语读了轻声。这跟"汤、种、数"等单音词"音随义转"差不多,是双音节词、多音节词阶段的"音随义转"。它们意义的联系性比语音的转化更重要,况且,语音在口语中也是可轻可重,随人而异。

第三类,两个"过来",三个"过去",造词意图、造词语素都完全相同,意义也没有什么差别,只是在句中的语法位置稍有区别,语音在口语中也是可轻可重,随人而异。

第四类,大拇指,见于《广韵·上厚》:"拇,大拇指也。"云彩,见于六朝无名氏《汉武帝内传》。上文我们说过,轻声是近代口语中的事,因此,大拇指、云彩作为一个词,都应当有原读。匀称,成词于近代,但其语素"匀"表均匀义,见于唐人诗,表相称义,见于《荀子·富国》。匀称是同义词并用形成的并列结构,因此,产生之初也不会是轻声词。其实,这几个词即便在现代口语中,也是可轻可重。

所以,我们认为,第一类词之所以分为两个词,不是因为轻声,因为它们本来就是两个词。第二类、第三类、第四类分为两个词都是不必要的。纯以语音标准认定的词,总会出现不相宜的问题。

3. 关于词形标准定词

词形标准认定词就是以词的书写形式确定词。汉语的词是用汉字书写的，词形能区别同音词，如胡、湖、糊、弧、壶等，只听到 hú 音不知所云，一看到词形就明白了。这是词形积极的一面。但是，词形也有模糊词的时候，如“通知”，《汉语大词典》作为一个词收有三个意义：“①犹通晓。”“②把事情告诉人知道。”“③告知事项的文字或口信。”其实，这三个意义不是同一个词，而是两个不同的词。在①的意义上，“通知”是并列结构，“通”指通晓，“知”指知道。②的意义上，是连动结构，“通”指通告，“知”指使人知道。③是②的引申。二者语法结构、语义结构、成词理据都不相同。大量的还是联绵词。如《汉语大词典》分别收有“仿佛”、“彷佛”、“髣髴”、“髣拂”、“髣像”、“髴髣”、“放佛”、“方物”、“荒忽”等十一个词形，根据《汉语大词典》的体例，不同词形的同一个词就用“亦作”来标识，如“彷佛”与“彷髴”。没注明“亦作”，且分别排列在各相应字头下的，那就是不同的词。以上十一个词形多数列成了不同的词。联绵词往往本为一词，以后不同使用者用了音近的字，于是出现稍变其形又稍变其音的词形，其实仍为一词的情况。这十一个词形就本为一词，甚至与作仿佛讲的“放”也同为一词。[②]原来单用一个“放”字，表示仿佛义，见于《史记·酷吏列传》，这就是古代训诂家所谓的“单言”。接着拉长声音变成为“仿佛”，见于《淮南子·俶真训》。又变为“放佛”，见于《汉书·礼乐志》。这就成了训诂家所谓的“连文”，也就是通常所说的联绵词。此后又不断稍变其形，稍变其音，最终成为十一个不同的词形。这十一个词形，不管词形差别有多大，语音上总有或双声或叠韵的关系，它们仍然是同一个词。明代学者方以智《通雅·释诂·谜语》就把这些词处理为同一个词,而《汉语大词典》处理为十一个词,这是不恰当的。由此可见,以词形认定词是有条件的。

4. 关于词义标准定词

词义标准认定词,就是根据词义的联系性,联系紧密的就认为是同一个词,远一点的就认为是另外一个词。这个原则掌握起来也有很大的主观随意性。怎样算远,怎样算近,往往各人看法差别很大。还是以《现代汉语词典》为例。上文我们讨论到,《现代汉语词典》列有五个“把”。“把①”、“把②”基本是按词类分出,那么,“把③”、“把④”、“把(欛)”是怎么样分出来的呢?就是根据词义。“把③”:“bǎ,加在‘百、千、万’和‘里、丈、顷、斤、个’等量词后头,表示数量近于这个单位数(前头不能再加数词):个把月/百把块钱。”“把④”:“bǎ,指拜把子的关系:把兄/把嫂。”“把(欛)bà(把儿)”:“①器具上便于用手拿的部分:缸子把儿/掸子把儿。②花、叶或果实的柄:花把儿/梨把儿。”“把③”的意义,我们可以称它为助词,但是,就其意义的联系性说,应该是“把①”量词意义的虚化。“把④”的意义应当是“把①”之“用手握住”的比喻引申。“把(欛)”的意义也应当是“把①”之“用手握住”意义的引申。“欛”是在这个意义上的后起字,见于《集韵》。五个“把”实际上是同一个词。但是,《现代汉语词典》按语法首先分出一个“把②”,成为两个词;又按词义分出三个词,成为五个词。分出“把(欛)”可能也参照了语音区别,因为前四个“把”都读第三声,这个“把(欛)”读第四声。可见以词义认定词,从词义联系松紧说,从分从合,结果很不一样。《现代汉语词典》中有很多这种情况。

二、标准不确定的原因

用语法标准、语音标准、词形标准、词义标准等来确定词，分别都遇到不少问题。为什么会遇到那么多问题，没有一条能走得通的路？最重要的原因有三个方面：

1. 汉语里没有现成的“词”

这一点，我们想引用权威论述来说明，那就是吕叔湘先生的一段名言：“‘词’在印欧语是现成的，语言学家的任务是从词分析语素。他们遇到的是 reduce（缩减），de - duce（推断），produce（生产）这些词里有两个语素还是只有一个语素的问题。汉语恰恰相反，现成的是‘字’，语言学家的课题是研究哪些字群是词，哪些是词组。汉语里的‘词’之所以不容易归纳出一个令人满意的定义，就是因为本来没有这样一种现成的东西。”③

根本原因就出在汉语里“本来没有这样一种现成的东西”。汉语里本来没有这样一种现成的东西，而语言学家们的任务又要在汉语里找出这样一种东西，并且在理论上、实践上、可操作程序上获得理想的结果，那就需要有个研究探索的过程了。遇到问题，是研究探索过程中不可避免的。

2. 不同性质的标准混在一起

认识一种语言现象往往有很多角度，但角度的性质往往很不一样。认识汉语的词，语法的角度跟语音、词形、词义的角度性质就很不相同。从语法角度研究词，要解决的问题是词的语法功能，也就是词充当句子成分的能力、词与词的组合能力等，是词在句子层面的活动规律。从语音、词义、词形角度研究词，要解决的是词的语音形式、词义内容和书面载体的问题，是词本身的性质问题。词本身性质的研究是根本，词在句子层面的活动是应用。词本身性质的研究是词在句子层面活动规律的研究的基础。长期以来，对汉语词的研究总是强调有语法才有词，词是从句子分出的语法成分，词的特征主要是语法特征，忽视词本身性质的研究，而又无法摆脱词本身即词形、词音、词义的拘牵，致使不同性质的问题纠缠于"词"一身，造成"词"的模样模糊不清。就是词本身的内容词形、词音、词义也不是同一层面的东西，其中也有轻有重，不可平等看待。

3. 从根本上讲，目前认定词的理论和标准，还是早期结构主义的语言观

早期结构主义的语言观把语言分为共时和历时、外部语言和内部语言、言语和语言。它抛开历时只研究共时，抛开外部语言只研究内部语言，抛开言语只研究语言，这就等于抛弃语言的历史，抛弃社会文化因素，抛弃语境，只剩下共时的内部语言的结构层面。对一种语言的初期研究，这是必要的、聪明的，也是有价值的。但是这种研究的理论成果往往缺乏解释力，当遇上历时层面、外部语言内容、言语境况，更是束手无策。语言的价值恰恰就在于历史的、社会文化的和具体语境的合力。其实，现代语言学已经经历了早期结构主义、转换生成语言学进入功能语言学阶段，早已把历时因素、社会文化因素、言语环境因素纳入自己的研究范围，并且取得了很好的成果。汉语"词"的研究，也应当朝这个方向努力。

三、确定汉语词的认知原则

"词"是语言的一种基本单位，是表情达意的起点，也是说

这种语言的人们对这种语言认知的起点。我们认为,根据人们的认知特点,要准确认定汉语的“词”,首先要区分清楚单音词与双音词、词与词义。当区分了这两对不同的概念的时候,一部分词的认知理论问题就自然解决了。

汉语中,单音词与双音词很不一样,单音词的形成理据往往在语音,双音词的形成理据则主要在于语义;单音词本身没有语法语义的结构问题,双音词本身就有语法结构、语义结构问题;它们在汉语史上出现的时代也不相同,单音词要比双音词早得多。就是在划分词的难度上,单音词与其他语言成分纠缠相对少些,也要容易些。④

词与词义不是同一个层面的东西。⑤词是音义的结合体,词义是词的内核。词的发展是产生新词,新词与旧词不是同一个词;词义的发展产生新义,新义与原义有隐喻、转喻关系,仍是同一个词。我们平时讲的“词”的语法功能,其实指的只是词的某一个意义的功能,如所谓名词、动词、形容词等就是词的某一个意义的功能的分类。词是语言的单位,词义是语言的意义单位。一个词的意义单位发生变化的时候,语音可能变也可能不变,变的如“朝”,由原义为早晨的陟遥切(今音 zhāo)引申为早晨朝见皇帝,音变为直遥切(今音 cháo),虽然读音变了,但仍是同一个词。一个词的意义单位发生变化的时候,词形也可能变,如大量的异形联绵词,虽然形体变了,也仍然是同一个词。一个词的意义的发展,产生再多的新义仍然是同一个词。一个词的意义单位发生变化的时候,新产生的意义可能要与原义的功能不同,如“朝”原义是早晨,在这个意义上是名词,引申为早晨朝见皇帝,变为动词,虽然功能变了,仍然是同一个词。因为变化的只是“朝”的一个意义的功能变了,并不是整个词“朝”的功能变了。

其次，汉语“词”的研究，一定要古今结合，把古今汉语作为同质因素看。王力先生早就指出：“以前往往不是抓住现代汉语的某一现象向古代一直追上去，也不是抓住古代汉语的某一现象一直追下来，而是满足于某一时代（特别是上古）某一语言现象的考证……如果再不知道注意汉语历史的发展，那就显示出我们不能用科学态度来看待问题了。”[⑥]孙常叙先生在为武占坤、王勤先生《现代汉语词汇概要》写的《序言》中也说：“词汇中许多问题，必须放在语史洪流里，才能从它的发生发展中观察得更客观更仔细。许多规律性的东西也往往就生活在这里。”[⑦]我们如果按照古代汉语、现代汉语的划分来研究词汇词义，会遇到很多问题，会丢掉很多规律，甚至失去解决问题的根本条件。两位老前辈的话应当是我们的方向。

现在，我们就可以谈认知词的基本原则了。

“词”的内核是意义，“词”是人们对客观事物认知命名的心理现象，这种认知命名的心理现象往往反映在词的理据上。因此，词的理据成为我们今天认知“词”的一个最重要的根据。那么，我们以何来认知汉语的“词”呢？以造词之初词义的理据的整合性，即以造词之初的语义结构、语法结构、语音结构，如果是书面语的话，还有词形结构的整合性。一次理据形成的音义结合体就是一个词。“词”的性质产生于造词之初，正像渔猎时代的人与信息时代的人没有什么性质上的不同一样，后来的发展变化并没有改变其性质，只是语义的增减和语义功能的改变。而在造词之初，“词”就以其语法结构、语义结构、语音结构、词形结构的紧凑性、整体性、指称性与带附加修饰成分的词组区别开来。

单音词比较容易解释，复音词要复杂些。如复音词“利口”,《现代汉语词典》作为一个词收有两个意义:“①能说会道的嘴:一张利口。也说利嘴。②[方]爽口:这几道凉菜吃起来真利口。”两个意义来源不同,一个是普通话,一个是方言。两个意义说明语素和语素意义也不同。在①里,语素“利”的意义是“疾,速度快”;在②里,语素“利”的意义是“清爽,爽利”。两个意义反映“利口”有两种不同的结构:①是偏正式,“利”修饰“口”,等于“快口”、“快嘴”;②是述宾式,“利”用于使动,支配“口”,等于“爽口”、“使口爽利”。这些都说明“利口”第一个意义与第二个意义造词理据不同,“利口”应当是两个词。

汉语语汇词中的复音词的确定原则,以造词之初的理据为标准,也就是语素义结合意图为标准。复音词的语义有本义、引申义,还有语源义。造词语素义的结合意图,属于词的语源义,但语源义往往是本义的基础,或者就是本义。目前汉语复音词还没有出现更多的由于引申而分化出新词的现象,一般不会因为词义引申出现同形词(同形词组除外)。如“提纲”,古代指提起网的纲绳,是动词,语法结构是述宾式,语义结构是支配式;现代指写作、发言提出的要点,变成名词。后者显然是前者的引申,但后者不存在语素义结合意图问题。如果说后者语法结构仍是述宾式、语义结构仍是支配式的话,那它用的仍然是本义的结构。我们不能说,在前者的意义上,“提纲”的“提”是提起(网的纲绳);在后者的意义上,“提纲”的“提”是提出写作或发言的要点,词义的引申是因为词素义变了——后者的意义是前者整体意义的引申,不是词素义有了什么改变。所以,“提纲”并没有分裂为两个词。如果后者的意义是语言社会利用“提”指提出、“纲”指(写作或发言的)要点来制造一个新词,那么它就变成另外一个词,两个“提纲”就成了同形词。复音词是一个词还是同形词,是由词的语素义决定的,确定是一个词还是两个词的原则,只有根据造词之初的语素义的结合意图来确定。

参考文献

①黄伯荣等《现代汉语》(上册),高等教育出版社 1991 年版。
②罗竹风主编《汉语大词典》,汉语大辞典出版社 1993 年版。
③吕叔湘《语文常谈》,生活·读书·新知三联书店 1980 年版。
④杨端志《汉语的词义探析》,山东大学出版社 2002 年版。
⑤杨端志《论词义与词的区别》,见《文史哲》2000 年第 2 期。
⑥王力《汉语史稿》,中华书局 1980 年版。
⑦武占坤、王勤《现代汉语词汇概要》,内蒙古人民出版社 1983 年版。

(发表于《山东大学学报》2003 年第 6 期)

论词义与词的区别

摘要：词义和词是语言中两个不同层面的元素。词是语言音义的结合体，词义是这个结合体中的意义部分。词的本质是语音的物理性和语义的社会性，词义的本质只有语义的社会性。因此，词和词义不同：一，数量不同。古今汉语词汇约有40万条，而古今词义约有2000万个。二，结构不同。词的结构只有独立、联合、定中、述补、述宾、主谓、重叠等几种类型，千千万万的词可以共用一个结构形式。词义一个意义就有一种结构形式，语言中有多少个词义就有多少个结构形式。词义的结构十分复杂。三，构成成分不同。词的构成成分只有词素一种成分，而词义的构成成分有义库、义位、义素三级单位，三级单位又各有自己的构成成分，各级单位的构成成分也十分复杂。

关键词：词义；词；区别

词义和词是两个不同的概念，词义研究与分析，应当首先分开词义和词。词是语言音义的结合体，词义只是这个结合体中的意义部分。词的本质是语音的物理性和语义的社会性，词义的本质只有语义的社会性。因此，词有词的单位，词义有词义的单位。一个词是一个词汇单位，但是一个词的意义可能是一个词义单位，也可能是几个、十几个甚至几十个词义单位，词义要比词复杂得多。所以，有见识的学者在研究词义的时候，往往要强调“词的某一个意义”和“一个词所包含的义项”的区别,[①]这是非常有道理的。

一、词义的数量与词的数量不同

词义的数量要比词大得多。汉语有三千多年的文言文的历史,文言文以单音词占绝对优势,单音词词义得到了充分的发展。一个单音词只有一个意义的非常少,早在远古汉语时代的殷商甲骨文中,大部分的词就已经具有两个或两个以上的意义。发展到现代,汉语史上的单音词,绝大部分都有两个以上的意义,相当一部分甚至有十几个、几十个意义。而汉语史上的复音词,由于造词灵活,可以跟着新概念的出现随时随地造出新词来,一般只有一个意义,但是,一小部分使用频率高的复音词,也有发展出几个甚至十几个意义的。因此,汉语史上的词是可数的,而汉语史上的词义是不容易数清的(如果加上义位变体那就更数不清了)。如果我们硬要做一个推算的话,《汉语大词典》收古今词汇37万余条,《词汇》收古今词汇40余万条,[②]我们就按40万条计,假设每个词古义今义有5个,[③]汉语的词义总共就有200万个。这里所说的词义还仅仅是词的理性意义。葛本仪先生说:“每一个词也都具有一定的语法意义。如‘名词,可作主语、宾语……’就是‘书’的语法意义,‘形容词,可作定语……’等就是‘杰出’的语法意义,‘动词,可作谓语、定语……’等就是‘奉承’的语法意义,‘连词,连接并列的动词、形容词、副词和小句’就是‘并且’的语法意义。”“语言中每一个词都有自己的色彩意义。”“一个词可以具有一种色彩意义,也可以具有多种色彩意义,如‘母亲’一词就具有亲切的、庄重严肃的、多用于书面语等几种色彩意义。”[④]假设每个词义具有语法意义、色彩意义再各5个，古今汉语的词义总共就有2000万个。词义的数量相当于词的50倍。

二、词义的结构与词的结构不同

词义的结构跟词的结构距离更大。一般认为，单音词不存在结构问题，如果也要用结构来称说它的话，可以叫做独立结构，所有的单音词也就只有一种结构形式；复音词和固定词组的结构，也就是联合、定中、述补、述宾、主谓、重叠等几种类型，千千万万的词可以共用同一个结构形式。而词义可以说一个意义就有一种结构形式，一个词有几个意义就有几种词义结构形式，一种语言中有多少个词义就有多少种词义结构形式，因为在同一种语言中没有真正的同义词，[⑤]因而词义的结构就十分复杂。例如“朝”，《中华大字典》三个读音，“音昭”12个意义，“音潮”21个意义，“音株”1个意义，共34个意义；《汉语大字典》三个读音，“音zhāo”6个意义，“音cháo”13个意义，“音zhū”1个意义，共20个意义；《汉语大词典》三个读音，“音zhāo”7个意义，“音cháo”14个意义，“音zhū”2个意义，共23个意义。这些工具书排列多少个意义，就应当有多少个词义结构形式。我们只是截取了其中的三个意义为代表，解剖一下这三个意义的词义结构。

朝（音zhāo），甲骨文从日、从月、从中、从木会意，象日月同时出现于草木之中，表示朝日刚出于草木，尚有残月留在草木中的时间，即早晨。这当是朝的本义。《说文·倝部》“朝，旦也”解释的正是这个意义。如《论语·里仁》：“子曰：‘朝闻道，夕死可也。”

由“早晨”引申为臣下早晨拜见君主，读作 cháo。如《左传·宣公二年》：“盛服将朝。”

由“臣下早晨拜见君主”引申为拜见君主的地方，即朝廷。如《孟子·梁惠王上》：“今王发政施仁，使天下仕者皆欲立于王之朝。”

为着眉目清晰，我们把上面的意义整理为：

(1)朝日刚出于草木，尚有残月留在草木中的时间，即早晨。

(2)臣下早晨拜见君主。

(3)拜见君主的地方，即朝廷。

到这里，我们似乎就可以划分词义的结构了，因为，所谓词义的结构就是义位所含一束义素的结构式子，这时已经有了义位、义素，具备了划分的条件。其实，不是这么简单。划分词义结构的根据是一个一个的精确的义位，而要取得精确的义位，传统用的是形义法（本义）和归纳法（引申义），还有必要引进语义场理论，这样义位才能更精确，引进义素分析理论，这样结构式子才能更科学。

(1)朝日刚出于草木，尚有残月留在草木中的时间，即早晨。

我们这样定义第一个意义，只是为了便于理解的一个笼统说法。“朝日刚出于草木，尚有残月留在草木中的时间”跟“早晨”的概念并不一致。“朝日刚出于草木，尚有残月留在草木中的时间”所指的时段具体，代表的时间短；“早晨”是一个模糊概念，所指的时段要比“朝日刚出于草木，尚有残月留在草木中的时间”长。《现代汉语词典》对“早晨”的解释是“从天将亮到八九点钟的一段时间。有时从午夜十二点以后到中午十二点以前都算是早晨”。我们按“从天将亮到八九点钟的一段时间”来理解，“朝日刚出于草木，尚有残月留在草木中的时间”只是其中的一部分。上古汉语中，指“从天将亮到八九点钟的一段时间”之内，也就是比现在的“早晨”所指时段还要短的词有三个，即“明”、“旦”、“朝”，它们可以组成一个最小语义场。通过最小语义场内词义的分析比较，我们可以发现“朝”在这个意义上的更精确的语义和语义结构：

明，甲骨文从月、从冏，冏为窗之象形字，象月光从窗中射入室中，表示还有月光射入室内时的微明；或从月、从日，会意为月未落而日刚出时的微明。我们可以综合为表示“朝日刚出，还有残月射入室内的时间”。如《诗·齐风·鸡鸣》：“东方明矣，朝既昌矣。”

旦，甲骨文从日、从一，象朝日刚刚离开地平线的时间之形，表示“朝日刚离开地平线的时间”。如《书·太甲上》：“先王昧爽丕显，坐以待旦。”

明、旦、朝词义结构形式如下：

明：〔时间〕{〔朝日〕〔刚〕〔出〕+〔残月〕〔射入〕〔室内〕}

旦：〔时间〕{〔朝日〕〔刚〕〔离开〕〔地平线〕}

朝：〔时间〕{〔朝日〕〔刚〕〔出于〕〔草木〕+〔残月〕〔留在〕〔草木中〕}

明、旦、朝都是表示现在“早晨”内的一段时间，但从朝日和残月的物象来看，“明”早于“旦”，“旦”早于“朝”。它们都不等于现在的“早晨”，它们加起来也不等于现在的“早晨”。一般认为明、旦、朝、早晨是同义词的理解是不妥当的。

“朝”的第一个意义具有自己的词义结构形式。

(2)臣下早晨拜见君主。

上古时代，跟“臣下早晨拜见君主”意义的“朝”相对的是

"夕"。朝、夕组成了一个最小语义场。

"夕"本义指傍晚,引申为"臣下傍晚拜见君主",如《左传·成公十二年》:"百官承事,朝而不夕。"孔颖达正义:"旦见君谓之朝,莫见君谓之夕。"《国语·晋语八》:"叔向闻之,夕,君告之。"

朝、夕语义结构形式如下:

朝:〔拜见〕〔君主〕+〔臣下〕〔早晨〕

夕:〔拜见〕〔君主〕+〔臣下〕〔傍晚〕

"朝"的第二意义具有自己的词义结构形式。

(3)拜见君主的地方,即朝廷。

"拜见君主的地方"这个定义是从强调跟上一个意义"臣下早晨拜见君主"的引申关系来下的,其实并不确切。根据古代天子的朝寝制度,在战国以前,"朝"的下位最小义场是外朝、正朝、燕朝,"朝"的义位应当来自这个下位最小义场;"朝"又与"廷"组成最小上位义场,"朝"的义位又受这个最小上位义场的制约。

战国以前,天子宫城有朝有寝("寝"这里不谈),朝有所谓"五门三朝"。"五门"指皋门、雉门、库门、应门和路门。《周礼·天官·阍人》郑玄注:"郑司农云:'王有五门,外曰皋门,二曰雉门,三曰库门,四曰应门,五曰路门。路门一曰毕门。'"清人黄以周《礼书通故·宫室二》:"天子宫垣之门有三:路门为宫门之内,亦曰毕门;应门为宫门之中,亦曰中门;库门为宫门之外,亦曰大门。……古者王宫方三里,周筑为城,或谓之周城;又曲其城而设重门,或又谓之曲城;对国门而言之,亦谓之中城。中城之郭门曰皋门,其城曰雉门。""三朝"指外朝、内朝,其中内朝有两处,一为正朝,一为燕朝。《周礼·考工记·匠人》:"左祖,右社;面朝,后市。"这是说三朝全在路寝之南,由外而内,依次是外朝、正朝、燕朝。天子外朝在雉门之内库门之外,是一大块两边有围墙的宽阔的露天廷院，所以又称外廷、大廷。外朝的主要用途，《周礼·秋官·小司寇》说：“掌外朝之政，以致万民而询焉。一曰询国危，二曰询国迁，三曰询立君。”郑玄注：“国危，谓有兵寇之难；国迁，谓徙都改邑也；立君，谓无冢嫡，选于庶也。郑司农云：‘致万民，聚万民也。询，谋也。’”是君臣向“国人”征询关于抵抗外侮、迁徙都邑、奉立国君意见的地方。天子正朝在应门之内路门之外，也是一大块两边有围墙的宽敞廷院，这是天子每天接受朝拜，并与群臣处理政务的地方，是周王朝的政治中心。所以又称治朝。《周礼·夏官·司士》：“正朝仪之位。”郑玄注：“此王日视朝事于路门外之位。”《周礼·天官·大宰》：“大宰，王视治朝，则赞听治。”郑玄注：“治朝在路门外，群臣治事之朝。王视之，则助王平断。”说的就是正朝的情况。燕朝在路门之内，也是露天廷院。这是天子处理王室宗族事务的场所。《周礼·夏官·太仆》：“王视燕朝。”郑玄注：“燕朝，朝于路寝之庭。王图宗人之嘉事，则燕朝。”说的就是燕朝的情况。为了眉目清楚，我们分别把外朝、正朝、燕朝定义如下：

外朝：天子与群臣向“国人”征询抵抗外侮、迁徙都邑、奉立国君的场所。

正朝：天子每天接受朝拜，并与群臣处理日常政务的场所。

燕朝：天子处理王室宗族事务的场所。

概括起来，“朝”的理性意义应当是：

天子每天接受朝拜，与群臣处理日常政务和处理宗室事务的场所。

廷，《说文·廴部》：“廷，朝中也。从廴，壬声。”段玉裁注：“朝中者，中于朝也。古外朝、正朝、燕朝，皆不屋，在廷，故雨沾服失容则废。”“廷”所指的事物就是“三朝”之中。原来，朝、廷所指相同，只是取意不同。“廷”强调了“三朝”都在廷院之中的建筑特点。这样，“廷”的理性意义就是：

天子每天接受朝拜，与群臣处理日常政务和处理宗室事务的廷院。

用这个意义的例子如《谏簋》铭文：“治马共右谏入门立中廷。”《晋公樸》铭文：“广治四方，至于大廷，莫不来王。”《庄子·渔父》：“廷无忠臣，国家昏乱。”

至此，我们可以分析“朝”、“廷”的语义结构了：

朝：〔场所〕{〔天子〕〔接受〕〔朝拜〕+〔与〕〔群臣〕〔处理〕〔日常〕〔政务〕+〔处理〕〔宗室〕〔事务〕}

廷：〔廷院〕{〔天子〕〔接受〕〔朝拜〕+〔与〕〔群臣〕〔处理〕〔日常〕〔政务〕+〔处理〕〔宗室〕〔事务〕}

“朝”强调了“朝拜”和“接受朝拜”，“廷”在“朝”原有的意义上强调了建筑特征“廷院”。

“朝”的第三个意义也有自己的结构形式。

“朝”作为一个词看，是个独立结构，但如果从词义角度看，无论是20个意义、23个意义，还是34个意义，一个意义就是一个语义结构，绝不会相重。

三、词义的构成成分与词的构成成分不同

词的构成成分是“词素”。词素，从语音形式看，有单音词素、多音词素；从构词功能看，有成词词素、非词词素；从意义性质看，有词根词素、附加词素（词缀词素、词尾词素）；多音节词中又有合成词素。但总的来看，词与词素之间只有一种关系，那就是上下位关系。词素作为词的下位单位，只是一种单位。换

句话说，词的构成只有词、词素两个层次，词的构成成分只有词素一个类型。

但词义的构成成分却不同，词义的构成成分要复杂得多。

这里，我们要首先解决一个问题，就是“词义”的概念问题。我们一般所说的“词义”，实际上至少有三个意思，一个意思是指词的一个意义，上面1、2中用的就是这个意思；一个是指一个词所有的意义，就是编写得比较好的词典中一个词下排列的所有意义；一个是指所有的词的意义。我们在讨论“词义”的时候，需要一会儿说“这里指词的一个意义”，一会儿说“这里指一个词所有的意义”，一会儿又需要说“这里指所有的词的意义”，很不方便。我们一定要把“词的一个意义”跟“一个词所有的意义”跟“所有的词的意义”在指称上分开，分别给一个概念，才便于讨论。

我们打开任何一部汉语历史字典、词典，譬如《中华大字典》、《汉语大字典》、《汉语大词典》或者《中文大辞典》，都会发现，几乎每一个单字字头即单音词下，都有十几个、几十个意义，可以说每一个单音词都是一个词义库。一部分复音词也有几个、十几个意义，也像是一个词义库。即便只有一个意义的词，也像是一个小小的词义库。这些词义在词义库里随时等待被人们取用。其实，取是取不走的，不管人们正在使用着哪个意义，词义库里的意义会一个也不少照样保存在那里。譬如，“爱美之心人皆有之”，人人的思想观念中都“爱美”，“爱美”的意义每时每刻都在被千千万万的人使用着，但是，词典里“爱”的“喜好，喜欢”义、“美”的“美丽，好看”义，照样保存在词典里。因为词义是一种观念形态的东西，它有依托人的大脑的存在形式，[⑥]供人们想；有依托语音的存在形式，供人们说；有依托语音从而语音和意义再依托文字的存在形式，供人们使用书面语言；还有依托语音从而语音和意义再依托文字把一个词一个词的一个一个的意义编写成字典、词典储存起来的存在形式，供人们查用，也供词义积累。这些存在形式是并行不悖的。词典里一个一个的词，只是意义的存在形式之一。因此，我们可以说，词，在以一个意义一个意义地进入思考的意义上看，是思维的一个概念单位；在以一个意义一个意义地进入口头、书面交际的意义上看，是语言的一个交际单位；在以一个意义、几个意义、十几个意义、几十个意义地储存在字典、词典里的意义上看，又是语言的一个意义储存单位。又因此，我们在讨论词义学的时候不妨把具有一个意义、几个意义、十几个意义或者几十个意义的词看做一个意义库，把"一个词所有的意义"称做"义库"。"词的一个意义"，原来在词典学上叫做"义项"，在词义学上叫做"义位"，维持不变，我们在讨论中一般称做义位。"所有的词的意义"，仍然叫做"词义"。

从静态词义看，义库的下级单位是义位，义位的下级单位是义素。义库、义位、义素共三个层级。在层级上就已经比词的词、词素两级分类多了一个层次。义库的构成成分是义位，义位的构成成分是义素。义库有义库的构成成分，义位有义位的构成成分，义素有义素的构成成分。义库、义位、义素的内容很复杂，这里只举几个例子，以说明义库、义位构成成分上的复杂性（因篇幅关系，义素的构成成分容另文讨论）。单音词的义库太复杂，我们这里举一个复音词义库的例子。

六月："六月"是个偏正结构复合词，构成成分有"六"和"月"两个词素，"六"和"月"都是单音节词素、成词词素、词根词素，很明了。但是，"六月"的意义和意义的构成成分就复杂了。"六月"共有四个意义：

(1)一年之内的月序,指五月以后的那一个月。

(2)是《诗·小雅》中的篇名。如《诗·小雅·六月》小序:"《六月》,宣王北伐也。"《国语·晋语四》:"秦伯赋《六月》。"韦昭注:"《六月》道尹吉甫佐宣王征伐,复文武之业。其诗云:'王于出征,以匡王国。'二章曰:'以佐天子。'三章曰:'共武之服,以定王国。'此言重耳为君,必霸诸侯以匡佐天子。"

(3)根据《诗·小雅·六月》的内容,借代为保卫国家、平定叛乱的正义军队。如《乐府诗集·郊庙歌辞七·梁郊祀乐章》:"白日体无私,皇天辅有德。七旬罪已服,六月师方克。"

(4)由于阴历六月是每年天气最热的时间,所以以六月比喻对人热情。如吴趼人《近十年之怪现状》:"田仰方此举,虽非正办,也算他尽了交情,较之一班人在人情在的,以及一班见面六月,背面腊月(二语京师谚,六月、腊月喻冷、热也)的,相去不可以道理计了。"

"六月"是个义库,它的构成成分共有四个义位。义位(1)是其本义。从语义性质上看,是基本义位;从语法性质上看,是时间义位;从色彩上看,是中性义位。义位(2)(3)(4)跟义位(1),有的有关系,有的没有关系。

义位(2)指"《诗·小雅》中的篇名",这个义位跟义位(1)就没有关系。义位(2)"《诗·小雅》中的篇名"是怎么来的呢?是摘取该篇诗第一句中的两个字作为诗题来的。"六月"只能看做约定性名词,没有什么理据可言。那么,它们的义位,从语义性质上看,也只能看做是特定时期即春秋战国时期的约定性义位;从语法性质上看,是专有名物义位;从色彩上看,是诗歌义位。

义位(3)"借代为保卫国家、平定叛乱的正义军队",这个意义来源于义位(2)。当"六月"成为《诗·小雅·六月》这首诗的名称之后,“六月”就取得代表这首诗的资格。这首诗说,西周后期宣王时,猃狁(秦汉时期称为匈奴)东侵,先后打到镐(音hào,地名,不是周的镐京)、方,一直到泾水之南。宣王派大臣尹吉甫反击。六月间,尹吉甫率大军出发,车盛马壮,浩浩荡荡,一直把猃狁驱赶到太原(不是今天的太原)以北,大获全胜。这首诗主要是赞扬尹吉甫率领的保卫国家、平定叛乱的正义军队的,于是,人们就以这首诗的名称“六月”“借代为保卫国家、平定叛乱的正义军队”。这是以名称代内容的借代。从语义性质上看,是借代义位;从语法性质上看,是名物义位;从色彩上看,是赞扬义位。

义位(4)“比喻对人热情”,这个义位来源于义位(1)“一年之内的月序,指五月后的那一个月”。因为阴历的六月(相当于阳历的七八月间)是一年中最热的时间,所以就以“六月”的天气比喻人与人之间的热情。从语义性质上看,是比喻义位;从语法性质上看,是状态义位;从色彩上看,是感觉义位。

“六月”这个义库,共有四个义位,也就是说共有四个构成成分。

“六月”四个义位又各有自己的构成成分——义素,如下(L代表理性意义,Y代表语法意义,S代表色彩意义):

义位(1):〔L〕{〔一年〕〔内〕〔月序〕,〔五月〕〔后〕〔的〕〔一个〕〔月〕}+〔Y〕{〔时间〕〔词〕,〔古〕〔今〕〔通用〕}+〔S〕{〔中性〕}

义位(2):〔L〕{〔诗〕〔小雅〕〔篇名〕,〔特定〕〔义位〕}+〔Y〕{〔专有〕〔名词〕}+〔S〕{〔诗歌〕(诗经)}

义位(3):〔L〕{〔借代〕,〔保卫〕〔国家〕、〔平定〕〔叛乱〕〔的〕〔正义〕〔军队〕}+〔Y〕{〔名物〕〔词〕}+〔S〕{〔赞扬〕}

义位(4):〔L〕{〔比喻〕,〔对〕〔人〕〔热情〕}+〔Y〕{〔状态〕〔词〕}+〔S〕{〔感觉〕}

义位(1)有十三个义素成分,义位(2)有九个义素成分,义位(3)有十个义素成分,义位(4)有七个义素成分。词义的构成成分是词无法同日而语的。

现在该谈几点结论了:第一,词义与词是语言不同层面的元素。词义属语义学问题,词属语法学问题。第二,"词义"不是严格意义上的语义学单位,是借助语法学单位"词"来取名的。"词义"在与"词"相对的意义上,语义学上的单位应当是"义位"(或"义项")。第三,分析词的意义,应当用语义学的头脑而不应用语法学的头脑,因为语言各个层面有各个层面的研究范围与方法,不可混淆。第四,现代语言学加强了对"词"的研究,建立了"词汇学"分支学科,也建立了"词义学"分支学科,即使在"词"的范围内研究意义,也要用语义学的观念。否则,仍然容易把"词义"与"词"相混淆。

参考文献

①④葛本仪《汉语词汇研究》,山东教育出版社 1985 年版。

②宋长庚、赵玉秋《词汇》,华龄出版社 1994 年版。

③向熹《诗经词典·序》,四川人民出版社 1985 年版。

⑤王力《龙虫并雕斋文集》第一册,中华书局 1980 年版。

⑥伍铁平《语言与思维关系新探》,上海教育出版社 1990 年版。

(发表于《文史哲》2000 年第 2 期)

论词素义与合成词词义

一提到“词”，我们就会立刻想到单纯词、合成词即一个词素的词、两个或两个以上词素的词，也会立刻想到，古代汉语以单音单纯词为主，现代汉语以双音合成词为主，等等。但是，对于汉语史上汉语词汇由单音单纯词到双音乃至多音合成词的演变、演变因素、演变规律和演变中语法、语义的变化，当前似乎研究得还很不够。一提到“合成词”，我们就会立刻想到合成词下级单位是词素，有单纯词素、合成词素，等等。但是，对于汉语史上从单音单纯词到词素，从词素到组合成合成词，其中许多问题也似乎研究得很不够。这里，我们只能对有关问题，从语义角度提出些粗浅的看法。

词素义与合成词词义，主要有语法关系、语义关系两种情况。

一、词素义与合成词词义之间的语法关系

我们在给词素、合成词这一类概念下定义的时候，就已经考虑了它们的意义。因此，词素、合成词之间的语法关系也反映了词素义、合成词词义之间的语法关系。

在一个合成词中，有两种语法关系，一种是合成词的词素是以什么样的语法关系组合成词的，譬如“极目”，“极”的意思是

"竭尽","目"的意思是"目力","极"与"目"的语法关系是动宾关系。"琢磨","琢"的意思是"治玉","磨"的意思是"治石","琢"与"磨"的语法关系是并列关系。这种关系我们称之为结构关系。

另一种是合成词中的词素,每一个词素都有自己的语法特性,也就是词性。它的语法特性与合成词的语法特性是什么关系?譬如"动素+名素=?词"、"动素+动素=?词"。我们还以"极目"、"琢磨"为例,"极目"是"动素+名素=动词","琢磨"是"动素+动素=动词"。这种关系我们称之为词性关系。

(一)词素在合成词中的结构关系

1.古今词汇综合平面中的语法结构情况

蒋绍愚先生曾指出过词汇变化对语法的影响,认为汉语词汇从古到今有一种从"综合"到"分析"的趋势,这种趋势影响到语法的变化。例如古代汉语的"颔"如果译成现代汉语,就非译成"点头"不可。这是因为古代汉语的"颔"虽然是个动词,但只限于"头"的动作,或者说,是把"向下稍微动一动立刻恢复原位"这个动作和动作的主体"头"这两个意义综合在一起,用"颔"这个词不达意来表达的。而在现代汉语中,"点"(向下稍微动一动立刻恢复原位)这个动作是和"头"、"手指"等意义分开的。所以光说"点"不足以表达"颔"的意义,而必须说"点头"。这种词汇的变化,必然会影响到语法,使得类似的语义在古汉语和现代汉语中必须用不用("用"当为"同"。——引者)的句式来表达。① 蒋先生的观察很深刻,给我们很多启发。

① 蒋绍愚《古汉语词汇纲要》,北京大学出版社1989年版。

这里,主要讨论在词素形成合成词的过程中语法对词素之间关系的制约作用。

语法对词素关系的制约,同语法对句子中词的关系的制约,道理一样。但是,合成词晚于句子,①合成词中词素之间的关系,仿照了对句中词与词之间的关系。正因为这种仿照关系,使得合成词的语法结构就是句子的语法结构。也正因为这种仿照关系,使得词与词组的界限不易分清。②

合成词的语法结构,也就是词素在合成词中的语法关系。这种关系类型,我们以几个多义词素所组成的词汇词义系统为例(《汉语大词典》收词释义贯通古今,也比较准确,能看出词汇、词义、词素结构的发展变化。我还以《汉语大词典》为据,释义略有改动)。

"微"是个多义词素,常用意义、常用意义组词结构类型有:

(1)"隐藏,隐匿"的意思。

A、联合结构

(A)微没(隐没。唐人文)。

(B)微巧(隐秘巧妙。《韩非子·难四》)、微劣(暗劣,昏聩。[汉]赵晔《吴越春秋》)、微昧(隐蔽而模糊。[汉]张衡《归

① 王力先生说:"汉语至少有一万年以上的历史。"(《汉语史稿》,中华书局1980年版)有学者说,约距今180万年前的元谋人,脑髓量跟现代人差不多,就应当已经有语言(郭沫若主编《中国史稿》第一册)。但是复音词的出现却要晚得多。甲骨文中双音词大都是人名、地名、国名,普通词汇只有很少几个。据程湘清先生研究,《尚书》、《诗经》、《论语》、《韩非子》等反映先秦汉语的典籍中共有双音词615个,运用语法手段造词586个,汉代口语性比较强的《论衡》,总字数15553中双音词2136个(程湘清《先秦双音词研究》、《论衡复音词研究》,见程湘清主编《先秦汉语研究》、《两汉汉语研究》)。

② 因此,马真先生《先秦复音词初探》(《北京大学学报》1980年第5期)谈到定词标准,着重强调了意义,是很符合汉语实际的。

田赋》)、微茫(隐蔽而模糊。[晋]葛洪《抱朴子·祛惑》)。

B、偏正结构

微文(隐寓讽喻的文章。班固《典引》)、微旨(隐藏未露的意愿。《汉书·翟方进传》)、微言(暗中讽喻的言辞。《宋书·范晔传》)、微阵(隐蔽的兵力。《孙膑兵法·威王问》)、微情(隐藏的感情。《礼记·檀弓下》)、微词(暗中讽刺之词。宋人文)、微道(隐蔽的小路。《汉书·黥布传》)、微意(隐藏之心意。《后汉书·庞参传》)、微语(暗中讽喻之语。清人文)、微谋(秘密的谋划。《管子·君臣下》)、微论(暗中讽喻的言论。[汉]王充《论衡·对作》)、微濛(隐约而迷蒙。《乐府》诗)、微辞(暗中讽喻的言辞。《公羊传·定公元年》)。

C、状中结构

微扣(暗中询问。宋人文)、微行(隐藏身份出行。《史记·秦始皇本纪》)、微攻(暗中侵害。《管子·七臣七主》)、微伺(暗中伺察。《史记·吕太后本纪》)、微知(暗中探悉。《汉书·郭解传》)、微迹(暗中追踪。清人文)、微逆(暗中迎回。《左传·襄公十九年》)、微捕(暗暗伺察捕获。《史记·廉颇蔺相如列传》)、微杀(暗杀。《穀梁传·哀公四年》)、微感(于暗处感动。《史记·张仪列传》)、微察(暗中观察。《史记·魏公子列传》)、微随(暗中跟随。《史记·张仪列传》)、微谏(隐约委婉地进谏。《礼记·坊记》)、微讽(微言劝谏。《韩非子·内储说下》)、微辩(隐约委婉地讽喻。《礼记·儒行》)、微验(暗中侦察。《史记·黥布列传》)、微观(以言挑之,暗观其趣。《后汉书·李通传》)。

D、动宾结构

E、动补结构

F、主谓结构

(2)“精微,微妙”的意思。

A、联合结构

(A)精微、微妙(精深奥妙。《老子》)、微至(细微,精妙。《周礼·考工记》)、(B)微曲(微细,曲折。清人文)、微杳(微妙深远。宋人文)、微明(指微妙之理,显著之效。《老子》)、微要(精微要妙。[汉]《太平经》)、微眇(精微而要妙。《管子·水地》)、微约(深奥简约。《管子·宙合》)、微密(精微而奥密。《管子·霸言》)、微婉(精微而委婉。唐人文)、微远(精深而邃远。《南齐书·陆登传》)、微隐(精深而隐秘。《后汉书·李通传论》)、微鲜(精妙鲜明。曹植《七启》)、微难(精深难能。《韩非子·外储说左上》)。

B、偏正结构

微旨(精深奥妙的旨意。《说文解字·序》)、微言(精深微妙的言辞。《逸周书·大戒》)、微事(微妙之事。三国人文)、微理(微妙的道理。晋人文)、微策(精妙的策略。[汉]袁康《越绝书》)、微机(微妙的机缘。唐人文)、微暧(幽深。宋朝人文)、微蕴(精微的含义。宋司马光文)、微赜(指事理的精深微妙之处。元人文)、微权(微妙的权变,权谋。《黄石公三略·中略》)。

C、状中结构

微难(委婉地责难。晋人文)。

D、动宾结构

E、动补结构

F、主谓结构

微显(微妙被显现。南朝人文)。

(3)“小,细,少”的意思。

A、联合结构

(A)微微(微小。晋人文)、微薄(微小单薄。《诗·小雅·瓠叶》序)、微小(《荀子》)、微细(细小。贾谊《新书·六术》)、微少(清人文)、微末([汉]刘向《说苑·修文》)、微浅(细小,渺小。《史记·儒林列传序》)。

(B)微妙(精细巧妙。《孙子·用间》)、微忽(忽,小的计量单位。《大戴礼记·文王宫人》)、微妙(细小。《大戴礼记·礼察》)、微祥(细碎而详尽。[晋]陆机文)、微漠(淡薄而模糊。鲁迅文)、微渐(微小的而渐渐露出的。指事物的苗头。宋人文)、微挠(小而弱。《汉书·佞幸传赞》)、微纤(细小,微细。《吕氏春秋·本味》)。

B、偏正结构

微力(微小的能力。唐人诗)、微才(微小的才智。[三国·魏]曹植《求自试表》)、微功(微小的功劳。《后汉书·班超传》)、微生(细小的生命。唐人赋)、微邪(小恶。《管子·权修》)、微行(小路。《诗·豳风·七月》)、微兆(细小的征兆。《周易·系辞下》)、微志(晋人文)、微芳(三国人诗)、微材(明人文)、微步(曹植《洛神赋》)、微吟(小声吟咏。《汉书·中山靖王刘胜传》)、微利(宋人文)、微忱(微薄的心意。明人文)、微事(细小之事。《淮南子·人间训》)、微尚(微小的志趣。南朝宋人文)、微物(《韩非子·外储说左上》)、微和(轻微的暖气。晋人诗)、微法(指小罪。《后汉书·庞参传》)、微官(小官。晋人诗)、微玷(小的残缺。《辽史·仪卫志三》)、微型(现代)、微故(小的事故。清人文)、微风(小风。《荀子·解蔽》)、微音(轻靡之音。[晋]阮籍文)、微律(小渡口。晋人文)、微宦

（小官。唐人诗）、微奸（小奸。《韩非子·制分》）、微茎（细茎。晋人文）、微哦（微吟。元人诗）、微罟（细眼网。晋人文）、微眚（小的眼病。清人文）、微秩（短暂的生命。清人文）、微俸（《南齐书·明帝纪》）、微径（小路。《六韬》）、微脉（细小的水脉。《水经注》）、微衷（微小的诚意。唐人诗）、微诚（小的诚意。晋人文）、微疴（小病。三国人文）、微疾（小病。《南齐书·王慈传》）、微恙（小病。唐人文）、微涓（小的流水。明人文）、微阴（初生的，小的阴气。《后汉书·和帝纪》）、微累（小的牵累。唐人文）、微国（小国。《公羊传·隐公七年》）、微过（小的过失。汉人文）、微象（小的先兆。《汉书·楚元王刘交传》）、微疵（小毛病。宋朝人文）、微涡（浅小的酒窝。宋人诗）、微阳（初生的阳气。《逸周书·周月》）、微报（小的报酬。唐人文）、微禽（小的鸟类。晋人文）、微劳（小功劳。《三国志》）、微禄（微薄的俸禄。唐人诗）、微画（小的、无分量的策划。[汉]王粲诗）、微瑕（细小的瑕疵，小的过失。南朝人文）、微隙（细小的嫌隙。明人文）、微节（细小的节操。谦词。《后汉书·循吏传》）、微意（微薄的心意。谦词。三国人文）、微嫌（细小的嫌隙。明人文）、微绡（薄绡。晋人文）、微说（小的、不足道的言说。[晋]干宝《搜神记》）、微骨（小骨骼。《楚辞·大招》）、微纶（细小的钓丝。《淮南子·原道训》）、微趣（小志趣。谦称。《三国志》）、微宵（少的、稀薄的云气。晋人文）、微践（很轻的步子。宋书·谢瞻传）、微澌（细小的流水。唐人诗）、微机（微型电子计算机的简称。当代）、微雕（微型物体上雕刻的艺术。现代）、微声（微小的名声。唐人诗）、微声（细小的声音。鲁迅文）、微霜（小霜，薄霜。[汉]王褒诗）、微点（微小的颗粒。近人文）、微点（微小的过失。近人文）、微矰（挂有丝绳的小箭。《子虚赋》）、微阙（细小的过失。[汉]应劭文)、微缴(系在箭上的钢丝绳。借指箭。《战国策·楚策四》)、微谴(细小的罪过。《旧唐书·后妃传上》)、微澜(微小的波纹。晋人诗)、微观(与"宏观"相对。现代)。

C、状中结构

微达(细小的地方也能达到。《荀子·宥坐》)。

D、动补结构

E、主谓结构

(4)"衰弱,衰败"的意思。

A、联合结构

(A)微微(弱小。三国人文)、微弱(衰微而败弱。[汉]董仲舒《春秋繁露·王道》)。

(B)微析(衰败离散。宋人文)、微缺(衰败残缺。《史记·周本纪》)、微徐(细弱而缓慢。《灵枢经》)、微鄙(微弱卑远。[汉]赵晔《吴越春秋·勾践阴谋外传》)、微灭(衰微而灭亡。唐人文)、微谢(衰微凋谢。清人文)。

B、偏正结构

微月(指新月。晋人诗)、微芒(微弱的光芒。清人文)、微芹(指赠人的礼物。《列子·杨朱》)、微明(微弱的光亮。唐人诗)、微息(微弱的生命。息,呼吸。[宋]王安石文)、微学(指衰微的经学。[汉]刘歆《移让太学博士书》)。

C、动宾结构

D、动补结构

E、主谓结构

(5)"微贱,低下"的意思。

A、联合结构

(A)微贱(卑微,低贱。《管子》)、微微(微贱。《汉书·韦贤传》)、微薄(微贱。南朝人文)、微少(《史记·魏公子列传》)。

(B)微介([汉]崔骃《慰志赋》)、微陋(卑微而鄙陋。宋人文)、微素(微贱寒素。《水经注》)、微冥(微贱而愚暗。南朝人文)、微单(微贱。唐人文)、微蔑(卑微细小。[战国·楚]宋玉《小言赋》)。

B、偏正结构

微臣(《后汉书·文苑传·崔琦》)、微名(明人文)、微身([晋]潘岳《寡妇赋》)、微命(微贱的生命。《楚辞·天问》)、微服(贫贱人的衣服。《孟子·万章上》)、微妾(贱妾。《汉书·毋将隆传》)、微门(卑微之门第。《三国志》)、微胤(卑贱的子嗣。[汉]应劭《风俗通》)、微班(鄙微的官位。唐人诗)、微时(贫贱未显达的时候。《史记·吕太后本纪》)、微员(地位卑下的人员。清人文)、微躬(卑贱的身子。谦词。南朝人文)、微族(卑微的家族。《宋书·颜竣传》)、微琐(卑贱而委琐。《旧唐书·吐蕃传上》)、微种(卑微的种族。宋人文)、微尘(卑微不足说的东西。谦词。南朝人文)、微质(微贱的身体。谦称。唐人文)、微躯(卑微的身躯。谦词。曹植赋)、微孽(卑微的庶子。《后汉书·杜乔传》)。

C、动宾结构

D、动补结构

E、主谓结构

(6)"稍,略"的意思。

A、联合结构

B、偏正结构

微的（稍具视力，多用于婴儿。《韩诗外传》卷一）、微昏（稍微昏暗，傍晚。清人文）。

C、状中结构

微分（稍稍看清楚。司马光文）、微笑（略微的笑。［战国·楚］宋玉《登徒子好色赋》）、微睇（微微斜视。《楚辞·九章》）、微煦（指婴儿双目稍具视力。《孔子家语·本命》。又指气候稍转暖和。唐人文）、微哂（微笑。宋人小说）、微歌（轻轻地唱。［三国·魏］嵇康诗）、微闻（稍稍听到或闻到。《史记》）、微磬（指身体像磬一样向前倾。贾谊《新书·容经》）、微酡（稍醉。宋人诗）、微寒（微凉。三国人文）、微醺（稍有酒意。《宋史·邵雍传》）、微露（稍稍显露。唐人诗）。

D、动宾结构

E、动补结构

F、主谓结构

(7)“无，没有”的意思。

A、联合结构

B、偏正结构

微禹（如果没有禹。《左传·昭公元年》）、微管（如果没有管仲。《论语·宪问》）。

C、动宾结构

D、动补结构

E、主谓结构

(8)“非，不”的意思。

A、联合结构

B、偏正结构

C、状中结构

微特(不但。清人文)、微与(不应该这样。《礼记·檀弓下》)、微独(不独,不单单。《战国策·赵策四》)。

D、动宾结构

E、动补结构

F、主谓结构

本来,我们的举例是为着讨论词素之间的结构,各种结构的词例都应当有。但是,我们没有采取全面举例而采取了只在一个多义词素所组成的词中说明结构的办法。这是因为各种结构的词例大家都在其他著作中见过,是不言而喻的。我们这里只想说明词素之间结构的另一部分问题:

第一,"微"作为多义词素,在八个意义上所构成的词的数量差距是很大的。越是常用的意义构词能力越强,构词越多。

第二,在汉语词汇的联合、偏正等六大结构中,也不是平衡的。偏正结构,尤其是定中式偏正结构,构词能力最强,构词数量最多。其次是联合结构。

第三,联合式构词中,有一种有意思的现象,凡是构词能力强的词素义,都有一大批联合式合成词。特别是其中总有几个与词素同义的合成词。如在"隐藏,隐匿"意义上有"微没",在"精微,微妙"意义上有"精微"、"微妙"、"微至",在"小,细,少"意义上有"微微"、"微薄"、"微小"、"微细"、"微少"、"微末"、"微浅",在"衰弱,衰败"意义上有"微微"、"微弱",在"微贱,低下"意义上有"微贱"、"微微"、"微薄"、"微少"等。这正体现出在由单音向双音发展的过程中,首先出现了一批跟单音词同义,能取代单音词的双音词,并且在语义上有多种选择。

这里,我们虽然只举了一个多义词素的例子,既不是全面的统计,举例也少了一点,但我们相信它有一定的代表性。综观古今汉语双音合成词语法结构的类型，也大体是这个样子的。譬如上面说到过的“颔”，在表示“点头，表示允诺、赞成或领会”的意义上，据《汉语大词典》，从先秦到清代都有用例，近现代才不用了。但是，早在唐代就造出了“颔首”、“颔头”两个同义词来代替它，“颔首”一直用到现代。巴金《春》八：“剑云颔首应了一个‘好’字，便在他的位子上坐下。”也就是说，有不少单音词词义向合成词词义发展中，受语法的影响，首先创一批同义词，先是跟单音词并行，然后取而代之。在这同时，也借用句子的语法结构，创造了词汇的并列结构。词汇的其他结构，也是为着表达的需要，借用句子的语法结构利用已有的单音语言成分创造出新的合成成分，并相继创造出词汇的其他结构。

2. 词汇发展历史中的语法结构情况

据学术界的研究，以《尚书》、《诗经》、《论语》、《韩非子》等典籍为代表的上古汉语中，双音词计有 615 个，其中居首位的是并列结构，共 307 个，占 52.4%；其次是偏正结构，共 245 个，占 41.8%；动宾结构 28 个，占 4.8%；动补结构和主谓结构一共只有 6 个，占 1%。① 由上古汉语向中古汉语转变的较早的代表著作《论衡》，它的复音词共有 2199 个，其中语法造词 2136 个，占 97.14%；词法造词共 63 个，占 2.886%。语法造词中，联合结构 1404 个，占语法造词的 67.24%；偏正结构 517 个，占语法造

---

① 程湘清《先秦双音词研究》，载程湘清主编《先秦汉语研究》，山东教育出版社 1982 年版。马真先生统计了先秦八部代表性典籍，复音词数量是：《诗经》712 个，《左传》489 个，《公羊传》64 个，《穀梁传》65 个，《论语》159 个，《孟子》286 个，《楚辞》屈赋部分 551 个，《荀子》1039 个，总计划外 432 个（不包括人名、地名），除了重复，共有 2772 个。马真先生还说，如果先秦单音词估计为一万，那么复音词已经为单音词的百分之二十以上。见马真《先秦复音词初探》，北京大学学报 1980 年第 5 期；马真《先秦复音词初探》（续完），北京大学学报 1981 年第 1 期。

词的24.76%；动补结构101个，占语法造词的4.84%；动宾结构52个，占语法造词的2.49%；主谓结构14个，占语法造词的0.67%。[①] 敦煌变文中的双音节新词，并列结构的共有1178个，占新词总数的62.69%；偏正结构的共有348个，占新词总数的18.52%；动宾结构的共有111个，占新词总数的5.91%；动补结构的只有23个，占新词总数的1.22%；主谓结构只有12个，占新词总数的0.64%。[②]

看来，就语法造词的方式说，从先秦，到汉代，到唐五代，并列式一直位居第一，偏正式位居第二，其次是动宾式，再其次是动补式，最少的是主谓式。

在创造新词方面，并列式语法构造一直处于遥遥领先的地位，不是偶然的，应当是由单音词向双音节词发展的过程中，首先创造一批代替单音词的词，在本身的意义上或与本身意义相近的意义上，首先或者替代单音词词义，或者发展近似的词汇词义领域以丰富词汇词义。归根结底是随着社会的发展，人们认识的日益开阔和深入，语义表达的需要。

但是，最能产的还是偏正式构造。早在先秦秦汉汉语中，偏正式构词就已紧追于并列式构词之后，汉唐以后，偏正式造词成为汉语合成词的主流。这是因为，任何一个词素都可以它的语义特点去修饰与它有关系的另一个词素，任何一个词素都可以以它特有的意义去修饰一个与之相关的词素，造词灵活，语义丰富。如"春"可以以"农历的一、二、三月份"的意义修饰与之相

---

① 程湘清《〈论衡〉复音词研究》，载程湘清主编《两汉汉语研究》，山东教育出版社1984年版。

② 陈明娥博士的硕士论文《敦煌变文双音词历史考察》，未发表。

关的时间、时令,这有“春天”、“春季”、“春分”、“春节”等;可以修饰与之相关的风光,这有“春光”、“春色”、“春晖”、“春意”等;可以修饰与之相关的天候,这有“春风”、“春雨”、“春雷”、“春汛”等;可以修饰与之相关的大地和农业,这有“春地”、“春耕”、“春作”、“春肥”等;可以修饰与之相关的植物花卉,这有“春兰”、“春麦”、“春笋”、“春花”、“春梅”、“春华”等;可以修饰与之相关的活动,这有“春游”、“春运”、“春试”等;可以修饰与之相关的衣饰,这有“春装”等。也可以在这个意义上接受有关意义的修饰,这有“打春”、“立春”、“开春”、“初春”、“早春”、“晚春”、“孟春”、“仲春”、“季春”、“暮春”、“迎春”等。“春”还可以比喻“生机,向上的景象”,这有“青春”、“回春”等。还可以在“男女情欲”意义上,修饰处所则有“春宫”,修饰意念则有“春心”、“春意”;女子有了这方面的意思则说成“怀春”,男子方面则有“买春”等。总之,汉语的合成词绝大多数是由汉语句子的语法构造形成的。

(二)词素与合成词的词性关系

从词素与合成词词性关系来观察,合成词中词素之间的关系有三种情况,一是并列关系,二是主从关系,三是主题关系。并列关系是说两个词素,语义地位平等,词性相同。这种情况下,词素的词性一般要影响到合成词的词性。任一词素的词性就是合成词的词性。主从关系是说两个词素一主一从,为主的词素的词性影响到合成词的词性,为主的词素的词性一般就是合成词的词性。为主的词素,我们称之为中心词素。主题关系分两类,说明语言为动词性词素成分的,主题词素是中心性词素,往往随主题词素而形成名词合成词。说明语言为形容性词素的,形容性词素是中心词素,形成形容性合成词。词素的词性为什么会影响到合成词的词性?因为,词素本来也是词,当它由词改变身份成为词素的时候,把它作为词的时候的语法性质也一起带了进来。为了称谓的方便,我们把名词性词素称为名素,其他相应的称为动素、形素等。还要注意,这里我们所说的词素的词性与合成词的词性的一致性,是在合成词的本义意义上来说的。引申义使词性发生的改变,跟词素的词性没关系。

1. 并列关系,词素的词性一般就是合成词的词性

(1)名素并列,产生名词。如:

社+稷——社稷　　朋+友——朋友

姐+妹——姐妹　　裙+钗——裙钗

面+目——面目　　语+言——语言

天+地——天地　　情+谊——情谊

江+河——江河　　园+林——园林

道+路——道路　　山+水——山水

桥+梁——桥梁　　诗+书——诗书

馆+舍——馆舍　　花+草——花草

城+府——城府

(2)动素并列,产生动词。如:

继+承——继承　　饮+食——饮食

沐+浴——沐浴　　睡+眠——睡眠

开+发——开发　　按+摩——按摩

消+化——消化　　旅+游——旅游

勉+励——勉励　　写+作——写作

讨+论——讨论　　赞+扬——赞扬

送+别——送别　　惦+念——惦念

斟+酌——斟酌

(3)形素并列,产生形容词。如:

美+妙——美妙　　奥+秘——奥秘

热+烈——热烈　　美+丽——美丽

灿+烂——灿烂　　昭+华——昭华

光+明——光明　　永+恒——永恒

(4)副词素、介词素、连词素并列,产生合成副词、介词、连词。如:

即+将——即将(副)　　设+若——设若(连)

自+从——自从(介)

(5)例外情况

词素的词性影响到合成词的词性,是就合成词的本义来说的,例外情况往往是指代义、比喻义或引申义。马真先生曾经指出,在先秦复音词中,"联合式复合词在词性上一般与其构成成分相同,但也有少数不相一致的"①。马先生的结论虽然是针对先秦联合式复合词来说的,但也符合汉语史上的整个联合式复合词的情况。我们所说的"例外",一般就是马先生所指出的"少数不相一致的"情况。如"开关",在"关"指宫门、城门、关隘等通道的口的意义上,"开关"指打开关口,是另一个词。"开关"的本义应当是"开启和关闭"。《儿女英雄传》第三五回:"紧接着便听得外间的门风吹开关乱响。"引申指电器等接通或截断电源的设备,由动词变成了名词。我们不能在名词意义上说"开关"是动词素组合出了名词合成词。再如"出入",本义指进出,是动词,《诗·小雅·北山》:"或出入风议,或靡事不为。"

① 马真《先秦复音词初探》,北京大学学报1980年第5期。

引申为内容、数量等不一样,还是动词,苏轼《历代论四·梁武帝》:"东汉以来佛法始入中国,其道与《老子》相出入。"再引申指不一样的内容、数量等,就变成了名词。宋代叶梦得《避暑录话》卷上:"《进学解》即《答客难》也,《送穷文》即《逐贫赋》也,小有出入,便成一家。"这里的"出入"指不同的形式和内容,又做了动词"有"的宾语,从意义到在句子中的语法地位都发生了变化。所以说,决定合成词词性的还有这个合成词在句子中所处的语法地位,正是它在句子中的语法地位,才改变了词素赋予它的原始词性。一些讲词汇的书,说"开关"、"出入"是由动词词素组合出了名词出来,实在是截断词汇词义发展演变的历史,只站在现代的立场发生的误解。指代义、比喻义的例子这里就不举了。王力先生指出:"以前往往不是抓住现代汉语的某一现象向古代一直追上去,也不是抓住古代汉语的某一现象一直追下来,而是满足于某一时代(特别是上古)的某一语言现象的考证……如果再不知道注意汉语历史的发展,那就显示出我们不能用科学态度来看待问题了。"①孙常叙先生在为武占坤、王勤先生《现代汉语词汇概要》写的《序言》中也说:"词汇中的许多问题,必须放在语史洪流里,才能从它的发生发展中观察得更客观更仔细。许多规律性的东西也往往就生活在这里。"②哪怕是一个词,如果截断了它的历史,单从某一个断面来下结论,也往往说不准确,出问题。

2. 主从关系,中心词素的词性一般就是合成词的词性

(1)定中式、状中式偏正结构以中心词为中心性词素,中心

① 王力《汉语史稿》,中华书局1980年版。

② 武占坤、王勤《现代汉语词汇概要》,内蒙古人民出版社1983年版。

性词素的词性一般就是合成词的词性。如：

经＋学——经学　　秀＋才——秀才

学＋市——学市　　宗＋庙——宗庙

凉＋席——凉席　　枕＋木——枕木

佛＋寺——佛寺　　奇＋观——奇观

近＋视——近视

以上都是定中式偏正关系。中心词素“学”的意思是学科，“才”的意思是才干。“市”、“席”、“庙”、“席”、“木”、“寺”名词性质明确。“观”的意思是景象、景观，“视”的意思是视力。中心词素都是名素，所以所构成的词也都是名词。

垂＋直——垂直　　狂＋欢——狂欢

狂＋热——狂热　　大＋红——大红

雅＋观——雅观　　壮＋观——壮观

以上是形容词为中心词素的偏正关系。“直”、“热”、“红”、“观”都是形容词性词素。“观”是“……的样子”，也具有形容性。

直＋奔——直奔　　热＋补——热补

直＋接——直接　　间＋接——间接

暗＋访——暗访　　暗＋示——暗示

微＋知——微知　　微＋行——微行

以上是动词性词素为中心词素的偏正关系。“奔”、“补”、“接”、“访”、“示”、“知”、“行”都是动词。

(2)动宾式、动补式结构以动词为中心性词素。如：

寄＋情——寄情　　致＋意——致意

显＋眼——显眼　　种＋田——种田

视＋学——视学　　起＋草——起草

赶+脚——赶脚　　　　配+色——配色

以上"寄"、"致"、"显"、"种"、"视"、"起"、"赶"、"配"都是动词词素,后面都是它们的宾语。动词词素为中心词素,所形成的词也都是动词。

起+来——起来　　　　赶+上——赶上

说+明——说明　　　　洗+清——洗清

放+大——放大　　　　放+松——放松

放+宽——放宽

以上"起"、"赶"、"说"、"洗"、"放"都是动词性中心词素,后面是它们的补语成分,所形成的词都是动词。

(3)叙述式结构以动词为中心性词素。如:

春+分——春分　　　　地+震——地震

海+啸——海啸　　　　日+食——日食

月+食——月食　　　　花+生——花生

怀+抱——怀抱　　　　心+得——心得

心+悸——心悸　　　　目+击——目击

以上"分"、"震"、"啸"、"食"、"生"、"抱"、"得"、"悸"、"击"是动词性词素,"春"、"地"、"海"、"日"、"心"是名词性中心词素,所形成的合成词为名词。

心+宽——心宽　　　　心+大——心大

心+疼——心疼　　　　齿+寒——齿寒

眼+红——眼红

以上"宽"、"大"、"疼"、"寒"、"红"是形容性中心词素,"心"、"齿"、"眼"是名词性词素,所形成的词为形容词。

(4)例外情况

这里例外的情况,跟并列关系例外的情况大致相同,这里就不详细讨论了。

二、词素义与合成词词义之间的语义关系

(一)词素义之间语义关系的研究方法

研究词素义之间的语义关系,必须限制在同一个词素的同一个语素义的范围内,这样的研究才有价值。如“落”,在现代常用词中,常用的组词词素义有:

(1)坠落,掉下。

(2)停留,住下。

(3)停留在后面。

(4)聚居的地方。

(5)下降。

(6)使下降。

(7)衰败,败落。

“落花”的意思是“从花树上掉下的花”,“落”用的是第一个词素义的变体;“落草”的意思是“留住在山林草木之间”,“落”用的是第二个词素义。我们不能拿“落花”与“落草”比较,说“落花”的“花”是被修饰的对象,“落”是“花”的动作行为,两个词素义之间是动作行为与被修饰对象的关系;“落草”的“落”是动作行为,“草”指代“山林草木”,是处所,两个词素义之间是动作行为与处所的关系。于是得出结论说,词素义之间的关系是非常复杂的。因为,这里所比较的只是同一个词素的词素义的不同,而不是词素义之间的关系,而仅仅是对两个合成词各自的词素义之间的语义关系的分析。虽然都很正确,但不是同一个词素的同一个意义的语义关系。

许多词的同一个词素的同一个意义之间的关系,才能真正反映词素义之间的关系。如"落花"与"落水",其中的"落"都是第一个意义即"坠落,掉下",但两个词中的词素义之间的语义关系不同。"落花"我们已经分析了,"落水"的意思是"人或物体掉到水中"。"落"是动作行为,"水"是动作行为结果所致的处所,两个词素义之间的关系是动作行为与动作行为结果的处所之间的关系。这种语义关系才能反映出词素义之间关系的规律,才能反映语义关系与结构关系的差异,才有研究价值。

(二)词素义之间的语义关系

词素义之间的语义关系,目前研究得还比较薄弱。从主体上看,词素义之间的语义关系是客观事物之间的关系在人们头脑中的反映,属于逻辑关系范畴。但其中也有客观事物关系间的现实关系、造词过程中的语用关系等。前者如"落花"就概括描写了"从花树上坠落的花"的现实现象,后者如词的本义就是指代义、比喻义等。下面,我们以词素"落"的各个词素义所组成的合成词词义为例,来说明词素义之间的关系。

1."坠落,掉下"义所组成的合成词词素义之间的关系

(1)落+~

A类:

落铃:棉桃(失去牵制力,从棉棵)落下。动作行为与对象关系。

落泪:泪(失去控制的力,从眼中)掉下。动作行为与对象关系。

落雪、落雨:雪、雨(失去漂浮的力,从空中)掉下。动作行

为与对象关系。

B类：

落体：（受重力作用，从高处）掉下来的物体。动作行为与被修饰者关系。

落果、落叶：（受外力作用，从树上）落下的果子或叶子。动作行为与被修饰者关系。

C类：

落水、落地：（物体）掉到水中或地上。动作行为与动作行为所致的处所的关系。

落网：（犯罪分子）掉到法网中。动作行为与动作行为所致的处所的关系。

D类：

落马：（人）从马上掉下。动作行为与动作行为所从出的处所的关系。

落榜：（考生的名字）从公布考中的人名单上掉下。动作行为与动作行为所从出的处所的关系。

落标：（竞标的人或单位）从招标中掉下。动作行为与动作行为所从出的处所的关系。

落第：（考生）从分科考试，每科按成绩排列的等第中掉下。动作行为与动作行为所从出的处所的关系。

（2）+ ~落

A类：

坠落：落下，掉下。坠，从高处掉下。《说文·阜部》："队，从高队也。"段玉裁注："队、坠正俗字。古书多作队，今则坠行而队废也。"落，树木落叶。《说文·艸部》："落，凡草曰零，木曰落。"近义并列互补关系。

零落:落下,掉下。零,从低处掉下。《说文·艸部》:“凡草曰零,木曰落。”近义并列互补关系。

陨落:落下,掉下。陨,从高处掉下。《尔雅》:“陨,坠也。”又特指星体从高空落下。近义并列互补关系。

剥落:落下,掉下。剥,剥落,指果、枝、叶或皮离开母体而落下。落,树木落叶。《汉书·五行志》:“李梅当剥落,今反华实。”意谓李、梅应当相承落果落叶了,如今反而开花结果。近义并列互补关系。

脱落:落下,掉下。脱,本义指掉肉。《说文·肉部》:“脱,消肉臞也。段玉裁注:‘消肉之臞,臞之甚者也。今俗语谓瘦太甚曰脱形,言其形象如解蜕也。’”引申为脱离,脱落。落,树木落叶。近义并列互补关系。

飘落:落下,掉下。飘,本义为旋风,暴风。《尔雅·释天》:“迴风为飘。”郭璞注:“旋风也。”引申为吹落。白居易《落花》诗:“桃飘火焰焰,梨堕雪漠漠。”近义并列互补关系。

洒落:落下,掉下。洒,本义为把水均匀地撒在地面上。引申为散落,洒落。落,树木落叶。近义并列互补关系。

散落:落下,掉下。散,本义为散肉,杂肉。引申为散落,凋谢。唐李贺《牡丹种曲》:“美人醉语园中烟,晚花已散蝶又阑。”落,树木落叶。近义并列互补关系。

2.“停留,住下”义所组成的合成词词素义之间的关系

(1)落+~

A类:

落脚:留住脚步。指代留住脚步的地方。动作行为与支配对象的关系。

落户:落住门户。指代“(在他乡)安住家庭”。落,停留,住

下。这里指“落住,安住”。户,门户。这里指“家庭”。动作行为与动作行为支配对象的关系。

B类:

落音:停住声音。落,这里指“停住”。音,声音。这里指“说话、唱歌的声音”。动作行为与动作行为支配的对象关系。

C类:

落草:停留在山林草木之间。草,指代“山林草木”。动作行为与动作行为所在的处所关系。

落荒:流落到荒野。落,停留,住下。这里指“流落到”。荒,荒野。动作行为与动作行为所在的处所关系。

落座:停留在座位上。动作行为与动作行为所在的处所关系。

(2)~+落

A类:

着落:附着,停留。指代可供依靠的东西。附,附着。落,停留。近义并列互补关系。

下落:住宿停留的地方。下,下住,住宿。落,停留。近义并列互补关系。

B类:

散落:分散地停着。散,分散。落,停留,住下。这里指“停着”。如:“草原上散落着数不清的牛羊。”方式与动作行为关系。

坐落:像人坐着一样停止在某处。坐,坐着。落,停止。方式与动作行为关系。

流落:流动地停留。指漂泊于外地。流,流动地。落,停留。方式与动作行为关系。

3.“停留在后面”义所组成的合成词词素义之间的关系

A类：

落后：停留在后面。指不先进。落，停留在后面。后，后面。动作行为结果与处所关系。

B类：

落伍：停留在队伍的后面。指掉队。落，停留在后面。伍，队伍。动作行为结果与处所关系。

落选：停留在参选人的后面。指落选。落，停留在后面。选，这里指“参选人”。动作行为结果与处所关系。

落市：停留在市场的后面。指歇市。落，停留在后面。市，市场。动作行为结果与处所关系。

4.“聚居的地方”义所组成的合成词词素义之间的关系

(1)落+~

(无词例)

(2)+~落

A类：

聚落：村子。聚，村子。《说文》：“聚，邑落云聚。”段玉裁注：“邑落，谓邑中村落。”《史记·五帝本纪》：“一年而所居成聚，二年成邑，三年成都。”落，聚居的地方。近义并列互补关系。

村落：村子。村，村子。《集韵·魂韵》：“村，聚也。”落，聚居的地方。近义并列互补关系。

屯落：村子。屯，村庄。落，聚居的地方。近义并列互补关系。

B类：

院落：院子式的人群聚居的地方。简称曰院子。院，房屋围墙内的空地。落，聚居的地方。修饰与被修饰关系。

C类:

部落:部族聚居的地方。部,指部族。落,聚居的地方。顺承关系。

群落:(与一定生活条件相适应的动物、植物)种群聚居的地方。顺承关系。

菌落:(在固体培养基上生长繁殖后形成的肉眼可见的菌体或孢子微生物)群落。顺承关系。

5."下降"义所组成的合成词词素义之间的关系

(1)落+~

A类:

落日:下降的太阳。指代夕阳。落,下降。日,太阳。修饰性动作行为与被修饰对象关系。

落照:降落的太阳的光辉。落,降落。光,光辉。这里指"太阳的光辉"。修饰性动作行为与被修饰对象关系。

落雷:下降得很低的雷。指霹雳。落,下降。雷,雷电。修饰性动作行为与被修饰对象关系。

落差:下降的差数。指河床高度产生的水位的差数。落,下降。这里指"下降的"。差,差数。

B类:

落潮:退潮。落,下降。这里指"退"。潮,潮水。动作行为与对象关系。

落膘:退膘。指(牛马等)变瘦。落,下降。这里指"退"。膘,(牲畜的)肥肉。动作行为与对象关系。

落价:降价。落,下降。价,价格。动作行为与对象关系。

C类:

落槽:下降到河槽。指河流水位降低,归入到河槽。落,下降。槽，河槽，河道。动作行为与动作行为所致的处所关系。

(2) ~ +落

A 类：

下落：下降。下，下降。落，下降。同义并列互补关系。

B 类：

低落：下降。低，在一般水平之下的。落，下降。近义并列互补关系。

跌落：下降。跌，向下降。落，下降。近义并列互补关系。

C 类：

起落：升起和降落。起，升起。落，下降。相反并列关系。

涨落：上涨和降落。涨，上涨。落，下降。相反并列关系。

E 类：

回落：(水位、物价上涨后)回头下降。回，回头。落，下降。动作行为顺承关系。

F 类：

日落：天天下降。日，天天，每一天。这里用做疏状性时间名词，做状语。落，下降。时间性修饰与被修饰动作行为关系。

6. "使下降"义所组成的合成词词素义之间的关系

(1)落 + ~

A 类：

落幕：使帷幕下降。落，使下降。幕，帷幕。使动行为与对象关系。

落谷：使谷种下降(到土中)。落，使下降。谷，指谷种。使动行为与对象关系。

落发：使头发下落(于头)。指剃发(为僧尼)。落，使下降。这里指"使……下落"。发，指头发。使动行为与对象关系。

(2) + ~落

A 类：

降落：使(飞机)下降(到跑道上)。降，使下降。落，使下落。近义并列互补关系。

B 类：

击落：射击使下落。动作顺承关系。

7.“衰败，败落”义所组成的合成词词素义之间的关系。

(1)落 + ~

(无词例)

(2) ~ +落

A 类：

衰落：衰败，败落。衰，衰败。落，败落。同义并列互补关系。

败落：衰败，败落。败，衰败。落，败落。同义并列互补关系。

B 类：

没落：沉没，败落。没，沉没。落，败落。近义并列互补关系。

破落：破败，衰落。破，破败。落，衰落。近义并列互补关系。

沦落：沦陷，败落。沦，陷入，向不幸方面转化。落，败落。近义并列互补关系。

C 类：

中落：中途败落。中，中途。落，败落。时间修饰与动作行为关系。

（三）几点理论性认识

1. 词素义的语义关系是有限的

从原则上讲，词是开放性的，词素在语法结构支持下，可以无限制地加以组合；在语义关系的支持下，可以无限地创造出符合汉民族语义习惯的新词来。但是，语义关系是有限的，如古今语言中有大量的同义近义联合结构的词，而它们的语义关系都没有超出“同义或近义并列互补”关系的原则，一条“同义或近义并列互补关系”就足以概括。

2. 词素间的语义关系是人们思维的成果

词素之间语义关系的本质，是造词之初，人们对客观事物之间现实关系的认识和概括，是人们对客观现实现象关系的认识概括在语义关系中的凝固。如“落果”、“落铃”、“落水”、“落马”，都是动作行为加上一个客观事物，但在人们的意念中，它们的语义关系并不相同。“落果”是动作行为与被修饰者的关系，指“落下来的果子”。“落铃”是动作行为与对象即被支配者的关系，指“棉铃落下”（指“棉铃落下”为什么不说成“铃落”，造出“铃落”的词来？因为“铃”并不是动作行为的主动者、施动者，而是被动者，是自然的力量使它“落”的。如果客观事物是主动者、施动者，也就是动作行为的发出者，那就会像“人治”、“人造”一样造出“果落”来。这是一般情况。其实，关于主语、宾语的受动或施动还要复杂得多。如“日食”，“日”虽在主语位置，但不是动作行为的施动者。“飞鸟”，“鸟”虽然在宾语的位置，却是动作行为的施动者）。“落水”是动作行为与动作行为所致的处所关系，指“（物体）落到水中”。“落马”是动作行为与动作行为所从出的处所关系，指“从马上掉下”。“落”跟

“果”、“铃”、“水”、“马”关系各不相同，各有各的现实现象关系的基础。然而，词素义之间的语义关系却是人们思维的成果。

3. 词素之间的关系意义是词汇理性意义的组成部分

词素之间的关系意义是词的理性意义的内容，即为关系意义制约了理性意义，如“坠落”、“零落”、“陨落”、“剥落”、“脱落”、“飘落”、“洒落”、“散落”等，虽然就可以简单地以“落下，掉下”来释义，但是，“飞机坠落”只能用“坠落”而不能用其他几个词，“巨星陨落”只能用“陨落”而不能用其他几个词。为什么？因为它们的词义并不完全相同，因为它们的词素义关系是“近义并列互补关系”，“互补”关系意义制约各个词素义都要发挥作用。“坠”往往用于飞机，“陨”往往用于星体。还有的关系意义直接就是理性意义的内容，如：

落叶，落下的叶子。

落雷，下降得很低的雷。

落地，(物体)掉到地上。

落网，(犯罪分子)掉到法网中。

落马，(人)从马上掉下。

其中的“的”、“得……的”、“到……上”、“到……中”、“从……上”都是词素义的关系意义。它们在“落叶”、“落雷”、“落地”、“落网”、“落马”的词义中都是不可缺少的意义内容。因此，词素义加词素的语义关系义，往往就是一个词的词义。

4. 词素义在组成词义时有羡余

如“落后”，“落”的词素义已经是“停留在后面”，又加上词素“后”表达相近的词素义，而“落后”词素之间的结构关系又不是并列而是述补。

5. 词素之间的语义关系与结构关系有一定的对应性

如“落后”指“停留在后面”,“落伍”指“停留在队伍后面”,语义结构不同,语法结构也不同,是不同的类。文中我们以 A 类、B 类等表示的,大都属这种情况。

6. 词素的语法结构关系是表层关系,语义关系是深层关系

如“落潮”、“落膘”、“落价”跟“落槽”,“落”的词素义都是“下降”,从词素的语法结构关系看,都是动宾关系,从词素的语义看却很不相同。“落潮”、“落膘”、“落价”是动作行为与动作行为支配的对象关系,“落槽”是动作行为与动作行为所致的处所关系。

[发表于《语言文字学论坛》(第一辑)——中国语言文字学 2002 年高级论坛(长春)论文集,中国社会科学出版社 2002 年版]

“毛”是“草木”还是“苗”？

“不毛之地”的“毛”，在初中语文课本中出现两次，注释各不相同。第四册《向沙漠进军》：“新疆建设兵团在天山南北建立国营农场，开沟挖渠，种麦种棉植树，那里原是不毛之地，现在一片葱茏，俨然成为绿洲。”课文下对“不毛之地”的注释是：“不长草木的地方。毛，指草木。”第六册《出师表》：“故五月渡泸，深入不毛。今南方已定，兵甲已足，当奖率三军，北定中原……”课文下对“不毛”的注释是：“不长庄稼（的地方）。意思是荒凉的地方。毛，苗。”“不毛”当是“不毛之地”的省略。同是“不毛之地”之“毛”，一处注为“草木”，一处注为“苗”。那么，“毛”到底是指“草木”，还是指“苗”？

这里牵扯到一个释义原则问题。

先看“毛”到底该是什么意义。《左传·隐公三年》“涧溪沼沚之毛”，杜预注：“毛，草也。”《公羊传·宣公十二年》“锡之不毛之地”，何休注：“垸埆（qiāoquè，土地坚硬贫瘠）不生五谷为不毛。”毛指“五谷”，即各种庄稼。《周礼·地官·载师》“凡宅不毛者有里布”，郑众注：“宅不毛者，谓不树桑麻也。”毛又指“桑麻”，即桑树和大麻。草谓之毛，木谓之毛，庄稼谓之毛，桑麻也谓之毛。所以《穀梁传·定公元年》“毛泽未尽”，范宁注引范邵曰：“凡地之所生谓之毛。”“凡地之所生”，就是地面生长的各种植物。“草”、“木”、“庄稼”、“桑麻”都是上下文中的具体意义，而“地面所生长的各种植物”则是概括意义,亦即理性意义。如用当代语义学的观念表达,理性意义叫做义位,上下文中的具体意义则叫做义位变体。

“毛”的“地面所生长的各种植物”意义,或者“草”、“木”、“庄稼”、“桑麻”等意义,是怎样来的呢?共有三种说法:第一种,认为是“茻”的转语,清代学者王念孙持此观点。他在《广雅·释草》“毛,草也”条疏证说,“茻”的意思是“众草”,经典通用“莽”,莽之言莽莽也。草多谓之莽,因而木多亦谓之莽,举《周易·同人》郑玄注“莽,丛木也”、《淮南子·时则训》“山云草莽”高诱注“山中气出云似草木”为例,认为“则莽又为草木众盛之通称”,“莽之转声为毛”。王念孙的说法比较牵强,因为“草多”、“木多”或者“草木众盛”与“地面所生长的各种植物”或者“草”、“木”、“庄稼”、“桑麻”等不是相同或相因相成的概念,意义上缺乏联系性,以理不得构成转语关系。这种说法是不可信的。第二种,认为是“毛”假借为“芼”或“苗”。马天祥等《古汉语通假字字典》第444页以“毛”为字头,借为“芼”,有两个意义:“(一)可供食用的水草”,举《左传·隐公三年》例。“(二)泛指草木五谷”,举《公羊传·宣公十二年》、诸葛亮《出师表》例。这是不恰当的,因为“芼”本身并没有上述二义。《说文·艸部》:“芼,艸覆蔓。从艸,毛声。”是草铺地蔓延的意思。“毛”假借为“苗”,充其量仅能说明“庄稼”义的来源,“草”、“木”、“桑麻”义则无法坐实,“地面所生长的各种植物”义更没有着落。第三种,认为是由本义“眉发之属及兽毛也”(见《说文》“毛”字)引申而来,清代著名说文家徐灏持这种看法,他在《说文解字注笺》中说:“人、兽曰毛,鸟曰羽,浑言通曰毛。引申之,草木亦谓之毛。”毛,本义是“人体和动植物表皮上所生的丝状物及鸟的羽毛”，因“地面上所生长的各种植物”像“人体和动植物表皮上所生的丝状物及鸟的羽毛”，所以例可引申。至于“草”、“木”、“庄稼”、“桑麻”，只是“地面上所生长的各种植物”的具体化。因此，徐灏的说法符合词义发展规律，是正确的。

现在，再来看初中语文课本中“毛”字的注释。就课本上下文内容看，《向沙漠进军》中，原来的“不毛之地”是与现在的“种麦种棉植树”、“一片葱茏”、“成为绿洲”相对的，“毛”除指“草木”外，似还当有“庄稼”。当然，用“草木”做代表，也无不可。《出师表》中，先说“渡泸”，泸即现在的金沙江，渡过金沙江就是西藏高原，注者考虑到汉魏时代的西藏高原人烟稀少，大约那时那里仅有草木而少庄稼，所以注为“不长庄稼（的地方）。毛，苗”，也应当不错。但是，作为教材的注解，尤其是为缺乏词义系统知识的初学者做的注解，就不能说是完善的了。因为这样注解容易使读者产生割离的理解，造成迷茫。

我们还是赞成首先注释理性意义（即义位），再用“指”或“这里指”注释具体意义（即义位变体）的办法。像上面两处的“毛”可分别注释为：“毛，地面上所生长的各种植物。这里指草木。”“毛，地面上所生长的各种植物。这里指庄稼。”这样注释，符合理性意义与上下文中具体意义之间的关系，符合词义的规律，因而便于读者综合地理解词义，掌握词义的规律，也便于读者把课文中注释的词义与现代字典、词典中的意义相对照，充分利用工具书确定词义。

（与杨贺合作，发表于《语文建设》1995 年第 2 期）

中国尚黄文化及“黄”词族的历史考察

汉民族的祖先，居住、采集、耕种的土地是黄的，洪水期饮的河水是黄的，到了晚期智人阶段，自己的皮肤也是黄的。应该说，我们的祖先，在和森林对比中，在和禾苗对比中，在和蓝天白云对比中，很早就认识了黄色。

早在五六千年以前，母系氏族的晚期，黄河流域活动着一位大政治家、大发明家，他曾经征服了黄河流域诸多氏族，组成氏族联盟，做了氏族联盟的领袖。人们尊重他，纪念他，称他为“黄帝”。“帝”是“王天下之号”(见《说文》)，“黄帝”就是黄土地上的王天下者。人们把“黄”送给了五帝之首的氏族联盟领袖，自此，“黄”便成为华夏氏族的民族色、国色。

一、“黄”代表吉祥、尊贵

《周易》的作者大约已从传说中接受了黄帝以来尚黄的观念。《周易》经文中，凡出现“黄”的事物为喻，其占断便绝对是大吉大利，黄色成为吉祥、尊贵的代表。如《离》六二：“黄离，元吉。”高亨注传义说：“离，附丽也。黄离，黄色附丽于物也。色不能独存，必附丽于物。如黄金是黄色附丽于金，黄裳是黄色附丽于裳等是。《易传》认为黄是美丽之色，可比人之美德。黄离比人有美德附丽于其身，故大吉。”

此后,“黄”几乎成为吉祥之兆的代名词。凡与祥瑞之兆有关者,常冠以“黄”字,如“黄星”出现为祥瑞,晋代王嘉《拾遗记·轩辕黄帝》说黄帝“以戊巳之日生,故以土德称王也。时有黄星之祥”。这也是以为尚黄自黄帝始的传说。以“黄气”、“黄云”、“黄瑞”、“黄旗”、“黄旗紫盖”、“黄龙”为天子之气。《宋书·符瑞志上》说:“帝尧之母曰庆都,生于斗维之野,常有黄云覆护其上。”谢朓《始出尚书省》诗:“青精翼紫驮,黄旗映朱邸。”李周翰注:“青精,星也。黄旗,瑞云也。皆王者将兴之符应也。紫驮,天子车也。朱邸,明帝所居。谓青精辅车,黄旗映于帝宅,此谓明帝将即位之时瑞也。”又《宋书·符瑞志上》载汉代术士尝言:“黄旗紫盖,见于斗牛之间,江东有天子气。”

二、“黄”代表封建王朝

这是战国末期阴阳家邹衍“五德终始”说创立的论点,一直延续到后世。邹衍的学说,现保存在《吕氏春秋·应同篇》中。《应同篇》说:“凡帝王之将兴也,天必先见祥乎下民。黄帝之时,天先见大螾大蝼。黄帝曰:‘土气胜。’土气胜,故其色尚黄,其事则土。及禹之时,天先见草木秋冬不杀。禹曰:‘木气胜。’木气胜,故其色尚青,其事则木。及汤之时,天先见金刃生于水,汤曰:‘金气胜。’金气胜,故其色尚白,其事则金。及文王之时,天先见火赤乌衔丹书集于周社。文王曰:‘火气胜。’火气胜,故其色尚赤,其事则火。代火者必将水,天且先见水气胜。水气胜,故其色尚黑,其事则水。”邹衍由黄帝之所以称“黄帝”是由于得土德,色尚黄始,把五行即土、木、金、火、水与朝代即黄帝时代、夏、商、周等联系了起来,并推衍出周而复始的循环程序。所以后来秦始皇统一天下，建立秦王朝，称得水德；《史记·封禅书》载鲁人公孙臣上书称汉得土德："始秦得水德，今汉受之，推终始传，则汉当土德，土德之应黄龙见，宜改正朔，易服色，色尚黄。"由此，"五德生王者"，"黄"便与封建王朝建立了对应联系，代表了轮流坐庄的一个王朝。

三、"黄"代表王权、皇权

早在西周初年武王伐纣就用涂金的"黄钺"做兵器，兼做仪仗。《尚书·牧誓》有"王左仗黄钺，右秉白旄以麾"。汉代刘向《说苑·辨物》说黄帝曾"备黄冕，带黄绅，斋于中宫"，这是认为帝王服饰以黄色始自黄帝的传说。帝王的车子用黄色，有"黄屋"、"黄屋车"、"黄屋盖"，《史记·秦始皇本纪》说："子婴度次得嗣，冠玉冠，佩华绂，车黄屋。"又《项羽本纪》有："纪信乘黄屋车，傅左纛。"又《淮南衡山列传》说："淮南王长废先帝法，不听天子诏，居处无度，为黄屋盖乘舆，出入拟于天子。"看来，秦汉帝王的车子都与黄有关。车子上起装饰作用的旗子也用黄色，称"黄麾"。《魏书·李彪传》："故夏卑宫室而恶衣服，殷汤寝黄屋而乘辂舆。"秦汉以后帝王居住、理政的宫禁皆以黄色涂门，称为"黄闼"、"黄闱"。《汉书·西域传》说西域的贡品"明珠、文甲、通犀、翠羽之珍盈于后宫，薄梢、龙文、鱼目、汗血之马充于黄门"。因丞相、三公、给事中等高官在禁中理政，所以说，"黄门"又指官署，《汉书·霍光传》有"上乃使黄门画者画周公负成王朝诸侯以赐光"。颜师古注说："黄门之署，职任亲近，以供天子，百物在焉，故亦有画工。"官员又有"黄门侍郎"、"给事黄门"之职。

隋文帝杨坚篡夺北周之后，“秋七月乙卯，上始服黄，百僚毕贺”(《隋书·高宜纪》)。自此以后，帝王龙袍多为黄色，至唐高祖武德初，诏禁普通人服用，“黄袍”遂成为帝王专服，直至清末。后周赵匡胤陈桥兵变，诸将为他披上黄袍，就成了皇帝，这就是宋太祖“黄袍加身御海宁，五代纷争从此止”(见宋代司马光《涑水记闻》卷一)。

自唐武德初年，“黄”色代表皇权，达到登峰造极，黄色成为名副其实的国色。因此，帝王、皇室所用服饰、器用、宫室，除继承了上古传下的风习外，又有所扩大。皇帝的宫殿、祠庙、陵墓前高建筑物为黄色，称“黄阙”；皇帝下达的诏书称为“黄敕”；皇帝委任下级官吏的文书用黄纸书写，称为“黄牒”；皇帝的文告用黄麻纸书写用紫泥封缄，称为“黄麻紫泥”；皇帝的公告用黄纸书写，称为“黄榜”、“黄牍”；发布殿试中试者名单也用黄纸书写，称为“黄榜”，苏轼《与潘彦明书》：“不见黄榜，未敢驰贺，想高捷也”；户口册籍，封面用黄色，称为“黄册”。

宗室、大臣经皇帝制许或特赐，服饰、器物用黄色也有所扩大。如明代赐给大臣表示权力，惩罚官吏的有“黄棍”；高级官员的仪仗有“黄线伞”；清代宗室及有功之臣佩戴“黄带”；清代文武大臣还有“黄马褂”，有功之臣亦得赐“黄马褂”。清末山东堂邑人武训“兴义学”有功，即受赐黄马褂。

正因为“黄”代表皇权，有正统之义，所以汉末农民起义领袖张角便自称“黄天”，他所率领的农民起义军将士人人头包“黄巾”，史称“黄巾军”。《后汉书·灵帝纪》说：“中平元年春二月，钜鹿人张角自称黄天。”又《黄甫嵩传》说：“苍天已死，黄天当立。”又说张角等“知事已露，晨夜驰敕诸方，一时俱起，皆着黄巾为标志，时人谓之黄巾”。西汉末王莽篡汉，自称为皇帝之后,也把帝王之服制为黄色(见《汉书·王莽传》)。

四、"黄"代表中和之德

黄色不仅在传统物质文明方面占据了绝对统治地位,还深入到精神文明领域,取得了儒学伦理中被称为至德的"中庸"的特性。《论语·雍也》载孔子的话说:"中庸之为德也,其至矣乎!"孔子认为,中庸作为道德,是最高水平的道德。而土、木、金、火、水五行,当阴阳家把它比附于方位东西南北中的时候,土则居中,所以《礼记·月令》说"中央土"。土居中央而土色黄,黄也就具备了中央的意义,引而申之,中和、中庸之德也就在其中了。《白虎通义·论三皇五帝之号》说得明白:"黄者,中和之色,自然之性,万世不易。黄帝始作制度,得其中和,万事常存,故称黄帝也。""黄"所具备的中和、中庸之德是由黄帝创造的,所以又称为"黄德"。

上述各种以黄色为重的情况,说明黄色在传统文化上足以以民族色、国色代表我们国家了。但还有更重要者,清朝国旗绣有黄色龙形,称"黄龙旗",清代丘逢甲《汕头海关歌寄伯瑶》有:"不然十丈黄龙旗,何尝我国无公使。""黄龙旗"作为国旗,自然是代表当时的国家了。

五、"黄"代表黄色人种

1949 年 9 月 27 日我国全国人民政治协商会议第一次全体会议上通过的中华人民共和国国旗,为五星红旗。五星红旗,其红地黄星的颜色,也具有深刻的含义。红地象征革命,黄星则象征中华民族主体为黄色人种。

大自然化育了黄土、黄河，黄土、黄河化育了我中华黄种人，黄种人又创造了我中华民族崇尚黄色的文明。黄色，是中华文明的标志，是中华文明的根，它使中华民族以独特的风格永立世界民族之林。

（发表于《民俗研究》2003 年第 2 期）

汉语构词法的再探讨

——兼论汉语构词与造词的联系

构词法是语法学与词汇学共同关注的一个问题。由于汉语缺乏像印欧语那样的形体变化，词形学、构形学的研究相对薄弱，而汉语的双音节词又相当丰富，所以复合词的构造方式与方法就成为众多学者致力探讨的一个课题。而研究词的构造，首先面临的一个问题就是要区分构词法与造词法的不同。造词法是指从动态角度探讨一个词从无到有的产生途径和创造方法，而考察汉语中已有词的内部结构方式、规律或词素的组合关系则属于构词法的研究，二者的研究角度、对象、方法和结果都是不同的。目前，汉语构词法的研究，在方法论和具体问题上，都有一些值得我们思考的问题。

一、汉语构词法研究方法论方面的思考

（一）是统一地还是孤立地研究

早期的汉语词汇研究，虽然有将构词法和造词法混同的现象（主要是名称上的混用），但多数还是独立地、分开地对二者进行研究：有的学者侧重于构词法，主要分析词的结构模式，对各种构词类型进行了细致的分类；有的学者则侧重于造词法，将现存词的构造包含在造词法之中，归纳出了许多创造新词的方

法；有的虽采取了两者兼顾的做法，并注意到了二者的区别，但在实际研究中也是分开进行的，没有将其有机地结合起来。我们认为，区分造词法与构词法既不是为了突出某一方面的重要性，也不是为了将二者完全对立起来。事实上，两者的目的任务虽各不相同，但却并非互相排斥、截然分开的，它们的内容之间有很多交叉的地方。如句法造词既是创造新词的方法，同时又决定了词的结构形式，而且对构词方式的分析又在一定程度上依赖于造词之初的形式和意义，对词的创造方法的描写和说明有时又成为构词法的补充，大量同构词的组合语素之间的意义差别或搭配关系可以从造词法上得到解释。像“月老”、“混账”、“消息”、“牢骚”、“封建”一类词，不得其造词之法则不得其构词格式。因此，构词法与造词法作为词汇研究中的两个方面，它们的任务虽各有侧重，但如何将其有机地统一起来就成为一个值得特别注意的问题。

（二）是词汇性的还是语法性的研究

我们知道，早期构词法的研究是随着语法学的发展而逐步深入的，许多语法学著作也将其作为一个重要的研究内容。它们大多从语法性质上剖析语素的组合方式，归纳出不同的构词类型，从这个角度上看，好像构词法是属于语法性的。近年，有的学者提出了不同看法，认为“汉语复合词作为词汇的一种基本单位，有自身词汇性的、不同于语法的内部结构关系”，并且“汉语复合式是两个、两个表概念意义的语素以词汇的组织方式相结合的结构形式，是词汇的事实，本身并没有语法结构关系，不存在也不须依赖语法结构的因素”。[①]因此，认为构词法是词汇性的。还有的学者认为，构词法应该与造词法分开来说，前者是语法学的一个研究对象,而后者则是词汇学的一个研究内容。[2]我们认为,构词法的研究首先是词汇性的,因为复合词的语素组合意义及义位搭配关系等都是词汇学研究的重要内容,但由于汉语具有语法结构一致性的特点,复合词的结构形式(特别是那些由短语转化而来的组合)与短语、句子的结构在很大程度上是相似的,所以研究词的构造方式也成为语法学的一个重要内容。如果从词的结构形式着眼考察构词法,则是语法性的;如果强调语素间的意义关系,则又是词汇性的。[3]而事实上二者又不可能是完全脱离的:属于语法学的构形法已渗入到构词法研究之中,汉语中有一部分词如“空荡荡”、“大大方方”等正是由词的构形形式转化而来的。另外,各种句法关系和词性问题在构词法分析中也占有一定的地位,近年来又有许多学者开始从词的意义结构方面探讨构词法的新特点。[4]

因此,汉语构词法的研究,似不必刻意计较它的属性问题,而要结合词汇学和语法学的研究成果,既要考察词的结构模式和语素的语法性质,又要探讨组合成分之间的意义关系,这样分析出来的构词类型才是比较合理可信的。

(三)是历时地研究还是共时地描写

大部分学者认为构词法研究是从共时的角度对语素的组合方式进行静态的描写和分析,是对词的构成的横向考察,因而绝非历时性的。然而,这种从共时上静态描写的结果就可能把“夏至”、“瓜分”一类的词归为主谓式,将“国家”、“缓急”一类的词看做偏义词,将“抗衡”、“有政”一类的词划为动宾式,也可能把一些多义词的不同义位归入了不同格式,而又把不同语素的同形词视为多义词。有的学者虽然注意到了某些词的动态变

化,但在具体操作中又不能贯彻一个统一的标准。我们认为,历时地考察不仅是造词法研究的主要手段,在构词法研究中运用历史的眼光和词源学的观点也是十分必要的。也就是说,分析一个词语素间的组合关系时,一定要探讨组合之初的原始义位和语素的搭配关系,从最初的语源义上分析词的内部构造,而不应置词义的发展演变于不顾,局限在某一共时平面上把历史上早已存在的词汇形式视为眼下共时平面的新词做武断的剖析。如"利口",《现代汉语词典》(以下简称《现汉》)把它进行现代共时平面描写,认为是一个词,有两个意义,一是"能说会道的嘴:一张~。也说利嘴"。二是"爽口:这几道凉菜,吃起来真~"。[5]放到历时上看,这种讲法就很有问题。一是两个义项不是一个词,因为两个义项的"利"不是同一个语素义。在"能说会道的嘴"义项上,是"疾,速度快"义,在"爽口"义项上,是"适合,适宜"义。二是两个"利口"结构不同:在"能说会道的嘴"义项上是偏正结构,在"爽口"义项上是述宾结构。三是"疾,速度快"、"适合,适宜"在现代共时平面上是语素义,在历时平面上则是词义,(《淮南子·地形》:"轻土多利,重土多迟。"高诱注:"利,疾也。"《荀子·王制》:"论百工,审时事,辨功苦,尚完利……工师之事也。"杨倞注:"利,谓便于用。")而《现汉》不收,使两个"利口"成为无本之木,语义、结构无法坐实。四是"能说会道的嘴"义的"利口"产生于周代(《尚书·周书·周官》有"无以利口乱厥官"),"爽口"义的"利口"产生于现代(柳青《创业史》有"给你另做点利口的吃"),二者相距两千余年,纯以共时平面描写抹杀了词的时代性。又如"烦言",《现汉》从现代共时平面出发也认为一个词有两个意义,一是"气愤或不满的话:啧有~|心无结怨,口无~";二是"烦琐的话:~碎辞。也作繁言"。[6]两个义项的"烦"语素义

风马牛不相及,从历时上看也是两个词。义项二是“烦”假借为“繁”,实为“繁言”,但在这个意义上“烦”久借不归,因此,“繁言”又作“烦言”。《商君书·农战》:“烦言饰辞,而无实用。”高亨注:“烦,当读为繁。”《现汉》不收现代共时平面上的不自由语素的语素义,自然更不收既是不自由语素而又在文字上是假错的语素义,这虽然不大影响到造词、构词格式的分析,但把错综复杂的历时词汇的造词取意简化得使人摸不着头脑。所以,我们认为对词语进行造词、构词的研究一定要共时、历时相结合,而要判定其造词、构词方法则必须从最早的语言形式入手。

二、汉语构词法研究中几个具体问题的思考

(一)构词法类型和术语不统一

近百年来,构词法研究一直很活跃。人们发现的构词类型越来越细致,越来越深刻,越来越科学。我们取几家有代表性的分类列举如下:

黎锦熙 共分六类:合成的、并行的、联属的、对待的、叠用的、带语尾的。

丁声树 共分七类:并列式、偏正式、动宾式、动补式、主谓式、附加式、重叠式。

周祖谟 共分两大类九小类:

第一类:联合式、偏正式、支配式、补充式、表达式、重叠式

第二类:词干+后加成分、前加成分+词干、前加成分+词干+后加成分

陆志韦 共分六大类:偏正格、后补格、动宾格、主谓格、并列格、重叠格。

胡裕树 共分二大类八小类：

（一）词根加词缀：词根加前缀、词根加后缀、词根加前后缀。

（二）词根融合：联合式、附加式、补充式、陈述式、支配式。

朱德熙 共分五大类十一小类：

重叠式。

附加式：前缀式、后缀式。

复合式：主谓式、述宾式、偏正式、述补式、联合式。

简称。

并列式。

武占坤、王勤 共二大类七小类：

词根词：并列关系、修饰关系、支配关系、说明关系、因果关系。

附加词：前缀、后缀

葛本仪 共分二大类七小类：

(1)派生词：前缀＋词根　词根＋后缀

(2)复合词：联合式(同义联合、反义联合、相关联合)、偏正式、补充式(注释型、动补型)、动宾式、主谓式。

邢福义 共分三大类十一小类：

1. 实语素加实语素：联合式、偏正式、动宾式、后补式、主谓式。

2. 实语素加虚语素：前加虚语素＋实语素、实语素＋后加虚语素。

3. 特殊的构词方式：重叠式、连动式、兼语隐含式。

钱乃荣 共分二大类八小类：

1. 粘附式：前附词、后附词、中附词。

2. 复合式:联合词(并列关系)、偏正词(修饰关系)、谓补词(补充关系)、动宾词(支配关系)、主谓词(陈述关系)。

刘叔新 共分两大类:

一类:单项式、复合式、派生式、重复合式。

二类:重派生式、类复合式、多重式、单变式、复合变式、派生变式、复合复变式。

黄伯荣 共分三大类八小类:

第一类:复合式(联合型、偏正型、补充型、动宾型、主谓型)。

第二类:附加式(词缀 词根型、词根 词缀型)。

第三类:重叠式。

诸家分类,各有千秋,每一种类型都从不同的侧面反映了汉语词汇的一定的结构规律。但是,我们也看到分歧还是相当大的。类的多少不同、名称不同,相同或相近的类名下所含内容也不同,对于某些词的归类更不同。"夏至"一类的词,有的学者归为主谓式或陈述式,有的学者归为偏正式;"人口"、"车辆"一类的词有的学者归为注释格,有的学者归为偏正式,有的划为后补式,还有的划为补充式;"推翻"、"说明"一类的词有的学者归为因果格,有的归为偏正式,有的归为述补式,或归为补充式等等。构词法术语及种类的不同在一定程度上也反映了研究角度的差别:有的学者侧重于词的结构形式和语素的语法性质,有的则侧重于词的意义和语素的义位搭配关系。我们主张在构词研究中两者兼顾,在构词法类型及术语上力求统一。

(二)关于汉语中日语借词的构词法

目前,虽对汉语中一些来源于日语的词存在争议,然而不管是日本意译的外来词，还是汉语借用的日语词，它们都与其他的音译词有本质的区别，那就是这些词的形式和意义之间有一定的联系，从而与借用语音形式表义的外来词分离开来。那么应该怎样分析它们的构词法呢？特别对于那些在发展中意义变化很大的词，大部分人已不清楚它们的来源或最初的意思了，所以往往将其作为汉语中本有的词进行结构分析，因而也可能产生某些意见分歧。像“对象”、“绝对”、“单纯”、“积极”、“储藏”、“承认”、“成分”、“概括”、“序幕”、“尖端”、“抽象”等这些从日语中借来的词，应该根据其借来之初的形式意义分析构词法，而不应从在使用过程中已发展了的意义出发进行分析。“绝对”、“积极”等构词方式不太明显的词，可以根据它们的对立形式“相对”、“消极”进行考察，将其归为“偏正式”结构中。当然，由于日语和汉语的构词法大部分相同（动宾式除外），所以仅从构词法上有时并不能显示哪些是日语借词，但如果不考察这些借词的最初意义来源，在构词法分析中也可能造成一定的混乱。而像“出口”、“现象”、“保险”、“环境”、“组织”、“纲领”、“内阁”、“印象”、“具体”、“程度”、“刺激”、“想象”、“学府”、“宣传”、“选举”、“交际”、“交通”、“交换”、“教授”、“阶级”等词早在古汉语中就有，并且不止一个意义，被日语在某个意义上借用后引申产生了新义，又被汉语借回，古今义位之间有了一定的差别。但若追溯词义的源流，就会发现这些辗转而来的词的不同义位之间仍存在一定的联系，因此对这部分词的结构分析还要以它最初在汉语中的意义形式为主。如“想象”在古汉语中是“想见、怀念”的意思（《楚辞·远游》“思旧故以想象兮，长太息而掩涕”），日语借用，指在知觉基础上创造新形象的心理过程，是一个心理学术语；现代汉语又将其形式意义借回，进而产生了

"设想"这一引申义。"计划"也是汉代就已出现的词(又作"计画"),《史记·陈丞相世家》中有"诚臣计画有可采者,愿大王用之"的句子,是"计虑、谋划"的意思,日语借用,指工作或行动之前预先拟定的具体内容步骤;现代汉语借回此义,使用中又引申出了"制订计划"的意思。又如"具体"本是由古汉语"具体而微"这一成语而来的(见《孟子·公孙丑》),指内容大体具备而规模较小,后引申为个别而细微的事情,《抱朴子》有"责具体而论细礼",日语借用,指细节明确的、不抽象的;现代汉语借用该义,而后又产生了"特定的"等新的引申义位。这部分两次借用的词在意义上具有十分密切的联系,义位的传承性特征鲜明,分析其构词法时还是应从最早的意义形式入手。因此,"想象"归入动宾式,"计划"归入并列式,"具体"归入动宾式。再如"出口",初从日语借过来的时候,意义是"从公共场所出去的门或口","口"指"像口一样的……道口",是偏正式,这是一个词。但是,汉语里早有这个意义的"出口"一词,宋代梅尧臣《慈姥矶下》诗:"且待风色回,出口始浩荡。"这是汉语里原有的另一个词。汉语里还有"出口"一词,"口"指"嘴,吃东西或说话的器官",是动宾式,字面意义是从口中出来,指"出言、说出话来",《老子》:"道之出口,淡乎其无味。"这是又一个词。"口"由"嘴,吃东西或说话的器官"义比喻为"像口一样的……道口",《墨子·备穴》:"必令明习橐事者,勿令离灶口。"于是汉语中有偏正式"出口"。借自日语的"出口"与汉语原有词"出口"一致。这种情况,我们不妨认为借自日语的词与汉语原有的词是同一个词,其结构也就是汉语原有词的结构。因此,我们说汉语中只有动宾式、偏正式两个"出口",而不认为汉语中有一个动宾式"出口",一个原有的偏正式"出口",一个借自日语的偏正式“出口”。⑦

(三)关于历史沿用词的构词法

我们知道,汉语词汇是不断发展变化的,它不仅表现为旧词的消亡和新词的产生,也体现为词义的发展演变。一些历史沿用下来的词随着社会的进步和语言的发展,词义已发生了一些改变。如果我们仅在共时平面上分析它们的构词法,就不但从根本上否认了词的发展演变,而且不利于把握它们的深层含义和文化底蕴。这些从历史上沿用下来的词大致可分为两类:一类是古语词在使用过程中通过意义引申转化而产生了新义;另一类是古代的短语在发展中约定成词。

先看第一类:这里主要指某些词在历史发展中通过多种手法引申出了新的义位,但忽视这种历时变化,就容易将这些新的义位看做不同的词,把词的多义当做不同的词义。如“龙头”原指一种传说中动物的头部,通过比喻引申指自来水管放水的部分;“爪牙”原指得力帮手、武臣,转指引申为(坏人的)党羽,“勾当”本指办理、处理,《北史·叙传》“事无大小,士彦一委仲举,推寻勾当,丝发无遗”,现在则多指(坏的)事情;“大方”本指“方正之极”,《老子》“大方无隅,大器晚成,大音稀声”,又引申为“大道、常道”,《庄子·山木》“乃蹈乎大方”,又借代引申指见识广博或有专长的人;“沸腾”原指“水波涌起貌”,通过比喻引申产生了“群情激奋、情绪高涨”和“喧嚣嘈杂”等义位;“细软”由“纤细柔软”借代引申出了“轻便而易带的物品”这一义位。总之,这部分由于词义引申变化形成的新义位,虽然在现代汉语中的使用频率已远远超过了它的古义位,甚至已成为现代汉语的基本义或常用义,而本义却走向了消亡,但考察它们的构词法时，也只好追溯到最初的意义形式，否则将得出不当的结论来。

第二类是指那些由古代短语演变而来的词，在某一特定时期还可能看出由短语向词逐渐过渡的痕迹。这些词在转化过程中形式和意义都有了变化，然而从词源学上看，义位的一体化特征比较明显，早期语源义与现代义之间的演变线索也不难理解。如“聪明”的语源义(短语义)是“耳聪目明”，《庄子·知北游》“耳目聪明，其用心不劳”，后固定成词，是“明智”的意思，《红楼梦》“机关算尽太聪明，反误了卿卿性命”，现代汉语又引申指“智力发达，记忆、理解力强”；“春秋”本指两个季节，是短语，《庄子·至乐》“今又变而之死，是相与为春秋冬夏四时行也”，后引申指年龄，《战国策·楚策》“今楚王春秋高矣，而君之封地，不可不早定也”，这时的“春秋”已过渡为词了；再如“先河”本出自《礼记·学记》：“三王之祭川也，皆先河而后海”，是“先祭祀河”的意思，为短语，后来渐渐约定成词，借代引申为“创始人或倡导者”，《郎潜纪闻》卷一“世皆以《四库》书成，归功纪、陆，不知学士(朱筠)其先河也”一句正用此义，现在则又泛指倡导在先的事物。考察这部分词的构词法，也应与第一类一样，要探讨语素组合之初的意义形式，而不必去剖析意义引申后的语素组合方式或整个词在现代的引申所指是什么。

(四)关于音变词的构词法

我们把那些由于声音和形式的偶合而造成的词称为同形同音词，如“白地”、“生气”等形式都分别记录了两个取意不同的词；把那些由于语音的变化而造成的不同意义看做多音多义词，如“便宜”、“大意”等。在这两类词中，由于词义的根本性变异，实际上已形成了互不相同的独立的词,考察它们的构词法时,可以根据情况分别归类。但是有些语音之间存在细微差异的词的意义之间却有一定的联系,这些语音上的变化是词义发展演变的结果,因此和同音词有本质的区别。如"拉扯"本是同义并列式复合词,"拉拽或牵挽"的意思,后来词义引申发展出"牵涉、牵连"之义,后一音节轻读,产生了稍微变化,以后又引申出了"抚养"、"提拔"、"拉拢"等多个义位。再如"本事"原指"原事、实事或事情的原委",《汉书·艺文志》"丘明恐弟子各安其意,以失其真,故论本事而作传",宋时出现了《本事方》的医学书,记录了许多病例、药方、病患情节和医案,由此引申,称有经验的医生为有"本事",再引申为"本领、能耐",《元曲选》"我想韩信,淮阴一饿夫,他有什么功劳,甚些本事"。为了从读音上对不同的义位加以区别,用作"本领、能耐"义时,后一音节轻读。

我们认为,语音的改变固然可以成为一种特殊的造词手段,但并不是所有的音变都可导致新词的产生。那些在多义词发展过程中出现的语音区别,有时是语流音变或社会约定俗成的结果,或者是语言自身发展的要求,因此不能把这一类的词归到不同的构词类型之中。分析这部分多义词的构词法时,也要从最早的词源义入手,不应根据其演变而来的意义分析语素间的组合方式。

(五)其他几种情况

因为造词法研究涉及了语音、词汇、语法、文字和修辞等多个方面的内容,所以利用造词法的某些研究成果来分析构词法是十分有益的。譬如那些由音义任意结合法和摹声法创造出的新词多是一些单纯词,它们是无所谓结构而言的;而那些由比喻、借代等修辞手段创造的新词如"银耳"、"佛手"、"骨肉"、"瓜分"、"万一"、"有喜"等，分析它们的构词法，应该追溯其造词之初的语源义，也就是根据造词之初语素间的组合关系来确定其构造方式；那些由于所谓的词形手段创造的新词，不应完全从语法角度出发考察其构词法，而应结合词义的发展脉络找出最初的形式意义，然后再定其构词类型。又譬如那些看似由轻声音变造成的不同意义"摆设"、"本事"、"端详"、"开通"、"后生"、"勾当"、"对头"、"神通"等，或在使用中由于语法作用而形成的不同意义如"回电"、"定点"、"表情"、"斜眼"、"造型"、"录像"、"缺嘴"、"存货"、"编队"、"配件"、"开口"、"悲歌"、"夹道"、"入门"、"同窗"（词性不同）等，如果我们将这些随着语言发展而产生的不同义位归入不同的格式之中，势必会造成一个多义词的多构局面，产生不必要的混乱。至于那些运用句法造词法创造的新词，则可以主要根据语素间的语法特点和组合关系划定构词类型，以保持词、短语和句子结构上的一致性。

总之，构词法与造词法虽然是两个不同的概念，但它们之间却有十分密切的联系。一种造词法可以创造出许多不同构词类型的词，而同一结构方式的词又包含多种造词法；有些词不仅可以从造词法上加以解释说明，而且可以从构词法上进行分析。将构词与造词方法的研究有机地结合起来，不仅能帮助我们深入地探讨造词的理据，正确地归纳构词的类型，合理地总结词的内部构成方法和规律，而且可以加深我们对语素义位演变轨迹的理解，从而把握语素义与词义的关系，把握结构与语义的关系，全面掌握汉语词汇的面貌。

注释

①刘叔新《汉语描写词汇学》,商务印书馆 1995 年版。

②陈光磊《汉语词法论》,学林出版社 1994 年版。

③吕叔湘先生说:“咱们不能忘了,词这个东西,不光是语法单位,也是词汇单位。”《语法分析问题》,商务印书馆 1979 年版。

④参考李行健《汉语构词研究中的一个问题》,载《语文研究》1982 年第二期。刘云泉《现代汉语构词法中的前正后偏式》,载《杭州大学学报》1984 年增第 14 卷。

⑤⑥《现代汉语词典》(修订本),商务印书馆 1996 年版。

⑦“出口”,《现代汉语词典》处理为两个词,是很正确的。

[与陈明娥合作,发表于《语苑集锦》(许威汉先生从教五十周年纪念文集),上海教育出版社 2001 年版]

从清末民初科学小说新词语看“现代性”新词语的来源和发展

——兼论“标志性子词语场”理论和“现代汉语词汇史”的起点

摘要:“新词语”在词汇史研究中是一个重要概念。新词语实际指新义位。为新概念造词是新词,旧词产生新义位也是新词。旧义位的新用法有的能产生新词,有的不能。新词语是一个时期所特有的,是一个共时概念。一个时期的新词语系统是标志性子词语场,是与上一时期区别的标志,是划分词汇史的标准。而“基本词汇”由于它的稳固性、普遍性、能产性,它是词语最底层不易变化的成分,因而不宜于做划分词汇史时代的标准。现代汉语中反映新文化、新科学技术、新社会、新经济、新生活的词语系统产生于明末清初,所以现代汉语词汇史的起点在明末清初。

关键词:新词语;新词语系统;标志性子词语场;现代汉语词汇史

一、关于新词语

这里用了个“新词语”,其实,有经验的研究者是不轻谈“新词语”的，因为说“有”容易，说“无”难。往往被认为是某个时代“新词语”的东西，一查书，早就有，甚至先秦就有。譬如“言、谓、曰、云、道、说”语义场，一般认为，在“陈述，叙说”的意义上，“说”是现代汉语的词，其他都是古代汉语的词。可是一查书，“说”早在《易·咸》象辞就有：“‘咸其辅颊舌’，滕口说也。”高亨注：“言动其腮与舌，以放纵其口谈也。”《曾子·立意》：“不说人之过。”阮元注：“说，述也。”春秋战国时期，“说”就有“陈述，叙说”的意义而且可以带名词性宾语了。就是带话语宾语，也早在明朝就有了。如《三国演义》第七回：“军士报说：‘有一彪人马杀将出来，望岘山而去。’”如果认为“说”是现代汉语的词，那也只是其他的词现在不常用了，只有“说”常用罢了。

但是，“新词语”在词汇、词汇史研究方面是一个非常重要的概念。如果不研究“新词语”，词汇史研究是谈不上的，共时范围内的词汇研究也是困难的。“新词语”总是随着社会政治、经济、文化和科学技术的发展不断出现。一个共时时期的词汇，总是包括原有词语即从上一个时期继承来的词语和这个时期产生的“新词语”。凭着原有词语无法同上一个时期区别开来，因为原有词语是两个时期共有的，而“新词语”则是这个时期所特有的，“新词语”的系统是与上一时代相区别的标志。一个时期的“新词语”系统也是有层次的，其中最具时代特色的部分则构成一个共时时期的“标志性新词语场”。“标志性新词语场”是词汇、词汇史研究的关键所在。

那么，什么是“新词语”呢？“新词语”实际指的是新义位。简单说来，一个新义位，可能是一个新词，也可能是一个原有词的新义位，也可能是一个原有义位的新用法。我们从义位的指称关系来说明新义位的性质会比较容易理解一些。一种新事物或一个新观念出现，给一个新的命名，就出现一个新义位。前者如“电子计算机”、“电子词典”、“电子出版物”等，后者如“精神文明”、“精神污染”、“精神损失”等，既是一个新词语，也是一个新义位。一种新事物或一个新观念出现，在相关的原有词上引申出一个新义位，对于新义位来说，原有词也变成了新词。传统所讲的词义扩大、缩小、转移等，都属于这种情况。一个原有的义位产生了新用法，这种情况比较复杂。有的新用法义位没有发生变化，如“说”，明清开始带话语宾语，那是语法功能的发展，变得更丰富了，义位并没有改变，因而不能算新词。譬如“走”，《儿女英雄传》第三二回：“将来我撒手一走之后，叫我们姑爷在我坟头里给立起一个小小的石头碣子来，把老弟的这篇文章镌在前面儿。”这里“走”用为“死”的委婉语，产生“死的委婉说法”的义位，在这个义位上“走”成为新词。又譬如，明代高明《琵琶记·伯喈思家》：“[生]你是我的亲的人，我有一件事和你商量，你休要走了我的言语。”《金瓶梅词话》第六八回：“就是应花子也休望他题，只怕走了风。”“走”分别带了宾语“言语”、“风”，是新组合新用法，产生“漏出，泄漏”义位，“走”也成为新词。“新词语”是相对于“旧词语”说的。“新”指产生以后的一段时间，可以是几年、几十年，一般指语言断代史的一个共时时间内。

二、清末民初科学小说语言中的新词语

我们从于润琦点校并主编的《清末民初小说书系·科学卷》入手。这部书收清末民初短篇科学小说 31 篇，约 21 万字。小说的时间跨度在 1902 年至 1918 年之间。

清末民初科学小说，以西方社会和科学技术水平为蓝本，驰骋人类的想象，充分展现了人类对天文学、数学、物理学、化学，动物学、植物学、微生物学、电子学、光学、航天技术、航海技术等研究所取得的巨大成就，融科学知识、科学理论、科学实验、科学应用与人物、情节、社会、历史于一炉，成为传播自然科学、社会科学成果的最好的文学样式。同时，也为我们提供了较早出现于汉语中的最具“现代性”的政治、经济、文化、科学技术等方面的新词语。这些新词语已形成初步的最具“现代性”的词语系统。

清末民初科学小说语言中的新词语，名词最多，动词次之，形容词最少。

（一）名词

大致可分为新文化、新科学技术、新社会、新经济、新生活等几个部分。

1. 新文化。这方面的新词语有反映学界、学科的，有反映专家、学者的。譬如：学界、科学、学理、实验之学、几何学、动物磁气学、近代科学、矿物界、植物界、动物界、化学、化学科、医药化学、电气学、电学、大学电科、专门之学、试验学等。各个具体学科都有发达的新词语系统，譬如化学新词语就有二氧化碳、硫氏、磷氏、纤维素等八十多种元素名词。

2. 新科学技术。这方面的词语有显微镜、火酒灯、氢气球、寒暑表、电管、电铃、水月电灯、德律风管及无线电报、风扇、水银风雨表、机器、钢手、刮泥器、打字机、净鞋机等三十多种。更有航天技术、航海技术、摄影技术、机器人技术等多个部门的丰富多彩的新词语系统。

3.新社会。反映新社会的新词语有人类、政府、政体、政党、社会组织、社会分工等。譬如西人、欧人、社会进步、社会腐败、议会、议员、议长、专制政体、行政人、运动等,形成新的社会新词汇系统。

4.新经济。包括工人、工厂、工业、工艺、产品、公司等。譬如实业、实业界、工业界、商业界、工人、工界、生产力、化学工业、集合资本等,形成反映新工商业的词汇体系。

5.新生活。这方面的新词语表现了比较发达的现代物质文明,譬如火酒、面包、饮料水、西装、人造绢丝、人造象牙、咖啡馆、电信、电话、汽车、铁路、轮船等,形成反映新生活的新词语体系。

(二)动词

新动词主要是一些与反映新文化、新科学技术、新社会、新经济、新生活名词相配合使用的动作行为的词语,数量要远远少于名词。譬如建设、制造、排除、分析、研究、考求、考察、发明、发现、调查、发达、进化、感应、通(感应)等。

(三)形容词

由于科学小说重在叙述新文化、新科学技术等,概念上要求严格、准确,所以新的形容词较少,只有"文明"、"腐败"、"被动"等几个。

三、新词语的结构

这一时期的新词语,在结构上,名词与动词显然有着不同的特点。

1. 名词中心语素与结构的层次性

这一时期出现的新词语,名词大多数是偏正结构。因为科学等新词语要求意义准确、严格,需要修饰,造成修饰成分的层次性。中心名词语素由一般名词发展成为最具"现代性"的能产的词根语素。

(1) 中心语素分析

[**界**] 以"界"为中心语素的词语,大致可以分为四组:①学界、科学界;工界、工业界。②植物界、动物界、动植物界、矿物界;空气界。③世界、新世界、野蛮世界。④月界、月世界、月之世界;日世界;空界、空中世界。

这四组从结构和意义上又分两类:①②为一类,③④为一类。①②中的"界",在意义上也是有区别的。《说文·田部》:"界,境也。从田,介声。"即边界,引申为区域、范围。①组指人群,按职业划分的人群。②组指自然中划分的大类。③"世界"是佛教词语,"世"指时间,"界"指空间。《楞严经》卷四说:"东、西、南、北、东南、西南、东北、西北、上、下为界,过去、未来、现在为世。""世界"是并列结构。但是"世界"一旦组合,意义就不是时间加空间了,而是进一步融合、抽象,指所有的地方,地球上所有的地方。④"空界"与"空中世界"对举,"月界"与"月世界"对举,"界"指"世界"。"月世界"、"日世界"、"空中世界"指月球上所有地方、太阳上所有的地方、空中所有的地方。"世界"在③④中意义也不完全相同。"界"、"世界"都是汉语中原有的词,到了清末民初的小说语言中都变成了语素。作为词是旧的,作为语素是新的,是特别能产的词根语素。

其他如"业"、"学"、"科"、"学科"、"家"、"师"、"生"、"士"、"物"、"机"、"器"、"表"、"镜"、"车"、"管"、"球"、"学

校”、“公司”、“会”、“厂”、“场”、“工”等都是同类情况。

(2)新后缀分析

跟中心语素相应,一批汉语中原有的单音词,到了清末民初小说语言中,意义迅速虚化,最终成为新的后缀。如以“气”做语素的新词语:

[气] 从“气”的意义看,可以分为四类:①空气。②煤气。③氧气、氮气、氢气、氯气、碳气、碳酸气。④电气、电气学、电气机器、电气机师、生发电气之机、电气分水、电气飞船、电气递送物件的机器;动物磁气学。

“气”是名词。《说文·气部》:“气,云气也。”引申指地球周围即空中的大气气体,在这个意义上,“气”就变为新的语素了。①中的“气”属于这个意义。空气“无色,无味,主要成分是氮和氧,还有极少量的氦、氩、氖、氪、氙等惰性元素和水蒸气、二氧化碳、微生物、杂质等”。[①]②是“干馏煤炭所得的气体,主要成分是氢、甲烷、乙烯、一氧化碳,并有少量的氮、二氧化碳等。无色、无味、无臭,有毒。用作燃料或化工原料。”③指气体元素。④“电气”指的就是“电”,“磁气”指的就是“磁”,好像是把电流的运动和磁的吸引力称为了“气”,其实是把“气”的意义虚化,仅作为名词性标志了。以“气”做第二个语素的词,①②③是偏正结构,④是个派生词,“气”虚化为名词的标志。

清末民初科学小说中,一部分“员”、“家”、“性”、“率”、“度”、“力”、“线”、“学”等也具有词缀性。

2. 动词的词根语素与结构

动词的词根语素全是原有的词,其语义略有变化成为新语素。结构类型有:

主谓式:电离、自动、自转等。动宾式:循环。动补式:破坏、放大等。状中式:相遇、化合、化分、飞行、实验、应用、回照、推动、扳动、运动、运转、虚化、选举、使动、被动等。并列式:亲和、反映、平衡、建设、制造、排除、分析、研究、考求、考察、发明、发现、调查、审察、发达、进化、感应、通(感应)、测算、蒸发、思想、操纵、收缩、呼吸、吸引、发射、经营、构造等。动词多并列,意义互补。

3. 外来概念与词语结构的类型特点

对西方词语的翻译是以概念为单位的,所以译为汉语的时候,词与词组并用。

至于新词语的语义,表现为词义的单一性、语素义的转移和旧词赋予新义,语义膨胀了。

四、清末民初小说新词语的系统性

(一)聚合词语场

1. 几种常见聚合词语场

同义词语场如:"考求"、"研究";"调查"、"考察"、"审查";"进化"、"发达";"试验"、"考验"等。反义词语场如:"化合"、"化分";"放大"、"缩小";"原质"、"杂质";"建设"、"破坏";"野蛮世界"、"文明世界";"自动"、"被动";"上等社会"、"下等社会"等。同类词语场如:"动物界"、"植物界"、"矿物界";"天文学"、"地理学";"物理学"、"化学"、"数学"等。上下位词语场如:"下等动物"与"腔肠动物"、"棘皮动动"、"软体动物"、"节足动物";"下等植物"与"羊齿类之植物"、"蕨类植物"、"藓类植物"、"隐花植物";"机器"与"打字机"、"净鞋机"、"捕贼机"、"犁田机"、"刈草机"、"捕贼器"、"洗面器"等;"净鞋机"又与“钢手”、“刮泥器”、“鞋刷”构成多层次上下位关系。

2. 绝对同义聚合名词性词语场

对西方的事物和概念,汉语用不同的词语来表达,如“照相机”,小说中称“照相器”、“照相器具”,还谐谑称为“消灭机”、“摄魄器”;“望远镜”又叫做“远镜”;“自行车”又叫做“自由车”等。西方关于天体都是球体的观念,汉语就把“月”称为“月球”、“月界”、“月世界”、“月之世界”,把“太阳”称为“日球”、“日世界”,把“水星”称为“水星球”,把“金星”称为“金星球”等。这些词语就构成了绝对同义聚合名词性词语场。

概念翻译更是绝对同义词语场,如“氢气”,音译名“海珠拉斤”,西文原名 Hydrogen。中国从前的译名叫“氢气”,因为在元素里头,水的比重最小。日本译作“水素”,因为是从水里发现出来的。又如“雷”,小说中称“雷氏”,急呼音译为“雷锭”,西文原名为 Radium,又有人全音译作“拉的幼模”。

3. 性质、上下位系统聚合词语场

化学元素性质相近者称“族”、“族系”、“异母之兄弟”。如:

①克薄族有奇僻之少女,名亚可儿(酒精)者。(《元素大会》)

②铜氏之族系最繁,黄铜、青铜皆良材,而胆樊(硫酸铜)尤称多艺。(《元素大会》)

③钾、钠系异母弟,克鲁休(钙)之戚也。(《元素大会》)

①中“克薄”与“亚可儿(酒精)”上下位同“族”性质。②“黄铜”、“青铜”、“硫酸铜”同一“族系”性质,三者又与“铜氏”为上下位同一“族系”性质。③“钾、钠系异母弟”就是说“钾”与“钠”与“钙”是“异母弟”,性质相近关系。“性质、上下

位系统聚合词语场”形成词语系统发展的一种形式。这里①中“克薄”、“亚可儿”是新词,“族”用于比喻,产生“化学中有共同属性的类”的新义,“族”也可视为新词。②中“黄铜”、“青铜”词形是旧的,但在化学元素意义上是新词;“族系”也是用于比喻,意义与“族”同,视为新词。③“异母弟”虽是词组,用法与“族”、“族系”同,汉语中,词、词组是共同发展的。

(二)组合词语场

1.可能搭配组合名词性词语场

我们以元素的作用,联系出的一批新名词性词语为例。如:

①因此念及云母为电气之绝缘体。(《元素大会》)

②铜氏之族系最繁,黄铜、青铜皆良材,而胆樊(硫酸铜)尤称多艺,凡镀金、染物、制电池、作颜料……(《元素大会》)

③中国从前的译名叫氢气,因为是元素里头,要算这水的比重最小。(《元素大会》)

④麦秆其纤维素可以作纸,可以作无烟火药、人造绢丝、人造象牙、珊瑚等。(《元素大会》)

①由“云母”的作用联系出新词“电气”、“绝缘体”。“云母”、“电气”、“绝缘体”形成可能搭配组合名词性词语场。②由“铜氏之族系”的作用联系出新词“电池”。“铜氏之族系”、“电池”形成可能搭配组合名词性词语场。③由“氢气”的作用联系出新词“比重”。“氢气”、“比重”形成可能搭配组合名词性词语场。④由“纤维素”的作用联系出新词语“无烟火药”、“人造绢丝”、“人造象牙”。“纤维素”、“无烟火药”、“人造绢丝”、“人造象牙”形成可能搭配组合名词性词语场。由词语所指物的作用联系出新词语,实际上是一种语法上的可能搭配组合,因此称

为"可能搭配组合名词性词语场"。语法关系是造成"可能搭配组合名词性词语场"的语言内部的机制。

2. 可能搭配组合动词性词语场

我们以各种化学元素之间的化分化合反应关系,联系出一批新词语为例。如:

①是日,有来宾数人,曰亲和,曰反应,曰电离,曰伊恩,曰平衡,曰原子价等。(《元素大会》)

②译作氢气,还是不好,倒不如日本译的水素好,什么缘故呢?因为这个氢气,是从水里发现出来的。(《元素大会》)

③亚铅遇着稀硫酸,就发生水素。(《元素大会》)

④又设化学试验所一间,欲研究者可以任意试验。(《元素大会》)

①由化学元素的化分化合反应,出现"亲和"、"反应"、"电离"、"伊恩"、"平衡"等新动词。"化分"、"化合"、"反应"与"亲和"、"反应"、"电离"、"伊恩"、"平衡"形成可能搭配组合动词性词语场。②由"化分"、"化合"、"反应"联系出"发现(看到或找到以前不知道的东西)"。"化分"、"化合"、"反应"与"发现"形成可能搭配组合动词性词语场。③由"化分"、"化合"、"反应"联系出"发生(产生)"。"化分"、"化合"、"反应"与"发生(产生)"形成可能搭配组合动词性词语场。④由"化分"、"化合"、"反应"联系出"试验"。"化分"、"化合"、"反应"与"试验"形成可能搭配组合动词性词语场。以上新动词性词语,都跟"化学"或者"元素"的"化分"、"化合"、"反应"等相关的动作有关,是可能搭配组合的动作,因此称为"可能搭配组合动词性词语场"。

语言成分间的联系非常广泛,是多样性的。语言成分间的联系,都可以构成成分关系词语场,可能搭配组合名词性词语场、可能搭配组合动词性词语场只是其中两个典型的方面,我们的举例又仅限于化学领域,其实,其他领域如数学、物理学、天文学等,最上层领域如新文化、新科学技术、新社会、新经济、新生活等,都存在语言的可能性搭配组合。可能性搭配组合词语场是语言发展的主要途径,也是新词语产生的主要途径。它所形成的新词语系统,往往是一时代的词语系统区别另一时代词语系统的标志。

五、清末民初新词语的来源和发展

清末民初的科学小说中已出现反映“现代性”新文化、新科学技术、新社会、新经济、新生活的新词语的聚合、搭配组合系统。所谓“现代性”,就是当下性、眼前性,就是“现代汉语性”。那么,它是哪里来的呢?如果以1949年为界的话,它的来源可以上溯四百年,追溯到明末清初。

明末清初以来,西方新教传教士带来的科学作品、教科书,也就是所谓“西学东渐”,大致可分为两个时期:前期指公元1552年(明嘉靖三十一年)至1773年(清乾隆三十八年)。二百二十一年共译天文学、数学、地学、医学等学科八十余种自然科学著作。后期指1871年(清同治十年)至1879年(光绪五年)。八年共译兵工、工艺、物理学、化学、农学、数学、天文学、生物学等学科书籍九十八种自然科学著作。[②]

西学对汉语的发展产生了重要影响。早在明朝末年,传教士邓玉涵口授、中国学者王征朔译出并绘图、刻于明天启七年(1627年)的《奇器图说》中,在王征自己的《诸器图说》中,就已出现以“力学”为核心的新词语系统。《奇器图说·序》称:“西庠凡学,各有本名。此学本名原是力艺。力艺之学,西庠首有表性言,且有解,所以表此学之内美好;次有表德言,所以表此学之外美好。今悉译其原文本义,两列于左。”其所译原文本义,已有“自转磨”(又称“自行磨”)、“自行车”、“自鸣钟”等类,这些东西“辄能一一与天相似,人之耳目手足,自视、自听、自行、自持”而“器之制成人像者,辄又手能自持、自起,足能自行、自止,目能自闭、自张,一一与人相似”。出现机器人、“自转磨”、“自行磨”、“自行车”、“自鸣钟”等,出现它们的动作“自视”、“自听”、“自行”、“自持”“自起”、“自止”、“自闭”、“自张”等大规模的可能搭配组合名词性词语场、可能搭配组合动词性词语场、可能搭配组合名形动词语场等。

现代汉语中反映新科学、新社会、新政治、新经济、新工业、新商业等词汇系统,产生于明末清初,发展于清末民初小说翻译与创作,缓慢发展于民国,全面系统发展于新中国成立以后,尤其是改革开放中国科学文化事业发达之后。民国时期即1911年至1949年,《民国时期总书目》可以为证。新中国成立至1984年,《辞海》自然科学诸分册可以为证。1984到现在,语文学新词语、各学科各部门新词语体系,各种各样的新词典可以为证。其词语系统,已经不是语言学一个部门所能研究得了的了。

六、“标志性子词语场”理论与“现代汉语词汇史”的起点

汉语史的断代,应当分为综合断代和分类断代两部分。综合断代,指把一种语言的语法、语音、词汇都考虑进去,提出一个

综合的标准,使用这个标准对语言进行时代的划分。分类断代,就是语法、语音、词汇各自提出断代标准来划分时代。以往的汉语史的研究,基本上都是依据综合标准,对整个汉语史进行划分研究的。

王力先生说:“语法结构和基本词汇是语言的基础,是语言特点的本质。而语法结构比基本词汇变化得更慢。如果语法结构发生了显著的变化,就可以证明语言的质变了。语音和语法有密切关系(在西洋传统的语法里,语法是包括语音的),都是整个系统,所以语音的演变也可以作为分期的标准。”又说:“一般词汇的发展,也可以作为分期的一个标准,但它不是主要的标准。”③这就是说,决定语言历史的因素有四个,第一个是语法结构,第二个是基本词汇,第三个是语音,第四个是一般词汇。前三个是基本标准。前三个标准中,语法结构又是最重要的标准。第四个是次要标准。

过去对汉语史的划分,说是从语法、语音、词汇三个方面来考虑,事实上所说的词汇主要是指虚词,是用虚词来说明语法的。因此,是没有考虑实词的,也就是没有考虑词汇标准的,因为词汇的标准太难以说明了。

一种语言如汉语中,语法、语音、词汇都有很强的独立性,各自的发展进程是很不相同的,应当各自独立建立标准,分别断代。如语法断代的主要根据是句式和虚词的出现和消失,语音断代的主要根据是音系成分的出现和消失,而要对词语进行时代的划分,却要复杂得多,这是一个亟待研究的问题。单就词汇而言,决定词汇历史的王力先生提出两个方面,一个是基本词汇,是主要的;另一个是一般词汇,是次要的。但是,怎样运用“基本词汇”、“一般词汇”为汉语词汇史断代分界,却没有人做过。我们认为,基本词汇具有从共时看有普遍性,从历时看有稳固性,从构词能力看构词能力强这三个特点。其稳固性往往使这些词为任何时代所共有,很难凸显出一个时代区别于另一个时代的特点。其普遍性,由于任何一个时代的词语,最具普遍性的成分往往是从上一个时代继承来的,很难展现一个时代与另一个时代的差异。因此,这两个特点都很难作为词语断代的标准。构词能力强,也是针对一个一个的词来说,是针对构词过程来说的,不是词语的结果,因此也很难作为词汇断代的标准。

根据清末民初科学小说中新词语的系统和新词语系统的历史发展,我们初步考虑,给一种语言的词语史断代,必须考虑词语的系统性。只有当一种语言的词语中出现了新的词语子系统的时候,才算是有了飞跃,有了质的变化。特别是出现了某些"标志性新词语场"(或者叫做"标志性子词语系统")的时候,才算有了飞跃,有了质的发展。同时,也要照顾到某些"标志性子词语场"的消失。"标志性子词语场"是确定词汇史的主要标准。单个词的变化,也是词汇的变化,差不多每一个词都在变化中,但它不能反映词语史性质的变化,不能作为词语断代的标准。

那么,什么是"标志性子词语场"呢?

"标志性子词语场"包括"标志性新词语场"和"标志性旧词语场"。"标志性新词语场"是过去的时代没有,只这一个时期新出现的子词语场。"标志性旧词语场"是新的时代没有或行将消失,而过去的时代却存在的子词语场。"有"与"没有"构成一个时代区别于另一个时代的标志。"标志性新词语场"与"标志性旧词语场"有层次性。"标志性新词语场"是重要的,"标志性旧词语场"是次要的。本文所讨论的明末清初以来的新词语,其实就是一个新的词语时代的标志,就是“标志性新词语场”。

关于现代汉语史,过去是词汇、语法、语音合在一起看。它的上限,不少学者划在“五四”时期,还有一部分学者划在1949年。我们认为,从“标志性新词语场”标准看,《清末民初小说书系·科学卷》的词汇,当属于现代汉语词汇范围。从“标志性新词语场”的起点看,明末以来的新词语都当是现代汉语词汇范围。明清口语文献也会支持这个观点。“现代汉语词汇史”的起点在明末清初。“现代汉语词汇史”将是一门内容丰富的大课程,“现代汉语词汇史”的研究将是一个崭新的极其艰巨的任务。

参考文献

①中国社会科学院语言研究所词典编辑室《现代汉语词典》,商务印书馆2005年版。

②李素桢、田育诚《论明清科技文献的输入》,见《中国科技史料丛刊》(第14卷),中国科学普及出版社1993年版。

③王力《汉语史稿》(上),中华书局1980年版。

(发表于《山东大学学报》2007年第1期)

《汉语大词典》对汉语词汇发展演变史的价值与研究方法

——《汉语大词典》词汇发展演变史研究条例

一、《汉语大词典》是一部研究汉语词汇发展演变史最方便最有效的文献

我国现有文献中,就研究汉语词汇史来说,《汉语大词典》是最方便最有效的一部书。

《汉语大词典》选用从先秦到现代"反映口语"的文献三千多种,《四库全书》所收文献约四千种,《汉语大词典》所用来反映汉语词汇史的文献,就代表性说,也够多了。《汉语大词典》的编写共搜集一千多万张卡片,词目三十七万个,一个词目合二百七十张卡片,也就是一个词的各项意义是由二百七十条最有汉语史价值的语料归纳出来的,就词义的例证来说,也够丰富的了。《汉语大词典》的分词、释义的可信度也够高了。一部《尔雅》,一部《说文解字》,研究了两千年,解决了多方面的汉语词汇史的问题。《汉语大词典》该当是目前研究汉语词汇史、词义史最方便、最有效的材料。《汉语大词典》单义词的第一个例证,换到词汇史的角度,例证所从出之书就是这个词的出生证,在这部书中是一个新词;最后一个例证所从出之书就是这个词

的消亡报告书，词死亡于这一部书之后。《汉语大词典》多义词第一个义项的第一个例证所从出之书是这个词这个义项的出生证，最后一个例证所从出之书是这个词这个义项的消亡报告书，这个义项消亡于这部书之后。第二个义项，第三个义项亦如之。利用《汉语大词典》的例证，可以把这三十七万个词目和它的义位分置到三千多种文献中去。每一种文献都能得到这部文献产生的新词新义，也能得到这部文献之后旧词旧义消亡的信息，共可得三千多种书的新词新义和旧词旧义消亡的信息，也就是三千多种书记录了汉语史上三十七万个词的产生和消亡的历史。再依书的作者时代把三千多种书分置到各个朝代，进行专书的多方位、多层次的新词新义和旧词旧义消亡的研究，进行断代的多方位、多层次的新词新义和旧词旧义消亡的研究，就一定能获得全面的新的汉语词汇史的面貌。

我们强调根据汉语大词典出版社纸质本《汉语大词典》进行研究，如果使用商务印书馆2·0电子版，要求必须校对纸质本。本文所用《汉语大词典》语料没有经过校对。

二、《汉语大词典》词汇发展演变史研究的内容

《汉语大词典》词汇发展演变史研究的内容，是以《汉语大词典》提供的词目、释义、书证为材料，来研究各个时代汉语新词、新义位发展演变的历史和旧词、旧义位消亡的历史。

（一）主要研究内容

1. 排出每一个词、词义产生和消亡的时间表，建立新词、新义产生和消亡档案，获得词汇、词义的历史层次。

2. 根据各个朝代的社会生活和文化，研究这一时期的基本词汇、常用词汇、一般词汇，获得朝代断代词汇的构成。

3. 研究同义词、反义词、上下位词等语义场，获得每个朝代的词汇系统。

4. 研究由单音词到复音词的发展因素与机制。

5. 研究单音词与词素的关系、词素与复音词的关系。

6. 研究同形词。

7. 研究假借义在词汇系统中的地位。

8. 把每一个词置回所从出的书中，根据这部书中这个词的分布，根据书的作者思想、地域、社会文化研究每个词产生的理据，即内部因素和外部因素。

9. 根据基本词汇、常用词汇和词汇系统，归纳标志词，归纳断代标志词义场，重新划分词汇断代史。

10. 进行书与书之间、时代与时代之间、地域与地域之间词汇比较研究，发现词汇产生、消亡的规律。

11. 研究动词、形容词、名词、副词、代词、介词、连词、助词、语气词等各类词产生和消亡的规律。

12. 研究共同语与方言的关系，找出其历史层次。

13. 研究词、词义与文体文类的关系。

14. 研究词、词义与历史文化的关系。

15. 研究词、词义与中华民族思维史的关系。

16. 研究新词、新义与旧词、旧义的关系，消亡词、词义与新词新义的关系，等等。

(二)研究重点

王力先生在《汉语史稿》第一章说：“在三千多年的汉语发

展过程中，到底逐渐积累了的是一些什么新质要素，逐渐衰亡了的是一些什么旧质要素？能答复这个问题，就是研究了汉语的历史。”本课题研究的重点，就是通过新词新义的产生研究三千年汉语词汇逐渐积累了什么新质要素，通过旧词旧义的消亡研究三千年汉语词汇逐渐衰亡了什么旧质要素，从这样两个方面结合研究汉语词汇的历史。

（三）研究的难点

首先来自《汉语大词典》本身的不足，如所举始见书例有时较晚。这个问题就现在的研究成果，我们有研究者进行过统计，不到万分之五。这需要吸收现有对《汉语大词典》的研究成果，如王锳《〈汉语大词典〉商补》、王宣武《汉语大词典拾补》等，有时还需要重检语料库。如《汉语大词典》释义有时是义位变体，还需要重新归纳。如《汉语大词典》举例少，不足以从义位变体的对比中研究义位，还需要回到例句所出文献、同时文献甚至稍前时文献、稍后时文献中去重新检选用例，求真正的义位。再如，义位与义位间缺少义位变体的联系，这也需要重新寻找义位间的变体。这些方面，也需要吸收对《汉语大词典》的现有研究成果。我们统计，约有四百来篇论文。还有，据我们研究，《汉语大词典》缺少殷商甲骨文词汇词义，缺少两周金文词汇词义，缺少战国秦汉简帛文字语料的词汇词义，缺少汉魏以来汉译佛典、禅宗、变文词汇词义，还缺少明末以来科技文献的词汇词义，缺少晚清五百余部小说语料中的词汇词义，也就漏收了一些词。这涉及汉语词汇词义的起源、汉语词汇词义的重大转折现象。这些材料都是需要补充的。甲骨文、殷商金文、西周金文、明末以来科技文献、晚清小说等语料的词汇词义研究，我们已进行多年，大都有了初步成果。其次，新词、新义的历史研究，旧词、旧义消亡的历史研究，还缺少研究经验，缺少成熟的研究模式。新质要素、旧质要素的个别、一般、系统及其发展演变极细微虚灵，一定殚精竭思方可。

（四）主要观点

汉语词汇是一个共时系统，又是一个历时系统，对每一个新词新义的研究，都要考虑其在系统中的地位、系统对它的制约性、系统给它提供的机制等。词、词义是在语言运用中发展演变以至消亡的，语用、语境是其产生、发展、消亡的土壤。对每一个词、词义必得放到一定的语用、语境中去研究。词汇词义是一种生动活跃的社会现象，研究一定要与社会历史的经济文化生活相联系。

（五）主要创新点

1. 研究方法的创新

汉语词汇史研究，专书词汇研究是断代词汇研究的基础，断代词汇研究是词汇通史研究的基础。只有在相当数量的专书词汇得到研究的时候，才有条件研究汉语词汇通史。但是，中国古今典籍浩如烟海，要想穷尽地研究专书至少现在是不可能的，只能选择有代表性的专书进行研究。《四库全书》收书 10289 种，除掉存目书，还有 3470 种。假定我们以 3470 种作为研究词汇史的代表专书，假定全国每年能出版 10 种专书的词汇研究著作，那么我们要等 340 多年以后才有条件研究词汇通史。而《汉语大词典》选用古今文献 3000 余种，我们以《汉语大词典》所选文献作为汉语词汇史的语料、以《汉语大词典》所收词汇作为汉语词汇史研究对象，可以使汉语词汇通史的研究提前340年。

分解回归方法并用，以朝代为词汇史断代。以《汉语大典词》词汇、语料研究汉语词汇通史，首先把汉语词汇构成的各类词语，按《汉语大词典》所列各个义项例证的始见书、中见书、终见书，分解到3000多种专书中去，形成各专书的各类词语的新词语新义、延用词语延用义、消亡词语消亡义等统计，进行专书词语词义研究。其次，按各专书的时代，把各专书的各类词语的新词语新义、延用词语延用义、消亡词语消亡义归到各个朝代去，按词语词义的社会性、时代性，联系当朝的政治、经济、文化、社会、风俗等研究词汇词义的新生与消亡，研究词汇词义的发展演变，形成朝代词汇史。再次，把各朝代词汇史联起来，探讨长时段的汉语词汇词义发展演变通史。

2. 研究内容的创新

《汉语大词典》所提供的语料具有典型性，词语量大，经过我们上面的分解到专书，回归到词汇通史，具有词汇通史的全貌，除了上述专书词汇研究、断代词汇研究、词汇通史研究之外，还要进行很多专题研究，如汉语新词、新义发展演变通史，汉语旧词、旧义消亡演变通史，汉语词汇发展演变通史、汉语词义发展演变通史，专书基本词汇、朝代基本词汇、基本词汇发展演变通史，专书常用词汇词义、断代常用词汇词义、常用词汇词义发展演变通史，专书基本词义场、专书标志性词义场、断代基本词义场、断代常用词义场、断代标志性词义场，基本词义场发展演变通史、常用词义场发展演变通史、标志性词义场发展演变通史，单音词发展演变史、复音词发展史、成语谚语歇后语等发展史、词素词素义发展演变史，假借义出现演变史、假借字史，方言词发展演变史等，词汇专题研究就有了依托和比较参照的对象。这些词汇词义专题研究的内容，在没有《汉语大词典》专书词汇词义、断代词汇词义、词汇词义通史研究的基础的时候，都是不可能进行的。

3. 研究理念的创新

长期以来，汉语言文字学领域，词汇词义研究最薄弱。原因大致有：一，词汇词义与字、字义关系最近，文字学研究掩盖或分散了词汇词义研究。二，词汇与词组关系也近，二者不易切得清楚。三，词汇词义量最大，很难弄清楚它的基本面貌，研究很难深入。四，词汇词义层次最复杂，尤其是词义，如何切分其不同的层面，不同的类型，很难有清晰准确的模式。五，词汇词义与社会关系最近，但是，研究起来，由于词汇词义的单位小，却很难与社会取得联系。六，词汇词义量大，层次多，涉及的方面复杂，词汇词义系统也成为难题。这些既是词汇研究薄弱的原因，也是词汇研究的难点，更是词汇词义研究的重点，既是实践问题，也是理论问题。

我们以《汉语大词典》作为语料，全面研究词汇史，是个大课题、大工程，所以在研究理念上，就要有勇敢的气魄，远大的理想，科学求实的精神。主要表现为：一，要抛弃过去词汇研究中绕开难点而只讲谁都能说明白的问题的做法，勇于碰难题，勇于探讨难题，力求在难题上拿出自己的见解。二，学术上，抛弃从词汇到词汇的研究方法，要站得更高，从更多的方面认识词汇，认识词义，要从文字、音韵、训诂方面认识词汇词义，又要从语法、修辞、语用方面认识词汇词义，更要从当代语义学、语义哲学、社会语言学理论方法方面认识词汇词义。三，强调专书内容类型、体裁类型下的词汇词义特点，强调专书反映社会的方面，关注词汇的社会性、时代性,关注词义的社会性、时代性。四,抛弃以“词”的研究代替词义的研究,代替词义的语用研究,从词汇平面、词义平面和词义语用平面三个层次来研究,把研究对象摸透彻,把所用概念定准确,强调词汇的系统性,词义的系统性。五,抛弃纯静态描写,从动态与静态的结合上,研究词义组合与义位变体、词义组合与义位,从而导致新词新义等新质要素产生的动因与机制,从而导致旧词旧义等旧质要素消亡的动因与机制,探寻词汇词义发展演变的规律。

三、《汉语大词典》的词汇史价值与研究途径

根据《汉语大词典》研究汉语词汇史,把《汉语大词典》所收各种词汇类型的各种意义分解到3000余种专书中去,是第一步。各种词汇类型的各种意义即体现了《汉语大词典》的词汇史价值,分解到各专书即是研究途径的第一步工作。(分解主要是做出各专书的词汇词义的文件夹)

(一)《汉语大词典》所收各词、各义项的例证。

《汉语大词典》对于词语,每解释一个义项,都要引用多个例子,来证明古代文献语言中确实有这个义项。因此,所引例子称为例证,又称为书证。换到汉语词汇史的角度看,例证是确定新词、新义的产生和旧词、旧义的消亡的根本依据。

《汉语大词典》每个义项引用的例子一般是三个,也有多于或少于三个的。

(二)《汉语大词典》每个词的第一个义项的第一个例证,证明新词。

《汉语大词典》的每一个词的义项,强调“按照本义(或较早

的意义)、引申义或比喻义的次序排列”,因此,第一个义项多是本义或较早的意义。

《汉语大词典》的每个义项的例句,强调“第一个例句应当尽可能选用时代最早的,以下选用比较晚的直到近代现代的”,因此,例句的顺序基本反映了一个词或者一个义项产生、发展、消亡的时代。

每一个义项的第一个例证,换到词汇史的角度,假如这第一个例子所证明的义项是一个词的第一个义项,那么,这个词就是一个新词。可分为两项:

1. 单义词义项的第一个例子,说明这个义项在例子所在的书中是新词。如:

懝[ài ㄞ]

惶恐。汉扬雄《太玄·文》:“高明足以覆照,制刻足以竦懝。”刘师培《与人论文书》:“前贤之文,持各有故,希志凌昔,弗事懝怯。”

“懝”是一个单义词,只有一个义项。第一个例子出于汉代扬雄的《太玄·文》篇,说明“懝”在《太玄》中是个新词。置入扬雄的《太玄》“新词”文件夹,作:

懝1[ài ㄞ]

惶恐。汉扬雄《太玄·文》:“高明足以覆照,制刻足以竦懝。”刘师培《与人论文书》:“前贤之文,持各有故,希志凌昔,弗事懝怯。”

注意:文件夹的内容要保持《汉语大词典》释义的全貌,即包括释义和所有例句。以下各例相同。

【進伐】犹进攻。《晏子春秋·问上五》:“災害加于諸侯,勞苦施于百姓,故讎敵進伐,天下不救,貴戚離散,百姓不與。”《梁书·萧範传》:“太清元年,大舉北伐,以範爲使持節、征北大將軍、總督漢北征討諸軍事,進伐穰城。”参见“進攻”。

“进伐”是一个单义词,只有一个义项。第一个例子出于战国时《晏子春秋·问上五》,说明“进伐”在《晏子春秋》中是个新词。当置入《晏子春秋》之“新词”文件夹,作:

【進伐】犹进攻。《晏子春秋·问上五》:“災害加于諸侯,勞苦施于百姓,故讎敵進伐,天下不救,貴戚離散,百姓不與。”《梁书·萧範传》:“太清元年,大舉北伐,以範爲使持節、征北大將軍、總督漢北征討諸軍事,進伐穰城。”参见“進攻”。

注意:任何一个单义词,第一个义项所用第一个书证,这个义项的词,在这个例子所出的书中都是一个新词。

2. 单义词,只有一个义项,又只有一个例子,这样的词,我们称之为“独用词”,要为专书建立“独用词”文件夹。如:

【進鴆】进毒酒。《後汉书·李固传》:“冀忌帝聰慧,恐爲後患,遂令左右進鴆。”

【進脯】上肉食。刘半农《学徒苦》诗:“一日三餐,学徒侍食进脯。”

【進房】谓多付一个月租金,作为房租押金。《儒林外史》第三三回:“南京的風俗是要付一個進房,一個押月。”

“进鸩”出自南朝范晔《后汉书》,是《后汉书》的新词,也是

《后汉书》之后的消亡词。也就是产生于南朝，也消亡于南朝。入《后汉书》之“独用词”文件夹，作：

【進鴆】进毒酒。《後汉书·李固传》：“冀忌帝聰慧，恐爲後患，遂令左右進鴆。”

“进脯”产生于刘半农，即民国，也死亡于民国。入刘半农《学徒苦》“独用词”文件夹，作：

【進脯】上肉食。刘半农《学徒苦》诗：“一日三餐，学徒侍食进脯。”

“进房”产生于清代《儒林外史》，也死亡于清代。入《儒林外史》之“独用词”文件夹，作：

【進房】谓多付一个月租金，作为房租押金。《儒林外史》第三三回：“南京的風俗是要付一個進房，一個押月。”

又如：

【頡3籀】古代字书《仓颉篇》和《史籀篇》的并称。亦用以泛指古文字。章炳麟《瑞安孙先生伤辞》：“内之頡籀儒墨之文，外之玄奘義浄之術，湊于一身。”

“頡3籀”是一个只有一个义项的典故词，也只有一个例句。出处无例句。属于“独用词”。当入章炳麟《瑞安孙先生伤辞》之“独用词”文件夹，作：

【頡3籀】古代字书《仓颉篇》和《史籀篇》的并称。亦用以泛指古文字。章炳麟《瑞安孙先生伤辞》：“内之頡籀儒墨之文，外之玄奘義浄之術，湊于一身。”

3. 多义词的第一个义项一般是本义。这个词在第一个义项之第一个例句所出专书中是新词。如：

進[jìn ㄐㄧㄣˋ]

1. 前进；向前。《周礼·夏官·大司马》："車徒皆作，遂鼓行，徒銜枚而進。"郑玄注："進，行也。"唐韩愈《送侯参谋赴河中幕》诗："河北兵未進，蔡州帥新薨。"邓小平《坚持四项基本原则》一："退一步才能进两步。"

"进"字的第一个义项是本义，所用的第一个例证出自《周礼·夏官·大司马》，说明"进"这个词最早见于《周礼·夏官·大司马》。换到词汇史的角度看，"进"是《周礼》一书的新词。当入《周礼》"新词"文件夹，作：

進[jìn ㄐㄧㄣˋ]

1. 前进；向前。《周礼·夏官·大司马》："車徒皆作，遂鼓行，徒銜枚而進。"郑玄注："進，行也。"唐韩愈《送侯参谋赴河中幕》诗："河北兵未進，蔡州帥新薨。"邓小平《坚持四项基本原则》一："退一步才能进两步。"

又如：

【進行】1. 向前行走。《墨子·经说下》："傴宇不可偏舉，字也。進行者，先敷近，後敷遠。"孙诒让间诂："傴區、偏徧，並聲同字通。字當作宇。敷猶布也。"唐韦瓘《周秦行纪》："夜月始出，忽聞有異香氣，因趨進行，不知遠近。"沙汀《航线》："鼓动着钢铁的脉搏，喷着气，船朝前进行。"

这是"进行"一词的第一个义项，是本义，所用第一个例子是《墨子·经说下》中的句子，说明"进行"一词最早见于《墨子·经说下》。换到词汇史角度看，"进行"在《墨子》中是一个

新词。当入《墨子》“新词”文件夹。作:

(以下略)

总之,任何一个多义词如果第一个义项是本义,所用第一个书证,这个义项的词,在例子所出的这部书中都是一个新词。

(三)《汉语大词典》的多义词,第二个义项、第三个义项及其以后的义项,每个义项的第一个例子,说明这个义项在例子所出之专书中是新义。如:

進[**jìn** ㄐㄧㄣˋ]

2. 进仕;出仕。《楚辞·离骚》:“既干進而務入兮,又何芳之能祗。”唐韩愈《张君墓志铭》:“皇考諱郇,以儒學進,官至侍御史。”

这是“进”字的第二个义项,所用第一个例证是《楚辞·离骚》,说明这第二个义项在《楚辞》中是“进”这个词的一个新义。当入《楚辞·离骚》“新义文件夹”,作:

進[**jìn** ㄐㄧㄣˋ]

1. 进仕;出仕。《楚辞·离骚》:“既干進而務入兮,又何芳之能祗。”唐韩愈《张君墓志铭》:“皇考諱郇,以儒學進,官至侍御史。”

又如:

進[**jìn** ㄐㄧㄣˋ]

2. 从事;实行。《孟子·梁惠王上》“吾惛,不能進於是矣”汉赵岐注:“王言我情思惛亂,不能進行此仁政。”明宋濂《孚中禅师信公塔铭》:“謂左右曰:‘吾將歸矣。汝等當以荷法自期,勵精進行可也。’”毛泽东《关心群众生活,注意工作方法》:“因为革命战争是群众的战争,只有动员群众才能进行战争,只有依靠群众才能进行战争。”

3. 指病情扩展。黄既《关向应同志在病中》六:“他的左肺由于脓胸,已经完全萎缩,右肺的病,进行很快,将近一半也已经坏了。”《花城》1981 年第 6 期:“她消瘦下去,像癌症病人一样进行性地、恶病质地消瘦下去。”

这是“进行”一词的第二个、第三个义项。义项 2“从事;实行”的第一个例子出于《孟子·梁惠王上》,说明“从事;进行”在《孟子》中是新义。当入《孟子》“新义”文件夹。

义项 3“指病情扩展”第一个例子出于现代人的作品,说明在现代汉语中产生了新义。当入黄既《关向应同志在病中》“新义”文件夹。

任何一个多义词的第二个义项,第二个义项以后的义项,在其第一个例子所从出之著作中,都是只是新义,而不是新词。

(四)《汉语大词典》各类义项的中间的例子,即第一个例子和最后一个例子中间的例子,说明词义至此没有中断,仍在使用,是旧词旧义。为便于研究,随前面的新词、新义、旧词、旧义入文件夹,也就是保持释义、例句的原貌。

《汉语大词典》各类义项的第二个例证,往往取这个义项历史上处于中间时段的典型例证,用来证明这个义项没有中断,还在使用。词已是旧词,义已是旧义。如:

“进”字是个多义词,其第一个义项下共三个例子:

進[**jìn** ㄐㄧㄣˋ]

1. 前进;向前。《周礼·夏官·大司马》:“車徒皆作,遂鼓行,徒銜枚而進。”郑玄注:“進,行也。”唐韩愈《送侯参谋赴河中幕》诗："河北兵未進，蔡州帥新薨。"邓小平《坚持四项基本原则》一："退一步才能进两步。"

第二个例子是中间的例子，来自唐代韩愈的《送侯参谋赴河中幕》诗，说明第一个义项到唐代韩愈的时代仍在使用，"进"已是个旧词，"前进；向前"义已是旧义。

"进行"是个多义词，这里摘取前三个义项：

【進行】1. 向前行走。《墨子·经说下》："傴宇不可偏舉，字也。進行者，先敷近，後敷遠。"孙诒让间诂："傴區、偏徧，並聲同字通。字當作宇。敷猶布也。"唐韦瓘《周秦行纪》："夜月始出，忽聞有異香氣，因趨進行，不知遠近。"沙汀《航线》："鼓动着钢铁的脉搏，喷着气，船朝前进行。"

2. 从事；实行。《孟子·梁惠王上》"吾惛，不能進於是矣"汉赵岐注："王言我情思惛亂，不能進行此仁政。"明宋濂《孚中禅师信公塔铭》："謂左右曰：'吾將歸矣。汝等當以荷法自期，勵精進行可也。'"毛泽东《关心群众生活，注意工作方法》："因为革命战争是群众的战争，只有动员群众才能进行战争，只有依靠群众才能进行战争。"

3. 指病情扩展。黄既《关向应同志在病中》六："他的左肺由于脓胸，已经完全萎缩，右肺的病，进行很快，将近一半也已经坏了。"《花城》1981 年第 6 期："她消瘦下去，像癌症病人一样进行性地、恶病质地消瘦下去。"

义项 1 下共三个例子，第二个例子是中间的例子，出于唐代韦瓘的《周秦行纪》，说明"进行"唐代已是旧词，第一个义项"向前行走"已是旧义。

义项 2 下共三个例子，第二个例子出自明代宋濂《孚中禅师信公塔铭》,说明“进行”明代已是旧词,“从事;实行”义项已是旧义。

义项3下共两个例子,无中间时段例子。第一个例子证明新义项,第二个例子证明义项还在用。

注意:《汉语大词典》各类义项的中间的例子,价值都是说明这个义项还在使用。换个角度看,就是已成旧词旧义。这种情况,不做独立文件夹,例证跟第一个例句走。

(五)《汉语大词典》一个词的任何一个义项的时代最晚的一个例证,证明这个义项或者这个词的使用已到最后时期。例证之后,便是这个义项或者这个词消亡的时代。这有如下几种情况:

1. 单义词的消亡,如:

【進官】进升授官;进升官职。《汉书·孔光传》:“光帝師傅子,少以經行自著,進官蚤成。”元辛文房《唐才子传·李端》:“曖嘗進官,大宴酒酣,主屬端賦詩,頃刻而就。”

“进官”是个单义词,最后一个例子出于元代辛文房《唐才子传·李端》。说明“进官”一词至元代辛文房《唐才子传》之后消亡。入元代辛文房《唐才子传》之“旧词消亡”文件夹,作:

【進官】进升授官;进升官职。《汉书·孔光传》:“光帝師傅子,少以經行自著,進官蚤成。”元辛文房《唐才子传·李端》:“曖嘗進官,大宴酒酣,主屬端賦詩,頃刻而就。”

2. 单义词最晚的一个用例是现代汉语的例句,不是该词消亡于现代汉语,而是现代汉语继续使用,在现代汉语中是承古词,如:

【貼經】犹帖经。科举时代的一种考试方式。宋高承《事物纪原·学校贡举·三场》:"天寶十三載,舉人問策外,更詩賦并雜文貼經爲三場試也。"《续资治通鉴·宋太宗太平兴国八年》:"進士免貼經,只試墨義二十道,皆以經中正文大義爲問題。"范文澜、蔡美彪等《中国通史》第四编第一章第四节:"明经科考试贴经、墨义,死背词句。"参阅《通典·选举三》。

"贴经"最晚一个例句来自现代人范文澜、蔡美彪等《中国通史》,不是说明"贴经"消亡于范文澜、蔡美彪等《中国通史》之后,而是说明"贴经"现代汉语中仍在使用,是现代汉语的承古词。当入范文澜、蔡美彪等《中国通史》之"承古词"文件夹,作:

【貼經】犹帖经。科举时代的一种考试方式。宋高承《事物纪原·学校贡举·三场》:"天寶十三載,舉人問策外,更詩賦并雜文貼經爲三場試也。"《续资治通鉴·宋太宗太平兴国八年》:"進士免貼經,只試墨義二十道,皆以經中正文大義爲問題。"范文澜、蔡美彪等《中国通史》第四编第一章第四节:"明经科考试贴经、墨义,死背词句。"参阅《通典·选举三》。

3. 多义词义项的消亡,如:

進[**jìn** ㄐㄧㄣˋ]

5. 上朝;进见。《礼记·月令》:"〔仲夏之月〕君子齊戒,處必掩身,毋躁,止聲色,毋或進。"郑玄注:"進猶御見也。"《史记·孟尝君列传》:"賓客日進,名聲聞於諸侯。"唐韩愈《复志赋》:"時乘閒以獲進兮,顔垂歡而愉愉。"

这是“进”的第五个义项，最后一个例证是唐代韩愈的赋，说明此义项到韩愈时代还在用，消亡于韩愈之后。当入唐韩愈《复志赋》“旧义项消亡”文件夹，作：

進[**jìn** ㄐㄧㄣˋ]

5. 上朝；进见。《礼记·月令》：“〔仲夏之月〕君子齊戒，處必揜身，毋躁，止聲色，毋或進。”郑玄注：“進猶御見也。”《史记·孟尝君列传》：“賓客日進，名聲聞於諸侯。”唐韩愈《复志赋》：“時乘閒以獲進兮，顔垂歡而愉愉。”

又如：

進[**jìn** ㄐㄧㄣˋ]

7. 进奉；奉献。《孟子·离娄上》：“問有餘，曰‘亡矣’，將以復進也。”唐王建《宫前早春》诗：“内園分得温湯水，三月中旬已進瓜。”明陈继儒《珍珠船》卷一：“李伯時至騏驥院，見外國所進六馬，乃畫圖之。”清吴骞《扶风传信录·後会仙记》：“予姐淑貞命以此爲元靈娘娘壽，謹分擕進兄，以表小妹之敬。”

这是“进”的第七个义项，共四个例证，最后一个例证是清代吴骞《扶风传信录·後会仙记》，消亡于清代吴骞之后。当入清代《扶风传信录》之“旧义项消亡”文件夹，作：

進[**jìn** ㄐㄧㄣˋ]

7. 进奉；奉献。《孟子·离娄上》：“問有餘，曰‘亡矣’，將以復進也。”唐王建《宫前早春》诗：“内園分得温湯水，三月中旬已進瓜。”明陈继儒《珍珠船》卷一：“李伯時至騏驥院，見外國所進六馬，乃畫圖之。”清吴骞《扶风传信录·後会仙记》:"予姐淑貞命以此爲元靈娘娘壽,謹分攜進兄,以表小妹之敬。"

4. 多义词各义项之各个例句中,时代最晚的一个用例是现代汉语的例句,不是该词消亡于现代汉语,而是现代汉语继续使用,在现代汉语中是承古词,如:

【贴水】1. 贴着或贴近水面。唐韦应物《始夏南园思旧里》诗:"池荷初貼水,林花已掃園。"金元好问《刘邓州家聚鸭图》诗:"若爲化作江鷗去,拍拍隨君貼水飛。"清王士禛《吕城雪霁》诗之一:"鳥飛皆貼水,舟泛若乘空。"2. 调换票据或兑换货币时,因比价的不同,比价低的一方补足一定的差额给另一方。《二十年目睹之怪现状》第五九回:"此時我要回上海,這些爛板銀,早在廣州貼水換了光板銀元。"洪深《贫民惨剧》第五幕:"〔刘姑丈:〕一五,票子是新的;一十,真好看;十五,没有数差吧?二十,是不是四张?二十五,全是本地的,不用贴水。"

"贴水"一词共两个义项,第二个义项中洪深《贫民惨剧》例句时代最晚,洪深是现代人,不是说明"贴水"一词消亡于现代汉语,而是说明现代汉语中这个词还在使用。义项1时代最早的例句是唐代韦应物的,说明是一个古代汉语词。那么,"贴水"是现代汉语中的承古词。当入洪深《贫民惨剧》"承古词"文件夹,作:

【贴水】1. 贴着或贴近水面。唐韦应物《始夏南园思旧里》诗:"池荷初貼水,林花已掃園。"金元好问《刘邓州家聚鸭图》诗:"若爲化作江鷗去,拍拍隨君貼水飛。"清王士禛《吕城雪霁》诗之一:"鳥飛皆貼水,舟泛若乘空。"2. 调换票据或兑换货币时，因比价的不同，比价低的一方补足一定的差额给另一方。《二十年目睹之怪现状》第五九回："此時我要回上海，這些爛板銀，早在廣州貼水換了光板銀元。"洪深《贫民惨剧》第五幕："〔刘姑丈：〕一五，票子是新的；一十，真好看；十五，没有数差吧？二十，是不是四张？二十五，全是本地的，不用贴水。"

一个多义词，如果有一个义项是古代汉语的，其他很多义项中都有现代汉语用例，更说明这个词是现代汉语中的承古词。至于入哪个专书的文件夹，就要看哪一部专书时代最晚了。如：

【贴身】1. 媵妾；小妻。宋庄季裕《鸡肋编》卷下："古所謂媵妾者，今世俗西北名曰'祗候人'，或云'左右人'……而浙人呼爲'貼身'，或曰'横牀'。"清梁同书《直语补证》："俗謂左右媵妾曰貼身。"2. 指跟随在身边的；亲近的。《西游记》第七一回："你將那貼身的侍婢，唤一個進來。"《红楼梦》第十三回："戴權看了，回手遞與一個貼身的小廝收了。"沙汀《兽道》："单说我们贴身的几个人吧。姑父的头发白了大半，就是打起喷嚏来也没有从前响了；多病的姑母更加衰弱下去。"3. 紧挨肤体。《西游记》第六十回："牛王脱了那赴宴的鴉青絨襖，束一束貼身的小衣，雙手綽劍，走出芭蕉洞。"杜鹏程《保卫延安》第二章："战士们都理了发，在河湾里洗了澡。每个人贴身穿着敌人送来的崭新的黄军衣，外面罩着洗得很干净的灰军衣。"4. 合身。周而复《上海的早晨》第三部三十："马丽琳向朱筱堂看了一眼，只见他穿了一身西装，有点不大贴身，好像是个暴发户。"周克芹《许茂和他的女儿们》第三章："看那碎花纺绸面子的小袄儿多好看、多贴身啦！"5.骗局的一种。陈垣《〈元典章〉校补释例》卷五："'昭身'元作'貼身'。'貼身'爲元代專名，蓋騙局之一種也。"

"贴身"第二个义项时代最晚的例句是现代人沙汀的，第三个义项时代最晚的例句是现代人杜鹏程的，第四个义项时代最晚的例句是现代人周克芹的，第五个义项时代最晚的例句是现代人陈垣的，其中，周克芹最晚，当入周克芹《许茂和他的女儿们》之"承古词"文件夹。

注意：复音多义词各个义项之各个例句仍要做各专书"新词"、"新义项"、"词义的消亡"等文件夹。复音词、词义消亡文件夹要做两次：(1)以"词"为单位，以各义项中各个例句时代最晚的为依据，做整个词消亡文件夹一次(一个)。(2)以义项为单位，以各个义项最后一个例句所出专书为依据，做"旧义的消亡"文件夹(若干个)。包括：以第一义项第一个例句做专书"新词"文件夹，以第一义项最后一个用例做专书"旧义消亡"文件夹(如果用例是现代汉语的，就做"承古词"文件夹)。第二义项、第三义项等各义项第一个例句、最后一个例句都要做相应文件夹。

5. 多义词的消亡。多义词的消亡，必须是一个多义词的各个义项皆消亡，才能算词的消亡。在一个多义词的各个义项的各个例子中，时代最后的一个例子之后，才是它的消亡时代。如：

【雕刓】1. 刁顽。《旧唐书·钱徽传》："兵興已來，人散久矣，始欲導之以德，不欲驅之以刑。然而信有未孚，理有未至，曾無耻格，益用雕刓。"

2. 雕琢刻镂。元揭傒斯《赠髹者黄生》诗："髹鍗肇有虞,大樸已雕刓。紛紛百代下,巧密何多端。"

"雕刓"是个多义词,第一个义项只有一个例子,出于《旧唐书》。《旧唐书》为五代后晋刘昫监撰。这个义项出现于五代,也消亡于五代。第二个义项也只有一个例子,出自元代揭傒斯《赠髹者黄生》诗。产生于元代,也消亡于元代。元代的例子时代晚于五代的例子,元代是这个词消亡的时代(五代是它产生的时代)。当入元代揭傒斯《赠髹者黄生》诗之"旧词的消亡"文件夹,作:

【雕刓】1. 刁顽。《旧唐书·钱徽传》:"兵興已來,人散久矣,始欲導之以德,不欲驅之以刑。然而信有未孚,理有未至,曾無耻格,益用雕刓。"

2. 雕琢刻镂。元揭傒斯《赠髹者黄生》诗:"髹飾肇有虞,大樸已雕刓。紛紛百代下,巧密何多端。"

又如:

【雕文】1. 饰以彩绘、花纹。《韩非子·十过》:"四壁垩墀,茵席雕文。"《旧唐书·职官志三》:"中尚令,掌供郊祀之圭璧、玩器之物。中宫服飾,雕文錯綵之制,皆供之。"

2. 指以彩绘、花纹为饰的物品。《韩诗外传》卷八:"士不造無用,雕文不粥於肆。"《後汉书·宦者传序》:"狗馬飾雕文,土木被緹繡。"

3. 犹美文。唐褚亮《十八学士赞·记室参军虞世南》:"篤行揚聲,雕文絶世,網羅百世,並包六藝。"

4. 刻文字于碑石。宋叶適《林正仲墓志铭》:"喪死者焚屍,糜其骨,衆薰合和,凌風飄颺……正仲雕文禁止,治塚甓藏之,始變其俗。"

"雕文"一词共四个义项,第四个义项宋代叶适的例子最晚,它消亡于宋代叶适之后(《韩非子》的例子最早,它产生于战国韩非子时代)。当入宋代叶适《林正仲墓志铭》之"旧词消亡"文件夹,作:

【雕文】1. 饰以彩绘、花纹。《韩非子·十过》:"四壁垩墀,茵席雕文。"《旧唐书·职官志三》:"中尚令,掌供郊祀之圭璧、玩器之物。中宫服飾,雕文錯綵之制,皆供之。"

2. 指以彩绘、花纹为饰的物品。《韩诗外传》卷八:"士不造無用,雕文不粥於肆。"《後汉书·宦者传序》:"狗馬飾雕文,土木被緹繡。"

3. 犹美文。唐褚亮《十八学士赞·记室参军虞世南》:"篤行揚聲,雕文絶世,綱羅百世,並包六藝。"

4. 刻文字于碑石。宋叶適《林正仲墓志铭》:"喪死者焚屍,糜其骨,衆薰合和,凌風飄颺……正仲雕文禁止,治塚甓藏之,始變其俗。"

(六)现代汉语"承古词"。假如一个词的任何一个义项,其最后一个例子是现代汉语的,说明这个义项沿用到现代汉语,这个词也沿用到现代汉语。这就不能说这个例子之后这个词就消亡了,只能说它是现代汉语中的"承古词"。

现代汉语"承古词",指从古代汉语继承来,现代汉语仍然使用的词。换句话说,古代汉语的词传到现代,没有消亡。可分为:

1. 单义词承古词,即单义词最后一个例子出自现代汉语某作品的词。如：

【處于】亦作“處於”。

处在某种地位或状态。宋苏轼《上富丞相书》：“今也處於至足之勢，則是明公無復有所羡慕於天下之功名也。”刘半农《扬鞭集·耻辱的门》：“预料今后的你和我，已处于相异的世界了。”毛泽东《中国人民站起来了》：“我们必须和一切爱好和平自由的国家和人民团结在一起……使我们的保障人民革命胜利成果和反对内外敌人复辟阴谋的斗争不致处于孤立地位。”

“处于”是个单义词，它的最后一个例子出自毛泽东《中国人民站起来了》。我们不能说，“处于”消亡于《中国人民站起来了》之后不久，我们只能说，“处于”是个承古词，当入毛泽东《中国人民站起来了》“承古词”文件夹，作：

【處于】亦作“處於”。

处在某种地位或状态。宋苏轼《上富丞相书》：“今也處於至足之勢，則是明公無復有所羡慕於天下之功名也。”刘半农《扬鞭集·耻辱的门》：“预料今后的你和我，已处于相异的世界了。”毛泽东《中国人民站起来了》：“我们必须和一切爱好和平自由的国家和人民团结在一起……使我们的保障人民革命胜利成果和反对内外敌人复辟阴谋的斗争不致处于孤立地位。”

单音的单义词也同样。

2. 多义词承古词。一个多义词，是不是在语言中消亡，要看这个词各个义项中最后一个例子是什么时代，如：

【處物】1. 审识事物。《国语·鲁语上》:"夫仁者講功,而智者處物。"

2. 对待人和事物。《庄子·知北游》:"聖人處物不傷物,不傷物者,物亦不能傷也。"《北齐书·司马子如传》:"子如性滑稽,不治檢裁……素無鯁正,不能平心處物。"

"处物"共两个义项。两个义项中,第二个义项最后一个例子出自《北齐书》,《北齐书》为唐贞观三年李百药撰,那么,"处物"消亡于唐贞观三年之后。

但是,假如一个多义词各个义项中最晚的一个例子出自现代汉语某部作品,我们就不能说这个词消亡于这部作品之后不久,因为这个词实际处于仍然使用中,是现代汉语中的承古词。如:

【雕琢】1. 雕刻金玉等。唐罗隐《投所思》诗:"雕琢只應勞郢匠,膏肓終恐誤秦醫。"清唐甄《潜书·法王》:"如以石爲玉,雕琢之工,雖巧雖勤,終爲惡器。"

2. 指雕琢而成之物。《荀子·王制》:"論百工,審時事,辨功苦,尚完利,便備用,使雕琢文采不敢專造於家,工師之事也。"

3. 比喻修饰文辞;刻意使文辞美妙。唐崔涂《过长江贾岛主簿旧厅》诗:"雕琢文章字字精,我經此處倍傷情。"宋欧阳修《六一诗话》:"如周樸者,構思尤艱,每有所得,必極其雕琢。"清曾国藩《书〈归震川文集〉後》:"假齊梁之雕琢,號爲力追周秦者,往往而有。"秦牧《艺海拾贝·核心》:"而那些辞采华丽,'骈四骊六',洋洋洒洒,极尽雕琢之能事。"

4. 犹矫饰,做作。《韩非子·主道》:"君見其所欲,臣自將雕琢。"《淮南子·精神训》:"衰世湊學,不知原心反

本,直雕琢其性,矯拂其情,以與世交。”宋曾巩《尚书都官员外郎陈君墓志铭》:“爲吏去觚角,絀雕琢,以平易敦樸爲務。”陈独秀《文学革命论》:“推倒雕琢的阿谀的贵族文学,建设平易的抒情的国民文学。”

5. 犹砥砺。晋葛洪《抱朴子·崇教》:“先哲居高而不敢忘危,愛子欲教之義方,雕琢切磋,弗納於邪僞。”南朝梁刘勰《文心雕龙·原道》:“雕琢情性,組織辭令。”宋苏舜钦《应制科上省使叶道卿书》:“以故士皆雕琢節行,緣以文彩,藹藹而進,至使敵國異方,聞風畏之。”

6. 比喻罗织罪名。《後汉书·蔡邕传》:“夫宰相大臣,君之四體,委任責成,優劣已分,不宜聽納小吏,雕琢大臣也。”李贤注:“雕琢,猶鐫削以成其罪也。”

“雕琢”是个多义词,共六个义项。义项3最晚的例子是现代作家秦牧的散文,义项4最晚的例子出自陈独秀,说明义项3和义项4现代还在使用,那么,这个词仍然有生命力,仍然是现代汉语的词。义项3最晚的例子出自秦牧《艺海拾贝·核心》,晚于陈独秀的作品,当入秦牧《艺海拾贝》之“承古词”文件夹,作:

【雕琢】1. 雕刻金玉等。唐罗隐《投所思》诗:“雕琢只應勞郢匠,膏肓終恐誤秦醫。”清唐甄《潜书·法王》:“如以石爲玉,雕琢之工,雖巧雖勤,終爲惡器。”

2. 指雕琢而成之物。《荀子·王制》:“論百工,審時事,辨功苦,尚完利,便備用,使雕琢文采不敢專造於家,工師之事也。”

3. 比喻修饰文辞;刻意使文辞美妙。唐崔塗《过长江贾岛主簿旧厅》诗:“雕琢文章字字精,我經此處倍傷情。”宋欧阳修《六一诗话》:“如周樸者,構思尤艱,每有所得,必極其雕琢。”清曾国藩《书〈归震川文集〉後》:“假齊梁之雕琢,號爲力追周秦者,往往而有。”秦牧《艺海拾贝·核心》:“而那些辞采华丽,‘骈四骊六’,洋洋洒洒,极尽雕琢之能事。”

4. 犹矫饰,做作。《韩非子·主道》:“君見其所欲,臣自將雕琢。”《淮南子·精神训》:“衰世湊學,不知原心反本,直雕琢其性,矯拂其情,以與世交。”宋曾巩《尚书都官员外郎陈君墓志铭》:“爲吏去觚角,絀雕琢,以平易敦樸爲務。”陈独秀《文学革命论》:“推倒雕琢的阿谀的贵族文学,建设平易的抒情的国民文学。”

5. 犹砥砺。晋葛洪《抱朴子·崇教》:“先哲居高而不敢忘危,愛子欲教之義方,雕琢切磋,弗納於邪僞。”南朝梁刘勰《文心雕龙·原道》:“雕琢情性,組織辭令。”宋苏舜钦《应制科上省使叶道卿书》:“以故士皆雕琢節行,緣以文彩,藹藹而進,至使敵國異方,聞風畏之。”

6. 比喻罗织罪名。《後汉书·蔡邕传》:“夫宰相大臣,君之四體,委任責成,優劣已分,不宜聽納小吏,雕琢大臣也。”李贤注:“雕琢,猶鐫削以成其罪也。”

其实,古代的词,包括上古汉语中的词,尤其是单音词,相当大一部分流传到现代。如:

處1[chǔ ㄔㄨˇ]

[《廣韻》昌與切,上語,昌。]

亦作“处1”。“处1”的繁体字。

1. 居住;居于,处在。《易·繫辞下》:“上古穴居而野處，後世聖人易之以宫室。"《庄子·至乐》："魚處水而生，人處水而死。"《史记·樗里子甘茂列传》："昔曾参之處費，魯人有與曾参同姓名者殺人。"唐韩愈《江汉答孟郊》诗："終宵處幽室，華燭光爛爛。"巴金《家》二五："我看你在旧家庭里处得太久，旧习惯染得太深了。"

"处"在《汉语大词典》中有三十六个义项，这是第一个义项，最晚的一个例子是现代汉语的，说明"处"这个词是承古词。

但是，因为单音多义词义项大都非常多，我们就不做单音多义项词的"承古词"了。单音多义词只按义项做义项的新生与消亡文件夹就行了。

多音节多义词，除了以义项为单位做"新义项"文件夹、"义项消亡"文件夹外，还要做"新词"文件夹、"旧词消亡"文件夹。

以上是《汉语大词典》中一般"单音词"、"复音词"词义的情况。另外，还有以下几种情况：

（七）方言词。有单义词的新生，单义词的消亡；多义词义项的新生，多义词义项的消亡；多义词词的新生；多义词词的消亡。做文件夹与前单音词、复音词词义相同，只是加上"方言词"标志，如"方言词新词"、"方言词旧词消亡"、"方言词新义"、"方言词旧义消亡"等文件夹。因此，关于文件夹做法，一般不再叙述。

1. 现代汉语的方言词。其中包括通行区域较广的大方言区的方言词，如"腚后跟"、"白相"：

【腚後跟】指跟随某个头目专事谄媚奉承、助纣为虐的人。郭澄清《大刀记》开篇一："每到这时，白眼狼就领着一些'腚后跟'来到庙上，在院中敲锣打鼓，鸣鞭放炮，又扭又唱。"

【白相】方言。游玩;戏耍。况周颐《蕙风词话》卷一:"'薄相',猶言游戲,吴閶里語曰'白相'。'白'蓋'薄'之聲轉。"夏丏尊、叶圣陶《文心》十七:"'白相'是苏州人的用语,如果写入广东话或北平话中,即使意思不错,就不相入了。"茅盾《搬的喜剧》:"搬场?又要搬场?真好白相哉,才搬来了四个月,又要搬场?"

有通行区域不广的方言词,如"白毛风":

【白毛風】方言。暴风雪。乌兰巴干《草原上的驯马姑娘》:"怒吼的白毛风横扫过茫茫无边的大牧场,草原上的积雪,随着大风飘起来,然后又摔下去,大地立刻披上了波浪形的、天鹅绒似的巨毯。"《人民日报》1974.3.4:"内蒙古草原冬天的白毛风厉害得很,一刮起来,遮天盖日,你不害怕吗?"《诗刊》1978年第4期:"就是她,白毛风中寻马群,三天三夜战风暴!"

如果方言词在多义词中,要把方言词分离出来。如:

【裏手】1.方言。内行;行家。周立波《桐花没有开》:"今天要耕的是几丘干田,抄干田不叫里手去,田底子翻得高低不平,塞不死漏,装起水来,会漏得跟米筛子一样。"柯岩《奇异的书简·船长》:"一号工头吉亚特是个有几十年工龄的行家里手。"

2.指左边。杜澎《双窝车》:"这辆车里手儿的轮胎放了炮了,车身子朝左栽歪着。"

要把义项1作为方言词处理。"里手"应当作为两个义项分别收录。

2. 古代汉语的方言词。见于小说、戏剧等俗文学作品的方言词,《汉语大词典》没收。一般作品中,有例证的才收。如:

抱[bào ㄅㄠˋ]

14. 禽鸟孵卵。《方言》第八:"北燕、朝鮮洌水之間謂伏雞曰抱。"明李时珍《本草纲目·禽二·鸡》:"抱出卵殻,俗名混沌池、鳳凰蜕。用抱出者,取其蜕脱之義也。"《清史稿·灾异志三》:"康熙十一年,廣平民家,抱一雛雞,四足四翼。"章炳麟《新方言·释动物》:"今淮南謂雞伏卵曰'抱'。江南運河而東至于浙江,謂雞伏卵曰'孚',音如捕。"郭沫若《归去来·鸡之归去来一》:"七月尾上,一只勒葛洪种的白母鸡抱了,在后面浅山下住着的H木匠的老板娘走来借了去,要抱鸡子。"

上例"抱"义项14,是方言词义。是扬雄《方言》中的新词(自然也是新义),放入"方言新词文件夹"。最后一个例子是现代汉语,说明现代汉语还在用,但是已进入民族共同语,是现代汉语中的词,放入郭沫若《归去来·鸡之归去来一》方言词文件夹。

又如:

【大獃】方言。很大,极大。《儒林外史》第二二回:"這大獃的頂頭風,前頭就是黄天蕩,昨晚一號幾十隻船都灣在這裏,那一箇敢開?"

【裏享】方言。内,里边。章炳麟《新方言·释词》:"蘇州謂内曰裏享。音如向,本鄉字也。"

"大獃"出自《儒林外史》,《儒林外史》清代吴敬梓撰,吴氏为安徽全椒人,"大獃"为清代江淮方言。"裏享"为清代苏州方言。分别入《儒林外史》、《新方言》之"方言词独用词"文件夹。

又如：

【阿2儂】1. 古代吴人的自称。我，我们。《太平广记》卷三二四引南朝宋刘义庆《幽明录·刘儁》："間一日，又見向小兒持來門側，舉之，笑語儁曰：'阿儂已復得壺矣。'言終而隱。"北魏杨衒之《洛阳伽蓝记·景宁寺》："吴人之鬼，住居建康，小作冠帽，短製衣裳，自呼阿儂，語則阿傍。"元顾佐《西湖竹枝词》："阿儂心似湖水清，願郎心似湖月明。"郭沫若《女神·棠棣之花》："别母正三载，母去永不归。阿侬姐与弟，愿随阿母来。"

2. 称对方。《南齐书·东昏侯纪》："何世天子無要人，但阿儂貨主惡耳。"

"阿2儂"义项1是古代吴方言，是南朝刘义庆《幽明录》中的新词，使用于郭沫若《女神》之后，当入《幽明录》"方言词新词"文件夹，当入郭沫若《女神》"方言词承古词"文件夹。义项2另入《南齐书》"方言词独用词"文件夹。

(八)外来词。指从国内兄弟民族语言或者国外某语言吸收来的词。外来词又称借词、外来语。外来词有如下几种方式：(1)音译词，如"沙发"(英 sofa)、"逻辑"(英 logic)、咖啡、拷贝等。(2)半音译半意译词，如"因特网"(英 Internet)，另如"马克思主义"、"冰淇淋"、"浪漫主义"等；(3)意译词，如"超市"、"摇滚乐"、"智商"、"热狗"等；(4)音译，加上表意语素，如"啤酒"(英 beer)、"摩托车"(英 motor)等。(5)借形词，主要来自日语的借词，如"干部"、"艺术"、"场合"等。

各专书外来词文件夹可分为：

1."来自国内兄弟民族的外来词新词"文件夹。如：

【攝羅子】鄂伦春语的译音。帐篷。《中国民间故事选·蒲妹》:"谢谢你们特意给我预备的客屋,真比睡摄罗子里强多了。"原注:"摄罗子,用木杆支起,覆以兽皮或桦皮的鄂伦春人帐篷。"

2."来自国内兄弟民族的外来词词汇消亡"文件夹。

3."来自外国的外来词新词"文件夹。

4."来自外国的外来词词汇消亡"文件夹。

如有多义项或者其他情况者,则再分更细的文件夹。

(九)成语。成语是一种固定短语。其特点是:(1)结构上比较定型,多是四字格,中间一般不能插入其他成分。(2)意义上概念化,一般表示一个概念。(3)语用上,一般相当于一个词。也有充当一个句子的。(4)可充当句子成分,分为体词性、谓词性两种类型。

各专书成语文件夹可分为:

1."新成语"文件夹;

2."成语消亡"文件夹。

如有多义项或者其他情况者,则再分"成语新义"、"成语旧义消亡"等更细的文件夹。

(十)典故。典故指古代诗文中引用的,有来历出处的,或者来自古代神话,或者来自古代寓言,或者来自古代传说,或者来自古代历史故事,或者来自前人作品中的文句的词、短语、四字格甚至句子等。四字的典故,一般可视为成语,如"哀兵必胜"、"拨乱反正"、"登堂入室"等。二字的相当于复音词,如"高唐"、"南冠"、"东林"等。三字者相当于短语,如"黄粱梦"、

“蛇吞象”等。还有相当于句子者，如“五十步笑百步”、“以计代战一胜万”等。

各专书典故文件夹可分为：

1.“新典故”文件夹；

2.“典故消亡”文件夹。

例如：

【下箬】地名。在今浙江省长兴县南。《太平寰宇记·江南东道六·湖州》引南朝梁顾野王《舆地志》：“夹溪（箬溪）悉生箭箬，南岸曰上箬，北岸曰下箬；二箬皆村名。村人取下箬水釀酒，醇美勝於雲陽，俗稱箬下酒。”《太平御览》卷六五引《舆地志》作上若、下若。后因称该地所产美酒为“下箬”或“下若”。宋张先《醉落魄·吴兴莘老席上》词：“下若醲醅，兢欲金釵當。”清梁绍壬《两般秋雨盦随笔·品酒》：“論其品格，亦止如蘇州之福貞，惠泉之三白，宜興之紅友，揚州之木瓜，鎮江之苦露，邵寶之百花，苕溪之下若。”

“后因称该地所产美酒为‘下箬’或‘下若’”之前是“下箬”典故的来源。“下箬”当是顾野王《舆地志》中的“新典故”。此条当入顾野王《舆地志》之“新典故”文件夹，作：

【下箬】地名。在今浙江省长兴县南。《太平寰宇记·江南东道六·湖州》引南朝梁顾野王《舆地志》：“夹溪（箬溪）悉生箭箬，南岸曰上箬，北岸曰下箬；二箬皆村名。村人取下箬水釀酒，醇美勝於雲陽，俗稱箬下酒。”《太平御览》卷六五引《舆地志》作上若、下若。后因称该地所产美酒为“下箬”或“下若”。宋张先《醉落魄·吴兴莘老席上》

词:“下若醲醅,競欲金釵當。”清梁绍壬《两般秋雨盦随笔·品酒》:“論其品格,亦止如蘇州之福貞,惠泉之三白,宜興之紅友,揚州之木瓜,鎮江之苦露,邵寶之百花,苕溪之下若。”

“下箬”最后一例出自清代梁绍壬《两般秋雨盦随笔·品酒》,该典故消亡于《两般秋雨盦随笔》之后,当入清代梁绍壬《两般秋雨盦随笔》之“典故消亡”文件夹,作:

【下箬】地名。在今浙江省长兴县南。《太平寰宇记·江南东道六·湖州》引南朝梁顾野王《輿地志》:“夹溪(箬溪)悉生箭箬,南岸曰上箬,北岸曰下箬;二箬皆村名。村人取下箬水釀酒,醇美勝於雲陽,俗稱箬下酒。”《太平御览》卷六五引《輿地志》作上若、下若。后因称该地所产美酒为“下箬”或“下若”。宋张先《醉落魄·吴兴莘老席上》词:“下若醲醅,競欲金釵當。”清梁绍壬《两般秋雨盦随笔·品酒》:“論其品格,亦止如蘇州之福貞,惠泉之三白,宜興之紅友,揚州之木瓜,鎮江之苦露,邵寶之百花,苕溪之下若。”

典故如有多义项或者其他情况者,则再分“典故新义”、“典故旧义消亡”等更细的文件夹。

(十一)惯用语。指社会习用的短小精练的固定词组。因此,又称习用语。惯用语多以三字格形式出现,动宾式居多,如“吹牛皮”、“拍马皮”、“碰钉子”。也有其他形式,如“狗咬狗”、“恶作剧”、“此地无银三百两”等。还包括从古诗词中的摘句,如“风雨欲来风满楼”等。惯用语往往有两种意义,一是字面意义,一是深层的比喻引申意义,后者多是使用意义。它比成语、典故更具有口语性。

各专书惯用语文件夹可分为：

1.“新惯用语”文件夹；

2.“惯用语消亡”文件夹。

如有多义项或者其他情况者，则再分“惯用语新义”、“惯用语旧义消亡”等更细的文件夹。

（十二）谚语、格言。谚语指活跃在人民群众口头的通俗精练、意义完整、格式定型的现成话。谚语又称为老话、俗话。谚语的内容往往是人们社会生活、生产知识和经验的总结。有的是一个句子，如“牵牛要牵牛鼻子”、“打蛇打七寸”等。有的是复句，如“满招损，谦受益”、“皮之不存，毛将安附”等。

格言指人们习用的、哲理性强的现成话。如“千里之行，始于足下”、“少壮不努力，老大徒伤悲”等。《汉语大词典》只收录表现力强而又意义比较费解的一部分。

各专书惯用语文件夹可分为：

1.“新谚语”或“新格言”文件夹；

2.“谚语消亡”或“格言消亡”文件夹。

如有多义项或者其他情况者，则再分更细的文件夹。

（十三）歇后语。歇后语分为前后两个部分，后半部分是对前半部分的解释，意义浅显，《汉语大词典》一般不收。但是，有少数歇后语往往省略后半部分，作用相当于成语，《汉语大词典》予以收录。如“项庄舞剑”、“司马昭之心”、“太岁头上动土”等。

各专书歇后语文件夹可分为：

1.“新歇后语”文件夹；

2.“歇后语消亡”文件夹。

如有多义项或者其他情况者，则再分更细的文件夹。

（十四）单音词作为词素义，词素义后要紧跟相关词，形成词素义文件夹。词素义文件夹要做两次。一次放入专书“词素义”文件夹，一次放入整个《汉语大词典》的“词素义”文件夹。

解释单音词的时候，往往只解释词素义，并说“见某某”。这类情况，要把词素义、复音词放在一起，也就是复音词紧跟词素义。如：

雕1［diāo ㄉㄧㄠ］

2. 引申为凶猛。参见“雕捍”。

【雕捍】亦作“雕悍”。

像雕一样迅猛强悍。《史记·货殖列传》：“上谷至遼東，地踔遠，人民希，數被冦，大與趙代俗相類，而民雕捍少慮，有魚鹽棗栗之饒。”司马贞索隐：“人雕悍，言如雕性之捷捍也。”

“雕”的“凶猛”义项不单用，只用来组词，并且只组成双音词“雕捍”一个词。所以，“凶猛”只是词素义。此例要放入《史记》“词素义”文件夹，还要放入整个《汉语大词典》的“词素义”文件夹。

（十五）通假义项。通假义，又称为通用义。通假义虽不是这个词的意义，但它是另一个词的意义，当按另一个词收入专书文件夹。如“進”义项17、18：

17. 通“盡”。《列子·天瑞》：“形，必終者也。天地終乎？與我偕終。終進乎？不知也。”张湛注：“進當爲盡。此書盡字例多作進也。”殷敬顺释文：“進音盡。”《列子·黄帝》：“竭聰明，進智力。”

18. 通“賮”、“贐”。会礼之财。泛指收入的财礼。《汉书·高帝纪上》:"蕭何爲主吏,主進,令諸大夫曰:'進不滿千錢,坐之堂下。'"颜师古注:"進者,會禮之財也。字本作賮,又作贐,音皆同耳。古字假借,故轉而爲進。"

"雕"词义项17假借为"尽","穷尽、完"的意思,是"尽"词的意义。这里是《列子》之《天瑞》、《黄帝》两篇中"尽"词的意义,当放入《列子》"通假义"文件夹内。义项18假借为"賮"、"贐",指"会礼之财。泛指收入的财礼",是"賮"、"贐"的意义。这里是《汉书·高帝纪上》"賮"词的意义,当放入《汉书》"通假义"文件夹内。

(十六)异体词。从语言上说,异体词是同一个词,只是写法不同。为了不失掉异体词之间的联系性,"词头"当跟随各专书词体,摆在专书例子之下。如:

【進趣】见"進趨"。

【進趨】亦作"進趣"。亦作"進趍"。

1.举动;行动。《庄子·天道》"老子曰:而容崖然"晋郭象注:"進趨不安之貌。"《北史·王轨传》:"宣帝之征吐谷渾也,武帝令軌與宇文伯並從,軍中進趣,皆委軌等,宣帝仰成而已。"《旧唐书·马燧传》:"造甲者必令長短三等,稱其所衣,以便進趨。"宋岳珂《桯史·晦庵感兴诗》:"進趨極虔恭,退息常端莊。"

2.努力向上;立志有所作为。《後汉书·北海靖王兴传》:"吁,子危我哉!此乃孤幼時進趣之行也。"《世说新语·排调》"頭責秦子羽云"刘孝标注引晋张敏《头责子羽文》:"子欲爲進趣也,則當如賈生之求試,終軍之請使,砥礪鋒穎,以幹王事。"《宋书·乐志三》:"盛壯智惠,殊不再來。愛時進趣，將以惠誰。”唐杜牧《题桐叶》诗：“哆侈不劳文似錦，進趣何必利如錐。”

3.追求；求取。《列子·说符》：“〔孟氏〕羡施氏之有，因從請進趨之方。”《後汉书·韦彪传》：“安貧樂道，恬於進趣，三輔諸儒莫不慕仰之。”晋葛洪《抱朴子·金丹》：“予忝大臣之子孫，雖才不足以經國理物，然疇類之好進趍之業，而所知不能遠余者，多揮翮雲漢，耀景辰霄者矣。”《晋书·荀勖传》：“位不可以進趣得，譽不可以朋黨求。”《太平广记》卷五引晋葛洪《神仙传·刘政》：“〔劉政〕乃絶進趨之路，求養生之術。”《资治通鉴·晋武帝太康十年》：“寔以時俗喜進趣，少廉讓，欲令初除官通謝章者，必推賢讓能，乃得通之。”胡三省注：“趣，讀曰趨。”清姚鼐《覆蒋松如书》：“利禄之途一開，爲其學者，以爲進趨富貴而已。”

4.进攻；攻取。晋葛洪《抱朴子·明本》：“攻守進趣之術，輕身重義之節。”《北齐书·斛律羌举传》：“大軍濟河，集諸將議進趣之計。”《南史·王琳传》：“琳屯兵長沙，傳檄諸方，爲進趣之計。”《资治通鉴·魏明帝太和二年》：“亮上言於漢主曰：‘……今賊適疲於西，又務於東，兵法乘劳，此進趨之時也。’”

“进趋”一词有三体，即三个不同的写法，主要是后一字“趋”，可以写做“趣”，还可以写做“趍”，三者读音相同。“进趋”是个多义词。各专书应当做成：

第一个义项之第一个例子作：

【進趨】亦作“進趣”。亦作“進趍”。

1.举动；行动。《庄子·天道》“老子曰：而容崖然”晋郭象注："進趨不安之貌。"

置入"《庄子》郭注"文件夹之"新词"文件夹。

第一个义项之最后一个例子作：

【進趨】亦作"進趣"。亦作"進趍"。1. 举动；行动。宋岳珂《程史·晦庵感兴诗》："進趨極虔恭，退息常端莊。"

置入宋代岳珂之《程史》文件夹之"义项消亡"文件夹。

第二个义项第一个例子作：

【進趨】亦作"進趣"。亦作"進趍"。

2. 努力向上；立志有所作为。《後汉书·北海靖王兴传》："吁，子危我哉！此乃孤幼時進趣之行也。"

置入《后汉书》之"独用词"文件夹。

第二个义项最后一个例子作：

【進趨】亦作"進趣"。亦作"進趍"。

2. 努力向上；立志有所作为。唐杜牧《题桐叶》诗："哆侈不劳文似錦，進趨何必利如錐。"

置入唐代杜牧《题桐叶》诗"义项消亡"文件夹。

第三个、第四个义项亦如之。

注意：一定要保持一个义项的释义、例句全貌。

（十七）几种特殊情况

1. 经、史、子、集旧注有作为例句者，文件夹要把原文和注释作为同一个例句。例如：

【抵觸】

1. 以角相撞。《周礼·地官·封人》"設其楅衡"郑玄注引汉杜子春曰:“楅衡所以持牛,令其不得抵觸。”宋孔平仲《孔氏谈苑·烧尾宴》:“新羊入羣,諸羊抵觸,不相親附。”清陈梦雷《西郊杂咏》之七:“閑憩大樹陰,卧看牛抵觸。”

2. 触犯。汉王充《论衡·辨祟》:“或有所犯,抵觸縣官,羅麗刑法。”唐唐彦谦《严子陵》诗:“嚴陵情性是真狂,抵觸三公傲帝王。”元张寿卿《红梨花》第一折:“端的個無禮法,只管裏抵觸咱,梅香你記着我這一頓打。”

3. 有矛盾;反对。闻一多《什么是儒家》:“显然的,是非问题是和儒家的社会地位根本相抵触的。”《彭德怀自述·庐山会议前后》:“再衡量自己的主观愿望与动机,怎么也想不通,当时抵触情绪很大。”

“抵触”义项1“以角相撞。《周礼·地官·封人》‘設其楅衡’”例句之后,引用郑玄注:“郑玄注引汉杜子春曰:‘楅衡所以持牛,令其不得抵觸。’”引用郑玄注是为证明“抵觸”一词最早见于杜子春《周礼·地官·封人》注,注文不能视为独立的例句。所以,义项1第一个例句是:

1. 以角相撞。《周礼·地官·封人》“設其楅衡”郑玄注引汉杜子春曰:“楅衡所以持牛,令其不得抵觸。”

只能作《周礼·地官·封人》杜子春注中“新词”文件夹处理。

2. 经、史、诸子、总集中的例句,为了准确解释词义,有引用旧注者,旧注的解释要紧跟例句,不能把旧注作为单独的例句看。例如:

【上國】

1. 指国都以西的地区。《左传·昭公十四年》:“夏,楚子使然丹簡上國之兵於宗丘。”杜预注：“上國，在國都之西。西方居上流，故謂之上國。”

2. 春秋时称中原各诸侯国为上国，与吴楚诸国相对而言。《左传·昭公二十七年》：“〔吴子〕使延州來季子聘于上國，遂聘于晉，以觀諸侯。”孔颖达疏引服虔曰：“上國，中國也。蓋以吴辟在東南，地勢卑下，中國在其上流，故謂中國为上國也。”《国语·吴语》：“越滅吴，上征上國。”韦昭注：“上國，中國也。”三国魏陈琳《檄吴将校部曲文》：“〔夫差〕抗衡上國，與晉爭長。”清刘大櫆《送张福清序》：“昔在自古，閩粤不齒於上國。”

3. 外藩对帝室或朝廷的称呼。《後汉书·陈蕃传》：“夫諸侯上象四七，垂耀在天，下應分土，藩屏上國。”李贤注：“上象四七，謂二十八宿各主諸侯之分野，故曰下應分土，言皆以輔王室也。”三国魏曹植《与杨德祖书》：“吾雖德薄，位爲蕃侯，猶庶幾戮力上國，流惠下民。”唐白居易《祭回鶻可汗文》：“撫有九姓，制臨一方，氣吞諸戎，名播上國。”清魏源《圣武记》卷五：“惟布達拉一區，其土膏衍，其人秀好，其音華夏，故吐番贊普都之，以鞭撻四夷，抗衡上國。”

4. 指京师。南朝梁江淹《四时赋》：“憶上國之綺樹，想金陵之蕙枝。”《资治通鉴·唐德宗建中二年》：“今海内無事，自上國來者，皆言天子聰明英武，志欲致太平，深不欲諸侯子孫專地。”胡三省注：“時藩鎮竊據，自比古諸侯，謂京師爲上國。”《红楼梦》第四回：“薛蟠素聞得都中乃第一繁華之地，正思一游，便趁此機會，一來送妹待選，二來望親，三來親自入部銷算舊賬，再計新支，——其實只爲游覽上國風光之意。”

义项1之“杜预注”要跟随《左传》例，义项2之“孔颖达疏引服虔曰”要跟随《左传》例，义项3之“李贤注”要跟随《后汉书》例，旧注都不能独立建立例句文件夹。

3. 有些成语、典故、谚语、歇后语源于一个历史事实或故事，这个事实或故事往往被反复征引，经历漫长的时间后，才被概括为成语、典故、谚语、歇后语。事实或故事被征引的过程，不是“语”的产生，只有形成“语”的时候才是“语”的产生。例如：

【邯鄲學步】《庄子·秋水》：“且子獨不聞夫壽陵餘子之學行於邯鄲與？未得國能，又失其故行矣，直匍匐而歸耳。”郭象注：“以此效彼，兩失之。”成玄英疏：“壽陵，燕之邑。邯鄲，趙之都。弱齡未壯，謂之餘子。趙都之地，其俗能行，故燕國少年遠來學步。既乖本性，未得趙國之能；捨己效人，更失壽陵之故。”《汉书·叙传上》：“昔有學步於邯鄲者，曾未得其髣髴，又復失其故步，遂匍匐而歸耳。”后因用“邯鄲學步”比喻模仿不成，反把自己原有的长处失去了。宋姜夔《送项平甫倅池阳》诗：“論文要得文中天，邯鄲學步終不然。”明王鏊《震泽长语·文章》：“爲文必師古，使人讀之不知所師，善師古者也……若拘拘規倣，如邯鄲之學步，里人之效颦，則陋矣。”《歧路灯》第一〇一回：“‘什麽古迹？’婁樸道：‘學步橋。’盛希瑗道：‘是邯鄲學步，失其故步麽？’”

其中，《庄子·秋水》和《汉书·叙传上》是叙事和引事，都是过程。到宋姜夔《送项平甫倅池阳》诗，才形成“邯郸学步”成语。因此，“邯郸学步”只有宋姜夔诗和明王鏊文两个例句。过程附于姜夔诗例句。“‘且子獨不聞夫壽陵餘子之學行於邯鄲與？未得國能，又失其故行矣，直匍匐而歸耳。'郭象注：'以此效彼，兩失之。'成玄英疏：'壽陵，燕之邑。邯鄲，趙之都。弱齡未壯，謂之餘子。趙都之地，其俗能行，故燕國少年遠來學步。既乖本性，未得趙國之能；捨己效人，更失壽陵之故'"只算《庄子》一个例句。

4. 有的双音词是由词组固定而成的，"新词"只能从固定后算起。如：

【下 2 車】《礼记·乐记》："武王克殷，反商，未及下車，而封黄帝之後於薊。"后称初即位或到任为"下車"。《後汉书·儒林传序》："及光武中興，愛好經術，未及下車，而先訪儒雅。"《後汉书·赵熹传》："熹下車，聞其二孫殺人事未發覺，即窮詰其姦，收考子春，二孫自殺。"宋苏轼《与朱康叔书》之十七："自聞下車，日欲作書，紛冗衰病，因循至今。"清顾炎武《菰中随笔》："竊見比來州牧上佐，乃兩畿縣令，下車布政，有多者一二年，少者三五月，遽即遷除。"

"《礼记·乐记》：'武王克殷，反商，未及下車，而封黄帝之後於薊。'后称初即位或到任为'下車'"说明"下车"一词是《礼记》"词组"，《后汉书·儒林传序》以后才是词，入《后汉书·儒林传序》中"新词"文件夹。

5. 第一个义项只有释义，或释义后只有例词没有例句者，如果这个义项是第二个义项的本义，把第一个义项放在第二个义项前，归入例证所从出之专书文件夹。如：

【下部】

1. 谓物体在下的部分。如：古碑的下部已断裂，且有缺损。

2. 人体的下半部。《百喻经·倒灌喻》:“昔有一人,患下部病,醫言當須倒灌乃可瘥耳。”

3. 指人的阴部。鲁迅《南腔北调集·谣言世家》:“钱大王治世的时候,人民被刮得衣裤全无,只用一片瓦掩着下部。”茅盾《小巫》二:“老爷怪声笑着说,随手把枪移下去,在菱姐的下部戳了一下。”

同时,把没有例句之义项,或收入“无例词”文件夹,或收入“无例句”文件夹。

6. 只有释义者,收入“无例词”文件夹;释义后只有例词而无例句者,收入“无例句”文件夹。

(1) 只有释义者,收入“无例词”文件夹,如:

【下肢】人体的一部分。包括大腿、小腿、脚等。

【上2膘】谓牲畜长肉,日见肥壮。

【上膛】口腔内上腭部分的俗称。

【上2膛】把枪弹纳入枪膛,或把炮弹推进炮膛准备发射。

【下工】指技能低的工匠。

【下車】古代作殉葬用的粗陋的木制车。

(2) 释义后只有例词而无例句者,收入“无例句”文件夹,如:

【下存】支取一部分之后还存若干数目。如:这笔存款提了二十元,下存八十元。

【下2奶】催奶。如:吃些鸡汤可以下奶。

【上2色】犹言着色。如:图的轮廓已画好,正待上色。

“无例词”文件夹、“无例句”文件夹都是《汉语大词典》无专书可归入的独立文件夹。

7. 同一个词，有不同的写法，《汉语大词典》只在一个常见的词形下给予解释，在另一个不常见的词形下注明“见‘××’”，这种解释方式叫做互见。

做文件夹时，凡是遇互见（即“见‘××’”）条目，要立即找到“××”条，使之附于“见‘××’”之下。这有三种情况：

（1）互见条目在《汉语大词典》中紧连，是上下条者，如：

【上池】见“上池水”。

要找到“上池水”：

【上池水】指凌空承取或取之于竹木上的雨露。后用以名佳水。《史记·扁鹊仓公列传》：“〔長桑君〕乃出其懷中藥予扁鵲：‘飲是以上池之水，三十日當知物矣。’”司马贞索隐：“案：舊説云上池水謂水未至地，蓋承取露及竹木上水，取之以和藥。”宋苏辙《食鸡头》诗：“細嚼兼收上池水，徐嚥還成滄海珠。”亦省作“上池”。宋苏轼《次韵钱舍人病起》：“何妨一笑千痾散，絶勝倉公飲上池。”元袁桷《桐柏观赋》：“上池飲之以洞視，金膏服之而冥搜。”明徐献忠《品惠泉赋》：“品上池之獨重，追菊水於頹齡。”

“上池水”紧接在“【上池】见‘上池水’”之下。

又如：

【下2坂丸】见“下2坂走丸”。

要找到“下坂走丸”：

【下2坂走丸】从山坡上滚下弹丸。比喻顺势无阻，敏捷而无停滞。汉荀悦《汉纪·高祖纪一》:"君計莫若以黄屋朱輪以迎范陽令,使馳騖乎燕趙之郊,則邊城皆喜,相率而降,此由(猶)以下坂而走丸也。"五代王仁裕《开元天宝遺事·走丸之辩》:"張九齡善談論,每與賓客議論經旨,滔滔不竭,如下坂走丸也。"清赵翼《挽唐再可》诗:"流光下坂丸,暮景穿縞弩。"

(2)互见条目在同一单音词字头下,如:

【上2塚】见"上2冢"。

要找到"上冢":

【上冢】亦作"上塚"。

指首辅,朝廷大臣。宋宋祁《贺孔谏议上任启》:"干將沃若,式觀上冢之容;粉米襘如,更重趨庭之訓。"

【上2冢】亦作"上塚"。

上坟,扫墓。《史记·留侯世家》:"留侯死,并葬黄石,每上冢伏臘,祠黄石。"宋庄绰《鸡肋编》卷上:"寒食日上冢,亦不設香火,紙錢挂於塋樹。"元萨都剌《崔镇阻风有感》诗:"逆風吹河河倒行,阻風時節近清明,南人北人俱上塚,桃花杏花飛滿城。"清曹寅《西轩赋送南村还京》诗之二:"連鑣雙使節,上塚一迴車。"

"上冢"在"【上2塚】见'上2冢'"同一字头下,但是相距较远。注意:有不同读音的两个"上冢",只要同一读音的"上2冢"。

(3)互见的异体词不在同一个字头下,如:

【埳井】见"坎井"。

要找到"坎井":

【坎井】1. 亦作“埳井”。废井;浅井。《庄子·秋水》:“且夫擅一壑之水,而跨跱埳井之樂,此亦至矣。”成玄英疏:“埳井,猶淺井也。”《荀子·正论》:“淺不足與測深,愚不足與謀知,坎井之鼃,不可與語東海之樂,此之謂也。”《後汉书·杜笃传》:“彼埳井之潢汙,固不容夫吞舟。”李贤注:“埳井喻小也。”清纪昀《阅微草堂笔记·滦阳续录一》:“〔鬼〕或隱入坎井,人過乃徐徐出。”2. 陷阱,井,通“阱”。喻艰难或险阻。《陈书·江总姚察传论》:“至於九流、《七略》之書,名山、石室之記,汲郡、孔堂之書,玉箱、金板之文,莫不窮研旨奥,遍探坎井,故道冠人師,搢紳以爲準的。”《北史·隋纪下》:“又滄海道軍,舟艫千里,高颿電逝,巨艦雲飛。横斷沮江,逕造平壤。島嶼之望斯絶,坎井之路已窮。”

“埳井”在“埳”字头下,“坎井”在“坎”字头下。

【埳井之鼃】见“坎井之鼃”。

要找到“坎井之鼃”:

【坎井之鼃】亦作“埳井之蛙”。

浅井里的青蛙。《庄子·秋水》:“子獨不聞夫埳井之鼃乎?謂東海之鱉曰:‘吾樂與!出跳梁乎井幹之上……且夫擅一壑之水,而跨跱埳井之樂,此亦至矣,夫子奚不時來入觀乎!’”后因以比喻见识短浅。汉桓宽《盐铁论·复古》:“宇宙之内,鷰雀不知天地之高也;坎井之鼃,不知江海之大。”亦省作“埳蛙”、“坎鼃”。元林世济《漫兴一首奉怀草元先生》诗:“埳蛙既聒聒,陵苕亦榮榮。”清顾炎武《酬李处士因笃》诗:“自哂同坎鼃,難佐北溟浪。”

“埳井之鼃”在“埳”字头下，“坎井之鼃”在“坎”字头下。

注意：以例句为本，“一切跟随例句”原则是我们的总原则。例句之前后的字、异体字、异体词、读音、释义、描写、说明等，为理解例句中的词义，全部带上。

出处，有的是单篇文章，一定要找到专书，并归到专书。

四、《汉语大词典》词汇的类别

《汉语大词典》词汇的类别，这里指《汉语大词典》词汇文件夹的类别。

（一）以各义项例证为据，归进例证所出各专书文件夹。专书文件夹是本语料基本文件夹。

（二）每例证保持《汉语大词典》原貌，即保持每一个义项的全部内容：义项序列、全部释义、全部例句。只是在归类时，抓住第一例子，分析其是新词还是新义、出于何专书等。抓住最后一个例子，分析其是词的消亡还是义项的消亡、消亡于何时。包括两项内容：

1. 单音词、复音词的单义词、多义词，每一个义项，保持全貌，分别放到各部专书的新词或者新义项文件夹中去。

2. 复音词的多义词，作为一个整体保持全貌，先建立一个“复音词多义词文件夹”。

（三）每专书文件夹，再分为次类文件夹：

1.“新词文件夹”。再分为：名、形、动、代、数、量、副、连、介、助、语气、拟声、感叹词、词缀等十四个次类文件夹。

2.“新义文件夹”。再分为：名、形、动、代、数、量、副、连、介、助、语气、拟声、感叹词、词缀等十四个次类文件夹。

3.“消亡词文件夹”。再分为：名、形、动、代、数、量、副、连、介、助、语气、拟声、感叹词、词缀等十四个次类文件夹。

4.“消亡义文件夹”。再分为：名、形、动、代、数、量、副、连、介、助、语气、拟声、感叹词、词缀等十四个次类文件夹。

5.“单音词异体词(异体字)文件夹”。再分为：名、形、动、代、数、量、副、连、介、助、语气、拟声、感叹词等十三个次类文件夹。

6.“复音词异体词(其中一个字不同)文件夹”。再分为：名、形、动、代、数、量、副、连、介、助、语气、拟声、感叹词、词缀等十四个次类文件夹。

7.“复音词多义词文件夹”。这个文件夹独立。

8.“方言词文件夹”。其中包括六个文件夹：

(1)单义词的新生，

(2)单义词的消亡；

(3)多义词义项的新生，

(4)多义词义项的消亡；

(5)多义词词的新生；

(6)多义词词的消亡。

9.“外来词文件夹”。这项内容中包括音译词和意译词，共四个文件夹：

(1)来自国内兄弟民族的借词和译词新词；

(2)来自国内兄弟民族的借词和译词词汇消亡；

(3)来自外国的借词和译词新词；

(4)来自外国的借词和译词词汇消亡。

10.“惯用语文件夹”。包括：

(1)新惯用语；

(2)惯用语消亡。

如有多义项或者其他情况者,则再分更细的文件夹。

11.“成语文件夹”。包括两个文件夹:

(1)新成语;

(2)成语消亡。

如有多义项或者其他情况者,则再分更细的文件夹。

12.“典故文件夹”。包括两个文件夹:

(1)“新典故”文件夹;

(2)“典故消亡”文件夹。

13.“谚语、格言文件夹”。包括两个文件夹:

(1)新谚语、格言;

(2)谚语、格言消亡。

如有多义项或者其他情况者,则再分更细的文件夹。

14.“歇后语文件夹”。包括两个文件夹:

(1)新歇后语;

(2)歇后语消亡。

如有多义项或者其他情况者,则再分更细的文件夹。

15.“单音词作为词素义文件夹”。

16.“通假义文件夹”等,包括名、形、动、代、数、量、副、连、介、助、语气、拟声、感叹词、词缀等十四个次类文件夹。

注意:各专书,每个专书有二十多个分类文件夹,分类文件夹下还有子类文件夹。

《汉语大词典》凡二十个时代文件夹。

《汉语大词典》有三个专类文件夹:(1)多义复音词文件夹;(2)单音词词素文件夹;(3)无例句词文件夹。

注意:《汉语大词典》所用经、史、子、集语料一般是以专书为单位，置于书名号最前方，这个书名就是专书文件夹的名称。总集，如《昭明文选》(简称"文选")是以时代、作者、文章名为单位的，这个时代、作者、文章名就是文件夹的专书名。等整个《汉语大词典》语料做完的时候，全部专书文件夹就出来了。

(四)每一专书之各类文件夹，其例证排列以"目标词"、"目标词义"为单位。如：每一专书有"单音词新词"、"单音词新义"、"复音词新词"、"复音词新义项"、"方言词"、"成语"等二十多个分类文件夹。分类文件夹下还有子分类文件夹，如"方言词"文件夹下有六个文件夹：(1)单义词的新生；(2)单义词的消亡；(3)多义词义项的新生；(4)多义词义项的消亡；(5)多义词词的新生；(6)多义词词的消亡。

(五)"目标词"最次类(新词下动词类)文件夹内的排列，以"目标词"第一字汉语拼音方案为序。第一字音节相同者，以四声为序。"目标词"第一字读音完全相同者，以第二字音序排列。第二字音节相同者，以四声为序。下类推。

音节顺序参见《现代汉语词典》前"音节表"。

目标词顺序参见《现代汉语词典》各音节下之单音词、复音词顺序。

目标词义按词义所依附的词音节顺序。

(六)各专书以作者时代或成书时代为据，归于：1、商代；2、西周；3、春秋；4、战国；5、秦；6、西汉；7、东汉；8、魏；9、晋；10、南朝；11、北朝；12、隋；13、唐；14、五代；15、宋；16、元；17、明；18、清；19、民国；20、中华人民共和国，凡二十个时期。

文件夹形成：

各专书"新词文件夹"、"新义文件夹"、"消亡词文件夹"、

"消亡义文件夹"、"异体词文件夹"等序列。

二十个时代文件夹(各专书下二十余个小类文件夹,凡三千专书文件夹)分别归入二十个历史时期。

(七)步骤

1. 个人先做出各专书文件夹。然后汇合于导师。由导师合并各专书为一起,成为全《汉语大词典》的各个专书文件夹。凡三千多个专书文件夹。

2. 导师确定各专书的时代,再把三千专书文件夹分配到二十个时代,成为二十个时代文件夹。时代如:

(1)史书所描写的时代与作者时代,以作者时代为主。但是,职官、地理、制度、习俗、文化、称谓等时代标志词语,又往往是所描写时代的。

(2)小说如《三国志通俗演义》、《水浒传》等,有一批宋元话本资料,作者为元代末年明朝初年,有此时的语言。刻于明末,有刻时的语言。

五、"专书"词汇文件夹名称

"专书"是文件夹的基本单位。根据《汉语大词典编写条例》,《汉语大词典》所用专书语料有二十类。专书文件夹分别如下:

1. 经书、经注

经书直接标经书名,如"周易"、"尚书"文件夹等。

经注,如"《周易》王弼注"、"《周易》韩康伯注"、"《周易》孔颖达疏"等,如果作为含目标词的例句引用,就建立以注为专书的文件夹,如果是说明词义,则不能独立建立文件夹,一定要跟随《周易》专书。

2. 史书、史注

史书直接标书名，如“史记”、“汉书”文件夹等。

前四史旧注、注引古书，如“《史记》裴骃集解”、“《史记》裴骃集解引苏林曰”等，“《汉书》颜师古注”、“《汉书》颜师古注引应劭曰”、“《汉书》颜师古注引服虔曰”等，如果作为含目标词的例句引用，就建立以注为专书的文件夹，如果是说明词义，则不能独立建立文件夹，一定要跟随《史记》、《汉书》等专书。

3. 子书、子书注

子书直接标注书名，如“晏子春秋”、“荀子”文件夹等。

子书旧注，如“《晏子春秋》张纯一注”、“《晏子春秋》吴则虞集解”等，如果作为含目标词的例句引用，就建立以注为专书的文件夹，如果是说明词义，则不能独立建立文件夹，一定要跟随《晏子春秋》等专书。

4. 总集、总集注

(1)总集中的诗文，以作者篇名建立文件夹，如《文选·枚乘·七发》文件夹做成“枚乘·七发”文件夹等。

(2)《楚辞》中的作品，屈原、宋玉、汉代作者如刘向，分别以作者、篇名做文件夹，如“屈原·楚辞·离骚”文件夹、“宋玉·楚辞·九章”文件夹、“刘向·楚辞·九叹”文件夹等。

(3)《乐府诗集》中的作品，建立书名、篇名文件夹，如“乐府诗集·横吹歌辞八·木兰诗二首”文件夹等。

(4)《敦煌曲子词集》，建立“敦煌曲子词集”文件夹。

(5)总集中的序文，建立以“序”为中心的文件夹，如“金元好问·中州集·宇文虚中·诗序”文件夹等。

(6)(补)《弘明集》、《广弘明集》是佛教总集,不能以总集建立文件夹,要以总集中的篇名建立文件夹,《弘明集》中者如建立“汉牟融《理惑论》”文件夹,《广弘明集》中者如建立“晋王洽《与林法师书》”文件夹。

注意:总集中的注释,如“《文选·陆机·文赋》李善注”,还有《文选》五臣注、六臣注、旧注等,如果作为含目标词的例句引用,就建立以注为专书的文件夹,如果是说明词义,则如“《文选·西京赋》薛综注”,采取“客随主人”,即注随原文的原则,不能独立建立文件夹。

5. 别集

以别集书名建立文件夹,如例子用“唐李白《古风五十九首》之十二”,归入《李太白集》,建立“李太白集”文件夹。例子用“三国魏阮籍《咏怀》”,归入《阮步兵集》,建立“阮籍·阮步兵集”文件夹等。例子用序文者,以序文篇名建立文件夹。

6. 诗文评

以书名建立文件夹,如例子用“南朝梁刘勰《文心雕龙·情采》”,归入《文心雕龙》,建立“文心雕龙”文件夹等。

7. 古代小说、笔记、杂著

(1)作者明确者,如例子用“汉刘向《列仙传·赤松子》”,建立“刘向·列仙传”文件夹等。

(2)作者不明确者,如例子用“《山海经·西山经》”,建立“山海经”文件夹等。

8. 通俗小说

以书名建立文件夹,如例子用“明罗贯中《三国志通俗演义》第五十回”,建立“明罗贯中《三国志通俗演义》”文件夹等。

9. 古代戏曲

以剧本名建立文件夹，如例子用“元石君宝《秋胡戏妻》第五折”，建立“元石君宝《秋胡戏妻》”文件夹等。

10. 变文、散曲、时调

变文以例子中书名号内的内容建立文件夹，如例子用“《目莲救母变文》”，建立“目莲救母变文”文件夹。

散曲以时代、作者、书名号内的内容建立文件夹，如例子用“元张可久《水仙子 · 西湖秋夜》曲”，建立“元张可久《水仙子 · 西湖秋夜》”文件夹。

时调以时代、作者、书名号内的内容建立文件夹，如例子用“明冯梦龙《山歌 · 捉蜻蜓》”，建立“明冯梦龙《山歌 · 捉蜻蜓》”文件夹。

11. 地理

(1)作者明确者，以时代、作者、书名建立文件夹，如例子用“北魏郦道元《水经注 · 河水一》”，建立“北魏郦道元《水经注》”文件夹。

(2)无作者者，以时代、书名建立文件夹，如例子用“《三辅黄图 · 咸阳故城》”，建立“《三辅黄图》”文件夹。

12. 科学技术

(1)一般以时代、作者、书名建立文件夹。做法同“11”。

(2)《医宗金鉴》是古医书汇编，以二级书名建立文件夹，如例子用“医宗金鉴 · 汉张仲景《伤寒论 · 太阳病上》”，建立“汉张仲景《伤寒论》”文件夹。

13. 宗教

以时代、作者、书名建立文件夹，如例子用“后秦鸠摩罗什译《法华经·譬喻品》”，建立“后秦鸠摩罗什译《法华经》”文件夹。

14. 现代著作

（1）短篇小说、诗文还原到个人文集、选集，以个人文集、选集为单位做文件夹，如例子用“毛泽东《改造我们的学习》”，改建“毛泽东选集”文件夹。

（2）中长篇小说，以作者、书名为单位建立文件夹，如例子用“老舍《骆驼祥子》十五”，建立“老舍《骆驼祥子》”文件夹。

15. 近人学术著作

如范文澜《中国通史》等，以作者、书名建立文件夹。

16. 古代字书、词书、韵书

一律“客随主人”，跟随专书，不能建立独立文件夹。

17. 古籍考释

一律“客随主人”，跟随专书，不能建立独立文件夹。

18. 出土帛书竹简

以集名、书名号内之书名建立文件夹，如例子用“马王堆汉墓帛书《十大经·成法》”，建立“马王堆汉墓帛书《十大经》”文件夹。

19. 类书和十通

（1）类书以例子所引用者做文件夹，如“北堂书钞卷四十引汉班固《功德论》”，建立“北堂书钞卷四十引汉班固《功德论》”文件夹。

（2）十通以书名建立文件夹，如例子用“《通典·职官十六》”，建立“通典”文件夹。

20. 资料汇编

以例子所引建立文件夹，如例子用“《义和团运动史料丛编·某邑难民揭贴》”，建立“《义和团运动史料丛编·某邑难民揭贴》”文件夹。

这一篇文章，是我和我的硕士生、博士生、博士后二十余人，近三年来以《汉语大词典》为语料研究汉语词汇史的具体做法的一部分。现在发表出来，征求语言学界同行，尤其是词汇学、词汇史研究专家们的意见，渴望得到指点。

杨端志特记

《〈晏子春秋〉词汇研究》序言

德正君的《〈晏子春秋〉词汇研究》就要出版了,要我写个序言,我很高兴,这不仅因为我们有师生之谊,更因为我认为德正君的书是一部有价值的学术专著。

《〈晏子春秋〉词汇研究》属专书词汇研究。我们知道,专书词汇研究是断代词汇研究的基础,也是汉语词汇史研究的基础。这种研究是非常有意义的。汉语词汇史研究,目前,还是蒋绍愚先生在十几年前说的,有两大任务。首先,"要对从先秦到明清的各个历史时期的词语一个一个地搞清楚,对汉语各个时期的词汇的面貌有一个比较清晰的了解"。第二,"对汉语词汇作系统的、理论的研究"。这两方面的工作要同时进行。(蒋绍愚《古汉语词汇纲要》,北京大学出版社1989年版)德正君的《〈晏子春秋〉词汇研究》,所努力做的就是这两个方面的工作。

《晏子春秋》写作时代大致清楚,大多是对话语体和叙述语体,口语性很强,是战国中晚期很重要的语料。《〈晏子春秋〉词汇研究》,于专书词汇研究非常得法,展现了《晏子春秋》的词汇面貌,又把它前与《诗经》、《左传》、《论语》比较,后与《韩非子》、《吕氏春秋》比较,展现了战国中晚期特定时段的词汇面貌。我们认为,它至少有如下优点值得称道:

一、版本选择准确，语言的时代定位合理

《晏子春秋》由于它的取材有史料，也有民间传说，因此一向不为学者所重。清代以前，只是为着保存而传抄传刻，错讹较多，是最难读的文献之一。清代才有学者整理。这样，选择哪一种版本作为对象就是一个重要问题。版本选择，实际就是判断语料的可靠性，选择语料问题。依我看，至少有两种本子可用，一是30年代世界书局《诸子集成》中张纯一《晏子春秋校注》，它吸收了清人孙星衍、卢文弨、王念孙等十几人的成果。二是中华书局《新编诸子集成》中吴则虞《晏子春秋集释》，它又吸收了张纯一等人的成果。德正选择了后者，后出转精。这个选择是最合适的。研究中，又剔除了引用《诗经》等前时资料，语料的可靠性就更大。

还有对《晏子春秋》语料的时代定位问题。此前的研究，有所谓春秋说、战国说、秦统一以后一段时间说、汉初说等。德正采用了"最早的一批材料产生于春秋末期，陆续增补，战国中后期完成说"，认为它主要反映了战国中晚期的语言情况。德正采用这个说法，并不是一味接收，而是在每一种词汇现象的时代前后的比较中，时常观察这一问题。如联合式复合词比较中还说：

《诗经》中有复合词729个，其中联合式209个，占复合词总数的28.7%；《左传》有复合词1164个，其中联合式302个，占复合词总数的26%；《吕氏春秋》有复合词992个，其中联合式有448个，占复合词总数的45%；而《晏子》的联合式占复合词总数的46.8%，略与《吕氏春秋》的比例相当。从一定意义上

说，这也可以从一个侧面反映出《晏子》的大致成书时代。

同一语言现象在前后书中的出现频率，对于确定时代是有意义的。

二、以基本词汇（附以一般词汇）、复音词、同义词、反义词、传世本与出土本综合研究五项为重点，比较全面地展示了专书词汇的格局

专书词汇研究怎么写，写些什么内容？或者说专书词汇研究格局是怎样的？依我的理解，至少要考虑到两个方面，一是所写专书的词汇特点，二是断代词汇史、词汇通史的需要。第一点，所写专书词汇的特点，是根本。可以全面地写，也可以写专题。写清楚了专书词汇的特点，它能联系起词汇史的上下关系，或者会补充词汇史上某些缺项。德正以基本词汇（附以一般词汇）、复音词、同义词、反义词、传世本与出土本词汇比较研究五项为重点，同时这些内容也是特点，比较全面地展示了《晏子春秋》的词汇的基本面貌。这些内容都是断代词汇史、词汇通史所不可缺少的。我们最感兴趣的是基本词汇的描写，因为它最能反映一部专书的词汇面貌，也是词汇断代史、通史最需要有的。再譬如，《〈晏子春秋〉词汇研究》写传世本与银雀山汉简本词汇的比较研究中，发现传世本出现230余次的“对曰”，汉简本凡是有的都作“合（答）曰”。如传世本《谏上九》“（晏子）对曰：‘昔卫士东野之驾也……’”汉简本作“晏子进合曰：‘公言过矣。昔卫士东野之驾也……’”于是比较了比《晏子春秋》早的作品、晚的作品，发现《韩非子》、《吕氏春秋》“对”、“合（答）”混用，认定用“合（答）”不用“对”应当早于《韩非子》和《吕氏春

秋》,是汉简本《晏子春秋》的词汇特点,说明汉简本《晏子春秋》口语性更强,用"合(答)"是当时口语。"合(答)"是当时口语的特征词。这对词汇史是非常有意义的。

第二点,我们是说专书词汇研究要有上推下联的内容,要把所研究的对象放在词汇史的位置上,自觉考虑到词汇史的说明。德正的研究,在这方面做得很好,每一章节总结的时候,总要上推下联,把《晏子春秋》中这类词汇现象与前后同类现象相比较,以阐明这一类词汇现象的发展。这一点我们就不举例了,读之者当有会心。

三、理论性清晰,以义位为起点,观点科学

"词"是汉语的基本单位,是许多语言现象的交汇点,很难找到一种同质的分类原则,很难找到一种同质的切入点。假如只采用同一种原则、同一种切入点的话,又往往会忽略其他很多重要的东西。这不是说,词汇研究,我们就不寻找同质原则了。我们还一定要寻找。因为同质原则是科学研究的基础。训诂学研究词汇词义几千年,没有总结出多少理论出来,就是因为缺乏寻找同质原则的观念。词汇研究,由于词的多义性,词义的历史性和社会性,从词出发研究一个一个的词,是很方便的。但是,一进入词义聚合系统、组合系统,再以词为单位就不容易说明了。因为词的下面还有单位。所以,以"义位"为单位研究词汇,几乎成为大家的共识。这一点,德正是很清楚的。如"反义词研究的原则"一节,在称引诸家理论的基础上,提出:"一个词与另一个词构成反义关系,实际上是一个词的一个义位的某一个义素与另一个词的某一个义位的某一个义素形成反义关系。

那么,一个词在同一个义位上也就可以有不同的反义词,且不同的反义词的义位也是不相同的,这一点是与同义词很不一样的。如:'父'在'父亲'这个义位上可以同时和'母'与'子'形成反义关系,而一个词虽然在同一个义位上可以有不同的同义词,但这些词之间的义位都是相同的。"更由义位分析到义素、义素决定反义词了。

其实,德正对每一个词汇现象的研究,从始至终,理论观念都非常清晰。每论述一个词汇现象,首先把前人对这一问题的理论研究提纲挈领地综述出来,并进而探讨其操作原则,然后再进行自己的研究,这样,使研究过程始终在理论指导下进行,大大提高了研究质量。

四、穷尽性调查研究,处处注意词汇规律总结

专书词汇研究,材料是封闭的,可以进行穷尽性描写,也可以穷尽性调查抓重点描写,而穷尽性描写或穷尽性调查抓重点描写可以比举例性描写、举例性调查多发现更多规律。德正的《〈晏子春秋〉词汇研究》是属穷尽性调查抓重点描写的,所以,书中处处可见规律性的总结。如"复音词的形态结构分析"一节对偏正式总结说:"一个偏语素可以用来修饰多种不同意义的正语素,同样,一个正语素可以受多种偏语素的修饰,因此,从古到今,偏正式一直是一种能产的构词方法。""在《诗经》中绝大多数是名词,动词只有 8 个,形容词没有;《左传》有动词 14 个,形容词没有;《吕氏春秋》有动词 16 个,形容词 2 个;而《晏子》有动词 31 个,形容词 3 个。这说明到战国末期,偏正式的动词已经有了发展,而形容词也开始萌芽

了。”对联合式复合词总结说：“由于很多单音词都可以作为语素和同义语素以及一些类义、反义语素组合成新词，因而，在汉语中从古到今联合式都是一种能产的构词法。”“与《诗经》时期及战国前期相比，《晏子》和《吕氏春秋》成书的战国中后期联合式所占比例有了显著上升。”对主谓式、动宾式总结说：“主语、谓语作为句子最核心的骨架，其独立性很强，因此二者凝结为词就很困难。”“由于宾语在习惯上仍然被看做句子的主干部分，因此动、宾的凝结难度也很大，所以动宾式的比例在复合词中也不太高。”这样的描写，就抓住词汇的结构、词汇的发展规律了。

五、词汇学方法与训诂学方法并用，重词汇系统的说明，也重考证

词汇学的方法重系统，训诂学的方法重考证，而德正的《〈晏子春秋〉词汇研究》用了这两种方法。用词汇学方法进行系统研究的说明已如上述，这里我们举个考证的例子。《晏子春秋·杂上十六》：“夫不出于尊俎之间，而知冲千里之外，其晏子之谓也。”其中，“知冲”不好理解，于是德正引前人训诂解释说，王念孙曰：“‘知冲’即‘折冲’也，‘知’‘折’声相近，故字亦相通。”引高诱注《吕氏春秋》云：“冲车，所以冲突敌军，而陷破之也。”《诗经·大雅·皇矣》：“以尔钩援，与尔临冲，以伐崇墉。”毛《传》：“临，临车也；冲，冲车也。”《左传·昭公十三年》：“晋荀吴自著雍以上军侵鲜虞，及中人，驱冲竞，大获而归。”杜预注：“驱冲车与狄争逐。”《〈晏子春秋〉词汇研究》在“词汇构成”中对不少基本词汇、一般词汇进行了这样的考证，有力地解

释了一些疑难词语。

此外,《〈晏子春秋〉词汇研究》还运用了统计的方法、列表的方法、比较的方法等。运用这些方法,都在某些方面揭示了一定的规律性。

六、方言词汇的考证

任何一种语言的词汇系统,都不是同质的,往往有共同语与方言的交叉、本族语与外来语的交叉,更有古今语的交叉。我们认为,当研究一部专书、一个断代或通代词汇的时候,可以把这一类的异质因素作为同质因素来看待,它们只是在发生或者语用范围上有所不同。词汇系统中的异质因素,也一定会反映到专书词汇中来。专书词汇研究,也可以把它们作为同质因素来研究。但是,在词汇的构成中,要把它们区分出来,一类一类地研究,才能体现科学性。德正对《晏子春秋》中的方言词也进行了考察。名词有"菲履"、"瓬",动词有"脊"、"踊",形容词有"蓄"、"姣"、"溪盎",并对它们进行了考证。

这里涉及一个问题,就是对专书词汇中的异质因素如何判定?历史语言学理论告诉我们,主要是历史比较的方法,就是拿不同语言的词的语音、语义、词形相似性进行比较,并拿出用例来确定。德正用的方法主要是"通过与其时代相近的带有明显齐方言色彩的作品(主要是《公羊传》)相比较,并依据扬雄的《方言》等书"来探讨。这可以叫做文献考证法。对于古代汉语专书中的方言词,利用相近的作品,利用工具书,也是一个有效的方法。

七、多闻阙疑，以待后续

子曰："多闻阙疑，慎言其余，则寡尤。"（《论语·为政》）这不是滑头，是实事求是，是科学态度。对于一部专书，尤其是历史上错讹较多的古书，对它的语言现象要说一下子就全弄明白了，那是骗人。至今，还没见过哪一部书的古注不存在"一曰"或"未详"的。王念孙《读书杂志》中就常注"未详"。德正在《〈晏子春秋〉词汇研究》"复音词的形态结构分析"一节就有"衡鹿"、"祈望"、"舟鲛"、"焦冥"四个词都是名词，但是"结构不明"，存疑以待考。这样做，无疑是严肃的科学态度。

八、文如其人，简洁、明快、有条理

德正的书，简洁、明快、有条理。我感觉，就像他这个人一样。他为人简洁，不复杂；明快，不失谨慎；有条理，稳重扎实。还有一条，敏而好学，永不停止。

上面说的都是好话，当然我不是说德正的书就没有缺点了。我们要牢牢记住，在语言的语音、词汇、语法三要素中，词汇是一个多层次的异质系统，所以对它的研究，难度最大。再加上，我们的语言学理论基本都是引进的，理论与汉语实际在词汇层面表现出的矛盾最多。还有许多问题，需要我们探讨，我们共勉吧！

相信，德正会在词汇史研究方面，不断取得新成绩！

杨端志序于山东大学五宿舍

2007年9月4日晚

词典编纂研究

从字的训释看两部词典吸收训诂学成果方面的问题

摘要:研究、编制辞书,古代训诂学为我们留下了极为珍贵的丰富资料,也为我们提供了相当科学的成功经验。简单地概括,可以叫做"两大资料"(训诂专著和训释资料)和"两大经验"(说文系著作的经验和雅学系著作的经验)。我们现代编写字书辞书,尤其是历史性字书辞书,应当汲取这份文化遗产。因此,《汉语大字典》和《汉语大词典》都把"古今兼收,源流并重"、"继承前人的成果"、"注重形音义的密切配合"、"反映汉字形音义的发展"等,写在自己的"前言"中,作为最高目标。现在,拿了这种标准来检查这两部辞书,基本达到了它预期的目标。但是,从严要求,仍不无遗憾,还有一些好的传统没有继承下来。我们以这两部工具书对"放"字的解释为例,谈几点看法。

关键词:汉语大字典　汉语大词典　"放"字　训诂学　成果　问题

一、吸收专著训诂有疏漏

为便于说明问题,我们先看例子。"放"字,《汉语大字典》和《汉语大词典》都列有三个相同的音项,我们以《汉语大字典》

为主进行分析。《汉语大字典》："(一)fàng《广韵》甫妄切，去洋非。阳部。"这个读音下是围绕本义"驱逐；流放"，逐个排列其引申义，共23个义项，另有3个并列义项，凡26个意义。引申义系列按词义引申的远近为序，大致是可信的(但是也有问题，下面会讲到)。《汉语大词典》多分出几个义项，共有31个，引申系列与之大同小异。

第二个音项下的是我们分析的重点，不妨照《汉语大字典》的内容，全部录出：

> (二)fǎng《广韵》分网切，上养非。阳部。①仿效；模拟。《广雅·释诂三》："放，放也。"《书·尧典》："曰若稽古帝尧，曰放勋。"孔颖达疏："能放效上世之功。"《后汉书·班彪传附班固》："据坤灵之正位，放太、微之圆方。"李贤注："放，象也。"宋苏轼《上韩太尉书》："皆依放儒术六经之言，而取其近似者以为口实。"清王念孙《广雅疏证·自叙》："最后一卷，子引之尝习其义，亦即存其说，窃放范氏《穀梁传集解》子弟列名之例。"②依据。《广雅·释诂四》："放，依也。"《论语·里仁》："放于利而行，多怨。"何晏注："孔曰：放，依也。"《庄子·天运》："吾子使天下无失其朴，吾子亦放风而动，总德而立矣。"陆德明释文："放，方往反。司马云：'放，依也，依无为之风而动也。'"③至；到。《孟子·梁惠王下》："放于琅邪。"赵岐注："放，至也。"《列子·杨朱》："伯夷非亡欲，矜清之邮，以放饿死。"张湛注："守饿至死。"④姓。

《汉语大词典》这个音项下多个"仿佛，类似"义，其余大同小异。

第三个音项:“(三)fāng《集韵》分房切,平阳非。阳部。通‘方’。”排列了“并船”和副词“正;当”两个意义。

《汉语大词典》大同小异。这是解释的借字借义。

从这三个音项所记的内容看,(一)是本音、本字、本义、引申义;(三)是借音、借字、借义。连同字头下摆的金文、小篆形体,可以说形音义的关系是很清楚的,形音义的发展演变也是很清楚的。那么,(二)中解释的意义是些什么意义呢?很显然,与(一)的本义、引申义扯不上什么联系,与(三)的借字借义也无关。原来它们另有来源,形音义关系比较复杂。

在“①仿效,模拟;②依据;③仿佛,类似;①至,到”(《汉语大词典》排列的次序)这些意义中,大致可分为三组:

“①仿效,模拟”为一组。先秦语言中有个读 pǐwang(甫妄切,今读 fǎng)表示“仿效,模拟”义的词,没有为它造出字来,在形体上借用了“放”来表示(例见上引《大字典》)。后来人们感觉到“仿效,模拟”往往与人有关,于是汉代造出“倣”字,班固《西都赋》:“据坤灵之正位,倣太紫之圆方”(见《大字典》、《大词典》“倣”字注)。“倣”没有被收入《说文解字》,人们以为它是个俗字,到南朝范晔《后汉书 · 班彪传附班固传》引录此句时,又把“倣”改为“放”,《大字典》书证用的就是这个例子。元明时期,在“放效,模拟”的意义上,又借用“仿”表示,元杨梓《霍光鬼谏》:“你待仿骊姬乱晋,俺难学伊尹扶汤。”(见《大字典》、《大词典》“仿”字注)《说文》:“仿,相似也。”是“仿佛”的单言字。在“仿效、模拟”的意义上,“放”字自上古用到清末,“仿”字自元明用到现代,都是久借不归,积非成是。所以,《说文通训定声》说“放”假借为“仿”,讲错了,《大字典》、《大词典》都没采用,这是对的。《说文通训定声》“仿”字下又说“俗亦作倣”,

亦误,“仿”不是“倣”的本字。又说“经传放效字皆以放为之”,经传所用是本无其字的借字。

像这种反复借用,又借用的时间比较长,一直没有造出本字来,而音义又是本音本义的情况,作为大型历史性语文工具书该不该给以反映呢?怎样反映呢?似乎应在体例、内容上给以考虑,做出安排。像(三)音项中那样明显的假借现象,给予了反映,(二)①这种隐晦的假借现象更应该给以注解,以显示形音义的关系。当然,辨别本借会遇到很多困难,又容易见仁见智,意见不一。从吸收古代训诂成果和经验看,应当学习朱骏声的勇气,接受《说文通训定声》的经验,用简单叙述的方法,把各种本借情况都说清楚。

“③仿佛,类似”为一组。这个意义只见于《汉语大词典》,《汉语大字典》没收。《汉语大词典》:“③仿佛,类似。”《史记·酷吏列传》:“其(杜周)治与宣相放,然重迟,外宽,内深次骨。”《说文》:“仿,相似也。”段注本订作:“仿,仿佛,相似,视不諟也。”这里是借“放”为仿佛之“仿”。后面多音词部分又收双音单纯词“放悲”,列“类似”、“仿效”两个义项。“放”与“放悲”是王念孙屡屡说到的“单言”、“合言”关系。“放悲”还有很多种写法,如“髣髴”、“仿佛”、“彷彿”、“俩佛”、“俩彿”、“方物”、“荒忽”等,《汉语大词典》相应字头下都加以收录。这里存在的问题是,一,“放”借为“仿”没得到反映;二,传统认为,这些写法不同,语音相同或相近的成分是同一个词,一部辞书中同一个词却因形体各异而分散在各处,影响了形音义的联系性。从这一点上看,古代训诂雅学著作处理联绵词的方法是值得借鉴的。如方以智《通雅·释诂·谚语》:“彷彿,一作仿佛、方佛、放弗、髣髴、俩佛、放悲,通作放物、方物。”为着形音义眉目清楚,是否可以这样处理:对于形体各异但却是一个词的连绵字,在一个适当的地方,比如本字下,把它们所有写法全摆出来,各字头下分开解释时再注明互见。

《汉语大词典》所收双音节词、多音节词中,存在着类似的问题。如收了“放効”,注释说:“见‘放效’。”收了“放傚”,注释说:“见‘放效。’”词义在“放效”下给了解释,并举出“放効”、“放傚”的用例。这是很好的。但没在适当地方注明又作“仿效”,在人部“仿”字复音词“仿效”下也没注明又作“放效、放効、放傚”。这样,同一个词因为词形不同,也给分开了,肢解了形音义。这点又应吸取《别雅》那种把异型词集中在一起,给读者清晰全面的形音义联系的做法。一处适当地集中,别处注明互见,即可避免此缺陷。

“②依据”和“④至,到”为一组。这一组形音义关系最为复杂,它牵扯到坿、附。坿,《说文》:“益也。”段玉裁说:“今多用附训益,附乃附娄,读步口切(今音 bù),非益义也。今附行而坿废也。”附,《说文》:“附娄,小土山也。”段玉裁说:“《土部》坿,益也。增益之义宜用之,相近之义亦宜用之,今则尽用附而附之本义废也。”“坿”废而“附”行,“附”本义废而接受了“坿”的本义和引申义。过去从文字角度把这种现象称为“古今字”,即“坿”为古字,“附”为今字。古今字之间不是假借关系,因为它既不是本无其字的长期借用,也不是本有其字而暂时写别字。实际上,这是早期的单向音近义通现象,即因为字与字之间音近或音同,甲字字义渗透到乙字上,乙字具备了甲字之义。语言不需要二字并存,所谓古字便废而不用。“附”有依据义,《广雅·释诂》:“附,依也。”《易·剥》:“象曰:山附于地。”《汉书·匡衡传》:“(匡衡)数上疏陈便宜,及朝廷有政议,傅经以对,言多法义。"师古注:"傅读曰附。附,依也。"裴松之《三国志·魏志·公孙度传》注引陈寿《魏名臣奏》:"(虁弘)口论速捷,辩而不俗,附依典诰,若出胸臆。""放"也有依据义,例见上引《大字典》(二)②。又《国语·楚语》:"民无所放。"韦昭注:"放,依也。""附"有靠近、附着义,《小尔雅·广诂》:"附,近也。"《孙子·行军》:"欲战者,死附于水而迎客。"曹操注:"附近也。"《水经注·沁水》:"河内郡西七十里有沁水,左经沁水城西,附城东南流也。"《玉篇》:"附,着也。"《诗·小雅·角弓》:"如涂涂附。"毛传:"附,着也。""放"有至、到义,例见上引《汉语大字典》(二)③。又《广雅·释诂》:"放,至也。"《孟子·离娄下》:"放乎四海。"赵岐注:"放,至也。""靠近、附着"与"至,到"义相近。上古"附"为并母侯部,"放"为帮母阳部,声母旁纽,韵部旁转,读音相近。"放"字的"依据"义、"至,到"义在字形上应与"坿"字、"附"字发生了联系。汉语有文字的历史已经三千多年。三千多年中,形音义发生了巨大变化,形音义关系错综复杂,不是每个词形音义及发展变化都能搞清楚的。因此,对编字书辞书,我们不能要求每个词形音义都清楚。对于上举古今字,像段玉裁一样,在适当位置注一句"某字废而某字行";对于上举词义渗透,像王念孙《广雅疏证》一样,在适当位置注一句"某与某音近义通",也就行了。

二、对传注训诂理解有讹误

这里讨论的问题,都是就《汉语大字典》、《汉语大词典》对"放"一个字的解释提出的。因此,这里只有一个例子。《汉语大字典》(一)下注释说:

⑧散放。如放学;放工。《书·武成》:“归马于华山之阳,放牛于桃林之野。”又牧养。如放羊;放鸭。《庄子·马蹄》:“一而不党,命曰天放。”陆德明释文:“崔本作牧,云‘养也。’”

在“牧养”义上,注释有两个错误。一是引陆德明释文有误。中华书局1983年影印清通志堂本《释文》作:“天放,如字。崔云作牧,天养也。”“如字”就是照“天放”固有的平常音义去理解。照固有的平常音义理解,是最通行的说法。引文丢掉“如字”就等于丢掉了最通常的说法。“崔云作牧”是说晋代训诂家崔譔注《庄子》时说“放”当作“牧”,这与崔譔所用的本子作“牧”不一样。引文大约剪裁自诸子集成本郭庆藩《庄子集释》后所附的《释文》,《释文》作:“天放,如字,崔本作牧,云养也。”这后附的《释文》也是经过剪裁的。用剪裁了又剪裁的文字作论据,是十分危险的,很难得出正确的结论。二是理解有误。《释文》所载本来是两说,一说照“如字”理解,应当是什么意思呢？对这两句,晋郭象注说:“放之而自一耳,非党也,故谓之天放。”郭庆藩疏说:“党,偏也。命,名也。天,自然也。夫虚通一道,亭毒(高亨说:‘亭当读为成,毒当读为熟,皆音同通用。’)群生,长之,育之,无偏无党。若有心治物,则乖彼天然;直置放任,则物皆自足,故名曰天放也。”放是放纵、放任。天放是放任于自然的意思。二说是崔譔认为“放”当作“牧”,牧是牧养的意思。《汉语大字典》采用崔譔的意见。且不说遇到两种解释,一般要采用通常之说,通常之说要比异说保险。我们看看语言事实。《汉语大字典》立“牧养”义项,只这一个例证,是战国时期的。《汉语大词典》立有“放牧”义项,意思相近,举的例证是《世说新语·德行》刘孝标注引晋孙盛《晋阳秋》:“(胡威)每至客舍，自放驴取樵爨炊。”唐杜甫《瘦马行》：“天寒远放雁为伴，日暮不收乌啄疮。”例证是晋、唐的。两部大辞典都特别注重例证的始见书和时代性，那么战国、秦、汉、魏这漫长的时期，怎么不见别的“放”作牧养讲的用例呢？认为“放”在战国时代就有牧养义，显然不符合语言的社会性原则。先秦至汉魏在牧养、放牧意义上用“牧”，《汉语大字典》“牧”的“放养牲畜”义就举了《尚书》、《孟子》、《后汉书》的例子。《汉语大词典》是对的，“放”的牧养义当产生于晋代以后。《汉语大词典》“前言”说：“为编纂本书，搜集了七百多万张资料卡片，所引例证，都是从古今著作原书摘录下来的第一手资料，准确可靠。”不为自誉。这大大增加了释义的准确性和时代性。我们再从《庄子》文句本身来检查，为便于说明问题，不妨引长一点：

吾意善治天下者不然。彼民有常性，织而衣，耕而食，是谓同德；一而不党，命曰天放。故至德之世，其行填填，其视颠颠。当是时也，山无蹊隧，泽无舟梁；万物群生，连属其乡；禽兽成群，草木遂长。是故禽兽可系羁而游，乌鹊之巢可攀援而窥。

这段文字汪洋恣肆，朗朗上口，原来它大部分句子是押韵的。食德为职韵，党放为阳韵，填颠为真韵，梁乡长为阳韵。如果把“放”改为“牧”，牧上古属职韵，就不能与上句“党”相押了。所以，这里一定是个“放”字，而绝不会是“牧”。至此，崔譔之说便彻底推翻了。《汉语大字典》这个义项，只一个例证，已犯孤证之嫌，又不辨是非，采用了错误的旧训诂材料，那就立不住了。

三、不载正文训诂

《汉语大词典》在音项(一)收了这么一个义项:

㉗指放手让广大人民群众发表意见。毛泽东《在中国共产党全国宣传工作会议上的讲话》:“放,就是放手让大家讲意见,使人们敢于说话,敢于批评,敢于争论。”邓小平《贯彻调整方针,保证安定团结》四:“必须加强人民民主专政的国家机器,坚决打击和分化瓦解上述各种破坏安定团结的势力……有人会说,我们这样做,是要‘收’,不再‘放’了,是只讲专政,不要民主了,三中全会的方针变了。完全不对。”

这个义项有点像正文训诂,但如果认为是正文训诂,那么,《公羊传·宣公元年》:“放之者何?犹云无去是云尔。”《穀梁传·宣公元年》:“放,犹屏也。称国以放,放无罪也。”为保证大型工具书释义的全面,为何不收?如果不认为是正文训诂,这里概括得又很不全面。如1957~1958 年整风运动中有“放反改学”四项目标,放指大鸣、大放、大字报、大辩论。放,是在党和国家政治生活中,和方针政策有关的含意很广的做法。应当经过研究,把它概括成理性意义,对重要的特指意义,再加以注明。

正文训诂是又一批关于字词的珍贵文化遗产,其中包括丰富的语音、词义资料。但传统认为,它们不是理性意义,于查阅典籍无补,因此,工具书一般不予收录。由“放”字释义看,《汉语大字典》和《汉语大词典》也基本采取了这个态度。关于正文训诂的作用,事实上不是这样,它们绝大部分是针对古籍文句的。如上引《公羊传》和《穀梁传》解释“放”字,就是注解《春秋》“晋放其大夫胥甲父于卫”的。在这个意义上,它同随文释义的解注训诂具有同样价值。《周易大传》训诂之与《易古经》,《公羊传》和《穀梁传》训诂之与《春秋》,《白虎通义》训诂之与五经,《史记·天官书》训诂之与天文历法,都是如此。非针对古籍的正文训诂,如《左传》中作为立论根据者,也反映了当时学者对该词意义的理解。因此,《说文解字》和《经籍纂诂》就吸收了很多正文训诂。《汉语大字典》和《汉语大词典》不收正文训诂,实在是又一个遗憾。

(发表于《吉林大学社会科学学报》1997年第2期)

诠释学理论研究

中国古代诠释学理论视野下的汉语语言单位论、结构体系论、语义解释方法论及语义系统论

一、中国诠释学理论之所在

中国古代的哲学,包括语言哲学,根本的目的在于总结以往的经验,以获得后来实践中最大的精神自由,因而普通哲学、语言哲学的理论方法都贯通在他们的研究实践中。正如张岱年先生在其《中国哲学大纲》"中国哲学之特色"一节所论:

> 中国哲人探求真理,目的乃在于生活之迁善,而要表见之于生活中。孔子说:"知之者不如好之者,好之者不如乐之者。"(论语·雍也)所谓"乐之"即以其所知以实践,而获得一种乐趣。孟子说:"君子深造之以道,欲其自得之也,自得之则居之安,居之安则资之深,资之深则取之左右逢其源,故君子欲其自得之也。"(孟子·离娄)深研学问之鹄的,在于自得于道,到自得于道的境界,便能有最大的精神自由。

正因为中国哲学重经验、重实践;重了悟、重贯通,所以他们的哲学观念、理论方法往往倾注于研究实践,贯通于研究实践之中,"经验上的贯通与实践上的契合,就是真正的证明"。而不

重视就哲学本体写出长篇大论，进行形式上逻辑上的缜密论证。惟其如此，如果我们想到浩如烟海的古籍中去寻找成篇的、成本的中国诠释学的理论方法是困难的。

中国古代诠释学的理论方法隐藏在群经诸子等哲学和文字训诂实践的论著中。从学科的眼光看，隐藏在哲学、文字训诂学的论述和解释中。那么，中国文本诠释学的基本概念和理论，如汉语语言单位论、结构体系论、语义解释方法论及语义系统论等，也都隐藏在中国古代的哲学、文字训诂学的论述解释中。

二、中国古代诠释学理论视野下的汉语文本语言单位论

中国古代哲学、文字训诂学对汉语语言单位、汉语单位间的结构体系的认识，已经达到非常精致的程度。

"语言单位"，是指自然语言中，功能、语义相对独立的成分。

对一种语言文本进行诠释，就要首先找出这种语言的单位，这是研究的起点。中国古人对于汉语文本的研究也是如此。中国古人认识汉语文本的语言单位很早，认识的角度也不相同，从不同的角度分出了不同的单位。

这里，我们要注意的是，古人是把"字"作为语言文本的最小单位的。古人作为语言单位的"字"，相当于现代英语中的"word"而比"word"多出了个字形。"字"在汉语中作为语言单位，是在漫长的汉语认识史上形成的。最早把"字"作为语言单位始于秦代，是伴随着把记录语言的符号由"文"改称"字"一起产生的。《史记·吕不韦列传》说，《吕氏春秋》写好后，吕不韦

把它"布咸阳市门,悬千金其上,延诸侯游士宾客,有能增损一字者予千金"。这个"字"就是指《吕氏春秋》文本中的最小单位。南北朝以后,文章家、诗话家、词话家讲求文本"炼字","求一字之稳",以及"四字句"、"五字句"、"六字句"、"七字句"等等,其中的"字",都指汉语文本的语言的最小单位。

首先,是从文章学的句子组织、篇章组织来认识。汉代王充在《论衡·正说》中说:"文字有意以立句,句有数以连章,章有体以成篇。"他分出的语言单位有"字"、"句"、"章"、"篇"。南朝齐刘勰《文心雕龙·章句》说:"因字而生句,积句而成章,积章而成篇。"分出的语言单位也是"字"、"句"、"章"、"篇"。

其次,是从阅读方面,根据句子的语气是不是完结来认识。《礼记·学记》记载古代学习程序和检查学习成绩说"一年视离经辨志",郑玄注释说:"离经,断,句绝也。""断"与"逗"、"投"相通。这里分出的语言单位有"句断(逗)"和"句绝"。唐代天台沙门湛然在《法华文句记》卷一说:"凡经文语绝处谓之句,语未绝而点之以便诵咏谓之读。"元代陈端礼在《程氏家塾读书分年日程》卷二说:"句读二字,倒点为句,中点为读。凡人名、地物名并长句内小句,并从中点。"分出的语言单位有"句"、"读"两种。"句"是语义完整的单位,大致相当于今天的单句,"读"是语义未完的单位,陈端礼说是人名、地名、长句内的小句,大致相当于今天的词组或子句。

这种以一定的标记划分语言单位的办法用得很早,公元前9世纪周共王时期的铜器《永盂》上的铭文就已出现,此后,出土的春秋、战国、秦汉铜器简帛文字上,都有使用。直到汉魏时期才出现比较系统的理论说明。

再次,是从为古书文本作随文释义的训诂来认识。汉唐以来，古人为古书文本作注，下注的地方或注释的对象往往就是古人所认为的语言单位。这用古代解释者的观点看，分出的文本语言单位有“字”、“读”(小句)、“句”(长句)、“章”、“篇”等五级，已经很接近现代语言学的词、词组、单句、复句、章、篇的六分法了。现代的复句，在古代是与“句”(长句)、“章”两跨的。

三、中国古代诠释学理论视野下的结构体系论

1. 汉语文本的大结构体系论

对于汉语文本语言单位的结构，南朝齐刘勰从文章学的结构论出发认识得更加深刻，他在《文心雕龙·章句》篇认为“设情有宅，置言有位”，即安置情怀(思想、感情)要有一定的处所，安置语言要有一定的位置。他具体解释说：“因字而生句，积句而成章，积章而成篇。”他分出的语言单位是“字”、“句”、“章”、“篇”。“因字”就是字与字之间的组合关系，所得是“句”；“积句”就是句与句之间的组合关系，所得是“章”；“积章”就是章与章之间的组合关系，所得是“篇”。那么，他的所谓“言位”，就是“字位”、“句位”、“章位”、“篇位”。“字位”是指一个“字”在字与字横向组合成为句子中的地位，也就是“字”在句中的语法地位。“句位”是指一个句子在横向组合成为章中的地位，也就是“句”在章中的逻辑地位。“章位”是指一章在横向组合成为篇中的地位，也就是“章”在篇中的逻辑地位。“篇位”是指一篇在横向组合成为一部书中的地位，也就是“篇”在一部书的逻辑地位。这样的逐级的横向组合，就是中国古代所谓文章学的章法，相比今天的语法来讲，可称之为“大语法”。刘勰《文心雕龙》五十篇就是讲“字位”、“句位”、“章位”、“篇位”，即用字造句、谋

篇布局的方法规律的。这些内容可以说是中国古代文本的“大结构体系论”。

2. 汉语文本的句法结构体系论

《文心雕龙》关于汉语文本的“大结构体系论”中,也包括了句子以内的“小结构体系论”即小结构体系论。刘勰在《章句》篇又说:“句者,局也。局言者,联字以分疆。”这就很清楚了,连接“字”形成的单位所以称为“句”,是因为它是一个“局”,是与其他相同的“局”分疆的。这就是句子内的“字位”。句子内的“字位”就应当是我国较早的语法概念了,它大致相当于现代语言学的句法结构。但是,刘勰没能对字与字关系的“字位”结构进行详细论述。对“字位”结构的研究是由文本的随文释义的训诂来完成的。

由于任何一个“字”在句子中都担任着一定的职务,都有自己的身份,“字”与“字”之间都有一定的语法关系、语义关系、语用关系,所以,古人在解释古书文本的词语、句子的时候,不可能不解到这些“字”的职务、身份,不可能离开语法关系、语义关系和语用关系。因此,对于“字位”的解释,成为训诂学一个重要贡献。从现代语法学的主谓、述宾、述补、偏正、联合等几种主要的语法结构来看,早在汉代的文本训诂中,就全部都解释到了。自然,那时候不会有现代的语法学术语,也不会有现代语言学的结构主义理念,他们的着重点在于语义和语义关系的阐释。但是,他们阐释词语、句子的语义、语义关系时,明白地表示出已经清楚了“字”与“字”之间的语法结构关系。如:

①郑玄《礼记·礼器》“礼器”注:“言礼使人成器。”

②郑玄《周礼·地官·舞师》“凡野舞,则皆教之”注:“野舞,谓野人学舞者。”

③郑玄《周礼·春官·大祝》"辨九拜,一曰稽首"注:"稽首,拜头至地也。"

④郑玄《郑氏佚书·春秋傅氏注十二》:"行成,求成也。"

⑤郑玄《周礼·地官·保氏》"保氏谏王恶而养国子以道"注:"养国子以道者,以师氏之德行审谕之。"

⑥郑玄《礼记·礼运》"污尊而抔饮"注:"抔饮,手掬之也。"

⑦《周礼·秋官·小司寇》"凡命夫命妇,不躬坐狱讼"注:"命夫者,其男子为大夫者。命妇者,其妇人之为大夫妻者。"

⑧郑玄《仪礼·士相见礼》"凡侍坐君子,君子欠伸,问日之早晏,以食具告"注:"志倦则欠,体倦则伸。"

①"礼器",很容易被误解为"礼之器",依郑玄所解"礼使人成器"的语义,实为主谓结构。

②"野舞",很容易被误解为"在原野上舞",依郑玄所解"野人学舞",当是主谓结构。

③"稽首",郑玄注"头至地",也就是(地)触着头,那就是述宾结构。

④"行成",郑玄讲为"求成"。《尔雅·释诂下》:"行,言也。"郭璞注:"今江东通谓语为行。"等于"说"。"说情"就是"求情"。那么,"求成"是述宾结构。

⑤"养国子以道",郑玄讲为"以师氏之德行审谕之",把古书的补语"以道"以东汉语言移位至状语位置,实现历时转换。"养国子以道"是述补结构。

⑥"抔饮",郑玄注以名词状语句"手掬之也"对译,说明"抔

饮”是状中结构。

⑦据郑玄注,“命夫”指受命为大夫的男子、“命妇”指受命为大夫男子的妻子,都是定中结构。

⑧“欠伸”,是并列结构。欠指呵欠,即疲倦时张口打呵欠出气。

因此,可以说,早在汉代的时候,经师们在群经诸子文本的注解中,在讲解语义的时候,就已经具备了汉语结构的知识,已经认识到了汉语的几大基本语法结构。

四、中国古代诠释学理论视野下的汉语文本语义解释方法论

古代文本诠释理论视野下,对于汉语的“字”、“读”(小句)、“句”(长句)、“章”、“篇”的文本语义进行了全面的研究,形成了汉语特有的文本语义解释方法论。

1.“读”(小句)、“句”(长句)、“章”、“篇”的文本语义解释方法论

对于这几种语言单位,解释方法主要有翻译、串讲、点明言外之意、推因、词义分析法、语法关系分析法。①

2.“字”的文本语义解释方法论

“字”是汉语最小的单位,也是汉语最基本的单位。“字”的意义清楚了,“读”(小句)、“句”(长句)、“章”、“篇”的语义、语法、语用也就容易明白了。因为,说同一种语言的人们,早已习得了这种语言的语法规则和语用习惯。

① 见杨端志《训诂学》(上册),山东文艺出版社1992年版。

但是，文本语义的研究离不开自然语言研究的理论基础，许多时候文本语义的研究要从自然语义的产生和发展说起。

古汉字是在语义所指客观事物原型基础上经抽象概括创造出来的，也就是说，在造字的时候就已把语言中的音、义投射到文字上，即所谓“近取诸身，远取诸物”，“依类象形，故谓之文”。一旦成为“字”，它就具有了形、音、义。这是许慎《说文解字》以来的基本观念。《说文解字》就是兼释形、音、义的。从此，汉字成为历史语义、历史语音的载体。

同时，也形成了汉字的研究传统。古汉字的研究，涉及形体的演变，涉及历史语义学，涉及历史语音学。同时，也形成了研究方法的传统，即文字形体、文字字音、文字字义三者互相求、古今六者互相求的方法论系统。这就是段玉裁在为王念孙《广雅疏证》写的序言中所说的：“圣人之制字，有义而后有音，有音而后有形。学者之考字，因形以得其音，因音以得其义。”“小学有形，有音，有义，三者互相求，举一可得其二。有古形，有今形，有古音，有今音，有古义，有今义，六者互相求，举一可得其五。”于上古音研究，得出了石破天惊的著名结论：“谐声者必同部。”于语义研究，则有形训、声训、义训三大法宝。

(1)以《说文解字》为代表的形训论

“形训”是利用汉字形体与这个字所代表的词义所指称的客观事物的形象的关系来解释字义，它充分表现了汉字符号语义学的科学理论的解释力量。

“由于古代汉字具有表意、尚形的特点，完全撇开文字的形体去研究词义几乎是做不到的。”[①]这是汉语文本词汇词义研究

① 陆宗达、王宁《训诂方法论》，中国社会科学出版社 1983 年版。

的一条颠扑不破的真理！

“形训”的原则来源于汉字“按照字义所反映的事物来绘形”的造字原则。这是符号语言学和符号汉字学的观点。从符号语言学的角度看，汉语的“词”是个语言符号，这个符号由一种物质形式“语音”和一种内容“语义”组成。语音是运载语义的，二者就像一张纸的正反两面统一在一起，形成对立统一体。“语义”与语义所描写的客观世界之间，是反映关系，又形成语义与所指物的对立统一体。中国古代哲学中所说的“制名以指实”、“循名责实”就是这个意思。再从汉字符号学的观点来看，语言中有了这个语言符号“词”，为了在使用中记住这个“词”，就要为它造“字”。要造的这个“字”是为了让它代表这个“词”的。那么，这个“字”怎么造呢？是让这个“字”来代表“词”的语音呢，还是让这个“字”代表“词”的语义呢？当然，任何语言的文字都是代表词的音、义的。但是，“字”采取什么图形就不一样了。那么，汉语的这个“词”的这个“字”采用什么样的图形呢？汉字的造字采用了优先考虑与词义联系的办法，也就是根据“词义”所反映的“客观事物的样子”来为这个“词”造“字”，“字形”大致上就是“词义”所反映的“客观事物的原型”。这样，“字形”自然与“词义”取得了联系。这就是所谓“形义统一”规律，这就是汉字的符号语义规律。也正因为如此，汉字字形才提供了“形训”的可能，并且充分表现了汉字字形与汉语词义的科学的语言文字学原理上的联系，充分说明了汉字“形训”的汉语语言文字学原理上的合理性、科学性。

语言中的“词”是复杂的，词与“词义”的关系是复杂的；记录词的“字”是复杂的，字形与“词义”的关系也是复杂的。“字形”的演变有随语言音义变化的一面，也还有循其自身规律变化的一面。因此,我们要特别感谢《说文解字》。这不仅仅是因为《说文解字》的"字形"是经过了许慎系统整理的,还因为《说文解字》给出的"本义","是严格地从古代文献的用词中来摘取词义训释的",本义有语言的根据。《说文解字》训释词义之后再给出文献语言例证。这就是说,"形训"不能离开语言中"词义"的事实,一定要跟语言的"词义"事实相符,才是正确的。

通过对汉字进行"形训"的汉语词汇词义解释研究,在象形、指事、会意、形声诸汉字结构中是不相同的,"形训"所得之"义"的类型是非常多样化的。这表现了汉字与汉语词义民族性、民族文化性的特点。

"字"所表现的词的本义往往是具体的。这大约有两种原因,一是造字时"字"所代表的语言中的词的意义本来就是具体的,或者造字时语言中的词义已经是概括的,但造字必须依托形象,而字的形象所表现的意义又只能是具体的。如果是前者,说明当时的语言还不发达,书面语与当时口语是一致的。如果是后者,则说明文字的出现对语言来了一番重新整理,使语言变成新的起点。不管是前者,还是后者,其结果,呈现在我们面前的局面的语言的语义,大多是具体意义。具体意义是汉语的语义的起点,也是语言研究的起点。

词义围绕文字所反映的本义所指事物的形象引申发展,而不是围绕着本义引申发展,从认知心理学、认知语言学的角度,解释了从汉字出现开始的汉语语义引申发展的原型理论、家族相似性和语义结构。其实,段玉裁早在《说文解字注》中已指出过这种情况。如《阜部》:"阜,大陆也。"段注:"引申之为凡厚、凡大、凡多之称。《秦风》传曰:'阜,大也。'《郑风》传曰:'阜,盛也。'《国语》注曰:'阜,厚也。'皆由土山高厚演之。"本义"大陆”即“高而厚的土山”是具体的。“土山高厚”是“大陆”的形象特点。又如“屮部”:“每,艸盛上出也。”段注:“每是艸盛,引申为凡盛,如‘品庶每生’、‘贪也每怀’,怀,私也,皆盛意。毛公曰:‘每,虽也。’凡言虽者,皆充类之称。今俗言‘每每’者,不一端之辞。皆盛也。”本义“艸盛上出”是具体的。“每”是“艸盛上出”之形象,引申为一般之盛,引申为虽然,引申为每每,皆由“艸盛”之形出。又如《木部》:“荣……一曰:屋梠之两头起者为荣。”段注:“梠,楣也。楣,齐谓之檐,楚谓之梠。檐之两头轩起为荣,故引申凡扬起之为荣。”本义“屋梠之两头起者”是具体的。“屋梠之两头起”是形象,其他意义为“两头起”形象所引申。段玉裁《说文解字注》中这样的例子很多,显然,段氏已经发现了这一汉语语义发展的规律。

关于词义引申,似乎已经成为古代汉语词义研究领域和汉语词汇史研究领域人人熟知的知识,要么“链条式”、“放射式”,要么“近引申”、“远引申”,要么“扩大”、“缩小”、“转移”。其实,这些都不是词义引申中最重要的问题。最重要的问题是要找到引申义的起点,确定引申的方向,归纳引申的类型,总结引申的规律。

“字”的形训是以“字”形与生态原型相联系,在生态汉字符号学视野下,汉字不再只是记录语言的工具,它成为直接临摹生态美的形式(字形),一个汉字就等于一幅优美的图画。生态的“家族相似性”又把它们的基础范畴、上下位范畴,形成不同的生态美的群落。如甲骨文有“人、大、卩、女、子”等171基础范畴,“祭祀、求年、风雨、旬夕、田猎、往来、方国征伐、使令、疾梦、卜占、贞人、杂卜”等12群落。《说文解字》则有540基础范畴,更多的语义群落。

(2)以《释名》为代表的声训论

“声训”是以语音为支点,以几个“字”之间的同源义素为系联的汉语特有的语义解释方法。它源于汉语词汇发展的历史事实。

“声训”是训诂学理论方法中最具理论价值和意义的课题。汉语语义学理论中必须要有它的位置,汉语文本语义诠释学理论中也必须要有它的位置。要进行“声训”,首先要把汉语语音音系和它的历史音变、方俗音变规律弄清楚,要把汉语语义发展中音义相依、义随音衍的规律弄清楚。“音义相依,义随音衍”是汉语词汇发展中利用原有词汇音义的一种形态学的造词方法,是汉语语义发展演变的一条规律,是汉语词汇以单音词为主体的时代的词汇、语义发展的一种现象。

中国古代语言学发现语音相近、语义相通现象比较早,但真正认清音近义通的性质、特点和作用则很缓慢,很晚。春秋战国时期,汉语词汇急剧发展,哲学家开始研究概念、判断和推理,发现语音相近的词在语义上往往相通,开始从语音上探索词义。《左传·宣公三年》有“姞,吉人也”,《论语·颜渊》有“政者,正也”,《周易·说卦》有“乾,健也”、“离者,丽也”等。秦汉时期,随着《尔雅》、《方言》、《说文解字》从语义、方言、文字探求词义的风潮,东汉刘熙著《释名》提出“名之于实,各有义类”,在既不明音系又不明音近义通的原理的情况下,他要按义类全面推求词语所以之意,把声训推广到所有的词,具有极大的盲目性。此后,《说文》学占领词义学主要领域,宋朝人提出“右文说”,虽然回到由字形探讨声训,但是,展示汉字中形与音、与义的奇妙关系,直到乾嘉学者,才在上古音系研究的基础上,真正懂得了音近义通的原理。阮元在《揅经室集》中说:“义以音生,字从音造。”认为汉语的新义、新字的产生有一类是有音义相依的理据的，来源于原有某个母体词的语音。王念孙在《广雅疏证·序》中说："训诂之旨，本于声音。故有声同字异，声近义通。虽或类聚群分，实亦同条共贯。""声同字异"指假借字，声同字异而表达同一个词，同一个意义。"声近义通"说的就是语言发展中的据原有某一个词的语音稍变而产生新词新义的形态造词。到了近代，章太炎作《成均图》，给出音变造词的语音规律，并著《文始》，使用他自己定的语音系统进行了语义系统的研究。到此，"声训"在语音上、语义上，都有了系统的理论方法，以后的研究就是精益求精的问题了。

语音问题，相对来说系统性较强，这里我们不讨论。

语义上留下的问题比较多。

首先，是不是所有的词都可以声训？如果不是的话，那么，哪些词能够声训，哪些词不能够声训？索绪尔在他的《普通语言学教程》中说语言符号的性质第一个原则是："能指和所指的联系是任意的，或者，因为我们所说的符号是指能指和所指相联结所产生的整体，我们可以更简单地说：语言符号是任意的。"这第一个原则就是所谓语言符号的任意性，或者叫做音义结合的偶然性。从这个原则出发，当然语言中就不存在声训的可能性。其实，从语言发展的实际来考察，可以发现两种情况。这里索绪尔所说的原则只适合于语言产生之初的情况。"一种情况，在语言发生的起点，音与义的联系完全是偶然的……正因为如此，同一个声音可以表达多种完全无关的意义，语言中因此产生大量的异义同音词；而相同或相近的意义又完全可以用不同的声音来表达，语言中又因此产生大量的异音同义词。"①这就

① 陆宗达、王宁《训诂方法论》，中国社会科学出版社1983年版。

是音义关系的“偶然论”，也就是索绪尔所说的语言的任意性问题。“另一种情况，随着社会的发展和人类认识的发展，词汇要不断丰富，在原有词的基础上要产生新词。新词产生的一条重要的途径，就是在旧词引申到距离本义较远之后，在一定条件下脱离原词而独立。有的音虽无变，已成他词，也有的音有稍变，更为异语，这就是语词的分化，也就是派生词。同一语根的派生词——即同根词——往往音相近，义相通……因此带有了历史的可以追索的必然性。”①这就是音义关系的“必然论”。用音义关系的两点论来观察语言，要比索绪尔等西方结构主义语言学家的一点论把“偶然性”搞到绝对化的程度高明得多，科学得多。汉语中的“词”有原生、派生。原生词音义结合是偶然的，不能声训，而派生词中一部分词在语义上有引申关系而语音变或稍变的词之间就能进行声训。

其次，观察声训现象采取什么角度比较合适？声训有多少种类型？观察声训现象的角度，有声音的角度，有意义的角度，有发生学的角度，还有语用学即声训功能的角度。能声训的词都是在语言发展中，在语言运用中出现的。所以我们认为，从声训语用功能的角度来说明，会更符合汉语实际一些，能说得更透彻一些。从语用功能上看，声训可以分为：(1)推求事物的命名之意；(2)以“右文说”为据推求同族字的语源义；(3)推求古今方俗转语；(4)推求同源词共同的发音语根；(5)从“初文”出发推求具有音义关系的词族；(6)推求“同源字”。②

再次，“义通”通的是什么义？是什么性质？声训的类型不

① 陆宗达、王宁《训诂方法论》，中国社会科学出版社1983年版。

② 见杨端志《训诂学》(上册)，山东文艺出版社1992年版。

同,所通的意义也不一样。(1)推求事物的命名之意,所通的是概念意义与理据意义之关系。(2)以"右文说"为据推求同族字的语源义,所通的是具有共同声符的字的共同语源义素义。(3)推求古今方俗转语,所通的是同一个词的古今方俗风格义。(4)推求同源词共同的发音语根,所通的是具有同一个发音语根的词的共同语源义素义。(5)从"初文"出发推求具有音义关系的词族,所通的是相关相类的关系意义。(6)推求"同源字",所通的是同源义素义。总起来看,所通的意义都不是语言的概念意义,而是深层的附加意义。

最后,"义通"的词之间是什么关系?(1)推求事物的命名之意,词之间的关系,有的是同源关系,有的仅仅是声音相同或相近,有的词所指物有一定人文联系。(2)以"右文说"为据推求同族字的语源义,词之间是同源词关系。(3)推求古今方俗转语,词之间大多为同一个词,少数可视为同源词。(4)推求有音义联系的词的共同的发音语根,这种情况,词之间的关系特别复杂,多是意义上有一定的联系。(5)从"初文"出发推求具有音义关系的词族,这一类关系也很复杂。(6)推求"同源字",词之间是同源关系。(1)(4)(5)是亟待研究的几类。

(3)《尔雅》、文本的随文释义为代表的义训论

语言的语音、词汇、语法几个部门中,词汇研究是最难的。中国传统文字训诂方法的形训、声训、义训中,义训方法是最难的。词汇难,语义难,主要原因是数量大,基本单位难以确定,单位与单位之间的关系复杂,演变发展的动因和机制不易把握,规律性的东西不易寻找。而词汇、语义在语言中又是最重要的,它既是交际的起点,又是交际的终点。所以,在中国传统语言学史上,词汇、语义研究出现最早。训诂学史上研究语义,文本注释

书都是随文释义，所释的意义用现代语义学的观点看，大多可以叫做文本“义位变体”。训诂专书，“雅学”类大体上是这些文本随文释义资料的汇编。“说文学”类专书，第一个意义大多抄《说文解字》。《玉篇》以后，第一个意义外的其他意义也基本是抄自文本随文释义的训诂。直到段玉裁《说文解字注》中所谓“引申”、朱骏声《说文通训定声》中所谓“转注”，才有了对文本随文释义的训诂进行归纳的观念，《中华大字典》大致上有了“义项”的观点。此后，越来越注意“义项”的归纳。近些年，随着西方语义学理论的引入，有了“义位”、“义素”、“义场”的观念。中国文字训诂学史上的释义有没有像“义位”一类的东西？应当说有，那就是《说文解字》的大部分释义和段玉裁《说文解字注》“引申”的大部分、朱骏声《说文通训定声》“转注”的大部分。但是，归纳到什么程度才算是一个“义位”，“义位”的表述元语言是什么？怎么样才算一个“义素”，“义素”的表述元语言有多少？怎么样才算一个“义场”，确定的标准是什么？至今仍然没有一个尺度。语义的复杂，致使很难有一个客观的标准。这就更说明语义研究的重要性和语义研究方法的重要性。如果语义研究有所突破，那就一定首先是研究方法的突破。

“形训”和“声训”都是探求语义的方法。汉语语义之所以能够“形训”，是因为造字时代字形描绘了词义所反映的事物。汉语语义之所以能够“声训”，是因为汉语语义发展中，有一类新义出现，新旧语义反映的事物具有某种相似性，新义依附于原义的声音而生，也就是所谓“义随声衍”。“义训”也是探求语义的方法，它是通过对语用中语义单位之间的对比、归纳来研究语义，并进一步探讨语义单位之间的各种各样的关系。“形训”和“声训”都有物质形式依托，相对容易些。“义训”就没有物质形式依托了，纯粹从观念形态到观念形态，所以要困难得多。方法论是建立在对所研究对象规律认识的基础之上的，因此，方法论就是对所研究对象规律的认识论，语义研究尤其明显。但是，对汉语语义性质和规律的研究，具有认识论价值，具有诠释学的理论特点，具有巨大的挑战性和诱惑力。

“义训”，获得义位变体最重要的根据是语境，获得义位最重要的方法是把一个一个的义位变体放到一定“义域”中比较互证，归纳推理。①

古代文本中一个一个的用例中的词义，包括文本的随文释义的训诂的意义，大都是义位变体。这时候，由于说话的环境不同，说话者所要表达的思想感情不同，同一个词的同一个位，会在具体的上下文出现个性差异，这些含有语用差异的义位称为义位变体。把这些义位变体通过比较互证，进行推理归纳，抛弃个性差异，找出本质性的共同性东西，反映本质性的共同性的意义，这个意义就是义位。我们以朱骏声《说文通训定声》的“兵”字的“说文”部分论证“兵”字本义为例：

《说文》：“兵，械也。”

《广雅·释言》：“兵，厉也。”即危险之物。

《周礼·司兵》“掌五兵”司农注：“戈、殳、戟、酋矛、夷矛也。”

《穀梁传·庄二十五传》“陈五兵”注：“矛、戟、钺、楯、弓矢也。”

《匡谬正俗》谓五方之兵：东矛、南弩、西戈、北钺、中央剑

① 参见蒋绍愚《关于“义域”》，载《蒋绍愚自选集》，河南教育出版社 1994 年版。

也。

《易·说卦》:“离为戈兵。”

《国语·越语》:“兵者,凶器也。”

《老子》:“兵者,不祥之器。”

《管子·问》:“兵事者,危物也。”

《左·襄二十七传》:“兵,民之残也。”兵器是残害百姓的东西。

《墨子》七患:“兵者,国之爪也。”兵器就像国家的爪子。

《广雅》以下的意义都是“兵”字意义的义位变体,每个义位变体都保持了具体语用环境的意义特点。但是,《说文》的解释是“兵”字本义的义位,它抛弃了各个变体的非本质属性,只剩下共同的本质的特点。“兵”字的这些义位变体与义位一起构成了“兵”字本义的义域。在义域中比较互证、归纳推理才能确定义位。这就是《说文通训定声》的一个大贡献。

但是,《说文通训定声》也有归纳不好的,如“明”字下,摆了那么多“明亮”意义的例子,就没有把《说文》所谓本义“照也”给纠正过来。其实,“照”只是“明”字的造意。

五、中国古代诠释学理论视野下的汉语文本语义系统论

人们对词汇的研究,其实是对过去人们认知客观世界结果的再认识,既要再认识词的音义,也要再认识词义反映的过去的人们认识过的客观事物,并从而对词义做出合理的解释。这样合理的解释,既包括一个一个的词义,也包括词义与词义之间的关系,即把词义与词义联系起来,一类一类地解释。相比较而

言，后者更为重要，因为后者往往能反映词汇的系统性。我国古代的训诂家们也正是这样做的。中国传统文字训诂学解词释义的最大特点就是"类"观念。

中国古人认为，"类"来源于"象"，"象"是认识事物的基础。从象出发，可以"察类"、"辨类"、"比类"、"推类"，这就进入了语言意义系统的研究。到了许慎，讲求"以类象形"，讲求"比类合谊"，这不仅仅是研究中国文字的原则，也是研究中国语言的原则、研究中国语言意义系统的原则。这些原则都体现了认知语言学的精神，这些研究成果都体现在文字训诂学的内容上。那么，文字训诂学的哪些内容体现了语义系统的研究呢？

文字训诂学对于词义系统的观察是多角度的。从古人文字训诂联系到的词义系统看，汉语文本词义系统应当是多元的网络系统。

首先，本义、引申义系统。"本义"、"引申义"的说法，是站在以"字"为语言单位的立场提出的，是文字训诂学术语。本义指造字的时候字体所反映的词的意义。由于认为"字"是语言单位，造字时候的意义就是最早的意义，所以称为本义。本义又称本训。本义一般都有原型性。引申义是根据事物的家族相似性，由本义通过隐喻、转喻引申出来的意义。本义研究是从许慎开始的。不过许慎并没有提出"本义"的概念，他只借《尚书》的话说"予欲观古人之象，言必遵修旧文"。那就是根据古文文本中的字形来解说文字的意义。引申义的研究是从南唐徐锴开始的。他在《说文解字系传·说文解字疑义》中说："中古之后，师有愚智，学有工拙。智者据义而借，令、长之类是也。浅者远而借之，若《山海经》以'俊'为'舜'、《列子》以'进'为'尽'是也。"令、长是怎么回事？他又说："出令（去声）所以使令（平），或长(平)于德,或长(上声)于年,皆可为长。故因而假之。"原来他是把"令"由命令义引申为县令义、"长"由长短的长(音cháɡ)引申为年长的长(音zhǎnɡ)称为假借。徐锴的假借有两种,一为"据义而借",一为"远而借之"。"据义而借"就是引申,又称为假借引申,段玉裁常说的"假借引申"就来源于此。"远而借之"就是据音假借,也就是人们通常所说的假借。"据义而借"的引申,《说文系传》中的例子如:"杈",许慎说本义是树的杈枝。徐锴说"可以撑船",那就是引申为船杈;"可以刺鱼",那就是引申为鱼杈。本义、引申义的概念出于清人。江沅在为段玉裁《说文解字注》写的《后序》中说:"许书之要,在明文字本义而已……本义明而余义明,引申之义亦明。"阮元为《经籍纂诂》手定的体例为:"以本义前列,引申之义、展转相训者次之。"朱骏声《说文通训定声》以本义、引申义排列字义,形成完整的本义、引申义的序列。本义、引申系统至此完成。

本义、引申义系统的优点在于弄清每一个词的意义,为其他意义系统的研究打下了基础,开辟了道路。

其次,有义类系统。刘熙在《释名序》中说:"名之于实,各有义类。"语言义类系统的研究,理论上源于先秦哲学的"推类",根据是客观事物或语言声音的家族相似性,实践上开始于先秦正文训诂,后来成为训诂的大宗。这方面已有学者做了很好的研究。有同义词、近义词系统这种研究也始于先秦正文训诂。此后,同训、互训、递训、浑言、析言等,都属这个系统的研究。有同源词系统,研究实践始于先秦,理论成熟于清代。王引之在为《经籍纂诂》写的序言中说:"夫训诂之旨本于声音,揆厥所由,实同条贯。"理论根据也是客观事物和声音的相似性。同源词系统的研究也是始于先秦,盛行于汉代,成熟于清朝,是汉语词汇系统中最具理论性、特色性的系统。有渗透系统,这是成组的语音、语义家族相似性的转变系统。如王念孙《广雅·释诂》"乾也"疏证:"娭(音 xī),亦佸(音 hàn)也,语之转耳。佸与罕同声,娭与希同声。娭之转为佸,犹希之转为罕矣。"《尔雅·释诂》:"希,罕也。"在上古,希属晓母、微部、平声,罕属晓母、元部、上声,双声,韵部旁对转。"希、罕"都是鲜少义,同多相对。用转语的观念看,希是罕的转语。佸与罕同音,娭与希同音。既然希可转为罕,则娭亦可转为佸。佸与娭是干旱义,同湿相对。它们的意义并不相同。有上下位义系统。有通用义系统,这往往是少数字由于语音相同或相近,造成语义的混用。如"修"与"鸠"本义本不相同,就是因为语音相同,它们的意义才互串通用了。上面的几类系统都属聚合系统。文字训诂解释到的词义系统还有组合系统。古代没有现代意义上的语法体系,因此,词义的组合系统只能就古人特有的据句式谈组合的系统,这就是"对文"、"互文"形成的词义系统。如《汉书·王莽传》:"永以命德茂功亨历代之祀焉。"王先谦补注说:"命、名字通,命德犹名德,与茂功对文。""对文"就是说"名德"与"茂功"处于相同的语法地位,因此,"名德"与"茂功"语义相近,能构成近义关系。

(发表于《中国诠释学》第三辑,2006 年 3 月)

中韩语言交流与语言类型研究

公元二世纪前朝鲜半岛语言类型与性质研究

朝鲜半岛现代韩国语和现代朝鲜语是同一种历史悠久的语言。遗憾的是,在公元十五世纪《训民正音》以前,很少有证明半岛语语音、词汇、语法等语言史的资料。在中国传世文献中,我们发现存有一部分公元前一二世纪至公元一二世纪(大致相当于中国两汉)时期的半岛语资料,早于《训民正音》七八个世纪。这应当是关于朝鲜半岛语言的最早记录。这部分资料,是至为珍贵的。根据这部分资料,我们对早期朝鲜半岛的语言类型与性质做些研究,提出些我们的看法,以就教于方家。

一 公元前后一二世纪韩半岛的语言

公元前一二世纪至公元一二世纪朝鲜语的记录,在中国传世文献中,主要有两类,一类是语言学文献,一类是历史文献。其见于语言学文献者,主要有作于世纪之初的扬雄《方言》和公元一世纪末的许慎《说文解字》。其见于历史文献者,主要有公元前一世纪初的《史记》和此后的《汉书》、《后汉书》、《三国志》等著作中。

(一)见于扬雄《方言》者,如:

(1)咺、唏、杓、怛,痛也。凡哀泣而不止曰咺,哀而不泣曰唏。于方,则楚言哀曰唏,燕之外鄙,朝鲜洌水之间,少儿泣而不止曰咺。自关而西秦晋之间,凡大人、少儿泣而不止谓之唴,泣极音绝亦谓之唴。平原谓啼极无声谓之唴哴,楚谓之嗷咷,齐宋之间谓之喑,或谓之惄。(《方言》卷一)

(2)顠、铄、盱、扬、䁦,双也。南楚江淮之间曰顠,或曰䁦:好目谓之顺;黸瞳之子谓之䁖;宋卫韩郑之间曰铄;燕代朝鲜洌水之间曰盱,或谓之扬。(《方言》卷二)

(3)私、策、纤、茷、稺、杪,小也。自关而西秦晋之郊、梁益之间,凡物小者谓之私,或曰纤;缯帛之细者谓之纤。东齐言布帛之细者曰绫;秦晋曰靡。凡草生而初达谓之茷。稺,年小也。木细枝谓之杪,江淮陈楚之内谓之蔑;青齐兖冀之间谓之葼;燕之北鄙、朝鲜洌水之间谓之策。故传曰:"慈母之怒子也,虽折葼笞之,其惠存焉。"(《方言》卷二)

(4)揄铺、艦極、帗缕、葉褕,毳也。荆扬江湖之间曰揄铺,楚曰艦極,陈宋郑卫之间谓之帗缕,燕之北郊、朝鲜洌水之间曰葉褕。(《方言》卷二)

(5)速、逞、摇扇,疾也。东齐海岱之间曰速,燕之外鄙、朝鲜洌水之间曰摇扇,楚曰逞。(《方言》卷二)

(6)蔿、譌、譁、涅,化也。燕、朝鲜洌水之间曰涅,或曰譁,鸡伏卵而未孚,始化之时谓之涅。(《方言》卷三)

(7)斟、协,汁也。北燕、朝鲜洌水之间曰斟,自关而东曰协,关西曰汁。(《方言》卷三)

(8)凡草木刺人,北燕、朝鲜之间谓之茦,或谓之壮;自关而东或谓之梗,或谓之刿;自关而西谓之刺;江湘之间谓之棘。棘,亦通语耳。(《方言》卷三)

(9)凡饮药、傅药而毒,南楚之外谓之瘌;北燕、朝鲜之间谓之痨;东齐海岱之间谓之瞑,或谓之眩;自关而西谓之毒。瘌,痛也。(《方言》卷三)

(10)屝、屦、麤,履也。徐兖之郊谓之屝;自关而西谓之屦,中有木者谓之複舄,自关而东谓之複履。其庳者谓之靸,下禅者谓之鞮,丝作之者谓之履,麻作之者谓之不借,粗者谓之屦。东北、朝鲜洌水之间谓之䩨角,南楚江沔之间总谓之麤,西南梁益之间或谓之屦,或谓之屩。履,其通语也。徐土邳圻之间大麤谓之䩨角。(《方言》卷四)

(11)鍑或谓之鑊,北燕、朝鲜洌水之间或谓之錪,或谓之鉼,江淮陈楚之间谓之錡,或谓之镂,吴扬之间谓之鬲釜,自关而西或谓之釜,或谓之鍑。(《方言》卷五)

(12)罃,陈魏宋楚之间曰甂,或曰瓶;燕之东北、朝鲜洌水之间谓之瓺;齐之东北、海岱之间谓之儋;周洛韩郑之间谓之甀,或谓之罃。(《方言》卷五)

(13)臿,燕之东北、朝鲜洌水之间谓之斛,宋魏之间谓之铧,或谓之鍏;江淮南楚之间谓之臿;沅湘之间谓之畚;赵魏之间谓之梟;东齐谓之梩。(《方言》卷五)

(14)橛,燕之东北、朝鲜洌水之间谓之椴。(《方言》卷五)

(15)床,齐鲁之间谓之箦;陈楚之间或谓之笫。其杠,北燕、朝鲜之间谓之树,自关而西、秦晋之间谓之杠,南楚之间谓之赵,东齐海岱之间谓之桦。其上版,卫之北郊、赵魏之间谓之牒,或曰牑。(《方言》卷五)

(16)徥,用行也。朝鲜洌水之间或曰徥。(《方言》卷六)

(17)斯、掬,离也。齐陈曰斯,燕之外郊、朝鲜洌水之间曰掬[播]。(《方言》卷七)

(18)膘(当从月从標,下同)、晒、晞,暴也。东齐及秦之西鄙言相暴僇为膘,燕之外郊、朝鲜洌水之间凡暴肉、发人之私、披牛羊之五脏谓之膘。暴五谷之类,秦晋之间谓之晒,东齐、北燕、海岱之郊谓之晞。(《方言》卷七)

(19)嫛盈,怒也。燕之外郊、朝鲜洌水之间,凡言呵叱者谓之嫛盈。(《方言》卷七)

(20)汉漫、眡眩,懑也。朝鲜洌水之间烦懑谓之汉漫,颠眴谓之眡眩。(《方言》卷七)

(21)树植,立也。燕之外郊、朝鲜洌水之间,凡言置立者谓之树植。(《方言》卷七)

(22)貔,陈楚江淮之间谓之貅,北燕、朝鲜之间谓之貊,关西谓之狸。(《方言》卷八)

(23)鸡,陈楚宋卫之间谓之间鸊鷉;桂林之中谓之割鸡,或曰鏦。北燕、朝鲜洌水之间谓伏鸡曰抱;爵子及鸡雏皆谓之鷇;其卵伏而未孚,始化谓之涅。(《方言》卷八)

(24)猪,北燕、朝鲜之间谓之豭;关东西或谓之彘,或谓之豕;南楚谓之豨。其子或谓之豚,或谓之貕;吴扬之间谓之猪子。其槛及蓐,曰橧。(《方言》卷八)

(25)鳲鸠,燕之东北、朝鲜洌水之间谓之鶝鵖;自关而东谓之戴鵀。东齐海岱之间或谓之戴南,南犹鵀也;或谓之鵖鷝,或谓之戴鳻,或谓之戴胜。东齐吴扬之间谓之鵀。自关而西谓之服鶝,或谓之鵧鶝。燕之东北、朝鲜洌水之间谓之鵪填(依清代钱绎校增"填")。(《方言》卷八)

(26)鼅鼄,鼄蝥也。自关而西、秦晋之间谓之鼄蝥;自关而东、赵魏之郊谓之鼅鼄,或谓之蠾蝓,蠾蝓者,侏儒语之转也;北燕、朝鲜洌水之间谓之蝳蜍。(《方言》卷十一)

（二）见于许慎《说文解字》者，如：

（1）咺，朝鲜谓儿泣不止曰咺。从口，宣省声。（《说文·口部》）

（2）盱，张目也。从目，亏声。一曰：朝鲜谓盧童子曰盱。（《说文·目部》）

（3）痨，朝鲜谓药毒曰痨。从疒，劳声。（《说文·疒部》）

（4）鍞，朝鲜谓釜曰鍞。从金，典声。（《说文·金部》）

（三）见于司马迁《史记》者，主要有《史记·朝鲜列传》中所记的朝鲜人名、地名和官名等。

（1）地名、部族名有：

朝鲜（裴骃集解曰："张晏曰：'朝鲜有湿水、洌水、汕水，三水合为洌水，疑乐浪、朝鲜取名于此也。'"司马贞索引曰："朝音潮，直骄反。鲜音仙。以有汕水故名也。"按：这里的朝鲜既是族名，又是国名）

真番（裴骃集解曰："辽东有番汗县。番音普寒反。"司马贞索引曰："徐氏据《地理志》而知也。番音潘，又音盘。"应劭云："玄菟，本真番国名。"《史记汇注考证》引丁谦曰："真番，朝鲜附属番部，七国时为燕所略。"公元前 108 年，即汉武帝元封三年，置郡，治所在今朝鲜礼成江与汉江之间，辖境相当于今朝鲜黄海北道大部、黄海南道及韩国京畿道北部。公元前 82 年，即昭帝始元五年废，部分辖境并入乐浪郡）

临屯（司马贞索引曰："东夷小国，后以为郡。"按：临屯是朝鲜半岛东朝鲜湾北岸和西南岸的古部落名。又为公元前 108 年即汉武帝元封三年所置郡，治所在今朝咸镜南道北部，辖境相当今朝鲜咸镜南道大部及北江原道北部。公元前 82 年即昭帝始元五年，并入乐浪郡）

王险（裴骃集解曰："徐广曰：'昌黎有险渎县也。'"司马贞索引曰："韦昭云：'古邑名。'应劭注《地理志》：'辽东险渎县，朝鲜王旧都。'臣瓒云：'王险城在乐浪郡浿水之东'也。"按：王险，又称王险城，公元前二世纪古朝鲜的都城，在今朝鲜平壤市）

尼溪（古朝鲜小国名）

洌口（县名。一作列口。在朝鲜大同江口）

（2）水名有：

浿水（裴骃集解曰："《汉书音义》曰：'浿，音傍沛反。'"张守节正义曰："《地理志》云：'浿水出辽东塞外，西南至乐浪县西入海。'"按：浿水，古水名，即今平壤市北之清川江。又为古县名，西汉置，治所在当时浿水上游）

（3）人名有：

路人（朝鲜相）、韩阴（朝鲜相）、参（尼溪国相）、王唊（朝鲜将军）、成巳（朝鲜大臣）

（4）官名有：

王（如朝鲜王）、裨王（朝鲜有裨王，即次于王的王）、相（裴骃集解曰："戎狄不知字纪，故皆称相。"司马贞索引："如淳曰：'相，其国宰相。'"）、将军（如朝鲜有将军王唊）

（四）见于《汉书·地理志》者，主要是地名，其中有郡名、县名，如：

险渎（颜师古注："应劭曰：'朝鲜王满都也。依水险，故曰险渎。'臣瓒曰：'王险城在乐浪郡浿水之东。此自是险渎也。'"险渎，应劭认为就是王险城，也就是今平壤市。臣瓒不同意应劭的说法，他认为当是险渎水名，因水立县。臣瓒的意见是对的。险渎县，地当今中国辽宁台字县东南）

番汗(自注:“沛水出塞外,西南入海。”颜师古注:“应劭曰:‘汗水出塞外,西南入海。番音盘。’师古曰:‘沛音普盖反。汗音寒。’”这是说,汗水又称为沛水,是音转。番汗县是因汗水而得名。按:番汗县,西汉置,治所在今朝鲜北道博川南博陵城。三国魏废)

玄菟郡(自注:“武帝元封四年开。高句丽,莽曰下句丽。属幽州。”颜师古注:“应劭曰:‘故真番,朝鲜胡国。’”按:玄菟郡,公元前108年即汉武帝元封三年置,治所在沃沮县,地当现在朝鲜咸镜南道咸兴。公元前82年即汉昭帝始元五年,袭治高句丽县,地当今中国辽宁新宾县西南京兴老城附近。北魏时废)

高句骊(自注:“辽山,辽水所出,西南至辽队入大辽水。又有南苏水,西北经塞外。”按:高句骊县,西汉置,治所在今辽宁新宾县西南兴京老城附近。东汉安帝时移治今辽宁沈阳市东。十六国时,地入高骊国,废为玄菟城)

上殷台(自注:“莽曰下殷。”颜师古注:“如淳曰:‘台音鲐。’师古曰:‘台音胎。’”按:上殷台县,当在今辽宁省内)

西盖马(自注:“马訾水西北入盐难水,西南至西安平入海。过郡二,行二千一百里。莽曰玄菟亭。”按:西盖马县,西汉置,治所在今朝鲜鸭绿江左畔楚山附近。东汉安帝时移置在今辽宁抚顺市北劳动公园内,后废)

乐浪郡(自注:“武帝元封三年开。莽曰乐鲜。属幽州。”颜师古注:“应劭曰:‘故朝鲜国也。’师古曰:‘乐音洛。浪音狼。’”按:乐浪郡,公元前108年即汉武帝三年置,治所在朝鲜县,即今平壤市南大同江南岸土城洞,一说即今平壤市)

朝鲜(颜师古注:“应劭曰:‘武王封箕子于朝鲜。’”按:这里

的朝鲜是汉代县名。西汉置,治所在今朝鲜平壤市南大同江南岸土城洞,一说即今平壤市)

尽邯(颜师古注:"孟康曰:'尽音男。'师古曰:'尽音乃甘反。邯音酣。'"按:尽邯县,西汉置,地当在今朝鲜境内)

浿水(自注:"水西至增地入海。莽曰乐鲜亭。"颜师古注:"浿音普大反。"按:地当指今朝鲜清川江。一说指今大同江或鸭绿江。浿水县,西汉置,地当在今朝鲜清川江或大同江或鸭绿江江畔)

含资(自注:"带水西至带方入海。"按:含资县,西汉置,治所在今朝鲜黄海北道瑞典郡。西晋以后废)

粘蝉(颜师古注:"服虔曰:'蝉音提。'"按:治所在今朝鲜平安南道龙冈郡西于乙洞古城。西晋以后废)

遂成(按:遂成县,西汉置,地当在今朝鲜平壤市西南西江郡西咸从里。西晋以后废)

增地(自注:"莽曰增土。"按:增地县,西汉置,治所在今朝鲜清川江入海处。东汉末废)

带方(按:带方县,西汉置,治所在今朝鲜黄海道凤山郡境)

带方郡(按:东汉末置,治所在带方县,即今朝鲜黄海道凤山郡境)

驷望(按:驷望县,西汉置,治所在今朝鲜平安南道江东郡境。西晋后废)

海冥(自注:"莽曰海桓。"按:海冥县,西汉置,治所在今朝鲜黄海道海州一带。西晋以后废)

列口(按:列口县,又作洌口县,西汉置,治所在今朝鲜黄海南道殷栗。西晋以后废)

屯有(按:屯有县,西汉置,治所在今朝鲜黄海北道黄州。

一说在今黄州东南凤山郡或开城西南丰德。西晋以后废）

昭明（自注："南部都尉治。"按：昭明县，西汉置，治所在今朝鲜黄海南道信川郡西湖里，西晋改名南新县）

镂方（按：镂方县，西汉置，治所在今朝鲜平安南道平川郡、阳德郡之间。西晋以后废）

提奚（按：提奚县，西汉置，东汉至晋因之，后废。其地当在今朝鲜境内）

浑弥（颜师古注："师古曰：'浑音下昆反。'"按：其地当在今朝鲜境内）

吞列（自注："分黎山，列水所出，西至粘蝉入海，行八百二十里。"王先谦曰："列亦作洌。扬雄《方言》所云'朝鲜、洌水之间也'。《续志》'后汉省。'《一统志》'故城今朝鲜国城东南。'"按：吞列县，西汉置，治所在今朝鲜大同江上游平安南道西北部。东汉改名乐都县）

东䛩（颜师古注："应劭曰：'音移。'"按：东䛩县，西汉置，治所在今韩国江原南道江陵。后废）

不而（自注："东部都尉治。"按：不而县，西汉置，治所在今朝鲜江原道安边郡。东汉初废为不耐城）

蚕台（颜师古注："师古曰：'台音胎。'"按：蚕台县，其地当在今朝鲜境内）

华丽（按：华丽县，西汉置，治所在今朝鲜咸镜南道永兴附近。后废）

邪头房（颜师古注："孟康曰：'昧音妹。'"按：邪头房县，其地当在今朝鲜境内）

前莫（按：前莫县，西汉置，治所在今朝鲜江原道高城附近。后废）

夫租(按:夫租县,其地汉在今朝鲜境内)

(五)见于《后汉书·东夷列传》者,有《高句骊传》、《东沃沮传》、《北沃沮传》、《韩传》。《韩传》中又分《马韩传》、《辰韩传》、《弁韩传》。"濊及沃沮、句骊,本皆朝鲜之地"。马韩、辰韩、弁韩、伯济,"本皆古之辰国也"。

1. 见于《高句骊传》者,有族名、国名,如:

高句骊、下句骊、朝鲜、濊貊、沃沮、貊(高骊一名貊)、小水貊、濊、东濊

有部族名,如:消奴部、绝奴部、顺奴部、灌奴部、桂娄部(唐代李贤注:"案今训骊五部:一曰内部,一名黄部即桂娄部也。一曰北部,一名后部,即绝奴部也。三曰东部,一名左部,即顺奴部也。四曰南部,一名前部,即灌奴部也。五曰西部,一名右部,即消奴部也。")

有部族下一级单位名,如:蚕支落

有地名,如:华丽城(李贤注:"华丽,县,属乐浪郡。")

有官名,如:工(如"句骊王")、相加、对卢、沛者、古邹大加(李贤注:"古邹大加,高骊掌宾客之官,如鸿胪也。")、主簿、优台、使者、帛衣先人、大加(如"蚕支落大加")、小加

有人名,如:宫(句骊王名宫)、戴升(蚕支落大加名戴升)、遂成(句骊王宫之子名遂成)、伯固(遂成子名伯固)

有一般名词,如:貊弓

2. 见于《东沃沮传》者,有族名、国名,如:东沃沮、酺貊、夷貊

有地名,如:盖马、盖马大山(李贤注:"盖马,县名,属玄菟郡。其山在今平壤城西。平壤即平险城也。")

3. 见于《北沃沮传》者,有族名、国名,如:北沃沮、置沟娄、

有官名，如：君（如“濊君”）、侯、邑君、三老

有人名，如：南吕（濊君名南吕）

有地名，如：单单大领（即今朝鲜境内剑山岭、阿虎岭等）

有风俗名，如：舞天（“常用十月祭天，昼夜饮酒歌舞，名之为‘舞天’。”）、责祸（“邑落有相侵犯者，辄相罚，责牲口牛马，名之为‘责祸’”）。

4. 见于《韩传》者，有族名、国名，如：伯济、辰国、马韩、辰韩、弁韩

有邑名，如：廉斯（建武二十年，韩人廉斯人苏马諟等，诣乐浪贡献）

有人名，如：苏马諟（见上）

又分为《马韩传》、《辰韩传》、《弁韩传》。

（1）见于《马韩传》者，有风俗名，如：天君（“诸国邑各以一人主祭天神，号为‘天君’”）、苏涂（“又立苏涂，建大木以县铃鼓，事鬼神。”李贤注：“《魏志》曰：‘诸国各有别邑，为苏涂，诸亡逃至其中，皆不还之。苏涂之义，有似浮屠。’”）

（2）见于《辰韩传》者。“辰韩，耆老自言秦之亡人，避苦役，适韩国，马韩割东界地与之。”其言“有似有秦语，故或名之曰秦韩。”其言，有族名、国名，如：邦（名国为邦）

有官名，如：臣智（大者名臣智）、俭侧（次者名俭侧）、樊频（次者名樊频）、杀奚（次者名杀奚）、邑借（次者名邑借）

有一般名词，如：弧（名弓为弧）、寇（名贼为寇）、徒（相呼为徒）

有一般动词，如：行觞（名行酒为行觞）

（3）见于《弁韩传》者，缺少具体词例。弁韩，与辰韩杂居，城郭衣服皆同，言语风俗有异。《三国志·魏书·东夷传》说：

"弁韩与博韩杂居,亦有城郭。衣服居处与博韩同。言语法俗相似。"

二　朝鲜半岛早期语言的类型与性质

为要说清楚朝鲜半岛在公元前二世纪至公元二世纪时期语言的类型与性质,我们首先要弄清楚朝鲜半岛在公元前二世纪至公元二世纪时期的人类。

早在远古时期,朝鲜半岛就有土著人类居住,这一点,地下考古已有坚确的证明。关于朝鲜半岛人类生存活动的情况,迄今为止,已先后发现将近六十处旧石器时代的遗址。这些考古发掘和研究表明,朝鲜半岛境内存在着距今两三万年的旧石器时代人类活动的遗迹,有的学者甚至上推到五十万年前。迄今为止,已发现近四百处新石器时代的文化遗址,证明了整个朝鲜半岛在公元前六千年至公元前一千年都曾经是新石器时代人类生存的空间。

据中国古代文献记载,时当中国的秦汉时期,也就是公元前二世纪至公元二世纪时期,朝鲜半岛居住的当地部族和国家有"朝鲜",有"濊、貊",又合称"濊貊",又根据居住地分为"小水貊",有"沃沮",又分为"北沃沮"、"东沃沮",有"高句骊",有"伯济",有"马韩"、"辰韩"、"弁韩"。《后汉书·东夷传》说"濊及沃沮、句骊,本皆朝鲜之地",又说马韩、辰韩、弁韩、伯济"本皆古之辰国也"。

据中国古代文献记载,中国人在朝鲜半岛的活动,主要是半岛北部。

古代文献中,传说,第一个与朝鲜半岛有关的中国人是羲仲。《尚书·尧典》说:“分命羲仲,宅嵎夷,曰旸谷。”“嵎夷、旸谷”为何地?伪孔传说:“东夷之地称嵎夷,旸明也,日出于谷而天下明,故称旸谷。旸谷,嵎夷,一也。”孔传也没说明是什么地方。到范晔,他在《后汉书·东夷传赞》中,第一次把“嵎夷、旸谷”跟朝鲜挂上钩。《后汉书·东夷传赞》说:“宅嵎夷,曰旸谷。巢山填海,厥区九夷。”“嵎夷、旸谷”就是东夷之地,就是我们今天说的朝鲜半岛。而且那里居住着“九夷”。“九夷”就是《后汉书·东夷传》所说的“夷有九种,曰畎夷、于夷、方夷、黄夷、白夷、赤夷、玄夷、风夷、阳夷”。《尚书·尧典》加上《后汉书·东夷传》的解释,就是说朝鲜半岛原本居住着九夷,这是当地居民。尧又派羲仲一干人到了那里,这是中国人。

第二批与朝鲜半岛有关系的人是箕子部族。司马迁在《史记·宋微子世家》中说:“于是,武王乃封箕子于朝鲜,不臣也。”此后,《后汉书·东夷列传》之《韩传》之末说:“初,朝鲜王准为卫满所破,乃将其余众数千人走入海,攻马韩,破之,自立为韩王,准后灭绝,马韩人复自立为辰王。”《三国志·魏书·东夷传》之《濊传》又说:“昔箕子既适朝鲜,作八条之教以教之,无门户之闭而民不为盗。其后四十余世,朝鲜侯准僭号称王……侯准既僭号称王,为燕亡人卫满所攻夺,将其左右宫人走入海,居韩地,自号韩王。其后绝灭,今韩人犹有奉其祭祀者。”

第三批与朝鲜半岛有关系的中国人,是楚汉战争中的燕、齐、赵流民。《三国志·东夷传》说:“陈胜等起,天下判秦,燕、齐、赵民避地朝鲜数万口。”

第四批与朝鲜半岛有关系的中国人,是西汉初年,卫满亡命带去的中国人。《三国志·魏书·东夷传》引《魏略》曰:“及秦并天下……时朝鲜王否立……否死,其子准立。二十余年而陈、项起，天下乱，燕、齐、赵民愁苦，稍亡往准，准乃置之于西方。及汉以卢绾为燕王，朝鲜与汉界于溴水（地当指今朝鲜清川江。一说指今大同江或鸭绿江）。及绾反，入匈奴，燕人卫满亡命，为胡服，东渡溴水，诣准降，说准求居西界，收中国亡命为朝鲜藩屏。准信宠之，拜为博士，赐以圭，封之百里，令守西边。满诱亡党，众稍多，乃诈遣人告准，言汉兵十二道至，求入宿卫，遂还攻准。不敌也。"于是卫满做了朝鲜王。

第五批是公元 108 年即汉武帝元封三年建朝鲜四郡，也就是《史记·朝鲜列传》裴骃集解所说的"真番、临屯、乐浪、玄菟"时，去的中国人。

第六批是东汉桓帝、灵帝时期的流民。《三国志·魏书·东夷传》曰："桓、灵之末，韩濊强盛，郡县不能制，民多流入韩国。"

现在，我们就可以来谈公元前二世纪至公元二世纪韩半岛的语言类型了。

根据生活在朝鲜半岛的人类，朝鲜半岛的语言有这样几种类型：

1. 当地语言

在公元前二世纪至公元二世纪的时候，朝鲜半岛还没有出现后来那样的统一的半岛语言。当地土著语言，是以部族划分的。主要有：

(1)高句骊语

《后汉书·东夷列传》中《高句骊传》说：高句骊的人种，"东夷相传以为夫余别种"，所以高句骊的"言语、法则多同"，也就是多与夫余相同。换句话说，高句骊语来源于古夫余语。这个认识，恐怕是有根据的。我们从仅存的材料中，也可以看出高句骊语与夫余语关系的蛛丝马迹。夫余语以六畜名官，有“马加”、“牛加”、“狗加”等。其邑落皆主属于诸“加”。夫余语中的“加”，应该相当于汉语“官”或“令”、“长”一类的词语。高句骊的官职名则有“大加”、“小加”。如有“相加”，大约是相当于“宰相”、“相国”一类的职务。有“古邹大加”，是高句骊掌宾客之官，等于汉代的“大鸿胪”。高句骊语也是以“加”名官，大约就是来源于夫余语。

从这里我们也可以看到，高句骊语也早在公元前二世纪前，就受到汉语巨大的影响，从汉语借用了许多词语。如“相加”，其中的“相”，可能就是从汉语“宰相”、“相国”中的“相”借去的词。“大加”、“小加”中的“大”、“小”，可能用的也是汉语借词。

(2)沃沮语

沃沮语，又包括东沃沮语、北沃沮语，都跟高句骊语大同小异。《后汉书·东夷列传》说，东沃沮“语言……有似句骊”。《三国志·魏书·东夷传》说，东沃沮“其语言与句骊大同，时时小异”。关于北沃沮语，《后汉书·东夷传》说，其“耆旧自谓与句骊同种，言语法俗大抵相类”。东沃沮语、北沃沮语当是同一种语言。而沃沮语与高句骊语，可能是同一语族。沃沮语的语言成分，也当借用了不少汉语词。如沃沮的官职有“侯”、“邑君”、“三老”。把十月祭天时昼夜饮酒歌舞叫做“舞天”，把邑落相侵犯者罚以牛马叫做“责祸”等，用的都是汉语词。原因就是《后汉书·东夷传》所说的“濊及沃沮、句骊，本皆朝鲜之地也”。朝鲜之地受汉语影响最大。

(3)马韩语

这是朝鲜半岛最地道的本地语言。但是，马韩语也受到汉语的影响，也从汉语中借用了一定量的词语。如诸国邑各以一祭天神，号为“天君”。“天君”就是汉语借词。

(4)辰韩语

辰韩是以中国秦汉间流人建立的小城镇联邦，它的语言，主体保留了汉语，如“名国为邦，弓为弧，贼为寇，行酒为行觞，相呼为徒”等，一般常用词语都是汉语的。所以，《后汉书·东夷传》记载，说它“有似秦语”，但也当杂以一部分本地韩语。

(5)弁韩语

弁韩语，《后汉书·东夷传》记载，弁韩与辰韩杂居，“言语风俗有异”。然而，《三国志·魏书·东夷传》记载，说弁韩与辰韩杂居，“言语法俗相似”。既然杂居，语言当是相近的，否则无法交流。

马韩、辰韩、弁韩，本来都是古辰国之地，语言为什么会不同呢？恐怕是中国语融合半岛语的结果。

2. 中国语

朝鲜半岛的中国语，主要流行于半岛的北半部，也就是当时中国人长期统治的“古朝鲜”地区。汉代扬雄《方言》屡屡谈到的“朝鲜、洌水之间”，也就是这一地区。“洌水”即今天朝鲜人民共和国的大同江，东汉以后又名贝水。在这一地区，主体语言恐怕是汉语。本文所引《方言》、《说文解字》中的“朝鲜曰某”、“洌水曰某”、“朝鲜、洌水之间曰某”，这里所指的朝鲜语，实际上绝大部分都是汉语。但是，这一部分汉语词，很多被后来的韩国语所借用，成为韩国语必不可缺少的语言。如“北燕、朝鲜洌水之间谓伏鸡曰抱”，至今韩国语仍把伏鸡叫做“抱鸡”等。

在古朝鲜地区，一定还会有当地的民族语，只是现在所见资料太少，不容易说明白罢了。单说“朝鲜”一词，也有不同的认识。在《史记·朝鲜列传》中，裴骃集解引张晏曰：“朝鲜有湿水、洌水、汕水，三水合为洌水，疑乐浪、朝鲜取名于此也。”司马贞索引也说：“朝音潮，直骄反。鲜音仙，以有汕水故名也。”这是认为朝鲜的“朝”就是“潮湿”的“潮”，“鲜”就是“新鲜”的“鲜”。因为当地有湿水、洌水、汕水三条大江，潮湿而新鲜，所以取名“朝鲜”。这种解释是把“朝鲜”看做汉语词。而现代韩国语，一般是把“朝鲜”解释为“宁静的晨曦之国”（见《韩国简介》），那么，这个词就应当是古朝鲜语语词。

《三国志·魏书·东夷传》说：“汉武帝伐灭朝鲜，分其地为四郡。自是之后，胡、汉稍别。”此后，随着汉民族与本地民族的分别，当地民族几经分裂融合，语言也以高句骊语、沃沮语、马韩语、辰韩语、弁韩语为基础方言，以汉语为主要借助语，走向融合，最后，终于形成了韩半岛的统一语言——朝鲜语。

（发表于韩国《韩华学报》第2号，2003年7月25日）

漫谈中韩语言文字交流中的问题

中韩两国的语言,都是世界上最丰富最完善的语言之一。在语言的历史上,两国都留下了由语言记录的光辉灿烂的文化遗产,出了无数伟大的思想家、文学家、史学家,出了无数的语言大师。中韩两国的语言,虽然属于特点不同的语系,但两种语言之间的交流关系却十分密切,有着悠久的良好的交流传统。早在战国时期,汉字就传到了朝鲜半岛,韩国考古学界曾在韩国发掘出多种带铭文的属于中国战国时期的古钱币就是证明。近年韩国釜山东义大学博物馆考古团又在庆尚南道金海郡发掘出土属于中国西汉早期的铜鼎,上有十七个汉字。韩国借用汉字来表达韩国语也很早,公元前 19 年至公元 17 年在位的高句丽琉璃王曾用汉字写过一首著名的汉诗《黄鸟歌》:"翩翩黄鸟,雌雄相依。念我之独,谁其与归?"表达了他对离去的王妃雉姬的思念。这说明公元前后汉字已被王室所采用。公元三世纪末,王仁博士携《论语》、《千字文》去日本,从此,又把汉字传播到日本。最近,韩国著名报纸《中央日报》电子中文版 2001 年 3 月 19 日载,全罗南道灵岩郡有关人员发现,王仁博士在日本也写过汉诗:"难波津尔,咲耶此花! 冬笼今乎春部止,开哉此花!"并且推断,日本还可能会有王仁博士的汉诗书籍。王仁博士既然能把汉字带到日本,在日本推广,试想,当时的韩国,汉字也应当已相当普及。自此,《千字文》之类的蒙书,成为韩国人学习汉字的工具。此后,《玉篇》、《字统》、《字林》、《说文解字》等也都传到了韩国。汉字的传入,带动了汉语、汉文化的传入,开始了韩国人学习汉语的历史,以至后来在韩国形成了文学的大宗"汉文学"、哲学的大宗"儒学"以及语言学的大宗"中国文字学"和"中国声韵学"等。而中国人学习韩国语,早在1103年,孙穆出使高丽,回国后曾写下一部《鸡林类事》,书中记录了大量韩国语言,成为中国人了解韩国语的工具。为方便流传,元末陶宗仪又把它改编为节录本。这部《鸡林类事》是中国人学习韩国语的第一部典籍。明代后期中国出版的《华夷译语》,其中有《朝鲜译语》,这当是培养韩国语翻译人才的第一部汉语与韩国语对译词典。清代设四夷馆,其中有朝鲜语通事官8人,后来增加到16人,此外,还有朝鲜语译学生20人,专门负责汉韩语文翻译。中韩两国差不多有着两千年的语言文字交流的历史。语言文字的交流,带动了两国经济、文化的交流,促进了两国经济、文化的发展。语言文字成为联系两国传统友谊的纽带,使得两国关系正如朝鲜时期韩国诗人许筠所写:"肝胆每相照,冰壶映寒月。"因此,凡是读过点古书、懂点历史的中国人,提到韩国,就觉得亲切,并不感到陌生。语言文字交流建立的感情,已深入到人们的心灵。到韩国来讲授语言学以及其他学科甚至包括自然科学的教授们,谈起来,大都有这种历史的、现实的亲切感。但是,对现实的中韩间的语言文字交流也往往感到某种遗憾。这里,我就谈谈我自己对于目前中韩语言文字交流的一些看法。

一、关于韩国中文使用中的问题

当代,会使用几种外国语,达到的程度如何,往往是评价一个国家文化水平的标准。如果对所使用的外国语错误百出，往往说明这一个国家要么是处事态度不认真，要么是使用这种语言的文化水平不高。而目前韩国的中国语使用，确实存在不少问题。尤其是在代表国家水平的标志性的文化上，中国语使用错误更为突出。这里，我们仅以《汉城导游地图》、朝鲜时期的三宫一庙（景福宫、昌德宫、昌庆宫、宗庙）、大韩生命63大厦、汉城塔上的中国语介绍为例，因为这些都是外国旅游者必读、必到的，或者代表着韩国历史文化，或者代表着韩国的当代文化的最重要的标志，来谈谈韩国中国语使用的问题。

1. 门径耶，畏途耶？

现代社会，人们每新到一地，尤其是经济文化发达的地方，总要千方百计买上一张当地地图。因为人们每新到一地，衣食住行、吃喝拉撒睡都是第一大事。古人云“食为民之天”。在现代，衣食住行、吃喝拉撒睡都是人之天了，少一样都不行。现代文明把人们带进了一个物质丰富、井井有序的时期。人们的生活所需由简单变得复杂，由就地而卧、食以草具、随地大小便变成了文雅有序的货币交换，什么事要到什么场所交换，都有一定之规。这就必须要有一张指示引导他们生活的地图。在这个意义上讲，指示引导人们生活的地图就代表了当地的经济文化水平，代表了当地经济文化服务质量。

我来到汉城，与其他新到者一样，首先寻找汉城地图，友人当即为我买了一张1、2、3、4号地铁线路图，后来又送来了8号线俱全的小型图、中型图和1999年4月出版的中语月刊导游地图《汉城》（以下简称“中语汉城导游图”）。同时，我也发现，在汉城，地图供应比较方便，凡是大一点的地铁站都有中语汉城导游图，可以自取，不用花钱，而且中语、英语、日语比较齐全。感到汉城的的确确有世界超级大城市的气派,具备一流的服务。对我来说,最方便的还是中语汉城导游图。但是,当我第一次打开这张地图的时候,赫然跃入眼帘的是"韩国旅游,乘斩新的韩亚航空!""乐天酒店令贵客宾至如归","汉城广场大酒店优雅情凋盛情款待着国内外美食家"云云,使我大吃一惊。地图的语言本应是画龙点睛,准确无误,而这里却是多有反语,错误连篇,这是指示人们生活的门径呢,还是把人们引向畏途呢?

"斩新"本应作"崭新",意思是最新、极新。而"斩"是一种最重的刑罚,指车裂、腰斩、杀头。还没乘你的飞机,就碰上这样的字眼,这犯大忌呀!"令贵客宾至如归",贵客自己不能"宾至如归",这句话的意思只能是使贵客的来宾就像到了自己家一样。贵客刚到,贵客又来了客人,还要让贵客把客人招待得像到了自己家一样,人家还敢到你酒店来吗?"情凋"本应作"情调"。"凋"指凋谢、凋零。凋谢又指草木落叶,特指老人死亡。凋零又指草木落叶,特指衰落。你的"情"都这样了,何有"盛情"?又如何能招来生意?

这张地图上还有"您可以绝对信心推乐天酒店"、"贵客停居其间,必然口碑载道"、"装饰品是免税店的标签"、"流连忘返的购物机会"等等,也都不伦不类,费解甚多。这样的地图语言,不仅给使用者造成了困惑,对自己的事业不也太不负责任了吗?

2."国宝"上的文化怎么会是这样?

九月的汉城,群山滴翠,汉江放绿,座座古老华丽的皇家宫殿掩映在幢幢现代西式摩天大楼之间。皇家宫殿向人们诉说着大韩民族古老的文明,摩天大楼向人们宣告着现代的民主生活,整个呈现一派盛世景象,我作为一个中国学人,群经诸史文献中关于韩民族“朝鲜”、“高句丽”、“百济”等神奇美丽的名字，曾引起我无限的遐想。世纪末的九月来到韩国，皇家宫殿自然像一部大韩民族文明的百科全书一样紧紧吸引着我。我到来的第一周，便乘工作之暇，在友人引导下畅游了昌庆宫、宗庙、景福宫、昌德宫等。一游怕走马观花，以后竟至二游，有的达三游。通过游览，加深了对韩国历史的了解，同时也加深了对当代韩国的认识。这三宫一庙都是朝鲜王朝的遗迹。当今韩国政府对历史文化遗产非常重视，凡所展出，皆修缮一新，以座为单位称为“史迹”，以件为单位称为“国宝”或“宝物”，并分别编了号。大韩民族是一个历史悠久的文明古国，也是一个最珍惜历史文化遗产的国家。

但是，每次游览，又都给我留下一道深深的遗憾：“国宝”上的文化怎么会是这样？“国宝”上的文化者，指“国宝”、“宝物”上的中文介绍语言。“国宝”、“宝物”上的中文介绍语言，原本目的是让懂中语的游览者对于“国宝”、“宝物”的历史、特点和价值有所了解，但这三宫一庙尤其是昌庆宫、宗庙上的中文介绍文字往往错误百出，让人无从理解。我们就以昌庆宫、宗庙为例。

写错别字者，有之。如《明政殿》“有两行刻者官员品级的石牌”，把时态助词“着”错写成语气词“者”，把石制的“碑”错写成木制的“牌”。《宗文堂》“宗文堂的扁额及‘一监才子’的扁额是英祖亲笔所书”，把方形的“匾”错写成圆扁的“扁”，两个“扁额”当写“匾额”。《景春殿》“扁额”错误与此同。“一监才子”，无从理解，文化遗产管理局、昌庆宫管理所办公室印《昌庆宫》作“日监在兹”，后者为是。《涵仁亭》“第21代英祖常常在这儿接待壮元的文武官吏”，把在榜上名列第一的“状元”错写成粗壮力气大的"壮元"。《景春殿》把"景"错写成"庆"。《迎春轩和集福轩》把"殖民地"错写成"植民地","办公室"错写成"班工室","昌庆苑"错写成"昌庆园"。宗庙《永宁殿》把"佩上"、"佩挂"错写成"配上"、"配挂"等等。语义混沌者,有之。如《涵仁亭》"第21代英祖常常在这儿接待壮元的文武官吏","第21代英祖",就句子本身,意思是说,英祖有很多代,这里指的是第21代的那一位。其实,朝鲜朝历史上只有一位英祖。"壮元的文武官吏",就句子本身,意思是说,英祖时期有很多状元,状元手下又有很多官吏,官吏又有的做文官,有的任武职,这里说的是状元手下的那些或任文官或任武职的官吏。那么,全句的意思是,英祖中第21代那一位英祖,常常在这里接待状元手下的那些或做文官或任武职的官吏。这样的句意恐怕与历史真实不相符合!应当说成"第21代王英祖常常在这里接待状元出身的文武官吏"。又如《迎春轩和集福轩》"英祖11年(1735)正月在这儿生出思悼世子"、"又正祖14年(1790)6月在此地生出纯祖",《永宁殿》"由于当时欲供奉之牌位不足之故、另建别庙"等等,也都是同类错误。

另外,体例不一者,有之;标点混乱者,有之;字形失范者,有之;语法错误者,有之;语义残缺或羡余者,还有之。总之,昌庆宫、宗庙最主要的十二块中语介绍牌中,没有一块的语言是完全准确的!那真是:"抬头瞻宝物,心仪朝鲜王。低头读奇文,期期难卒章。"令人无比的遗憾!

3. 当代标志性建筑上写的是什么?

汉城市容很美。依我的感觉,这美,是历史古城的美、现代化都市的美、自然风光的美与市民文明的美的和谐统一,是当代工业社会沸腾的美与东方民族特有的冷静的美的和谐统一,不曾想,当代中国一位美学家关于"美"是和谐的论断,在汉城市容美上得到了斩钉截铁的验证。这和谐统一的美,给人一种力量,它催人热爱生活,催人永远奋发。据说,"大韩生命 63 大厦"(即"大韩民国生命保险公司"的 63 层大厦)就是韩国最具现代特色的代表性建筑,它的底层、顶层都具有特色意义的观光价值。2000 年的春天,排排樱花宛若天上的银河,蔟蔟金达莱、映山红、迎春花又似花的海洋,冒着毛毛细雨,我们一行慕名来到汝夷岛的"大韩生命 63 大厦",因为底层的水族馆、生命历史馆早已游览,就乘电梯径直上了顶层的展望台以观光全汉城。进入展望台,自然免不了要浏览大厅中关于汉城历史的图片及其中文介绍。人们原来不了解"大韩生命 63 大厦"是缩略语,本来对"大韩生命 63 大厦"就不理解,是"大韩——生命 63 大厦",还是"大韩——生命——63 大厦",还是"大韩生命——63 大厦"? 当看到中文介绍的时候,人们就更糊涂了。中文介绍的语言,可以说是满目疮痍,令人触目惊心。

错字、别字者有之。如"祭"错成"际"[《圆丘坛工程》(1919):"登上圆丘坛施行告天地际后"]、"睛"错成"镜"[《光化门的威容》(1890):"睁开眼镜逼视着火山冠岳山"]、"碜"错成"村"[《旧济物浦》(1890):"当时的济物浦看得出多么寒村"]、"摄"错成"撮"[《明洞圣远景》(1902):"可看到在玻璃原板上画的照片是仔细的撮影构图",又《太太串门子》(1907):"那后面的侍女被照相机撮影了一跳"]、"士"错成"师"[《旧韩式结婚式》(1903):"美国传教师照应而结婚"]。

丢字漏字者有之。如《钟路木材市场》(1907):"木头商们地板上铺了长绳子把正在牛和马"应当是"木头商们在地板上铺了长绳子正在圈牛和马",丢掉了"在"和"圈";《和筛筛子》

(米谷选别作业/1890):"'牛死才得到妇'这是我们的俗话,这俗话上可以看的出来我们的妇女们受了多苦。谷食在磨房米,然后用和筛筛子,主从作饭和粥的事。"其中"受了多苦"应当是"受了多少苦"丢掉了"少","谷食在磨房米"应当是"谷食在磨房磨成米"丢掉了"磨成","然后用和筛筛子,主从作饭和粥的事"两句无法理解,不知所云。

错词者有之。把"朝着"说成"往着"[《在孙泽大饭店往着看汉城》(1903)]、"消灭"错成"镇压"[《景福宫火灾》(1904)"镇压火灾上英国守备队贡献大"]。

语法错误者有之。如《西大门里的风景》(1907):"新式文物的阳伞带着的太太们正在串门子"应当是"带着新式文物阳伞的太太们正在串门子","带着"位置错误。《光化门的威容》(1890):"1927 年日本把移建了建春门"应当是"1927 年,日本把建春门移建了","建春门"应当是"把"的宾语,位置错误。《汉城观光》(1909):"微着笑正在进入都城"应当是"微笑着正在进入都城"。《太太串门子》(1907):"轿夫乘着太太正在经过布木店",应当是"轿夫抬着太太正在经过布木店"或"太太乘着轿子正在经过布木店"。

语义关系错误者有之。如《在孙泽大饭店往着看汉城》(1903):"1902 年,苏俄公使 Weber 的妻弟孙泽,她在贞洞开馆了韩国最初的西洋式泽大饭店叫孙大饭店","泽"当移到"孙"字之后,又前面说苏俄公使的妻弟孙泽,后面又用"她",建孙泽大饭店的到底是苏俄公使妻子还是苏俄公使的妻子的弟弟?从店名叫"孙泽大饭店"看,应当是苏俄公使妻子的弟弟,而表达失误。

另外不知所云的句子,比比皆是。"有结婚式的天国家给百姓许可”[《旧韩式结婚式》(1903)]、“每天按照学生的顶范围去教学生”[《书堂风景》(1900)]等等。整个“大韩生命63大厦”展望台大厅的照片中语介绍,没有一处是完美的。

坐落在南山公园的汉城塔,是韩国当代最具盛名的建筑之一,塔上的展望台也是俯瞰汉城景致的绝好去处。可是塔上展望台的中语文字先说“世界有名塔”,然后有“埃菲尔铁塔”、“比萨斜塔”等,“世界有名塔”也有错误,应当说成“世界有名的塔”。这些地方,可以说都是国外游览者必至之地,也可以说是韩国文化的脸面。而在这样的地方出错误,而且是完全可以避免的错误,应当说是很“丢面子”的。

二、韩国语文要不要保留一定数量的汉字

韩国语文要不要保留一定数量的汉字?对于这个问题,不断有韩国学术界、文化界的朋友,也还有中国来的教授朋友,向我提出来讨论并要我发表意见。我对这个问题的意见是肯定的,我认为目前的韩国语文还需要保留一定数量的汉字。

目前的韩国语文,韩国文教部规定保留了1800个左右的汉字,强调初中、高中各教授一部分,但是,实施效果不算好。根据有关资料,时下“汉字能力不达标准者”,初中为45.6%,高中为35.6%。某名牌大学对2000名大学国语授课生进行汉字解读考试证明“相当多的新生不会读初中水平的汉字”,被称为“汉字文盲”。造成这种情况的原因很多,但主要原因恐怕是现行语文中,如教科书、报纸、杂志、一般书刊,很少使用这1800个汉字,使得现行韩国语文几乎成了纯然的谚文语文。这不仅造成当代大学生汉字能力低下,还出现了许多更深刻的遗憾。

谚文基本属于音位文字,其最大的优点是易学易记,便于文字普及,最大的不足是同音词太多,容易混淆。一种语言和记录这种语言的文字是两回事,语言具有强烈的民族性,而文字则可以借用、共用。衡量一种语言的文字是不是完美,最重要的是简明和准确。就目前的韩国文字说,简明的谚文,夹以区别词与词义的汉字,就能成为韩国语言的完美的文字,充分发挥语言的表达能力,恐怕这是韩国文教部规定保留1800个左右汉字的初衷,无疑是非常正确的。那么如果不在教科书、报纸、杂志、一般书刊等体现现行韩国语文的场合,适当保留一定数量的汉字,造成中学生、大学生汉字能力低下的话,随之也会降低中学生、大学生甚至所有国民的国语使用的能力,甚至会降低韩国语文的表达力。这是很危险的,也是令人遗憾的。

韩国语文纯用谚文,我们还看到了另一种遗憾。中国教授初到汉城,不少人很快参观了国立中央图书馆、各所在学校图书馆、成均馆大学的尊经阁、国立汉城大学的奎章阁,有的教授还参观了韩国教授私家藏书。韩国国藏、校藏、家藏典籍之丰富,把人们震撼了。古代分类法的经、史、子、集,现代分类法的文、史、哲、政、经、法,应有尽有。自公元前后高句丽琉璃王的《黄鸟歌》,到此后崔致远、李齐贤、李栗谷、李退溪等等,名家辈出,不可胜数,令人叹为观止。版本呢,堪称国宝者俯拾皆是。让你不得不想到大韩民族是一个有悠久文化的古老民族,一向被称为"书生的国家"的美誉。教授们谈起自己的学生,都很喜欢,自然讲到很多优点,但往往也谈到当代大学生们对自己民族的文化史知之甚少,韩国分几个朝代,各朝开国帝王是谁,学术史上的名人名著等,都不甚了解,甚至个别学生只知道汉城有条退溪路,而不知退溪为何人。当代大学生的历史知识与韩国博大精深的文化史形成了强烈的反差。这也有多种原因，但当代大学生已读不懂用汉字写的韩国古代文献，读起谚文夹汉字的近代文献也感到不顺眼，纯然的谚文语文把当代大学生与文化遗产隔开了，恐怕也是重要原因之一。这也是很可怕的，是令人遗憾的。

我们还想谈谈目前韩国语文中的同音词问题。有个来韩的中国教授，查到自己的韩文名字是“소화”，但他到了教室、食堂、商场，到处看到“소화기”，大吃一惊，怎么与我重名的有那么多东西！回头再一查词典，发现“消火、消化、销货；笑话；小华、少华、小花；烧火（做饭）”等等，很多词都写做“소화”。一个“소화”代表了那么多不同性质、不同意义、互不相关的词，在语言实践中怎么区别呢？这位教授更是惊讶不已。这位教授的惊讶是有道理的。我们认为要区别这些词，无非两个办法，或以汉字，或以语境与场境。如果不用汉字而用语境和场境的话，五十年后，二百年后，时过境迁，后人理解起来，“소화系统”到底是“消化系统”，还是“消火系统”，还是“销货系统”？而且时间越久远就越困难，鲁鱼豕亥就难辨了。谚文语文留给后人的困难太大了。

所以，我们认为，从语言理论看，从语言实践看，现行韩国语文还是保留一定数量的汉字好。

三、中韩文化交流中第二语言教学问题

民族间的文化交流，是以语言为先导的，因为语言是一切经济、文化交流的工具。目前，各民族都非常重视推广本民族的语

言,希望自己民族的语言世界化。因为民族语言的世界化,会带来民族经济、文化的现代化。因此,中韩之间的经济、文化交流,第二语言教育就成为目前一个非常急迫、非常重要的问题。

中韩两国建交以来,经济、文化的交流如火如荼,发展迅猛。尤其是近年来,从生姜大蒜到手机汽车,从文艺体育到思想文化,无不以各种方式交流着,共同发展着。与日益增长的经济、文化交流需要相比,两国间的第二语言教育,即中国人学习韩国语、韩国人学习中国语的教育,显得涣散、滞后。据说,中韩两国在对方国家差不多都有几十万人。随着交流的发展,人来人往,会大大超出这个数字。这些人的衣食住行、工作贸易,都要靠对方国家的语言。语言不通,会遇到想象不到的困难。有些中国专家到韩国来,韩国的交通本来是非常发达的,但是,市内公交车不会乘,市外火车不会坐,只能凭着一句"지하철"走遍全汉城。韩国的菜肴本来是很丰富的,但是上食堂却不会点菜,只能"乱点鸳鸯谱",随便说一声"吃这个"。如果不懂中国语,韩国到中国去的人员也是一样。据说,韩国某著名大企业,不准会客,不准回家,花巨款关门强化培养到中国去的运营精英,学员也非常认真。是的,这些到对方国家的人员,也是一方面的专门家,不懂韩国语。他们来韩之前,大多想学习点韩国语,但是,找遍几个大城市的图书市场、文化市场,竟然买不到一本关于韩国语的书,甚至买不到一本韩国旅游图。心想到韩国会买到的,来到韩国呢,同样,找遍许多书店,仍是一无所获。不夸张地说,目前的中韩间的第二语言教育,还是一部《韩国语入门》打天下、一部《走进中国》打天下!

第二语言学习和第二语言研究是两回事。大致可以这么分,学部以下的第二语言学习,是语言教学问题,大学院以上的第二语言学习，是语言学研究的问题。我们这里主要讨论的是第二语言教育的问题，也就是作为工具的第二语言的教育问题。第二语言教育有教材、教员、教学法三大要素，而教材是其关键。所以，这里我们只谈教材方面存在的问题。

从现有教材来看，上文说过，教材太少，好的教材更少，我们在韩国只见过一部《中国人学习韩国语入门》，可以算得上一部比较好的教材，据说高级中学用的中国语教材也不错。其次是不系统，甚至是杂乱无章。无论中国语还是韩国语，都是非常丰富完善的语言，语音、词汇、语法、修辞等都有个完美的系统。而现在所看到的几部教材，似乎都是随心所欲的，想讲什么就讲什么，看不出有什么系统性来。可以说目前还没有一部专供第二语言教育的系统的教材。再者是不规范，这包括选材不规范，没有代表性；介绍知识不规范，似乎是民俗的而不是科学的；编排不规范，缺乏循序渐进性。再者种类太少，教材有学校用、社会用之分，学校有不同的年级，社会有不同的职业、不同的年龄之分，都应有不同的第二语言读物。甚至旅游、饮食、购物、交通等都应有专门书。还有工具书也太少，尤其是得心应手的双语双解小型工具书，如生活小词典、旅游小词典、韩语中的汉字词小词典、固有词小词典、比较小词典、常用语小词典等，体制小，便于携带，都很难见到。现有的教材、工具书，没有充分注意到中韩两种语言特点的比较，也给人带来不便。比如供中国人学习用的韩国语书，要充分利用汉字词，供韩国人学习用的中国语书要充分注意韩国人母语的“主—宾—谓”和没有介词以及连词、副词、词缀、词尾等的语法特点。两国语言的语音也很不相同，也应当有语音的比较。听说有一位中国教授到一个地方去旅游，看到一个岔路口的牌子上写着“화장실”，头脑中立刻出现

"姑苏城外寒山寺"，于是把"화장실"拼写为"寒山寺"，以为此地也有个"寒山寺"，就一路走去，到了一看，原来是个厕所。"화장실"与"寒山寺"，中国人的语感语音相近，其实很不相同。当然，如果能在"화장실"后面注上"化妆室"，也能解决问题。中国语与韩国语貌同实异的成分很多，不比较就很难讲清楚。教材、工具书、实用书等都应当比较，还应当编写出《比较语音学》、《比较词汇学》、《比较语法学》、《比较修辞学》、《比较写作学》来。还有一点，我们常常讲中韩文化交流，也没有见到有什么真正文化交流内容的教材。不讲文化，不以文化为背景，只讲语言沟通，其实是很难的。如一位中国教授在为韩国同学讲授高级中国语的时候，课文中有一句话说"她也忘不了生孩子那天，是邻居老太太帮的忙，又给穿衣服又给煮鸡蛋"。老师就问同学，她生孩子，邻居老太太为什么要给她煮鸡蛋？同学们齐声回答说"充饥"。其实这就没有理解准确。因为中国人有一个观念，也可以说是个习俗，认为妇女生了孩子，在第一个月要吃鸡蛋，吃鸡蛋才能下奶，孩子才有母乳吃。煮鸡蛋是为了给这位生孩子的妇女催奶，正像韩国妇女生了孩子喝裙带菜汤一样。所以，为了使第二语言教学真正达到目的，让同学们真正学会语言，还必须要有介绍两国文化的教材和文化比较的教材。第二语言教学要面向大众，面向广大的人群，要从最基础的地方做起。

第二语言教学存在这些问题的原因很多，就教材编写层面上说，主要是中韩两国语言学教授、专家介入这个领域的太少。第二语言教学，不是只要会说中国话，就能教好韩国人的中国语，就能编好教韩国人的中国语教材，不是只要会说韩国话，就能教中国人的韩国语，就能编好教中国人的韩国语教材。第二语言教学既具有语言教学的特殊性，又具有语言学的学术性；既是语言学的一个新学科，又是语言学、文学、历史学、文化学等综合运用的新学科；既是两种不同的语言比较教学的新学科，又是两种文化比较教学的新学科。所以，要编写出好的教材，最好是两国学者联手合作。或者说，只有两国学者联手合作，才能编写出真正好的教材。

我们期待着中韩两国学者的协作努力，我们期待着两国文化界、企业界的关注，我们期待着第二语言教育为两国经济、文化带来繁荣！

（发表于韩国《韩华学报》创刊号，2001 年 8 月 25 日）

语言与文化研究

一部介绍传统文化的好书

——《中国古代文化概说》介评

文化学原本是社会学家研究的对象，但早在四十年前我国著名语言学家罗常培先生就已开创性地运用语言学的方法研究文化，出版了《语言与文化》专论，形成了我国第一部文化语言学专著。马振亚、张振兴两先生所著的《中国古代文化概说》（吉林大学出版社 1988 年 11 月版）一书可说是继《语言与文化》之后的又一部重要文化语言学著作。

《中国古代文化概说》（以下简称《概说》）一书共二十二章。这二十二章分别介绍了二十二个文化专题。此书运用语言学知识研究文化，对各个专题溯源穷流，条分理析，既阐明了各种文化现象的起源、嬗变及其规律，又运用文化知识解决古代书面语言的有关问题，有理论有方法。这样的书，无论对文化爱好者、研究者，还是对语言爱好者、研究者，都是很有实际价值的。为了弘扬我国优秀的传统文化，本文试对《概说》一书的某些内容和特点作以粗略介绍。

一、物质文化、精神文化并重

古代的物质文化、精神文化是我国古代人民创造的五千年

文明史的两大内容。物质文化反映了古人认识自然改造自然的工具水平和成果,为世世代代的人们提供了衣食住行的物质条件和健康的体魄,为伟大的中国积累了无比丰富的财富,为后人留下了与大自然作斗争的宝贵经验。精神文化反映了古人在漫长的岁月中认识社会改造社会的水平、形式和成就,为世世代代的人们提供了一切行为的准则和规范,塑造了中国人民勤劳勇敢、团结爱国的气质,使中华民族以她特有的面貌自立于世界民族之林。要介绍中国传统文化,物质和精神这两个方面都是不可缺少的,《概说》正是从这两个方面进行了介绍。物质文化方面:交通、车船、宫室、建筑、衣服、佩饰、饮食、食具等属之。精神文化方面:乐律、等级、宗法、礼制、教育、选举、科举等属之。还有物质文化、精神文化兼而有之者,如战争专题,"战争的性质、方式"、"战阵"、"兵书、兵法"、"军队建制"属精神方面,"旗、金、鼓"、"兵器"属物质方面。精神文化、物质文化是现代的分类,《概说》所立专题,是照顾到了历史实际和传统分类法。物质文化、精神文化是相互依存的两个方面,这两个方面在本书中是并重的。

二、详溯其源,细绎其流

《概说》对各专题的介绍,都进行了详尽的溯源和细腻的穷流。但就一般来说,溯源似比穷流要困难些,因为穷流有"十通"等比较现成的资料参考,溯源不少问题则要超出"十通"范围。《概说》作者知难而进,各个专题都有溯源一项,如佛教道教专题有"佛教的起源及其在我国的传播"、"道教的起源",科举专题有"科举制起源于隋代",贸易货币专题有"贸

易的产生”、“货币的产生”，度量衡专题有“度量衡的产生”，戏曲专题有“古代戏曲的产生与发展”。有些专题虽没有“起源”、“产生”字样，但叙述是从起始年代开始的，如选举专题有“原始社会的选贤与能”，职官专题有“夏商的职官”，体育专题有“原始社会的体育运动”，音乐专题有“上古及其以前的音乐”，目录专题有“古代第一部图书目录——《七略》”。有些专题尽管没立起始年代的专节，但在总论中也是从源头说起的，天文、地理、等级宗法、礼制、交通车船、宫室建筑等专题就是这样处理的。

《概说》中的分题以至到某一具体名物典制也都采取了这样的溯源方法。《概说》对各个专题进行溯源穷流的研究，目的在于贯通始末，讲清楚某种文化现象的前因后果。因为明白了其来踪，才能更清楚其去迹。如科举专题下列科举制“起源于隋代”、“完备于唐代”、“改革于宋代”、“鼎盛于明代”四个分题，就使科举的发展脉络、沿革兴替跃然纸上。《概说》这样介绍，自然是符合历史实际的，也是便于读者学习掌握的。

三、详说定制，细说习俗

文化，向有雅、俗之分，雅文化有政权力量规定的规范的正统的属性，俗文化则有长时期民间自然形成的不易改变的属性。雅、俗互相依存而又互相转化，其间并不存在不可逾越的鸿沟，但到底也还存在着差异。《概说》中雅文化部分如历法、等级宗法、礼制选举、科举、职官等。这些，都详细介绍了其起始及各期定制，如选举专题从“原始社会的‘选贤与能’”，经“奴隶社会的

'世卿世禄制度'和'举贤才'"、"战国时期的招贤养士"、"汉代的征辟和荐举",到"魏晋南北朝的'九品中正制'"(其后为隋代科举制所代替)都进行了详细介绍。《概说》中俗文化部分有的是一个专题,如"节日习俗",介绍了汉民族二十个重要节日、少数民族八个重要节日及节日活动形式、饮食服装方面的习俗。有的是专题中的某个部分,如地理专题有"古代地理的习惯称呼"、"古称和别称",介绍地名方面的习惯称呼。其他姓名称谓专题中的"名字"、"号"、"谦称"、"敬称",宫室建筑专题中的"居室用具及起居习俗",衣服佩饰专题中的"服饰习俗",饮食食具专题中的"饮食习惯"等也都是俗文化部分。这些部分介绍得也很详细。如"居室用具及起居习俗"中介绍照明用具云:"烛与灯是古代于宫室内外照明用的工具。据文献记载,先秦时已有'烛'字,但上古之烛还不是指后世所用的蜡烛。《说文》:'烛,庭燎大烛也。'烛与庭燎一样,都是火炬。细分开来说,拿在手中较小的称烛,大烛立于地上的叫庭燎。据说大烛是用苇薪制作的,而小烛则是用麻蒸制做的,所谓麻蒸是指扒掉皮的麻秸。用以室内照明的灯,据文献载出现于战国时代。灯,当时写作'镫'。其形制、燃料与后世不同,因为它的形状似盛食物之登(即瓦豆),所以就叫做镫。到后来灯之形制又发生了变化,出现了多样的灯具。古代点灯不用油而用膏,膏是兽类的脂肪,按《楚辞·招魂》云:'兰膏明烛,华灯错些。'文中提及的兰膏,是加进兰香炼的膏,燃起来发出一种清香的味道。到后代点灯之燃料再逐次变换为植物油与煤油。"这些虽是生活中的小事,但它也反映了古代文明,也有着启发民族自尊自信的作用。如"饮食习惯"介绍到上古时代,人们吃饭主要用手而不用筷子、勺子等辅助工具,只是在"以其菜交横,非挟不可"的情况下

才用筷子的习俗。就是这两根小小的筷子,也常被国外友人誉为“东方文明”,有着不可忽视的价值。李政道先生曾说:“如此简单的两根东西,却运用了物理学上的杠杆原理。手指能做的事它都能做,可以说是手指的延长。而且不怕高温、不怕寒冷,真是高妙绝伦了!”所以,《概说》对这些内容的介绍定会收到弘扬民族文化之效。

四、文化语言学的研究方法

语言是人类文化的一个组成部分,也是人类文化的载体。文化的创造往往离不开语言,文化的发展嬗变也会反映在语言上。瑞士著名语言学家索绪尔说:“一个民族的风俗习惯常会在它的语言中有所反映”,“语言研究是理解人类文化的钥匙”(《普通语言学教程》)。我国著名学者吴玉章先生曾号召说:“语文发展和社会发展联系起来加深我们的研究。”(《语言与文化》题辞)中国民族的文化源远流长,它也必然要在语言中形成积淀。这种语言和文化相结合的研究方法就是文化语言学的研究方法,而文化语言学的方法又主要表现在追求文化概念的理据上。20 世纪 50 年代初,罗常培先生就曾指出:“第一,从语词的语源和演变推溯过去文化的遗迹;第二,从造词心理看民族的文化程度;第三,从假字看文化的接触;第四,从地名看民族迁徙的踪迹;第五,从姓氏和别号看民族来源和宗教信仰;第六,从亲属称谓看婚姻制度。”(《语言与文化》)《概说》也是从探求文化概念的理据入手来研究介绍中国古代传统文化的。《概说》透过词的理据来探究文化概念的内涵意义,大致有下列几种情况(例证后括号中的数字是《概说》中的页码):

（一）字音理据。如："'葬'也指用土掩埋。《荀子·礼论》：'故埋葬敬藏其形也。''葬'义来自'藏'，人死之后，别人不忍心叫死者形体暴露，把他藏于地下，叫'葬'。"（139）"布币是由农具演变出来的。布为镈的借字，镈是古代农具的名称，铲形。大概当时有两种市场，即贵族市场和民间市场。在民间，贸易应以物（主要是牲畜）或生产工具作为交换媒介，后来才逐渐演变为货币。"（393）

（二）字形理据。如："甲骨文中买字从网从贝，网贝有市利之意，贝是流通手段。贮字，藏贝于器，宝字是把贝玉一起珍藏在室内，贝是储藏手段。贷字，贝可以贷付于人，是支付手段。这些都说明贝在殷商时已是真正的货币了。"（392）

（三）语义理据。如"稽首……头伏在手前边停留一会，整个动作较缓慢"，"顿首只须俯身引头至地，就立即举起，由于头触地时间短暂，故称顿。"（160）还有借代语义理据。如："腊祭简称腊，通常在十二月冬至之后举行，通常仪式是以腊肉作祭品，祭祀百神。因此，'腊'之得名也由腊肉来。"（128）

（四）逻辑理据。这通常是属差加种概念，如：西周"市场交易分三部分：中间叫大市，日中进行，以较富裕的百姓和贵族派来买东西的管事人为主；东边的叫朝市，早晨进行，以商贾为主；西边的叫夕市，傍晚进行，以贩夫贩妇为主。"其中"大市"、"朝市"、"夕市"的理据都是属差加种概念。对于丧失理据的文化概念，《概说》则旁征博引，以最有权威的古代字书旧注为据来发掘其内涵意义。这种抓住古代语言中的文化概念来研究古代文化的方法，要比那种根本没弄清概念的含义便隔靴搔痒、人云亦云地介绍文化知识不知要高明多少倍。

五、兼顾用文化知识解决阅读古书问题

自王力先生主编的《古代汉语》收进文化知识，创以文化知识帮助古代汉语学习先路之后，在教学体系上，文化知识便与古代汉语结下了不解之缘。据《概说》后记，作者这部论著，“力求对古文化进行较为系统的介绍，同时，也是为了帮助文史爱好者进一步提高阅读古书的能力”。《概说》作为古文化论著，仍然考虑到要为阅读古书服务，这是很值得称道的。《概说》为着帮助文史爱好者提高阅读古书能力也花了很多心计，主要表现在以下几个方面：

（一）每介绍一种文化现象或概念，都往往举出古书出处或例证。如天文专题“古书中使用‘天文’一词，大概以《周易》为最早。《周易·贲卦》：‘观乎天文，以察时变。’关于‘天文’一词的含义，《淮南子·天文训》解释为‘文者象也’。据此，‘天文’就是‘天象’，即天空的景象。如果从文字学的角度来解释，‘天文’一词的‘文’字，是个象形字，象人胸前刺有花纹。在人身上刺花纹，是上古时代一种民俗，叫做‘文身’。‘文’由刺花纹引申为花纹。‘天文’就是天空的花纹。天空的景象，天空的花纹，两种解释是一致的。”像这种注明出处，引用故训，无疑潜移默化地传播了语言知识和阅读古书的方法。

（二）类聚了许多同义词、同类词。如“元旦为新年的开始，有如日之初出，故名。元旦也叫元日、元朔、元春、元正、元祚、元辰、元会、三元、三朔、三始、三朝、正朝、正旦、正会、正日、正始、上日、开元、开正、四始、首祚、肇祚、履端、新正、天腊，俗呼为新年。我国采用公元纪年后，将公历一月一日定为元旦，将农历元

旦改为春节，也叫年。”(223)“在古代，人的住处还可以称作宅、舍、庐、寓。”(450)这里类聚的是同类词。这对读者丰富古代汉语词汇是会有极大帮助的。

（三）介绍词义的转化。如：“丈人，对老年人的尊称，其义取于持杖。《淮南子·道应训》汉高诱注：‘老而丈于人，故称丈人。’丈与杖通，丈人犹言杖人，即持杖之人。丈人由对老年人的敬称，一方面引申为泛指一切尊者。《易·师卦》：‘员，丈人吉。’三国魏王弼注：‘丈人，庄严之称。’另一方面，又可指长辈。《汉书·匈奴传》载，单于把汉天子比作长辈、父辈，称丈人。至于丈人的岳父义，《能改斋漫录》认为汉代已有之。唐代以后，丈人的词义缩小为专指岳父。”(186)这对读者掌握有关文化词的词义发展变化，提高阅读古书能力是很重要的。

（四）本书除介绍古代文化知识外，还解决了一些古籍阅读的问题。如“宗法”专题“古代的丧服制”一节中在介绍了各种丧服制度后又以例证进行了阐述：“在古代文献之中，涉及亲属关系时，也常常用丧服来表示亲疏远近……”又如在“礼制”专题“吉礼”一节介绍的“鼎是夏商周三代祭祀用的最重要的礼器，被称作‘国之重宝’”后，又捎带介绍了“九鼎”、“赐鼎”、“定鼎”、“问鼎”在文献中的用法和意义。这些都是专门为着阅读古书服务的。

六、重点突出，是非分明

“文化”一词有广、狭二义，广义指人类历史实践过程中创造的精神财富和物质财富的总和，狭义指社会意识形态及与之相适应的制度和组织机构。《概说》采用的是文化的广义，而广义的中国古代文化是纷繁众多的，但本书仅仅从其中选了二十二个专题，我认为这主要是考虑到有些方面比较专门，已形成专门学科或已有专书，如动物、植物、医学、法律、政治史等；有些方面在当时产生之初就是糟粕，在历史发展中也从来没有起过好作用，如灾异、神仙、象纬等这些自然可以不取。抛开上述两种不取的情况，《概说》这二十二类，自然是重点，是比较重要的部分。作者这种去取标准是合适的，是适应本书撰写目的的。

五千年的文明史，为我国储存了丰富灿烂的文化，形成了巨大的文化矿藏。而对这个矿藏比较全面的研究，恐怕还是最近几年的事。用辩证唯物主义和历史唯物主义的观点研究它，尤其是对精神文化方面，一类一类、一项一项、一条一条地辨明其是非，分清其民主性精华与封建性糟粕，更是刚刚开始。《概说》却是朝着这个方向努力的。《概说》对于意识形态方面的东西，叙述中表明了鲜明的唯物主义观念，如对“礼制”专题总述说：“礼是属于上层建筑范畴的，它是和社会的经济基础相适应的。在不同的社会制度中有不同的礼俗。而在古代，统治阶级所制定的礼则是为维护统治阶级利益服务的。礼不只包括具体的礼节仪式，还包括一系列制度、规定以及贯穿其间的思想观念。”(119)这就点出了封建礼制(古代礼制)的内容和它的阶级性。又如“道教”专题分析道教起源时谈到谶纬说：“谶是一种宗教预言，‘诡为隐语，预决吉凶’(《四库总目提要》卷六)”，“纬是以宗教迷信的观点对儒家经典进行的解释，把儒家六经神秘化，把儒家思想宗教化，把孔子打扮成超人的教主”(266)。这种分析都是必要的。对于是非夹杂的问题，《概说》的分析中只是肯定其积极方面，如“天文”专题对宇宙结构的盖天说、浑天说、宣夜说就是这样。《概说》这种努力，既有利于科学地研究古代文化，又有利于当前的社会主义物质文明、精神文明建设，这是本书最值得赞扬的地方之一。

为了使广大文化爱好者在这本书的基础上进一步学习和研究，《概说》还详细介绍了前人的有关研究成果和资料，如地理专题设有“如何查找地理资料”一节，谥法谥号专题也有一部分是专门介绍有关谥法解和历代谥号分类汇编著作的。另外，《概说》大量利用了出土文献和文物资料，也为本书增色不少。

总之，马振亚、张振兴两位先生的《中国古代文化概说》是传统文化研究中一部不可多得的论著，它必将在弘扬优秀传统文化方面发挥重要的作用。

（发表于《吉林师范学院学报》1991 年第 1 期）

《谋略词典》序

谋略艺术是中国文化宝藏中一颗璀璨的明珠。古往今来，它曾引起过许许多多人的向往。当今，社会处于政治、经济、军事、外交、公共关系等处处事事竞争的时代，它更以诱人的魅力吸引着一切锐意进取永不停步的人们。

谋略艺术是一种解决矛盾冲突的策略手段。又叫做计、计谋、计策，还叫做谋、谋略、谋划，叫做策、算、智谋。用来为社会为大家谋利益的谋略，又叫做阳谋、妙计；用来为一己私利不择手段的谋略，又叫做阴谋、诡计、奸计、狡计。“方知百胜略，应不在弯弓”，“万夫之勇不足，一夫之智有余”。面对着千头万绪的矛盾，从什么地方入手、如何解决，往往关系到一个人、一个集团甚至一个国家事业的成败得失、利害安危。这时候，谋略艺术往往起着至关重要的作用。一着胜，节节胜；一着不慎，又会全盘皆失。例如殷末箕子用“佯狂之计”、三国时曹操煮酒论英雄时刘备用“韬晦之计”都顺利保存了个人，成就了终生的事业；战国时田单用“抗兵相若，哀者胜”的策略恢复了齐国；明代朱元璋用“高筑墙，广积粮，缓称王”之计开创了明王朝等。这是谋略艺术的性质和真实价值所在。

中国谋略艺术，是中国历代政治家、军事家、商业家等和广大劳动人民在斗争实践中，在生存道路上，数千年来逐步创造积累丰富起来的。一条重要的谋略艺术往往是创造者花毕生精力思维的结晶。例如战国初年周人白圭,是当时商业界的巨擘、著名的经营家。他善于观察市场行情和年成丰歉变化:丰收年景,他买进粮食,出售丝、漆;蚕茧结成时,他买进绢帛绵絮,出售粮食,创造了"人弃我取,人取我与"即人家不买时我就买进来,人家要买时我就卖出去的经营策略。史籍记载他经营终生也只创造了这一条谋略。春秋时期范蠡的老师计然创造了七条发财致富的谋略,便成为传颂千古的大经济谋略家。有些谋略艺术甚至是几代人实践和思维的结晶。例如"不飞则已,一飞冲天;不鸣则已,一鸣惊人"的政治谋略,自楚庄王到齐威王经历了三百年才成熟;"远交而近攻"的外交谋略自范雎提出后,经秦昭襄王、庄襄王、秦王政三代实践才丰富起来。有些谋略艺术则是千千万万的人用血汗换来的。例如秦末楚汉战争中,刘邦采用韩信"十面埋伏之计"的成功,是由项羽军十万人的生命和刘邦韩信军数十万人的生命换来的。谋略艺术既包含着成功者荣华富贵的快乐,也包含着失败者人亡家破的辛酸。这更是中国谋略艺术的珍贵之处。

中国历史悠久,斗争竞争纷繁,人民智慧聪明,因此,中国谋略艺术涉及的领域极为广泛,大到安邦定国,小到立身持家,多姿多彩,应有尽有,形成了一个体系完整的谋略宝库。如果从大到小分类的话,可以组成各个层级的谋略群。粗略地说,例如政治方面,有立志、建功立业、顽强坚韧、得人、用人、用智、抓关键、抓时机、借威借势、进退、屈伸等等;经济方面,有商贾、流通、购买、常业、理财、丰财、用财等等;军事方面,有将领、报国、用计、集中优势兵力、打击敌方要害、出奇制胜、攻弱取易等等;日常生活方面,有立身、读书学习、勤劳节俭、公关交友、语言修辞、达观、养生、贫富、持家、服饰等等。围绕着成败得失、胜负安危、利害损益为人们提供了立稳脚跟,积极参与竞争、斗争的方方面面、各式各样的谋略手段。

中国谋略艺术有其突出的特征:

第一,实用性强。中国谋略艺术都是著名的政治家、军事家、思想家和聪敏智慧的中国人民从斗争实践中以机敏的思维和血汗换来的。因此,它们有着极强的实用性,同时也就具有了极强的生命力,历经数千年而不衰。例如,南宋著名将领毕再遇一次率军与金兵对垒,考虑金兵日增,难与争锋,一天傍晚突然拔营而去,只留军旗,并且把羊捆起来,前蹄朝着战鼓,羊挣扎时前蹄恰好击中战鼓发出鼓声,撤离几天,金兵都没发觉。后人把这种虚张声势迷惑敌人、安全撤退的办法总结为“悬羊击鼓之计”。抗日战争、解放战争时期,我解放区军民用在水桶里放鞭炮的办法迷惑敌人,跟“悬羊击鼓之计”有异曲同工之妙,恐怕就是“悬羊击鼓之计”的翻新。“将欲取之,必先与之”是《老子》三十六章提出的策略原则,由于《老子》作品体裁的限制,没有举出策略原则所由出的依据,可是在中国历史上以这条策略原则取胜的事例不胜枚举,如春秋时期郑庄公克公叔段于鄢、齐桓公除掉鲁国庆父、韩赵魏三家灭智伯,采用的都是这种策略。又如“大意失荆州”、“重赏之下,必有勇夫”、“成大事者争百年,不急一息”、“人无远虑,必有近忧”、“受不得屈,做不得事”等事例则是俯拾皆是、家喻户晓了。

第二,渗透性强。这里说的渗透性指的是政治谋略对经济、军事、日常生活有渗透,军事谋略对政治、经济、日常生活也有渗透,它们相互之间都存在着渗透。因此,要想使自己具有深谋远虑的本领,必须善于运用这些谋略原则。早在战国初年,白圭就曾说过:“吾治生产,犹伊尹吕尚之谋、孙(子)吴(起)用兵、商鞅行法是也。”所以，他提出的“人弃我取，人取我与”的商业经营手段颇有治国宏图、出奇用兵之迹，十拿九稳、万无一失之效，至今不失其光芒。又如“不痴不聋，不作家翁”即不痴呆不聋哑就做不了家长，这似是一句老成持重的家长理家格言，属一般日常生活谋略。但是，唐朝代宗时候，代宗的女儿升平公主嫁给了在扫平“安史之乱”中立下卓绝战功成为复兴唐室的元勋的郭子仪的儿子郭暧为妻，一次小两口吵架，郭暧怒气冲冲地说：“你依仗你父亲是天子吗？我父亲是看不起天子，才没做！”这句话在封建社会，迹近谋反，是要灭族的。升平公主一气之下就驱车回宫向他父亲告发，代宗没有介意，反而安慰开导她。郭子仪听说此事，惊恐万分，囚禁起郭暧，入宫待罪。代宗又没事似的对郭子仪说：“俗语不是说‘不痴不聋，不作家翁’嘛，小孩子私房之言，是不足听的！”化灾祸为和睦，表示了天子的宽怀大度。其实，郭暧的话也符合实际，平定“安史之乱”后，郭子仪手握重兵，威震天下，如果想当皇帝那是轻而易举的。代宗的装聋作哑起到了安抚功臣、稳定国家的作用。一句普通治家格言变成了驾御臣下治国安邦的良谋。总之，谋略艺术的渗透性为人们灵活运用提供了广阔天地。“运用之妙，存乎一心”。

第三，语言的通俗性。谋略艺术是供人们随时使用的，无论是各个层次的领导，还是普通百姓，凡是从政、从军、从商、从学、做工、务农的，都可以用。因此，谋略艺术语言通俗易懂、简明易记是它的又一个特点。语言通俗主要表现在：(一)语义概括。一条谋略艺术往往是指导一类事或一个时期的谋略方法，如果原因、过程、结果都写出来，就可能会有洋洋数万言，既不便于记忆，也不便于把它变为具有普遍意义的谋略艺术。因此，一条谋略艺术往往被概括成一个短语、一个句子、一个句群，通俗地说就是习惯语、谚语、格言。例如东汉末曹操挟持献帝，冒用皇帝名义向四方发号施令，使诸侯皆不得与其争锋的策略被概括为“挟天子而令诸侯”。三国时，长坂一战，刘备大败，赵云救出阿斗，双手交给刘备，刘备掷之于地，说：“为汝这孺子，几损我一员大将！”感动得赵云忙拜泣说：“云虽肝脑涂地不能报也！”这种抛弃骨肉博取人心的策略被概括为“刘备摔阿斗，收买人心”。春秋时郑国子产善理政，传到鲁国，被孔子概括为“宽以济猛，猛以济宽”等。（二）多用口语。有些古今看来都是口语，例如“多算胜，少算不胜”、“以计代战一胜万”、“风高放火，月黑杀人”、“以治待乱，以静待哗”、“有钱不买半年闲”等。有些今天看是文言的，但在当时也是口语，例如“柔亦不茹，刚亦不吐”是《诗经》时代的口语，“庆父不死，鲁难不已”是《左传》时期的口语，“死诸葛走生仲达”是《三国志》时代的口语。（三）音律和谐。谋略艺术用语一部分还具有音乐性质，读起来朗朗上口，听起来和谐悦耳，使人们更易接受和记忆。其一是具有节拍的节奏感，例如：

十则围之　　— — ——

五则攻之　　— — ——

倍则分之　　— — ——

敌则能战之　　— — ————

少则能逃之　　— — ————

其二是具有平仄的配合性，例如：

强中还有强中手　平平仄仄平平仄　（甲）

一战成功四海枯　仄仄平平仄仄平　（乙）

不是仇人不见面　仄仄平平平仄仄　（丙）

恶人自有恶人磨　平平仄仄仄平平　（丁）

其三是押韵，例如：

先下手为强，后下手遭殃　（阳）

会打打一棍，不会打打一顿　（混）

佯北勿从，锐卒勿攻　（钟东合韵）

不怕闹得欢，就怕拉清单　（桓寒合韵）

其四是对偶。对偶不仅可以使语句整齐美观，还可以使音律和谐。正对、反对、流水对都有。正对如："慈不掌兵，义不主财"、"大捷不赏，大败不诛"；反对如："胜而不骄，败而不怨"、"近而示之远，远而示之近"；流水对如："螳螂捕蝉，黄雀在后"、"利不百，不变法；功不十，不易器"、"天下虽兴，好战必亡；天下虽安，忘战必危"。

一谈到谋略艺术，人们往往会立刻想到孙膑的"围魏救赵之计"、诸葛亮的"空城计"等军事家的用兵韬略。诚然，军事斗争的对抗性、激烈性、残酷性决定了军事谋略艺术条目的警语性更强，也使人们容易意识到它是谋略条目。但是，谋略艺术并不仅限于军事方面，更多的还在于社会的政治生活和经济生活，只是它不像军事谋略艺术条目那样突出醒目就是了。自有人类社会以来，人们对身边的社会事物规律的总结都是谋略。这既是历史事实，也是时代的新认识。例如，当我们还以为旧时代遗留的格言警语都是封建余孽的时候，日本的一些企业家已经拿产生于我国明代的格言汇集《菜根谭》作为策略手段把产品打向世界市场了。其实，《菜根谭》也并不都是我国谋略词语的精华。再例如，"撑死大胆的，饿死小胆的"这条格言，似只是在叙述胆大比胆小占便宜这样的事实，算不得什么谋略。其实，就是这种叙述语言也反映了社会大变革时期的一种规律。有胆略的人因时制宜，随时权变，赶上了社会发展的步伐，社会当然欢迎他，给他以好处；那种只是站在奔驰前进的历史车轮的后边指责这也不是那也不是，因而止步不前的人，社会当然不会欢迎他，不给他好处。这时，“撑死大胆的，饿死小胆的”便具有了思维性、经验性、效率性，而成为一条谋略。因此，对本辞典所收谋略艺术条目，希望读者能从谋略角度阅读它、思考它、使用它。说到底，谋略就是人们根据客观事物的变化规律，巧妙地预测或推动事物向有利方面发展的思维、经验、效率的概括。本辞典所收条目，读者都可以从不同角度，由思维、经验、效率出发，去考虑它的谋略艺术性，灵活使用。辞典虽然不是谋略理论书、事例书，但它是谋略条目书，解释语言和引证也为读者提供了一定的启发，读者当会通过阅读、思考而得之也。

本辞典的编写虽然断断续续经历了几年的时间，但挂一漏万之弊仍属不免，其他缺点也会出现，希望读者能给以指正。

本辞典的条目注释、引证译注有的参考了古今名家的研究，这里一并表示谢意。

（发表于《古今谋略词典》，青岛出版社 1994 年版）

古代汉语教学研究

古代汉语教学的几个问题

语言是人们交流思想、传播知识的工具。在目前,有两类语言需要我们注意学习。一类语言是外国语,再一类就是古代汉语。我们要想学习外国的先进科学技术知识,就要懂一定的外国语,要想具备中国古代文学、历史、哲学素养,就要懂一定的古代汉语。这里我们就谈谈古代汉语教学的几个问题。

一、古代汉语课程的性质

关于古代汉语课的性质,我们往往存在着一些误解。有的强调其语言学的一面,认为它是与现代汉语相对的古代汉语理论课;有的强调其文学的一面,认为它是与古代文学史相配套的作品鉴赏课。其实,这些认识都是不恰当的。我们必须正确认识古代汉语课的性质,教学内容和方法都是由其性质决定的。

古代汉语课程的性质又是为古代汉语教学目的所决定的。早在1962年,王力先生就正确地指出:"经过1958年的教育革命,大家进一步认识到教学必须联系实际,许多高等学校都重新考虑古代汉语的教学内容,以为它的目的应该是培养学生阅读古书的能力,而要达到这一个目的,必须既有感性知识,又有理性知识。"(王力主编的《古代汉语》序)此后,以"培养学生阅读古书的能力”为古代汉语课程教学的目的成为全国高等学校古代汉语教学领域的共识。近年来国家教育部颁发的《普通高等学校本科专业目录和专业介绍》中又要求中国语言文学类的学生“能阅读古典文献”，就其所指定的十三门主要课程看，任务仍当由古代汉语课程来承担，古代汉语以“培养学生阅读古书的能力”为目的没有变。

古代汉语既以培养学生阅读古书的能力为目的，那么，它不是一门理论课，也不是一门历史课或学史课，而是一门工具课。就汉语言文字学类课程说，现代汉语的理论课是现代汉语，古代汉语的理论课是古代语音学、词汇学、语法学或音韵学、训诂学、古文字学，综合的是普通语言学概论。历史课是汉语史，学史课是汉语言学史。而古代汉语课与外语课如英语、日语、俄语等类似，不是一门语言学课而是一门语言课，只是在读、听、说、写能力上更注重读的一面，这是因为英语、日语、俄语等外语课是以口语交际为目的的，而古代汉语是以古代书面语为交际目的的。古代汉语是一门以古代书面语言为教学对象的语言工具课，它的教学要求是让学生能读懂古代汉语的书面语言，为进一步学习古代的文学、历史、哲学等文化知识，从事关于中国传统学科的研究打下坚实的基础，这也是我国高等学校中文、历史、哲学等系一般都要开设古代汉语课的原因。古代汉语不是与现代汉语相对的语言学课，也不是与古代文学史相配套的文学作品鉴赏课。

二、古代汉语的范围

古代汉语的教学范围，是我们时常碰到的又一个问题。主张多讲的，从时段上，认为从上古到"五四运动"各个时期的汉语都要讲点，或甲骨文、《周易》、《公羊传》、《穀梁传》到明清小说都要讲点。主张少讲的，又认为从文体上只讲点散文就可以了。这些认识也不全面。这个问题，我们要从古代汉语的范围和我们的课时的实际出发。

古代汉语的教学目的是让学生读懂古书，那么，古书的范围是什么？古书的范围也就是古代汉语的范围。古代汉语的范围，只能从有文字记载以来的书面语言算起，可以以时代来划分。总体上看，殷商到"五四运动"以前的语言都是古代汉语时期。大致可分为四个历史阶段：

1. 殷商（约公元前16~11世纪）为远古汉语；

2. 周秦西汉（公元前11世纪~公元1世纪初）为上古汉语；

3. 东汉魏晋南北朝（公元1世纪初~6世纪末）为中古汉语；

4. 隋唐宋元明清（公元6世纪末~20世纪初）为近古汉语。

远古汉语的代表是殷墟甲骨文。上古汉语的代表是春秋战国至西汉的经书、诸子和《史记》。春秋战国至西汉的六百余年间，是汉语发展的成熟昌盛时期，是所说的文言文的典型代表。自远古至这一时期，书面语与口语大体是一致的，书面上写的语言也就是口头说的语言。东汉以后，书面语与口语分了家。口头语言随着社会的发展而发展，增加了很多新概念，语音、语法也都起了些变化；而书面语言由于经学的推行（经书都是用文言写的）和保守则继续沿着文言的方向发展。东汉、魏、晋、南北朝以后的汉语史只能以口语为标准。东汉、魏、晋、南北朝汉语史的代表是《汉武故事》、《搜神记》、《世说新语》、《水经注》、

《洛阳伽蓝记》及这一时期的诗歌、汉译佛经等。隋、唐、宋、元、明、清汉语史的代表是敦煌曲子词、敦煌变文、宋元话本、金元诸宫调及在此基础上发展起来的小说、戏曲,还有禅宗语录、理学家语录等。中古汉语尤其是近代汉语,语料非常分散,这是书面语大多数场合仍然使用文言文造成的。

值得注意的是,东汉以后沿先秦文言文发展的书面语一路仍然很发达,这有沿袭旧文体继续发展的如辞赋、散文,也有新发展出的文体如骈体文、诗、词等,甚至小说也有用文言文写的。东汉以后文言文一路的书面语言,也是汉语史的重要内容,应该叫做书面语汉语史。这也是古代汉语的范围。

中国五千年文明史除“五四运动”以后的八十年属现代汉语外,其余全是古代汉语的范围。五千年中,语言变化巨大,古书浩如烟海。

我们现在讲古代汉语课程教学,还必须要从我们的实际出发。我们的实际主要是课时,大学本科生四年中,古代汉语课时是 144 个学时。在这 144 个学时中,要使学生具备更多的阅读古书的能力,就必须有选择。我们认为,春秋战国至西汉六百余年间的汉语具有典型性,掌握了这一时期的汉语,就掌握了汉语的主流,上可以追溯西周直至远古,下可以穷中古直至近代,两头的汉语都只是在它的基础上增加点什么或减少点什么而已。韩愈读书“非三代两汉之书不敢观”(《答李翊书》),清代王念孙、王引之父子所读也是“九经、三传及周、秦、西汉之书”(王引之《经传释词》自序),也是这个道理。也就是说,我们要以先秦两汉的散文为主。但是,在体裁上,我们也要照顾到诗、词、歌、赋;同时,我们也要照顾到书面语汉语史的典型作品,只是在量上做些限制就是了。

三、古代汉语教学的经验

关于古代汉语教学的经验，我们往往比较重视眼前的而忽视了历史的。这也是不明智的。

我国历史上，古代汉语教学不是从今天才开始的，而是有着悠久漫长的岁月，也有着丰富可靠的经验。古代汉语的"古"，是个相对的概念，清人段玉裁曾经有过一段精辟的论述："古今者，不定之名也。三代为古，则汉为今；汉魏晋为古，则唐宋以下为今。"（王念孙《广雅疏证》序）保守地说，我国的古代汉语教学应当产生于汉代。西汉武帝时期，朝廷曾立五经十四博士，"五经"大部分是春秋以前至西周时期的古书，等于是古代汉语的教科书，"十四博士"就是教授古代汉语的老师。隋唐时期的《昭明文选》也是古代汉语教材性质，也有专门教授的老师。南宋时期的《四书》，清代康熙年间的《古文观止》，都是这类书籍，也都有专门教授的老师。宋元明清各朝，民间还有许许多多名目不同的古文读本。不同的历史时期有不同的古代汉语教材，都为我们提供了丰富宝贵的经验，至少有以下几点：

1. 这些教材，选文内容大都是以春秋战国和西汉的作品为主；

2. 这些教材的讲授，全部都有详细的随文注释，以阐释字、词的音义和语法，说明文化现象，串讲句子大意；

3. 讲授这些教材的时候，都有被称为"附庸"的《说文解字》、《尔雅》等文字、音韵、训诂书的辅助。

新中国建立后，1962 年，王力先生成功地主编了以文选、常用词、古代汉语通论三结合的全新的具有科学体系性的《古代汉语》教材，并以《教学参考意见》（见王力主编《古代汉语》卷首）为题介绍了九条教学经验。新时期以来，1981 年，郭锡良、唐作藩、何九盈、蒋绍愚、田瑞娟诸先生的《古代汉语》，在王力先生的《古代汉语》的基础上，又有所发展，有所更新，更加适合于教学。

从《五经》、《昭明文选》、《四书》、《古文观止》等到王力、郭锡良两部《古代汉语》，已达近两千年。我们已经有了近两千年的古代汉语教材、教学经验，这些就是我们当前古代汉语教材、教学的宝贵财富。我们现在谈古代汉语教学问题，应该站在这两千年经验之上来说话。

四、当前古代汉语教学应具有的内容

古代汉语课是读懂古书的工具，是进一步学习文学、历史、哲学等传统文化知识的工具，可以说这是大工具。怎样才能学好古代汉语呢？要学好古代汉语，还有很多具体工具。具体工具也就是古代汉语教学的内容。古代汉语教学就是向学生传授这些具体工具的。

首先，文选工具。我们要有古代汉语学习的对象，这就是典范的文章作品。这一点，上文我们已经讲到了。需要注意的是，这些典范的文章作品，也是我们学习古代汉语的工具。俗话说的"熟读唐诗三百首，不会做诗也会吟"，"读书百遍，其义自见"，讲的就是这个道理。熟读了文选，有了语感和意象，可以粗通古文。

第二，语音、词汇、语法知识工具。语言有语音、词汇、语法三要素。书面语言也是语言，也有语音、词汇、语法三要素。为了使学生从理性上理解古书，还必须介绍给学生一定的语音、词汇、语法知识。这三要素表现在古代书面语言中,语音是隐性的,了解得少一点一般不影响读懂古书。语法规则大部分与现代汉语相同,因此,古代汉语语法学习也不是主要的。词汇则不同,一是量大,二是变化大,三是语义灵活,不容易掌握,但又像学习外语一样必须掌握一定的词汇量,因此,词汇的学习是最重要的。

第三,文字知识工具。古代书面语当然是用文字记录下来的,汉字从古至今的变化差不多都会在文选中表现出来。汉字形体的变化、形体变化与语音语义的关系等,对现在的学生来说还有一个繁体字的问题,汉字知识也是学生读懂古书必须掌握的工具。

第四,古注和古今辞书工具。唐代以前的典籍,凡是重要一点的,差不多都有古人的注解。利用古注是我们读懂古书非常重要的一个手段。我们都有这样的体会,在刚学古文而不了解古注的时候,老师讲现代人的注解,讲一篇我们只能懂这一篇,拿另一篇古文来,我们就束手无策了。当我们读了一定数量的古注,掌握了一定的古注体例的时候,情况就不同了。一是没有现代人的注我们可以利用古注,二是看到现代人的注解的时候比较能辨别其是非了,三是看到白文(没有注解的文章)的时候知道怎样寻求理解它的途径了。总之,掌握了古注条例,对古书理解就有数了,踏实了。古注当中有许许多多的学问。当然,在没有掌握古注条例之前,看到密密麻麻的双行小字就头痛,更不用说利用了。这也从另一个方面说明教给学生阅读古书的重要性。

古今字典辞书对阅读古书的工具作用,这里就用不着多说了。

第五,文化知识工具。古代天文、地理、职官、典章制度等文化知识,也是阅读古书必备的工具,也已经成为大家的共识。

五、学习古代汉语的方法

学习方法上,要处理好几个关系:

1. 文选和理论的关系

古代汉语学习中,我们把文字、语音、词汇、语法、文化知识等称为理论,把文选称为实际,理论要和实际相结合。学习理论的时候,要紧紧扣住文选,条条理论落实到文选;学习文选的时候,字、词、句都要用理论的知识来解释,深化到理论高度。不仅要获得感性知识,更要获得理性知识。只有深刻理解的东西,才能牢牢地记住,转化为自己的知识,转化为自己的能力。

2. 精读和粗读的关系

精读要透,粗读要广。精读要透就是不要赶进度,老师要讲细,学生能做到真正理解;粗读要广就是要尽量多阅读作品,不要限于教材。精读主要是老师讲授的问题。粗读主要是学生自学的问题。当然,学生自学也要试着像老师讲授的那样阅读,这样进步会更快。

3. 学习和操作能力的关系

操作主要是指学生自己试着给古书做做标点、注解、翻译。我们看现成的当代人的标点、注解、翻译,觉得不费力,但是,记得也不牢靠。假如自己亲手来给古书做做标点、注解、翻译,对古书的韵味奥义理解就不同了,能力往往会大幅度地提高。

六、对郭锡良《古代汉语》教学实施改革的意见

郭锡良《古代汉语》(修订本),其长处我们在上面已经讲过

了。在长期教学使用中,我们有一些体会。根据限定的144个学时,我们有如下教学实施改革意见:

1. 文选部分

(1)上册第一单元叙事文14篇,由易到难,由浅入深,体现了循序渐进的原则。但是,起点太低,大部分文章见于中学语文课本。有限的时间,最好用到最必要的地方,不做重复劳动。建议不讲或少讲这一单元的文章。

(2)下册第二单元诗词部分81首,量显得太大,建议配合上古音、诗律、词律酌讲,不必全讲。

(3)其他单元也要尽量选择中学语文课本、古典文学作品选没有出现过的传统名篇来讲解。

2. 通论部分

(1)上册通论"(一)怎样查字典辞书"介绍了如何查字音和字义、词语和典故、虚词和特殊词语的工具书,中册通论"(十七)古汉语常用工具书"介绍了《说文解字》、《经籍纂诂》、《佩文韵府》及几部索引、人名、地名、年历和目录书。前三部可分别归入字音和字义、词语和典故。因此,建议这两个通论放在一起讲。

(2)建议增加带有汉注、唐宋义疏、汉章句、文选五臣注的典范文章的讲解。复印刻板页面,不加标点,尽量保持古书面貌。量不可太大,建议每类选取一篇。讲解时注意阐明条例。

(3)建议增加标点、注解、翻译练习。

(4)在文字、语音、词汇、语法和文化知识教学中,注意吸收当前学术界研究的最新理论、最新方法、最新成果。

(发表于《山东大学学报》1997年增刊)

谈谈怎样学习古代汉语

“古代汉语”是大学里的一门主干基础课，是硕士点、博士点研究的一个重要分支。如今，每年都有一些行业一些部门要考一次“古代汉语”，有的是为着晋升职称，有的是为着提高工作人员的素质。当然，目的不同，如晋升职称的层次不同，考试的深度也不一样。时代已经将要进入21世纪，为什么要这样重视“古代汉语”？那么，为着回答这个问题，我们首先要了解什么是“古代汉语”。

一、什么是古代汉语

从理论上讲，语言同人类一起产生。也就是说，我们的祖先从走出森林变成人的那一刻起就有了语言。但是，没有文字记录时的语言谁也没有听到过，我们已经没有办法学习了。所以，我们所说的“古代汉语”只能从有文字记载的古代书面语言算起。从有文字记载的最早的古代书面语言算起，我们的汉语也已有近四千年的历史了。这将近四千年的汉语史，语言学界习惯上把它划分为四个阶段，即两汉以前（含两汉）为上古汉语，魏晋到唐朝末年为中古汉语，五代到“五四运动”为近代汉语，“五四运动”以后为现代汉语。一般情况下，语言学界还往往笼统地把汉语史划分为两个阶段，即“五四运动”以前为古代汉

语,“五四运动”以后为现代汉语。我们平常所说的“古代汉语”,用的就是这个概念。这个概念的“古代汉语”,内容十分丰富。但从语言的类型看,也就是两个方面,一是以两汉以前为主两汉以后仿文言为辅的所谓文言文,一是魏晋以后的所谓古白话。大学里主干基础课和大专班的基础课的“古代汉语”,一般只讲所谓文言文,古白话不讲。现行的《古代汉语》教材,一般就是这个样子,全国通用的北京大学中文系郭锡良教授等先生编的《古代汉语》也是这个样子。这是因为古白话容易懂些,只要掌握了文言文,阅读古白话也不会存在太大的问题。

文言文是就语言类型来说的。《古代汉语》课是一门系统的科学知识,它是来讲解如何学习文言文的。因此,作为课程,《古代汉语》讲授的内容包括文言文的文章,如散文、诗、词、赋、曲等,还要讲授关于文言文的语言学知识,如文字知识、词汇知识、语法知识、修辞知识、古书注解、古书标点、工具书使用等,最后还要讲一点音韵知识。文章就是《古代汉语》教材中的文选,知识就是《古代汉语》教材中的古代汉语常识。

二、为什么要学习古代汉语

古代汉语是一门工具课、知识课。首先,古代汉语是一门提高人们阅读古书能力的工具课。随着我国社会主义现代化进程,在精神文明和科学技术诸方面都要继承和借鉴我国古代传统的优秀文化遗产,在文学、历史、哲学、政治、经济、法律、军事、中医、工商、经营管理、行政管理、图书馆、档案管理、文秘等方面,我国古代都有着丰富的宝藏需要批判地继承借鉴来为社会主义现代化服务。因此,当前比以往任何时候都更加需要阅读古书,更加需要古代汉语课这个工具。譬如,“团结”是精神文明建设中思想道德建设的一个重要方面,格言“二人同心,其利断金”、“水至清则无鱼,人至察则无徒”等会给人深刻的启发。“二人同心,其利断金”出于《周易·系辞上》,“水至清则无鱼,人至察则无徒”出自《汉书·东方朔传》。不能读懂这些古书,就无法理解这些格言的精神实质。其实,这方面,前代的政治家、思想家早为我们做出了光辉的榜样。科学技术方面,例如我国古代著名的妇女纺织改革家元朝黄道婆,“她发明了用搅车碾掉棉籽,改变了过去手剥棉籽的落后状况。她加大了弹棉花的弓弦,并创造出先进的脚踏三维(cui)式(三个纺锭)纺车,使当时的纺织手工业从轧、弹到纺、织一整套工序都得到改革,织出了具有不同颜色和多种图案的布匹。”(《古代汉语》260 页)黄道婆的史迹载在元末明初人陶宗仪的《南村辍耕录》中,不懂古代汉语,怎么能了解到这样重要的科学技术改革的资料?要想阅读古书,就要具备阅读古书的工具。这工具就是古代汉语的基本知识。譬如,我们读《左传》,《庄公十四年》有“蔡哀侯为莘故,绳息妫以语楚子”的话。第一句比较好理解,是说蔡哀侯因为在莘地战役中被俘到楚国。第二句就不好理解了,我们先看每一个词的意思。“息妫”是春秋时息国国君的妇人,“语”在古代汉语中是主动向某人说话,“楚子”是楚国的国君楚武王。那么,“绳”是什么意思呢?在古代汉语中最常用的基本的意思是绳子。拿绳子的意思代入原句,“绳子”与“息妫”两个都是名词,“绳子”与“息妫”与“语”都不成搭配,因为“绳子”与“息妫”构不成并列结构,“绳子”不能“语”。如果把“绳”理解为动词,作“捆绑”一类的意思,蔡哀侯已经做了俘虏,在楚国,而息妫在息国,于理不可能。这时候,就要求我们会查字典、会运用古代汉语知识了。我们一查西汉末扬雄《方言》,卷十一有“绳,东齐谓之羊,陈楚之间谓之绳,自关而西秦晋之间谓之羊”。先秦时期,苍蝇之“蝇”在广大区域里称“羊”,这可给我们启示:“蝇”由于方音转变读为“羊”,那么“绳”依例当可转为“扬”。“扬”为称扬、赞扬的意思。我们把称扬、赞扬一类的意思代入第二句,这时候我们明白了,原来是说,蔡哀侯主动向楚武王赞扬息国国君的妇人息妫长得漂亮。结合上下文,这两句是说,蔡哀侯在莘地战役中被俘虏到楚国,此前,他曾调戏息国国君妇人息妫没有成功,这时他要向息国报仇,就主动向楚武王赞扬息妫长得好,来引诱楚武王为着得到息妫而去灭掉息国。要理解这样的句子,就非要懂文字、音韵、假借字的知识不可,非要运用古代汉语这个工具不可。阅读中古汉语、近代汉语、现代汉语的某些作品,也要运用古代汉语作工具。如,《水浒传》一类通俗文学作品上常有“吾乃梁山宋江是也”一类的句子,它的语法构造应当怎样理解?搭眼看上去会认为它是近代汉语的语法现象,“梁山宋江”一类出生地加人名的说法是近代汉语常用的,句中还用了判断词“是”。其实这个认识是错误的。出生地或居住地加人名的用法先秦就有:《论语·宪问》有“东里子产润色之”,《论语·微子》有“是鲁孔丘与”,《战国策·赵策》有“於陵子仲尚存乎”等,“东里”是子产的居住地,“鲁”是孔丘的出生地和居住地,“於陵”是子仲的居住地。并非近代汉语所特有。不过,先秦的这种用法往往是别人对某人的称谓,而唐宋以后多是自己对自己的称谓。从整个句子的语法结构看,是用了上古典型文言文语法和中古、近代汉语语法套用的形式:“吾乃宋江也”是典型文言文的语法,以“也”表示判断,以“乃”加强判断的语气。“吾宋江是也”等于“是吾宋江也”,“是”字表示承认某种事实,不是肯定主语和谓语的关系。这种用法中古、近代以来就有,《世说新语·谗险》:"国宝见王绪问曰:'比与仲堪屏人何所道?'绪云:'故是常往来,无他所论。'""是"用来承认"常往来"这件事。《水浒传》第五十六回:"昨夜晚,是有这般一个人挑着个红羊皮匣子过去了。""是"用来肯定"昨夜晚,有这般一个人挑着个红羊皮匣子过去了"。其否定句式是在"是"之前加"不",宋代朱熹《近思录·道本》:"人生气禀,理有善恶,然不是性中元有此二物相对而生也"。"不是"否定"人生气禀,理有善恶,性中元有此二物相对而生也。""是吾宋江也"与"吾宋江是也",前者中古、近代都用,后者则多用于近代,两者都表示了判断句由文言文向中古、近代、现代进化的历程。

古代汉语还是语言学科的一门知识课。汉语言学研究,一般分为古代汉语研究、现代汉语研究、方言学研究、语言学理论研究四大板块。《古代汉语》是这四大板块研究的基础之一。在这个基础上,可以进一步研究汉语言的文字、音韵、词汇、语法、语义等。因此,它还是古代汉语(又称汉语史)硕士生考试的政治(100分)、外语(100分)、古代汉语(100分)、现代汉语(100分)、综合考试(语言学理论40分、古典文学30分、写作30分)五大科目之一。要报考古代汉语研究生的同志,更要熟练掌握古代汉语的知识。

三、怎样学习古代汉语

古代汉语的学习,时代不同,方法也不一样。总起来看,是随着时代进步的。封建时代,初级阶段是背五经四书,高级阶段要学习《尔雅》、《说文解字》等古代词书、字书,再加上《昭明文选》、《古文观止》、《古文释义》一类的文学文选。“五四运动”以后，有条件的学校增加了《文字学》、《音韵学》、《训诂学》一类的专门理论课程。新中国成立后，高等学校实行教育改革，逐渐提高完善古代汉语教学，于60年代初，在新的教学实践的基础上，北京大学中文系王力教授主编了一部《古代汉语》，实现了文选、通论、常用字三位一体的科学的古代汉语教材新体系。此后，又经过教育战线广大古代汉语教学工作者努力，出现了一批新型教材，北京大学中文系郭锡良教授等的《古代汉语》即是其中的佼佼者，被许多高校广泛采用，我们山东大学中文系的古代汉语教学也暂时采用了这套教材。所以，我们谈如何学习古代汉语，主要就是指如何学习好这套《古代汉语》教材。

我们说如今的《古代汉语》教材是科学的新型体系，是指它既继承了历史上古代汉语学习的优良传统，又吸收了当代语言学的新成果。继承传统方面，设“常用字”是继承了学习《尔雅》、《说文解字》的传统，讲字比《尔雅》、《说文解字》更准确、更细致、更科学，是按照本义、引申义、假借义的系列讲的。设“文选”是继承了读五经四书、《昭明文选》等传统，但选文比传统更精、更细、更典型，注释更准确、科学。设“通论”讲文字知识、词汇知识、语法知识、修辞知识、音韵知识、工具书知识等，这些就是全部的新科学了，是古代所没有的。

如何学习呢？笼统地讲，有下列几点要注意：

第一，要多读古文，建立感性认识。

我们现代的年青同志学习古文，有这么几点隔膜：一是古文大多是繁体字，青年同志一般是只识简体，不识繁体；二是古书用词与今天不同，就是看上去字相同，语义与今天也不一样，如：

《聊斋志异》中有一句“君当尚主”,这四个字都是现代常用字,小学就已学过,但组成句子,放到一定的上下文中去,就不好理解了,一次一个青年同志曾来问我,其实,“君”是对别人的敬称,相当于“您”,现在有些小饭馆门前还写着“请君品尝”。“当”是“应当”。“尚”是个多义词,有“尚且”、“崇尚”、“仰攀婚姻”、“特指娶公主为妻”等意义,这里用的是“特指娶公主为妻”义。“主”有“君主”、“公主”义,这里用的是“公主”义。全句是说“您应当娶公主为妻子”。那个青年同志就是在两个多义词上面无所适从了。三是古代语法也有一些与今天不尽相同,上面已经举过《水浒传》中的例子。四是古代还有一些特殊的修辞手法,也是今天所没有的,如《史记·韩信卢绾列传》:“夫种、蠡无一罪,身死亡。”文种、范蠡是越王勾践的两个谋臣,成功之后,大夫文种被逼自杀身死,而大夫范蠡逃亡,保全了性命。而这里就字面词的顺序看,说的似是文种、范蠡都“死亡”了。其实,“死”和“亡”是两个词,“亡”是指逃亡。结合历史事实,这里,“种”应当与“死”相联系,“蠡”应当与“亡”相联系。这是一种古代汉语特有的修辞现象,叫做“并提”,即把两件相关的事情并列在一个句子中来表述。对于这些隔膜的语言现象,通过大量阅读古文,可以获得一个强烈的感性认识。在感性认识的基础上,再学习一些基本的文字、词汇、语法之类的理论知识,古代汉语的水平可得到比较快的提高。

第二,要记住一些基本的文字、词汇、语法等语言学理论知识,把读过的古文上升到理论高度来认识。譬如,我们读李斯《谏逐客书》,其第一句是“臣闻吏议逐客”,高一点要求,要懂得每个字的写法、结构、本义、引申义,这里共是几个词,句中的具体意义是什么,句子的语法结构是怎样的,以及与下一句的语义、语法关系等等。低一点要求，在词汇上，要记住文中的注释，如："吏：官吏，在先秦和西汉，大小官员都可以称为'吏'。"在句子上，要正确理解句子的意义，如这句意为：我听到官吏们议论要驱逐东方来的一切人。这是要求把学到的语言学理论知识与阅读到的古文相结合。单就学过的文字、词汇、语法、修辞、工具书等基本理论知识而论，其概念、观点（理论的知识点）、每个观点下举的例子等，都要掌握得比较熟练。

第三，要记诵一定量的词汇。学习古代汉语，最要紧的是记住一定量的词汇。因为，在古代汉语中，语音、词汇、语法三大板块中，语音、语法都有很强的规律性，而词汇最活跃、最敏感，随着社会的发展经常地变动着，词汇的量也最大。那么，要记诵多少个词汇呢？首先，这里所说的词汇是就单字来论的，每个单字大都包括若干个意义。其次，就每个单字说，它的意义是有系列的，有本义、引申义、假借义的系列。一般说来，要记诵四千个左右，也就是北京大学《古汉语常用字字典》编写组编写的《古汉语常用字字典》中所收的4100个左右的一级常用单字。能记诵这个量的词汇词义，基本能对付阅读一般古籍。当然也还会遇到一些自己不认识的字词，那再查一下字典也就可以解决了。就学习《古代汉语》教材本身讲，最低要求是要记住文选中注释过的词汇。

四、《古代汉语》考试要点

对《古代汉语》教材中文选、知识掌握的要求，上面已经讲到，这里讲一下考试要点。主要分两个方面：

（一）要考试的文选

《精卫填海》 《夸父逐日》
《钴鉧潭西小丘记》 《传是楼记》
《郑伯克段于鄢》 《鞌之战》
《晏婴论季世》 《范雎说秦王》
《鸿门宴》 《陈涉起义》
《孙膑》 《韩信破赵之战》
《汲黯》 《〈张中丞传〉后序》
《谏逐客书》 《报任安书》
《答李翊书》 《汉书·艺文志·诸子略》
《封建论》 《留侯论》
《〈读史方域纪要〉总序》 《季氏将伐颛臾》
《秋水》 《齐桓晋文之事》
《历山之农侵畔》 《天论》
《登大雷岸与妹书》 《哀郢》
《关雎》 《静女》
《七月》 《生民》
《安定城楼》 《六州歌头（长淮望断）》
《祝英台近（晚春）》

（二）要考试的通论知识

1. 怎样查字典辞书 2. 汉字的结构和发展
3. 古今词义的异同 4. 词的本义和引申义
5. 词类的活用 6. 古代汉语的词序
7. 古代汉语的判断句 8. 古代汉语的被动表示法

9. 副词、代词
10. 介词、连词
11. 语气词和词头、词尾
12. 古代汉语常用工具书
13. 古书的注解
14. 古书的标点问题
15. 古代的文体
16. 古代汉语的修辞方式
17. 上古音简说
18. 古书的读音问题
19. 诗律
20. 词律

我们相信，古代汉语将为社会主义新时期的精神文明建设做出自己的贡献。

（发表于《山大成人教育》1997 年第 1 期）

后 记

我 1976 年毕业于北京大学中文系汉语专业。我们读书的时间,那是一个特殊的时代。回想起自己成长的路程,非常感谢当时汉语专业的领导和老师。

当时,我们年级,当然也是我们班,只有 20 个同学,加上一个进修生,共 21 人。任课老师,古代汉语方面有王力先生、唐作藩先生、郭锡良先生、何九盈先生、蒋绍愚先生、陈复华先生、李一华先生、张卫东先生;现代汉语方面有林焘先生、陆俭明先生、马真先生、王理嘉先生、潘兆明先生;语言学理论方面有岑麒祥先生、徐通锵先生、石安石先生、贾彦德先生等。师生人数几乎相当。一年级的时候,基础课和专题课的精彩、深邃,极大地开阔了同学们的眼界。老师,个个令我们神往、崇拜。语言学,结构主义也成为我们心中最神秘、最神圣的天堂。二年级、三年级的时候,专业领导和老师们,为了让同学们多学知识,想了很多办法,非常机智果断地采取了两大措施:一是现代汉语方面,由陆俭明先生、马真先生、石安石先生带领并指导一部分同学编写《小学生字典》和修订《语法修辞》。这样,文字学、词汇学、语法学、修辞学等知识全部糅了进去。老师讲知识,也讲语言研究的方法和写论文、论著的方法。我有幸参加了这两项学习研究工作，老师当年的教诲，使我受益终生。《小学生字典》、《语法修辞》都及时出版了。《小学生字典》含金量极高，直到前几年还在印。另一项是由王力先生、唐作藩先生、郭锡良先生、蒋绍愚先生带领并指导一部分同学在王先生主编《古代汉语》常用词的基础上编写《古汉语常用字字典》，林焘先生、岑麒祥先生、徐通锵先生、贾彦德先生等也参加了。这一项工作又把文献学、版本学、校勘学、古文字学、词汇史、语法史、语音史知识等糅了进去。不同的阶段，讲授不同的内容。先是全班同学参加在经史子集中搜集资料，做卡片，后来集中少部分同学到中华书局编写，前后一年多的时间。我又有幸参加了这项学习研究。在中华书局，白天写词条，晚上自己读书，先读选注本，后读古注本，有问题不断向老师请教。老师的教诲，自己读书写词条的实践，又使我受益终生。《古汉语常用字字典》也及时出版了，很多年间，几乎是《新华字典》之外最著名的一部字典。

当时，这样的教和学的方式，充满了无奈、荒谬、荒唐，老师闪光的年华都磨在了学生身上，也非常不公。但老师兢兢业业、一丝不苟的精神，永远可敬！专业领导李一华老师、陈复华老师和任课老师们为让同学们多学知识，见缝插针、出奇制胜的巧妙安排，也确实展示了智慧！北大几年的读书生活，我没有浪费时间，不得已耽误的时间，我都在晚上和星期日补了回来。我确实收获很大，也决定了我一生的情趣和志向。我非常感谢当时的专业领导和我的老师们！

到山东大学中文系任教后，学校为了提高中青年教师的水平，1978 年实行“传帮带”制度，中文系领导指定我拜殷孟伦先生、殷焕先先生为师，我开始了在两位殷先生的指导下边教学边学习的新历程。殷孟伦先生指导我训诂学，主要是指导我阅读段玉裁《说文解字注》、王念孙《广雅疏证》《读书杂志》、郝懿行《尔雅义疏》。殷焕先先生指导我音韵学，主要是指导我阅读《广韵》、《四声切韵谱》、《四声等子》和殷先生的《反切释要》等。两位殷先生分别漫谈式地给我讲过一些课，但更多的是给我提出一些问题让我带着问题去读书，还有我提出问题先生答疑。几年下来，使我进入了另一种境界——文字学、音韵学、训诂学等中国传统语言学的境界。1979 年，我参加了教育部委托南京大学中文系洪诚先生举办的高校教师训诂学高级师资研究班，由洪诚先生、陆宗达先生、殷孟伦先生讲授训诂学，徐复先生讲授音韵学和章太炎先生的《訄书》。读书还是戴震、段玉裁、王念孙、王引之、黄侃、杨树达等清代以来文字音韵训诂名著。1981 年，我又参加了北京师范大学陆宗达先生主办的训诂学研究班，陆宗达先生讲《说文解字》，萧璋先生讲《毛诗》，俞敏先生讲音韵学，曹叔敬先生讲钱玄同《文字学音篇》和朱宗莱《文字学形义篇》，张之强先生讲语法研究，史锡尧先生讲虚词研究，我们还听了许嘉璐先生、王宁先生的部分课程。于是，我又把训诂学、文字学、音韵学作为了我的专业。

在山东大学三十余年的教学和学术研究中，葛本仪先生、钱曾怡先生也对我教益颇多。

在我这个年龄的人中，我是幸运的，有那么多的机会跟北京大学、南京大学、北京师范大学和山东大学两代前辈学者学习，有那么多的机会学习了现代语言学，又学习了中国传统语言学。我非常感谢所有教过我的老师们！

毕业后的教学，本科、硕士、博士和指导博士后研究，也基本上是游弋于传统语言学与现代语言学之间。在我头脑中，经常考虑到现代语言学与传统语言学的比较、结合和发展。在现代，两种语言学井水不犯河水，各走各的道，显然不行。那么，是将二者的优长汇合一起，形成一种中国特色的语言学，还是二者互相吸收优长，各自发展？可能这两种方法都是应当研究试验的。总之，传统语言学要想发挥在现代的价值，特别是在现代语言学中的价值，很多问题需要用现代语言学理论重新给以解释。而现代语言文字学，特别是文字学、词汇学、语音学、语义学等又特别需要传统语言文字学的方法、经验、条例来充实。经常考虑的另一个问题是，西方语言学家差不多都精通人类学、哲学，甚至是人类学家、哲学家，语言学研究的前知识是雄厚的人类学、哲学基础。中国古代不少语言学家如孔子、荀子、扬雄、许慎、郑玄、王弼、朱熹、顾炎武、戴震等，也一样。他们所提出的语言学原则中，洋溢着人学、哲理的智慧，沟通了语言学与文学、史学、哲学等人文社会科学许多学科领域的关系。因此，语言学研究的成果具有普遍意义，具有普适性。中国的现代语言学是不是也应当是这样？现代语言学理论指导下的汉语史研究是不是也应当是这样？只有具有人类学、哲学理论基础的语言学，才是独立的，有前途的。既然有这些想法，这些想法也就成了自己努力的方向。多年来，自己一直在积累知识，凝练课题，也做了一点初步的尝试。

这里集中的一部分语言学论文，共32篇，从大的归属来看，有的属于传统语言学，有的属于现代语言学，有的属于传统语言学与现代语言学的对比，还有的进行了一点理论的思考。从具体内容来看，主要是对专题或专书的音韵、训诂、词汇等的描写，大都可以归入汉语史一类，所以姑且取名《汉语史论集》。

这些文章除《〈汉语大词典〉对汉语词汇发展演变史的价值与研究方法》是我们已经做了三年正在进行中的以《汉语大词典》为语料的“汉语词汇通史研究”，其中包括多卷本“汉语新词新义发展通史”、多卷本“旧词旧义消亡通史”、多卷本“汉语词汇发展演变通史”、多卷本“汉语语义发展演变史”的条例，因为文章太长第一次发表外，其他都分别在《古汉语研究》、《语文建设》、《文史哲》、《周易研究》、《韩华学报》、《中国学研究》等杂志上发表过，有的还被选进多种集子。这次集中，本想对应邀而写，由于仓促而显得粗糙的地方进行修改，但由于时间的原因，还是基本上保持了原貌。为便于翻检，大致编了个目录。

近些年来，不断有朋友，尤其是研究生，包括考生，说我过去发表的文章不好找，要我把它集中一下，以便于查考。这次集中，也是为着朋友们的要求吧。在我心目中，还有两个原因，一是向不同阶段教过我、指导过我的老师们汇报，请老师们批评指正。二是向语言学界的专家、朋友们汇报，请专家、朋友们批评指正。

杨端志

2008 年 2 月于山东大学

图书在版编目(CIP)数据

汉语史论集/杨端志著. —济南:齐鲁书社,2008.6
ISBN 978-7-5333-2019-5

Ⅰ.汉…　Ⅱ.杨…　Ⅲ.汉语史—文集　Ⅳ.H1-09

中国版本图书馆CIP数据核字(2008)第053735号

汉语史论集

杨端志　著

出版发行　齊魯書社
社　　址　济南经九路胜利大街39号
邮　　编　250001
网　　址　www.qlss.com.cn
电子邮箱　qlss@sdpress.com.cn
印　　刷　日照日报印务中心
开　　本　850×1168　1/32
印　　张　14.125
插　　页　2
字　　数　314千
版　　次　2008年6月第1版
印　　次　2008年6月第1次印刷
标准书号　ISBN 978-7-5333-2019-5
定　　价　38.00元